民間信仰與客家社會

陳弦章 著

民間信仰與客家社會
目錄

目錄

序

導論
- 一、客家民間信仰的形成及規模 13
- 二、客家民間信仰的特點 15
  - 1. 雜糅性 15
  - 2. 區域性 16
  - 3. 功利性 17
  - 4. 家族性 18
  - 5. 紀念性 18
- 三、客家民間信仰的組織與活動形式 19
- 四、客家民間信仰的意義 20
  - 1. 精神支柱，教化民眾 21
  - 2. 凝聚鄉鄰，和諧村落 22
  - 3. 豐富活動，促進交流 24

第一章 生命的感悟，靈性的飛揚
- 一、基於對古老圖騰及生存的崇拜 27
  - 1. 龍的崇拜 28
  - 2. 鳳凰崇拜 30
  - 3. 青蛙崇拜 31
  - 4. 耕牛崇拜 32
- 二、基於對生命敬畏的崇拜 36
  - 1. 蛇的崇拜 37
  - 2. 草蜢崇拜 40
  - 3. 烏鴉俗信 40
  - 4. 猴子俗信 40

三、基於吉祥喜慶意願的崇拜 ... 41
　　1. 燕子、喜鵲崇拜 ... 41
　　2. 雞的崇拜 ... 42
　　3. 蜜蜂崇拜 ... 47
　　4. 烏龜崇拜 ... 47
　　5. 獅子崇拜 ... 48
　　6. 狗的俗信 ... 49

第二章　生存的智慧，自然的和諧

一、生存藥用因素形成的植物崇拜 ... 52
　　1. 穀物神崇拜 ... 52
　　2. 芋子習俗 ... 58
　　3. 茶樹崇拜 ... 59

二、傳說象徵因素形成的植物崇拜 ... 60
　　1. 艾草、葛藤習俗 ... 60
　　2. 風水林和榕樹崇拜 ... 63
　　3. 竹子崇拜 ... 65
　　4. 松柏樹崇拜 ... 66

三、諧音吉祥因素形成的植物崇拜 ... 67
　　1. 節俗中的植物習俗 ... 68
　　2. 婚禮中的植物習俗 ... 70
　　3. 生育中的植物習俗 ... 71

第三章　上壁為鬼神，保佑子孫安

一、客家世界的祖先崇拜 ... 75
　　（一）祭祀習俗中的祖先崇拜 ... 75
　　（二）喪葬習俗中的祖先崇拜 ... 85
　　（三）日常習俗中的祖先崇拜 ... 91

二、客家人的譜牒信仰 ... 96

（一）尋根問祖之依據 97
　　（二）祭祀禮儀之指南 100
　　（三）研究史實之富礦 102
　　（四）教化子孫之寶藏 105

第四章　聖賢創偉績，人間百業興

　一、共性的聖賢崇拜 111
　　1. 五穀神崇拜 111
　　2. 孔聖崇拜 111
　　3. 漢帝崇拜 112
　　4. 謝安崇拜 112
　　5. 韓愈崇拜 115
　　6. 文丞相崇拜 115
　二、區域的聖賢崇拜 118
　　1. 珨瑚公王崇拜 118
　　2. 李綱崇拜 118
　　3. 朱子崇拜 120
　　4. 九鯉仙師崇拜 120
　　5. 歐陽真仙崇拜 121
　　6. 保生大帝崇拜 123
　　7. 莘七娘崇拜 124
　　8. 張老先師崇拜 124
　　9. 各種賢人祠 125
　三、各行各業的祖師崇拜 126
　　1. 藥王仙師崇拜 127
　　2. 茶聖崇拜 127

第五章　倉頡驚鬼神，華夏文脈長

　一、客家人執著的母語情懷 129

二、客家人虔誠的漢字文化崇拜 133
    1. 倉頡崇拜 134
    2. 敬惜字紙 135
    3. 對聯堂聯 138
    4. 占卜預知 139
三、客家人聰慧的漢字教育模式 140
    1. 漢字拆字歌 141
    2. 漢字謎語 142

第六章　上善若甘霖，恩澤福萬民

一、媽祖崇拜的起源 145
二、客家的媽祖崇拜 147
    （一）客家區媽祖崇拜的傳播緣由 147
    （二）客家地區媽祖崇拜的獨特色彩 153
    （三）客家地區媽祖崇拜的特殊文化因素 157
三、客家人的水崇拜 159
    1. 對水神的崇拜 160
    2. 習俗中對水的尊崇 160
    3. 客家風水中的水崇拜 162

第七章　定光古佛在，護佑客家親

一、閩西定光佛簡介 167
二、閩西客家定光佛信仰的形成與發展 172
    1. 除蛟伏虎 172
    2. 疏通航道 172
    3. 施法出泉 173
    4. 法力無邊 173
    5. 警示官府 175
    6. 賜嗣送子 175

三、閩西客家定光佛信仰的傳播 176
　　　　1. 本省傳播 176
　　　　2. 傳播內地 179
　　　　3. 傳播臺灣 179
　　四、福建三大民間信仰之比較 181
　　　　（一）三種信仰的共性 181
　　　　（二）三種信仰的差異性 183

第八章　義薄雲天外，信入民眾間

　　一、關帝文化 187
　　　　（一）關帝崇拜起源 187
　　　　（二）關帝崇拜的內涵 195
　　二、客家地區的關帝崇拜 198
　　　　（一）關帝形象 199
　　　　（二）關公塑像 200
　　　　（三）關帝廟宇 201
　　三、大溪「迎關帝」節俗活動 214
　　　　（一）大溪關帝廟 214
　　　　（二）祭祀儀式 217
　　　　（三）關帝文化節誕生 218
　　　　（四）巡遊臺灣 221
　　　　（五）「迎關帝」民俗意義 223

第九章　村落聚福地，處處公王神

　　一、客家公王稱號 231
　　二、客家公王來源類型 233
　　　　（一）來自人的原型 233
　　　　（二）來自傳說的神或某種概念 238
　　　　（三）來自動物的原型 244

7

三、客家公王的祭祀與傳播
（一）供奉場所——公王壇、宮廟 250
（二）日常祭祀與巡遊活動 252
（三）公王崇拜的傳播 256

第十章 土能生萬物，地可發千祥
一、土地崇拜的起源及變遷 262
二、客家人土地崇拜的表現形式 265
（一）國家層面土地崇拜的設施儀式 265
（二）民間土地崇拜的設施場所 267
三、客家土地崇拜的儀式與活動 272
1. 節俗禮儀活動中的土地崇拜 272
2. 日常生活習俗中的土地崇拜 273
3. 客家人的生殖崇拜 273

第十一章 萬物皆神聖，敬奉誠有加
一、客家宗教信仰 277
1. 佛教 278
2. 道教 289
3. 基督、天主教 293
二、客家火神崇拜 294
1. 日常生活的火崇拜 294
2. 灶君崇拜 296
三、客家民間禁忌 297
1. 生產方面的禁忌 298
2. 生活方面的禁忌 298

後記

序

　　自 1980 年代始，中國大陸改革開放以後寬鬆的社會環境，使得海內外的經濟文化交流越來越頻繁。海外客家研究熱潮的影響所及，中國大陸掀起了新一輪的客家研究熱，同時更激發了海外華人的尋根意識，興起了新一輪的尋根熱。海外客家人尋根覓祖的歸屬慾望，中國大陸客家人謀求發展的經濟訴求，兩者的結合，使得世界客家人的聯誼活動達到了前所未有的高潮。作為客家祖地的閩西，迅速加入了這一熱潮。尤其是當時的龍岩師專，及時成立了胡文虎研究室，從客家傑出人物個案研究入手，切入客家文化研究，此後又成立客家文化研究所。龍岩師專升格為龍岩學院後，成立了閩臺客家研究院。近年來，研究院在陳弦章教授執掌下，又取得了一系列新的成果，成為海內外研究客家文化的一個重鎮。

　　客家是漢民族的一個「民系」。「民系」概念最早由客家研究的奠基人羅香林先生提出，即指某一民族下的支系，如漢族內部就包括很多個支系，僅福建而言，就有客家民系、閩南民系等；而廣東省，除客家民系外，還有廣府民系和潮汕民系。「民系」概念一直為學術界所沿用。作為民族的分支，它與「民族」一樣，是一個文化概念，是社會科學和行為科學研究的對象。

　　客家是中原漢民南遷形成的一個分支。由於戰亂與天災，他們舉族遷徙，歷經艱辛，輾轉來到閩粵贛邊的廣袤山區，與原住民相互交流，融合成為一個吃苦耐勞、團結進取的特殊族群。客家在閩粵贛邊形成後，又向海內外播遷，尤其是明清時期的「湖廣填四川」「下南洋」兩次移民潮，使客家人遍布各地，繁衍甚眾，迄今已分布於七十多個國家和地區。客家民系是漢民族中的優秀支系。客家人吃苦耐勞、艱苦奮鬥、勇於拚搏、勇於開拓、不斷進取，富有強烈的民族意識和愛國心，有著深厚的溯本思源、崇宗敬祖情懷。客家文化是中華民族優秀文化的重要組成部分。

民間信仰與客家社會
序

隨著客家研究的深入，客家研究的資料和觀點越來越豐富，成果越來越多，特別是在客家源流、客家民俗、客家方言、客家風情和客家的遷移史、人口分布等方面，眾彩紛呈，百花齊放，論著頗豐。

客家民間信仰與民俗體系繁雜而龐大，各類活動豐富多彩。2018年春節前後，著名禮制學者、清華大學教授彭林先生到閩西采風，即被閩西客家豐富的民俗活動深深地震撼，矢口稱讚，認為閩西客家的民間信仰與民俗保存了大量的古代禮俗的遺存。這的確是一份非常豐富的文化遺產。其實，對這份文化遺產，弦章已經留意多年，並蒐集掌握了大量第一手來自客家民間的材料。如今，弦章的大作已完成。弦章的書中用十一章的篇幅，把客家民間各種信仰幾乎蒐集殆盡，對各種信仰的起源、表現形態，以及由此所形成的民間風俗，都有詳盡的描述。他透過深入的田野調查，掌握生動的來自民間的具體事象，又在寫作中融入了自身親歷而得的感悟，讓我們全方位地了解客家民間信仰與民俗，親切而自然。從中我們了解到，客家民間信仰與民俗的特點就是泛神泛靈、隨意隨性、包容混雜，形成了包含天地崇拜、自然物崇拜、祖先崇拜、聖賢崇拜、鬼神崇拜、巫術信仰、生活禁忌等的大雜燴式的民間信仰體系。這些民間信仰既有中原民俗和信仰的遺痕，又有客家人定居南方以後吸收南方其他民系民俗而形成的新鮮氣息。它們構成了客家文化的絢爛圖景。

弦章生於閩西永定，標準的客家之子。生於斯，長於斯，弦章對客家祖地充滿著感情。又因任職龍岩學院，出於對客家文化的熱愛，多年來他致力於客家文化的研究，著論頗多。他還特別重視民間優秀傳統文化的教化作用，2002年就設立福建省《民系文化與語文教育》課題，把地域文化融入學校教育，選取了閩西多所學校開展客家文化、閩南支系文化進中小學課堂的教學改革。他認為「民系文化以其豐富的社會內容，濃厚的感情色彩，深沉的鄉土情懷，最能影響正在成長的莘莘學子」。足見其對優秀民系文化挖掘利用的良苦用心。弦章引領的基礎教育融入地方民系文化的改革實驗，取得很大成績，影響了閩西許多中小學的教育教學改革。

我與弦章有師生之誼。1979 年，他就讀龍岩師專中文系，我擔任他的古典文學課教師；2003 年，他到福建師範大學攻讀古代文學碩士學位，我又一次擔任他的導師，可謂有很深的緣分。龍岩學院成立時，我受聘為客座教授，他則在文學與傳媒學院任教，淵源又深一層。今遵囑寫序，欣然命筆，寫下如上一些感受。

　　謹以為序。

郭丹

民間信仰與客家社會
導論

導論

民間信仰是民俗的重要組成部分，是民眾精神生活的一種表現形式。中國民間信仰源遠流長，中國歷史文獻典籍中關於民間信仰及民俗的記載浩如煙海，經過五千年的演進，民間信仰形成了紛繁複雜而又龐大的文化體系，成為中華傳統文化的重要組成部分。「宗教事象（廣義的，其中包括民間俗信）是一定人群社會生活的產物，是在人們心理活動規律上有一定根據的思想反映。」[1] 民間信仰問題從 20 世紀初開始引起學術界的關注，並提出了許多觀點。著名學者烏丙安認為，民間信仰是指普通民眾的宗教觀念、行為實踐與宗教儀式。有學者又把民俗分為心理的民俗、行動的民俗、語言的民俗，認為「心理的民俗，是以信仰為核心，包括各種禁忌在內的反映在心理上的習俗。它更多地表現為心理活動和信念上的傳承」[2]。

一、客家民間信仰的形成及規模

嚴格來講，民間信仰與宗教是兩個完全不同的概念。宗教是一種具有完整理論體系的特殊的社會意識形態，而民間信仰則是一種在特定社會經濟文化背景下產生的以鬼神信仰和崇拜為核心的民間文化現象。然而，在現實生活中，民間信仰和宗教之間存在很多關聯。有研究表明，民間信仰的認識來源，主要是歷史遺留的原始宗教，其次是已經消亡的傳統宗教的歷史殘骸，或者傳統宗教在民間社會的變異形態。因此，民間信仰在心理根源上和宗教如出一轍，它關注普通民眾，特別是弱勢群體的需求和呼聲，給人們精神支持。

中國民間信仰可以上溯到原始社會，源於最古老的「有靈崇拜」和對未知世界的敬畏，對大自然、祖先、偉人的感恩，等等。客家民間信仰深受中華傳統文化的影響，且與客家地區的自然和人文狀況密切相關。從現有客家民間供奉的神靈看，其民間信仰主要有三種來源：

民間信仰與客家社會

導論

　　一是由中原帶來，與中原漢族的民間信仰相同。如受傳統儒家思想的影響產生的孔子崇拜、關帝崇拜、聖賢崇拜、祖宗崇拜等，還有對佛教、道教的各種神祇和各行各業的祖師神的信仰和崇拜。

　　二是因客家的生產生活環境，產生新的民間信仰。如定光古佛信仰誕生在閩西客家，梅溪公王信仰誕生在梅州客家，等等。這些新的信仰定型後，又隨著移民的腳步走向遠方。明清時期客家人移居、開拓臺灣，「汀州人遷臺後，仍念念不忘定光公的洪恩。臺北一帶的汀州人聚落，如淡水阿里荖沿岸，家戶均供定光佛。『乾隆二十六年（公元1761年），永定士民鳩金公建彰化的定光廟，道光十年貢生呂彰定等捐修。』淡水也建有定光寺。淡水的定光寺又稱鄞山寺，位於淡水鎮淡水街芊攀林字莊，為汀州移民羅可斌、羅可章首倡，汀州八縣移民共同捐資修建。道光三年（公元1823年），汀州移民分香迎定光佛到淡水鎮鄞山寺。定光佛在臺灣的『落戶』，遂了汀州移民多年的心願」[3]。後來汀州移民逐漸向臺中發展，定光佛信仰也隨之傳播到臺灣中部地區。

　　三是受閩越族「好巫尚鬼」傳統和周邊民系的影響，融合吸收他們的民間信仰。如媽祖信仰，閩南保生大帝傳入客家地區，開漳聖王傳入永定與南靖交界的奧杳等。

　　當代客家地區民間信仰神靈繁雜，多達千餘種，根基深厚，其規模和影響遠遠超過傳統宗教。2002年福建省政協的調研報告指出，「根據九市政協調研材料統計全省形成規模（建築面積在10平方以上至幾百上千平方不等）的民間信仰活動場所25102座。福州市有3000座（根據2001年統計的數據）；泉州有近萬座民間信仰活動場所，較成規模的有4002座；廈門市有1524座；漳州市有2363座；莆田市有3000座左右（其中『三一教』祠堂1285座）；南平市有750座；三明市有522座；龍岩市有609座；寧德市有3343座。當然，還有數以萬計散布在各村落的極小的土地廟和神龕等不在統計之列」。2002年福建省民宗廳的調研報告則指出：「在全省範圍內，幾乎村村皆有廟，無廟不成村。據不完全統計，全省共有34028座上規模的民間信仰宮廟。」「宮

廟的規模相差懸殊，大者建築面積可達幾百平方甚至幾千平方米；小者僅為兩三平方米。」[4]

民間信仰深刻而廣泛地影響著客家社會。

二、客家民間信仰的特點

關於中國民間信仰的特性，烏丙安認為是多樣性、多功利性和多神祕性。[5] 林國平則總結為自發性、功利性、任意性、龐雜性、融合性、區域性、民俗性、民族性、草根性和頑強性等十個特點。[6]

客家民間信仰的特點主要表現為以下幾點。

1. 雜糅性

中國民間信仰帶有泛宗教性，不同宗教的混雜是中國民間信仰的基本特徵之一。客家民間信仰也不例外。由於不同宗教混雜，宗教儀式和生活習俗活動混雜，宗教文化與非宗教文化混雜，客家形成了泛神泛靈崇拜。故有學者提出不以「什麼教」對其進行分類，而是直接用「民間信仰」或「民間宗教」稱之，甚至有人稱其為「民間俗信」。客家民間信仰中保留了不少原始宗教的內容。原始宗教以靈魂不死、萬物有靈、圖騰崇拜、祖先崇拜、聖賢崇拜、風水堪輿、神蹟膜拜（包括漢字）、生活禁忌為主要內容。豐富多彩的傳統民俗事象，體現了客家人獨特的人生哲學、信仰心理和價值取向。尤其是眾多生活習俗中表現出來的泛神泛靈崇拜意識，體現了客家人對生命、對自然的敬畏之情。

中國人的宗教情結並不強烈，不像世界其他地方，信仰某一宗教之後排斥其他宗教，中國人始終維持著多神信仰。故有人說中國人沒有信仰，因為什麼神都信，等同於無。在客家民間，一般人天、地、君、親、師都拜，佛、道、儒都信，而且三教合一，混雜糅合，不易區分。在普通百姓心目中，儒釋道與民間信仰交融為一體。這種混雜糅合既體現在一座寺廟裡，儒、佛、道三教神靈並列，混雜擺供，常常出現「神佛雜陳、釋道莫辨」的狀況；也體現在一個神靈集儒教信仰、佛教信仰和道教信仰於一身，最典型的是關帝崇拜。

2. 區域性

任何一種文化形態，都是在特定的社會歷史條件和自然環境下形成的。中國傳統文化背景下的民間信仰有自己的特點，既有共性，也有個性。人們分屬不同民族，而漢族又有不同的民系，生活於不同區域，形成了各區域獨特的民間信仰。

受特殊居住環境和遷徙經歷的影響，閩西客家民間信仰除了有漢族民間信仰的共同特徵外，還有其明顯的區域民系特色，以及受周邊民系及遷入地南方百越族影響的成分，這充分顯示出客家人適應生存環境的能力和智慧。閩粵贛邊是客家民系形成區域，閩西是客家祖地。本書所指閩西為古汀州府概念，下轄長汀、上杭、武平、永定、連城、清流、寧化、歸化（今明溪）八縣。閩西客家人傳承了中原漢族的儒佛道信仰、土地崇拜、關公崇拜等，也創造了定光佛崇拜、文丞相崇拜、珨瑚公王崇拜及許多其他富有地方色彩的信仰，而且隨著「湖廣填四川」「下南洋」「過臺灣」的移民熱潮，這些信仰也傳播到海內外，成為聯繫海內外客家人的文化事象。

尤其是地方保護神方面，地域性更加突出。以移居臺灣民眾為例，一般而言，各籍移民都祀奉祖籍地的鄉土神：閩南漳州移民供奉保生大帝，莆仙移民供奉天后媽祖，汀州客家移民供奉定光古佛，等等。臺灣民眾特別看重從祖籍傳來的神靈，稱之為「桑梓神」，還會定期捧神像回大陸祖廟進香謁祖，即使因故無法成行，也要舉行儀式，面西遙祭。民間信仰切實寄託著臺灣同胞對故土的深深眷戀之情，成為維繫兩岸一家的重要橋梁和紐帶。

即使是同一種神靈，也因地域文化的差異，在寺廟建築風格、稱謂、祭祀儀式、祭祀時間等方面有所區別。以謝安崇拜為例，閩南漳州、閩西新羅適中就與客家永定陳東有很大區別。從稱謂看，漳州稱「廣惠聖王」，新羅適中稱「正順聖王」，而客家永定稱「玉封公王」，閩南稱「王爺」「聖王」，客家稱「公王」；從寺廟建築看，適中供奉謝安的為「白雲堂」，客家陳東則是「廣聖廟」，建築風格不同；從祭祀時間上看，適中的「盂蘭盆會」選擇在「十月半」進行，永定陳東則是在「四月八」浴佛節進行；從祭祀儀式看，兩者都是巡遊，適中的謝安崇拜更多是紀念謝安的戰功，體現家族的榮耀，

所以設計五彩繽紛的「新安行臺」（彩坊）以象徵「淝水之戰」中謝家軍的轅門，而陳東的謝安崇拜更多體現報恩理念，更多祝福儀式。

3. 功利性

人類之所以崇拜神靈，很大程度上是因為人們相信神靈具有超自然的神力來滿足他們的現實需求，儘管事實上罕能如願，但人們對神靈深信不疑，甚至將許多好事歸功於神靈的保佑。

人類在強大的自然力和統治力量的壓迫下，恐懼無奈，感受到自身的力量渺小，難以和這些力量抗衡，因而製造神靈，賦予神靈超自然的力量，幻想依靠這種超自然力量來擺脫困境，消除恐懼，實現自己的某些願望和目的。

神靈的設立都是有目的的，功能也有針對性。客家人一般居住在山區，耕地少，山林多，有「八山一水一分田」之說。出於對大山賜予的感激以及對大山高深莫測的畏懼，老百姓普遍信仰山神，遍地都是「山伯公」的祭壇。人們上山耕作、採摘、砍伐，都要拜山伯公，祈求保佑平安並有收穫。山區猛獸多，他們就塑造出「打虎公王」，祈求他能征服猛獸保平安。又因田地少、生存困難，他們塑造「田伯公」保佑五穀豐登。山區多水患，他們就祈求定光古佛保佑以征服水患，長汀現存「定光陂」。

客家民間所奉祀的神靈，都有一定的職能分工，滿足民眾日常生產和生活的需要，具體職能則有祈福消災、禦盜彌寇、鎮妖降魔、驅邪避穢、治病除殃、賜子來財，以及保佑升官高中、風調雨順、五穀豐登、平安幸福等。

除了一些行業神之外，客家人所奉祀的神靈的職能極少是單一的，也不是固定不變的。神靈的職能可能會隨著時間的推移而變化，隨著封號的增加而擴展。如定光古佛，從最初的鎮妖降魔、禦盜彌寇、治水消災的職能開始，後來逐漸增加了賜送子嗣、保佑升官發財等職能。

人們按照自己的需要塑造神靈、選擇神靈，又以實用主義的心態來奉祀神靈。客家民間信仰相對帶有較強的功利主義色彩，有「無病不去看菩薩，有病便去亂求神」的說法。人們不分佛道儒，凡稱菩薩、公王、仙師、神仙、

伯公者，都是神通廣大、威力無邊之超人，都是人間的主宰和救世主，都能保佑自己和家人吉祥平安、袪病消災、納福招財。

「頭上三尺有神明」是民間信仰者的信條，多數信眾「逢廟必拜，遇神燒香」。他們的信仰與崇拜活動很少有宗教色彩而多是出於生活實際的目的，如果需要，什麼神都可以拜。因此，「有靈必求」「有求必應」「有應必酬」是客家民間信仰者的普遍心態。

4. 家族性

從目前看，客家人的家族觀念在漢民族幾大民系中是最強烈的。他們聚族而居，一個村落往往就是一個單一的家族，村落周圍的神靈都是同一村落族人塑造的，寺廟也是族人集資興建的。故而，他們所奉祀的神靈大都深深打上了宗族的烙印，成為家族的保護神。

客家人為了家族的興旺建立文廟、文昌閣、關帝廟、定光寺，以及各種公王廟壇，家族特點明顯，如永定高陂鎮西陂天后宮歸屬林姓家族，北山關帝廟為張姓家族所建，陳東鄉「玉封公王」謝安崇拜與盧姓家族相關，等等。甚至不少地方的建廟者會把自己家族的祖先牌位擺入廟中，以此體現寺廟獨有的性質。「祖先崇拜來源於血緣家族制度的世俗親情。對祖先亡靈的崇拜，使普通民眾與祖先精神之間的交往，成為中國民眾的宗教意識。」[7]

從活動儀式看，客家民間信仰活動體現出現較強的家族色彩，即使是大區域共同祭祀的神靈，祭拜活動一般也由家族出面組織，各姓家族輪流主持。

可以說，客家民間信仰具有鮮明的地域性和濃重的宗族性，其核心是祖先崇拜和聖賢崇拜，體現了中國傳統文化世俗性的一面。

5. 紀念性

從精神方面看，中國自古就是禮儀之邦，講究崇德報功，飲水思源，只要有人為民眾作出了卓越貢獻，具有高尚的道德情操與高超的才藝，社會和民眾就會由衷地尊崇他、紀念他。客家民間信仰儘管有很強的功利性，但也帶有紀念性。或者說，有些神靈在開始塑造時就只是為了紀念。如在汀州府

志及古汀州府屬八縣志中都有「崇聖祠」「名宦祠」「鄉賢祠」「忠義孝弟祠」「節孝祠」等的記載，它們供奉的是當地立德、立功、立言「三不朽」的聖賢人物。他們的思想、操守、業績，是我們寶貴的精神財富。如永定陳東「四月八」大型民俗活動是為紀念歷史人物謝安的。謝安對陳東盧姓之人有不殺之恩，故陳東民眾建廟奉祀，尊稱他為「玉封公王」，這體現客家人或者說中華民族知恩圖報的優秀傳統。

三、客家民間信仰的組織與活動形式

客家民間信仰既有中原文化的傳承，又有遷居地的創新，又因客家地域廣闊，分布廣泛，故而民間信仰對象種類繁多，活動也就紛繁複雜，組織形式多樣。從時間上看，有融於年節習俗中的，如永定高陂在大年三十祭祀公王；有初一十五拜菩薩的。還有春季祈福、秋季報恩之說，如福建武平縣的「保苗醮」，「秧長將熟，斂錢迎神齋醮，或用男巫婆婆吹笳舞，謂之保禾苗。蓋本邑以農為本，城鄉五月後，皆有此舉」[8]。又如長汀的「嘗新」習俗，把最新收割的稻米煮熟後敬奉神靈，以及永定湖坑「做大福」等，皆屬感謝神靈之舉。

客家民間信仰的組織形式更是多種多樣。相同區域不同姓氏民眾的聯合狂歡。如連城、長汀兩縣交界的十三個村落（古稱「河源十三坊」）共同敬奉玲瑚侯王的活動、永定湖坑「做大福」、連城呂溪花燈盛會等。這些民間信仰有相同的起因和共同的祝福意願，具有協調族群關係、維持社區穩定的社會功能，有利於人們應對各種自然或社會的挑戰，保證族群的生存發展。活動往往按姓氏輪流舉辦，大家共同參與。

不同區域同姓的活動。主要是祭祀祖宗的活動，許多分支出去的族人，不遠萬里在約定的時間回歸始祖地尋根謁祖。如梅縣松源王姓一世祖為念四郎公，是從福建武平遷到松源圓嶺的徑口開基，然後在松源各地繁衍發展的。他們形成了一個定規，宗族不僅每年要到福建武平去祭祀掃墓，而且在宗族內按照房份分攤在武平設立嘗田的費用，以此確保到武平祭祖這一重大典禮不會荒廢，這充分體現族人「慎終追遠」的報本思想觀念。[9] 又如上杭李氏

民間信仰與客家社會
導論

大宗祠，坐落在上杭稔田鄉官田村河谷盆地，始建於清道光十六年（1836年），是為紀念其入閩始祖李火德而建築的。李火德入閩至今已八百餘年，其後裔遍布福建、廣東、江西、臺灣等地，以及新加坡、菲律賓、印尼、美國、英國等國家。李火德後裔名人輩出，有清代名臣李光地、新加坡前總理李光耀、香港商界名人李嘉誠等。據李氏大宗祠管委會的不完全統計，近年來，海內外火德後裔前來宗祠尋根謁祖、旅遊觀光者絡繹不絕，達近百萬人次。最典型的是，李氏族人預先設計好祠堂背，有一排圍屋與前房相銜接，左右共有房間40間，專門供各地宗親祭拜歇息，在門聯上做出標註。李氏大宗祠正面牌坊式樓門上刻著「恩榮」兩字，兩邊對聯是：「丞相將軍府；忠臣孝子門」。

同一區域同姓的活動。主要是家族祭祀，如坎市「打新婚」、連城「遊大粽」等。

此外還有小家庭敬神祭祖的祭祀活動以及個體的活動，如敬神、拜神、講究禁忌規矩，等等，都是最多最常見的日常的信仰活動。

集體組織的民間信仰活動有一整套完整的模式，大多以理事會的形式開展活動。組織者一般稱「福首」「理事」等。新時期，隨著政府、旅遊部門的介入和時代的發展，組織形式和手段就更加多樣化了，如利用網路捐助、通告、宣傳等。

四、客家民間信仰的意義

客家的民間信仰是一種複雜的社會現象，特殊的文化現象。它蘊含著豐富的內涵，有著深刻的思想、道德、倫理等價值，涉及政治、經濟、宗教、歷史、文學、藝術學、社會學、民俗學、人類學等多個學科領域。

早期，在中國的語境中，民間信仰成為封建迷信的代名詞，人們都以批判的視角來看待它，甚至認為這些下層民眾的迷信是愚昧可笑的，是國家民族貧窮落後的根源。1980年代以後，隨著傳統文化研究的興起，民間信仰領域的研究也如火如荼，產生了一大批研究成果。

四、客家民間信仰的意義

人們在研究中重新發現民間信仰的歷史作用和社會價值。信仰是一個民族的靈魂。民間信仰，以其神祕的色彩，獨特的形式，深遠而廣泛的影響力以及跨越時空的歷史穿透力，代代相傳，是保存民族（民系）特徵，延續民族（民系）意識的重要民俗事象，已成為一種傳統文化而不斷發展，沿襲至今。

1. 精神支柱，教化民眾

客家人的信仰活動，可以用一個詞概括——敬神，其主要目的是祈福。儘管表現形式不同，具體內容各異，這些信仰的核心就是對因果報應的信仰，善有善報、惡有惡報。老百姓因此有基本的敬畏，以此約束自己的行為，引導大眾的行為。所以有學者稱客家人的信仰活動更多的是對社區內的生活夥伴與先輩的模仿，是一種習慣性的、內化於其生活中的行為，不一定都有強烈的功利色彩。

各種民間信仰活動的最終落腳點就在讓人相信「善有善報，惡有惡報」。這些民俗活動許多是以傳統儒家思想為內核，雜糅了道家、佛家的元素，透過佛教、道教中的因果、福報、成仙等話語，來傳遞傳統的儒家價值觀。民間信仰宣揚的倫理道德和日常倡導的倫理道德是一致的。民間信仰中的造神運動，延續了傳統文化中「祖有功、宗有德」的精神，將歷史上「立德、立言、立功」的文化英雄神化為超自然、超人間的神明並加以崇拜，如孔子、關公、媽祖、謝安、王審知等，民間信仰同時還會利用人們對神鬼的恐懼來規勸民眾遵循相應倫理道德觀念。

這些神化人物所代表的精神和人格含有許多精深的人生哲理與價值觀念，已經超越了時空的界限而變得永恆，對普通信眾會產生較強的引導和感化作用。因而古代的統治階層的士大夫也認為民間信仰有助於傳導儒家的倫理價值觀。《汀州府志》：「汀俗尚鬼信巫，土木而衣冠者，比比皆是。主持風教之君子，不禁之，且紀之，豈不揚起波乎？夫禍福者，聖賢之所以定命，而庸眾人之所以生其喜懼者也。今巫祝假神之言曰：『爾惟忠孝善則福汝，不則殃及之。』是非神道設教之微意乎！《周禮》曰：『以祀教民，則莫不敬。』然則典制之外，叢祠古廟，苟非淫黷之甚者，亦可以無惡矣。」[10]《長汀縣志》

民間信仰與客家社會

導論

亦雲：「夫不明聖學之淵源，不足功三藏之窟穴，習貝葉之章句，又豈窺上乘之法門。就其清淨報應之說，廣布施行，有識以之寡慾，無知以之懼禍，朝夕祈禱，有所敬畏，亦聖人神道設教之一助也。」[11]

　　人們在造神運動中，不斷舉例，強化其法力，突出神的法力無邊，以此強化故事中因果報應的色彩，吸引民眾並使之信服。當然，我們具體分析法力顯化的傳說事例後發現，因地域生存環境、民系文化特性的不同，法力顯化的著力點也有不同。

　　正因為如此，民間信仰成為民眾重要的精神支柱。人們相信，只要虔誠敬奉，家中的神靈、身上攜帶的神像或聖物就會保佑他們。這樣，人們在進行某項事業或某件事情時，就會勇往向前，有了戰勝困難的勇氣和信念。如媽祖信仰，古代漁民、商人、文化交流使者等，常年在江河、海洋裡航行，隨時有生命危險。自有媽祖的神話後，人們認為媽祖有超自然能力，關鍵時候會化作紅衣女子出現在桅杆上鎮濤壓浪、化險為夷、救苦救難。所以人們有了精神支柱，就勇敢地在大江大海上航行，開拓事業。明朝鄭和七下西洋，會將媽祖神像供奉在船上，並到出發港口和途中停泊港口的媽祖廟進香，對媽祖的信仰虔誠之至！媽祖信仰是鄭和漫長航程中戰勝艱難險阻的精神支柱。明清時期，中國經常派使者冊封琉球等友好國家，媽祖也是冊封使們戰勝驚濤駭浪的精神支柱。[12]

　　歷史上與現實中，無數的普通民眾在經歷了災難、困苦後，寄希望於神靈，「燒香敬神」「吃齋念佛」，希望透過香火的繚繞訴說心中的希望，並求得神靈的庇佑，從而在心理上獲得一種依賴、補償和平衡，增強生存的信心與勇氣，追求更積極、更健康、更美好的東西。民間信仰就有匡正世道人心、宣揚倫理道德，乃至於引導社會反省、調整輿論風潮等積極價值。

2. 凝聚鄉鄰，和諧村落

　　古代中國社會管理的一個明顯特徵就是，縣官不下鄉，行政管理體制只到縣級層面，在村鄉基層，國家統治並不十分嚴密，家族制度、區域自治起決定作用。族規族訓在維持村落社區的秩序上造成了決定性作用，民眾依靠

約定俗成的習慣或村規民約來規範自己的行為，實施必要的鄉村控制。而民間信仰在維繫村鄉秩序上造成相當重要的輔助作用，對於有多種姓氏族群的地方，甚至起著決定性作用。

民間信仰具有很強的社會整合功能，不僅可以溝通起縱向的歷史聯繫，同時還可以將處於不同空間的社會成員聯繫到一起。民間信仰中擁有無窮法力的各種神靈在鄉村管理中扮演了重要的角色，對規範民眾行為、維持社會秩序和加強各地的溝通發揮了重要作用。

從中國民間信仰的現狀看，宮廟、神壇所供奉的神靈或為某一家族所有，或為某個區域多個姓氏家族共有，或為更大範圍的數個村鄉所有，有一定的信仰範圍。在這一範圍內的民眾共同修建宮廟、維持宮廟的運轉，甚至購置廟產以維持日常運作。他們按歷史的傳承組織祭祀活動，維護信仰尊嚴；也會根據時代的發展，修改祭祀模式、活動時間。民眾有權參與宮廟的各種活動，接受神靈的保佑。

一定區域的民眾自覺接受共同的神靈，儘管所供奉的神靈有些最初只是某個家族的神靈。如永定陳東鄉謝安崇拜源於盧姓家族感謝謝安救命之恩，但後來謝安成為陳東各個姓氏的共同神靈。這樣，共同的神靈崇拜和祭祀活動就有效地把分散的鄉村家族力量整合起來，形成了祭祀共同體。

在祭祀共同體中，成員的命運被無形的紐帶聯繫在一起了，宮廟是紐帶中心。人們在這中心裡開展活動，透過組織信仰活動密切各家族的關係，增進成員間的團結，處理區域中發生的事項，化解矛盾，維持區域秩序。宮廟雖然不是行政場所，但有些宮廟儼然成為一個區域的權力場所，人們在此調解當地土地、水利、房產、祭祖、械鬥等糾紛。如客家梅縣小桑村自有祭祀迎送「小桑公王」盛會至今，全村十三個姓氏團結一致，從無姓氏之分，也從無紛爭、械鬥出現，「等公王」民俗活動成為全村人民增進友愛、團結的盛會，成為豐富小桑山區群眾風俗文化的盛會，成為小桑村民眾對美好生活追求和祈盼的盛會。

許多宮廟成立相關機構，對宮廟進行管理。客家地區一般稱理事會，設總理、副總理、理事等職務，有些地方明確規定總理由各姓輪流做，以示平等和諧。

在大多數民眾心中，宮廟是十分神聖的地方，香火的旺盛關係到家族、村鄉的命運，以此人們對宮廟傾注了最大的熱情。宮廟成為民間社會管理的中心，也是文化教育的場所，人們在這裡創辦書院、族學、育嬰院、孤老院等文教和慈善機構，形成區域教化的中心。

3. 豐富活動，促進交流

民間信仰中的各種祭祀活動，如迎神廟會、道場、法事等是民間文化生活的重要組成部分。信眾常常透過節慶、祭祀儀式等活動表述自己的心理訴求，既是娛神，也是娛人；既調適人的生活和心理，又使社會生活和諧有序。尤其是客家地區，自古以來就有「歌舞媚神」「演戲酬神」的傳統，為慣常的鄉村生活注入了新鮮活力。

每一項大型民俗活動，準備時間長、參與人數多、活動範圍廣，要舉辦廟會，請各種戲團隊演出，邀請親朋好友做客。客家人熱情好客，以來的朋友多為榮。如永定湖坑的「做大福」、大溪的「關帝文化節」、陳東的「四月八」，以及連城姑田「遊大龍」、四堡「走古事」等，觀眾親友雲集，熱鬧非凡，花費巨大。大溪的「關帝文化節」除整修廟宇、興建關帝廟文化廣場外，要請鑼鼓隊、八仙隊、戲劇班進行迎神表演，還舉辦書畫展、籃球賽、拔河、猜燈謎、乒乓球賽、農民文藝晚會等。

民間信仰活動加強了區域的經濟交往。在廣大農村，祭祀活動往往是當地特定的節日，人們彙集宮廟，焚香磕頭，祈求神靈保護，而聰明的商家也在這特定的節日彙集，物資交流興旺，使廟會具有商貿色彩。大型廟會往往持續時間長、參與人員數量多，在活躍農村經濟方面扮演重要角色。在大型的文化交流活動中出現大規模的經濟交流活動，文化與經濟形成「你中有我，我中有你」的局面，由此，民間信仰活動成為經濟文化交流的重要平臺。

民間信仰活動加強了區域民眾的交流往來。在比較封閉的農耕時代，大型民間信仰活動，為人們提供了一個交往渠道。親朋好友相聚，聯絡感情，甚至婚嫁大事也在這些活動中解決了。尤其作為遷徙族群的客家人，家族許多人遷徙各地甚至海外，「扛公王」「做大福」「迎關帝」等大型民間信仰祭祀活動，使遷徙到各地的族人、旅居海外的僑胞和港澳臺同胞有機會回鄉參加盛會，尋根問祖，共敘親情。如大溪關帝聖君文化節活動，還專門組織理事會成員赴臺灣、印尼邀請鄉親回祖地聚會。

中國民間信仰遠承原始信仰，崇拜對象漫無邊際，涉及萬事萬物，帶有神祕、迷信色彩。作為宗教文化生態系統的重要組成部分，客家民間信仰有其存在的合理性，但其社會作用具有兩重性，有積極的一面，又有消極的一面。虔誠信仰，誠心向善，崇宗敬祖，團結鄰里，以信仰活動凝聚族人，能營造良好的鄉村文化氛圍；但如果陷入愚昧迷信，製造極端神祕假象，影響科學昌明和文化發展，影響社會穩定，則為消極因素。因此，我們要分清民間信仰中的精華與糟粕。

民間信仰所形成的祭祀活動與習俗，是客家人寶貴的非物質文化遺產。經過長期的演變，一部分民間信仰已轉換為極具特色的民俗文化現象。它們豐富了民間的文藝活動，以獨具魅力的內涵和雅俗共賞的形式，正吸引著越來越多的人的關注。民俗活動的各種內容不僅展示了民間信仰與民間生活、勞動、文藝之間的內在聯繫，而它們本身也具有一定的美學和藝術價值。民間信仰對民間造成了規範道德、揚善抑惡、和諧鄉里的積極作用，不再是簡單的「封建迷信」「愚昧落後」的代名詞。

隨著當今多元文化的傳播和交流手段的現代化，傳統的生產、生活方式開始發生變化，人們賦予民間信仰活動以新的內容與形式。中華文化中的諸多優良傳統和積極思想因素，如「祈求國泰民安」「博施於民而濟眾」「仁者愛人」「救人於危難」等必將在民間信仰中有新的體現並發揚光大，成為潛移默化的教育資源，成為鄉風文明建設的重要內涵。

民間信仰與客家社會

第一章　生命的感悟，靈性的飛揚

第一章　生命的感悟，靈性的飛揚

——客家動物崇拜

人類的動物崇拜，是人類思維演進史的重要一環，它處在整個鏈條的前部而不是末端。「首先是天，其次是地，接著是動植物，然後是人體，而最後（迄今還未完成）是人的思維」，哲學家羅素《宗教與科學》一書這樣概括各門科學發展的次序。這段話，和一段說明八卦來源的中國古語很有相似處，《易傳》說：「古者庖犧氏之王天下也，仰則觀象於天，俯則觀法於地，觀鳥獸之文與地之宜，近取諸身，遠取諸物，於是始作八卦。」其羅列之物，井然有序，依次是觀天文、察地理、觀鳥獸和取諸自身。[13] 在動物和植物之間，人類的目光先是較多地投於動物，後來才逐漸移向植物。原始人類的動物崇拜，有物質生活和精神生活兩個層面。人類從動物身上攝取食品，保證人類的生存繁衍，在獵取和馴化動物的過程中，人類又因為萬物有靈的觀念，把動物的一技之長想像得神乎其神。從藝術起源的角度說，人們最初主要選取動物題材進行創作。許多保持至今的客家禮儀和綜藝活動，都有原始動物崇拜的痕跡，如舞龍燈、打獅等。

原始宗教以靈魂不死、萬物有靈、圖騰崇拜、祖先崇拜為主要內容，客家人在眾多生活習俗中表現出來的動物崇拜，有著漢民族的特色，又受南方百越族的影響，保留了不少原始宗教的東西，體現了客家人對生命、對自然的敬畏之情。

客家人的動物崇拜大體可以歸結為以下三種類型：一是基於對古老圖騰及生存的崇拜，二是基於對生命敬畏的崇拜，三是基於吉祥喜慶意願的崇拜。

一、基於對古老圖騰及生存的崇拜

這方面的動物崇拜主要體現在以下幾種動物上。

1. 龍的崇拜

龍，在中華民族的意識中是個倍受尊崇的文化符號，龍崇拜是中華民族特有的文化現象。「龍」在中國文化裡是「吉祥、高貴、權勢」的象徵，我們有「龍騰虎躍」「龍飛鳳舞」「鯉魚跳龍門」等褒義詞彙。《說文解字》釋：「龍，鱗蟲之長，能幽能明，能細能巨，能短能長，春分而登天，秋分而潛淵。」學界關於龍的原型和起源有多種觀點，較有代表性的是圖騰說。衛聚賢《古史研究》認為禹為龍，「禹為夏龍氏的圖騰」。聞一多著有《從人頭蛇身談龍與圖騰》，持龍為圖騰之說。他的《伏羲考》則指出，龍是以蛇身為主體，再加上獸類的四腳、馬的毛、鬣的尾、鹿的角、狗的爪、魚的鱗和鬚組成的。根據這一思路，有研究者認為，龍可能是以蛇為圖騰的遠古華夏氏族部落不斷地融合其他氏族部落，蛇圖騰不斷融合其他圖騰的結果。

龍是中華民族的吉祥物，在節慶、賀喜、祝福、驅邪、祭神、廟會等活動中都有舞龍的習俗。龍是中國華夏民族世世代代崇拜的圖騰，龍被中國先民作為祖神敬奉，中國人普遍尊尚龍，經常自稱「龍的傳人」。「龍的傳人」「龍的國度」也獲得世界的認同。龍是中華民族的代表，是中國的象徵。

在中華兒女的生活中有著太多與龍相關的文化習俗，作為漢族分支的客家人也不例外。舞龍燈、祭龍等習俗貫穿在一年的節慶中。客家民諺有言：「龍燈入屋，買田做屋。」客家話中，「燈」和「丁」是同音。客家人最濃厚的一個理念是「人丁興旺」。走家串戶的龍燈表演蘊涵著「送燈（丁）」的祝願，廣受人們的歡迎，而大多數家族都會自己組織龍燈表演。

在客家舞龍習俗中，較典型的有寧化、明溪、將樂、沙縣的稻草龍。稻草龍的身上如果插上線香，就稱為線香龍。舞稻草龍是在春節、元宵、中秋等傳統節日為慶賀和祈求豐收而舉行的一種遊藝活動。稻草龍是孩子們玩的龍，龍頭、龍尾略用一些竹篾做骨，其他均用稻草捆紮而成，一般為七節、九節。每節插上一根一米長左右的棍子，再用稻草繩把它們一節節連結起來，一條「龍」就頂起來了。此龍是所有龍燈中形體最小、資格最老、地位最高的龍。不管布龍、紙龍、青龍、黃龍或者是板凳龍，在路途相遇時，都要給它讓路，並向它叩首致意。客家人把稻草龍看成是吉祥的象徵。童謠曰：「草

龍進屋,買田做屋。」節日後,孩子們將龍放入河中,意為「放龍歸海」;或焚化於田野,稱之為「請龍升天」。上杭等地舞龍有「日龍」「夜龍」之分。「夜龍」以竹製桿,棉紗為衣,每節點燭。另有圓球(俗稱龍珠)二至四個,中點蠟燭,配備鑼鼓,到每家每戶參拜。龍珠隨鼓鈸聲舞動,龍隨之舞,或昂首搶珠,或俯地吞珠,左右盤旋,上下跳躍,賞心悅目。「日龍」骨架用木料製,絹紗為衣,外裝華麗,節數較多。

連城姑田每年正月十四至十六的「遊大龍」場面最為壯觀,氣勢最為宏大。此習俗相傳始於清乾隆十六年(1751年),其家族色彩很濃厚,由中堡村的華、江兩姓輪番出龍,每戶出一節,有些家庭要請外地的親戚幫忙。大龍由板凳做成,又稱板凳龍。每條龍少則九十板,多則一百五十板,每板龍身長四米,須由五名青壯年輪流抬舉。環環相扣的長龍逶迤數百米,氣勢磅礡,蔚為壯觀,被譽為「中華第一龍」。近幾年來,「遊大龍」成為當地春節民俗遊的一個特色節目,吸引了眾多的民俗愛好者前去觀光。「遊大龍」還有許多規矩,出龍頭的人家要用豬、雞祭拜龍頭,龍珠固定在龍口中。龍頭出行時配有神銃、鑼鼓、十番樂隊開道,氣勢盛大。因為體大量重,擎舉龍板的人要把兩公尺多長的竹竿接在龍板上,舉起並插入固定在胸前的皮兜裡。行進中,有舞龍者會惡作劇地向前猛衝或是向後倒退,造成「板凳龍」之間相互牽制和擠壓,臂力和腳勁跟不上的人便會四腳朝天,形成一種狂歡的氛圍。每條龍巡遊一天一夜後,在正月十六日,各戶將自製的龍燈送到山上焚燒,搶先者能搶得吉兆,意為占得新年的先機。

在一些客家地區還有燒龍的習俗。廣東豐順縣埔寨鎮的張姓客家人,在每年的元宵節和其他重大節日舉行燒龍表演。對於這一流傳了兩百多年的燒龍習俗,當地有這樣的傳說:東海龍王出遊南海時路過蓮花山,吃驚地發現此地地瘦民貧,大發惻隱之心,就派其第二十一個孫子濁龍來掌管風雨。可嬌生慣養的濁龍嫌當地鄉民祈雨的酒肉不夠豐盛,便施展淫威,非旱即澇,弄得民不聊生。龍王派小公主青鳳佩帶屠龍寶劍前往巡查。小公主確定濁龍已觸犯了天條,揮淚滅親後勤勤懇懇地行雲布雨。此後,當地人在元宵時紮製火龍,透過燒火龍來弘揚天道,祈求人壽年豐。實際上,這反映了中國人

比較典型的宗教崇拜意識，比較實用主義。一方面崇拜龍，一方面又恨龍，這全在龍的善惡。

另外，客家人還有許多的俗信與龍有關：虹是龍，不能用手指虹，否則會斷掉手指；居住的地方要選在有龍脈的地方，綿延逶迤的山脈被稱為「龍脈」；把種在山村路口、祠堂屋後的風水林稱為「龍鬚」，加以保護，認為砍伐風水林是「拔龍鬚」，是不吉利的；等等。

2. 鳳凰崇拜

崇鳳習俗源於楚地。有專家認為，中國的崇拜：北方有龍，南方有獅，中間是鳳凰。當然，南方之蛇，也稱小龍，亦為崇拜之對象。楚國尊鳳重鳥，原屬東部鳥圖騰部族體系。據《山海經》《說文》等典籍記載，鳳為神鳥，高大，斑斕有五彩色，能歌善舞。因而，楚民族（含楚先民）以鳳為圖騰，以此象徵楚地的悠久歷史和楚文化的豐富瑰麗。另據張祖基等《客家舊禮俗》中載述：鳳凰，公子喊做鳳，姆子喊做凰。在丹穴山出產，在梧桐樹上做藪，用竹米做食用，頸像蛇、頰像燕、背像龜、尾像魚、翼像雞，有五色，啼聲合五音，太平正出身，世亂就隱藏。三百六十樣禽類，鳳凰為王。鳳凰有五德，頭載仁、頸抱義、背負禮、胸藏智、腳踏信。俗話說：鳳凰不落無寶地，鴉鵲築窠常旺枝。鳳係瑞鳥，人名地名多用鳳字，有「鳳凰於歸」「丹鳳朝陽」等吉祥語。[14]

《韓非子·和氏篇》載：東周春秋時，楚人卞和在荊山見鳳凰棲落青石之上。因有「鳳凰不落無寶地」之說，他將此璞石獻給楚厲王，經玉工辨識認為是石塊，卞和以欺君罪被刖左足。楚武王即位，卞和又去獻寶，仍以前罪斷去右足。至楚文王時，卞和抱玉痛哭於荊山下，哭至眼淚乾涸，流出血淚。文王甚奇，便命人剖開璞石，果得寶玉，經良工雕琢成璧，人稱和氏璧。

傳說中，要世界真正太平，出現聖哲的皇帝，鳳鳥才會出世。故晚年的孔子在《論語》中有這樣的感嘆：「鳳鳥不至，河不出圖，吾已矣夫！」用鳳來感嘆這個時代，所謂「鳳鳥不至」，等於現在說「這個時代不是我們的了」。在客家婚慶喜俗中，鳳凰崇拜表現得尤其明顯。

3. 青蛙崇拜

詩云：「稻花香裡說豐年，聽取蛙聲一片。」青蛙崇拜可以追溯到秦漢以前百越族的蛙圖騰崇拜。

南方百越族是中國較早種植水稻的民族，在長期的生產實踐中，他們發現青蛙的某種叫聲預示著雷雨的即將來臨，但他們又不明白其中的奧祕，以為青蛙能呼風喚雨，兆示著農業收成的豐歉，所以對青蛙加以崇拜。有的氏族還把青蛙作為本氏族的圖騰，如駱越族後裔壯族將青蛙的圖像鑄在銅鼓這一被視為神聖的重器上就是一例。客家人遷入南方後，也主要從事水稻種植等農業生產，自然而然地承襲了南方百越族的青蛙崇拜。如客家民諺中有「田家無五行，雨旱卜蛙聲」之說。從生活的角度談，我們以為，古時青蛙多，在客家人的房前屋後，塘裡田邊，常能見到。尤其是夏秋夜晚，青蛙、長腳拐（客家人稱蛙之一種）叫聲特別響亮悅耳，人們感到很親切。大的青蛙在客家話中稱為「田雞」，這種叫法也是很特別的。在客家山歌中常有「田雞」出現。如「塘裡田雞叫連天，想討老婆又無錢。拿張凳子同爸講，阿爸搖頭又一年」。[15]

長期的共存，使客家人對青蛙有著特別的好感。根據史料記載，直到清代，閩西以及閩北的延平、邵武、汀州、建陽四府的百姓還「祀（蛙）神甚謹，延平府城東且有廟」[16]。清末咸豐六年（1856年），施鴻保因事到汀州，汀州府幕僚王砥齋告訴他這麼一件事。道光十三年（1833年）王砥齋在延平當幕僚時，恰逢永安、沙縣的土匪攻打郡城，城池岌岌可危，郡人惶惶不安，只好到神廟和延平府學泮池旁的蛙神廟燒香祈禱。一天，太守朱沁石巡城後回衙門，突然發現有一蛙神停在衙門前的竹枝上，遂將牠延請入官署，朝夕焚香祈禱。兩天後，蛙神倏然不見，而援兵正好趕到汀州，解除了一個多月的圍困。郡人以為乃蛙神保佑才使城池安然無恙，在太守朱沁石的倡導下，郡人紛紛捐銀興建蛙神廟，廟宇不久便落成，即位於城東的蛙神廟。這座蛙神廟的建立有偶然的因素，但可看出這是人們日常生活中對蛙神崇拜的必然結果。而且不僅民間一般百姓崇拜，文人官吏也同樣崇拜。

4. 耕牛崇拜

　　牛是農耕社會的重要角色，是古代的主要耕畜，是農家的重要財產。殷商甲骨文常見「犁」字，像牛牽引犁頭啟土之形。

　　客家人平時對耕牛很重視，注重保護耕牛。耕牛實在太老了，不得不殺。但如果看見其流淚，就不能殺了。客家地區立春時有迎春牛儀式。迎春牛又叫「打春牛」或「鞭春」。唐代詩人元稹《生春》詩：「鞭牛縣門外，爭土蓋春蠶。」《禮記·月令》載：「季冬之月，命有司大儺，旁磔，出土牛，以送寒氣。」送冬寒必然聯繫著迎春暖，兩者難以截然分開。清代褚人獲《堅瓠集·續集》說：「古者迎春與出土牛原是二事，迎春以迎陽氣，出土牛以送陰氣。迎春在立春之日，出土牛在季冬，與儺同時。」由季冬土牛到立春土牛的風俗演變，漢代時已完成。立春土牛之習大盛於宋代。

　　一年之計在於春，人們在立春這天舉行迎春儀式，福建沙縣、永安等地客家人在家門前豎起一桿「春旗」，或稱之為「春幡」，剪成菱形的小塊紅紙，貼在「春枝」的每一片葉子上。家家廳堂擺供桌，上有竹筍（節節高）、大蒜（會計算）、香蔥（聰明）、菠菜（「紅頭菜」，意紅紅火火）、橘子（吉利）、豆腐（富）、魚（餘）等。

　　閩西汀州迎春牛、芒神活動更具熱鬧、喜慶的色彩。清代以前，長汀的官吏每逢立春都要穿戴新裝，前往郊區羅坊舉行迎春牛儀式。由一官員扮春官，手持竹木鞭鞭打紙紮的春牛，一次抽三鞭，邊抽邊高聲喊道：「一鞭風調雨順，二鞭五穀豐登，三鞭國泰民安。」抽完將牛鞭交給旁邊的農夫，農夫揮鞭趕真牛犁田，這就標誌著春耕的開始。連城有「犁春牛」的遊樂活動，是趕真牛上街遊行，牽牛者打扮成戲劇中的丑角，滑稽可笑；另一個是犁者，也裝扮成邋邋的丑角模樣；還有一個是送飯者，多為女性，挑著一頭裝飯菜、一頭裝青草的擔子，既送農夫午飯，也送耕牛草料；第四個肩上扛鋤頭，充當管水和幹水田雜活的角色。這四個人都是下田勞動者的裝扮，反映了一年一度春耕繁忙的勞動情景。緊隨其後的是敲鑼打鼓的隊伍，喧天的鑼鼓似乎伴隨著春天的腳步聲。

一、基於對古老圖騰及生存的崇拜

臺灣是中外聞名的米糧倉,立春典禮的隆重程度比起大陸各地有過之而無不及。立春前一日塑製好土牛和芒神置於春牛亭,府、廳、縣各級長官盛裝祭祀,立春日主持鞭春牛儀式,「鞭春牛以畢寒氣,禮勾芒以示農祥」,然後把土牛抬上街市遊行。土牛前有彩車、歌舞隊、器樂隊等,大街小巷、遠鄉近郊的百姓蜂擁而至,雜喧滿道,十分熱鬧。粵東大埔歲時民俗有載:立春,農民視土牛色辨雨暘,取牛土投豕圈,祝豕肥碩。春官吏以小土牛遺各里社,謂之「發春」。

習俗不斷發展,迎春活動由原先充滿宗教般神祕氣氛,演變為充滿節日般喜慶氣氛,歌舞載道,紅火熱鬧。福建永定的客家民俗,立春迎春牛的儀式很隆重。村頭有迎春牛的大隊人馬,隊列中有樂隊,有水牛,一老一少兩位丑角,年老者用木棒敲擊牛角,高喊:「少壯不努力,老大徒傷悲!」少年把算盤珠子搖得嘩嘩響,同時高喊:「一年之計在於春,莫待秋來斗無情!」一唱一和,可以說是很好的民俗教育活動。

最隆重的當數福建永定縣高陂鎮西陂村的迎春牛的儀式。它不但有四百餘年歷史,而且規模宏大,有上萬人參加。

關於它的來由,有一個傳說:明嘉靖年間(1522～1566年),廣東潮州府海陽縣人林大欽,因鄉間瘟疫猖獗,家人均未能倖免,十餘歲便隻身流落永定高陂鎮西陂村。西陂村民林貢山收他為義子,供其讀書。嘉靖十一年(1532年),林大欽參加壬辰科廷試,中狀元,春風得意,衣錦還鄉。喜訊傳來,闔族歡欣鼓舞,林貢山與鄉人浩浩蕩蕩出村迎接。時林大欽騎著高頭駿馬,已至西陂村東羊角山排,聞父前來等接,驚曰:「只有子接父,豈有父接子之理?」急忙下馬,拜見義父。林貢山醒悟過來,忽然記起這天正是立春,便馬上機智地轉口說:「今日立春日,為父至此,乃恭接春神也。」後林大欽呈報皇上立案,遂定正月立春日為西陂林氏迎春活動日。

立春日早晨,三聲號銃響過後,迎春牛活動開始,村民將春牛(每年的春牛是按當年黃曆春牛圖所示尺寸製作,木架、竹骨、紙糊、木輪,高大牢固,牛角披紅掛綵,牛額上貼一紅紙書寫的「春」字,牛肚下掛錢袋,內裝有銅錢、銀幣等)預先推至村東羊角山排,行接春神、祭春牛儀式。司儀高呼「風

民間信仰與客家社會
第一章　生命的感悟，靈性的飛揚

調雨順，國泰民安，田禾大熟，五穀豐登」吉語，扶犁的象徵性地將犁插入田中，推春牛的吆喝幾聲，與此同時，各房族代表率鑼鼓、彩旗、高燈隊伍前往迎接。進入村莊後，隊伍按一定的秩序行進。隊伍由清道鑼、報馬、「恭接新春」大匾、高燈、春花隊、故事隊等組成。春花隊有幾十盆鮮花、瑞草、盆景，每盆置一花架上，由兩人抬著。故事隊裝扮的故事有士農工商、魚樵耕讀、文官武將、戲劇人物等名目，裝扮農業方面的就有犁田耙田的、播種耕耘的、施肥灌溉的、提茶送飯的、收割曬場的、風穀進倉的等等。春牛背上坐一位天真活潑男孩，飾牧童，頻頻揮鞭作趕牛狀。春牛由數位身強力壯的農民推著前進。迎春隊伍在村內主道上緩緩行進長達數里，一路旗鼓相望，銃炮連天。下午三時迎至下寨坪後折回馬鞍陂邊的湖洋田中，農民不顧田深泥髒水冷，紛紛奔向春牛，將春牛撕碎。有搶得紙片的，有搶得竹篾的，有搶得錢袋裡的銅錢或銀幣的，把迎春接春的活動推向高潮。他們以能多得到一點牛身上的東西為榮為幸。然後，他們將搶得的東西掛在牛欄上，如此一家人便能安居樂業，福壽綿長，豬肥牛壯，五穀豐登。這一活動極盡農家之樂，是客家人特有的狂歡。

另據《長汀縣志》卷三十五《別錄》中引唐牛肅《紀聞》云：「唐開元末，新羅（唐新羅縣在今上杭縣東北五十里）令孫奉先晝日坐聽事。有神見庭中，披戈執殳，狀甚可畏，奉先驚起。神曰：『吾新羅山神也，今從府主求一牛為食，我當佑汝。奉先曰：『殺牛事大，請以羊豕代之可乎？』神怒曰：『惜一牛不以祭我，我不佑汝矣。』遂滅。自是瘴癘大起，奉先與其家二十口盡亡。」一個縣令都覺得殺一頭牛事大，不敢答應，可見古時牛在人們生活中的重要性。臺灣民俗禁忌，如果某人夢到水牛失家，預示主人有喪事。又曰「吃牛肉，會殘廢」。[17] 這些都說明南方民眾因長期農耕生活而形成了對牛的特殊情感。

粵東從化歲時民俗有：「孟冬之月朔日，農人大哺相勞，用糯米為糍，雜粉豆以飯牛，謂之『牛年』，亦報終年耕耘之勤也。以糍縛牛兩角，牛照水見角無糍者輒悲鳴狂跳云。是月也，晚稻再獲，穡事告終焉。農多設醮賽禱。」「十月晚禾收，農事將畢，蒸餅裹菜以飼牛，且懸之牛角，曰『牛年』。」又二月「望日，山谷民大集三角山、唐家村諸處，以農器、耕牛相貿易，曰『犁

耙會』」。清代屈大均《廣東新語》說：「韶州十月朔日，農家大酺，為米糍相饋，以大糍粘牛角上，曰牛年。牛照水影而喜。是日，牛不穿繩，謂放閒。」牛的功勞大，值得人們為其過年。而閩西地區客家人的耕牛節，有的在農曆四月初八日，有的在清明日。是日早晨，煮稀飯、米酒加上五個雞蛋餵耕牛，並在牛頭、牛脖、牛背、牛尾等處貼圓粄，邊貼邊唱：「圓粄貼牛頭，上山食草唔使（不用）愁；圓粄貼牛脖，明年五穀熟；圓粄貼中央，預祝明年穀滿倉；圓粄貼牛尾，朝（早晨）放出門晚自歸。」

閩西連城姑田鎮在每年的四月初八日都要舉行以各自村落為單位的農家賽牛。這天一大早，牛主人煮煎好牛傷藥，配上米酒、稀飯餵牛。接著把牛的全身沖刷乾淨，在牛角和牛尾間，圈上紅花紅布。早飯後，各戶就把耕牛牽到村落的開闊地帶，評比誰家的耕牛長得膘壯健美。優勝者由村中長輩在牛角上戴上大紅花，以示獎勵。獲獎的牛牽回家時，牛主還要鳴炮迎接以示慶賀。同時，戶主要清除牛欄內的墊草牛糞，換上新鮮稻草，讓辛苦了一個春天的耕牛過個舒適的節日。從這些習俗中可以看出客家人以德報德的情感，以及對牛的理解與尊重。

在閩西客家地區還有一種對牛的崇拜，與家族歷史有關。

很久以前，汀州管八縣，八縣都是客家人與畬民居住的地方，但畬漢不通婚。不知是哪一姓的後生與畬家妹子好上了，但又不敢聲張，因為那時如果誰畬漢通婚是要被挖眼睛和殺頭的。不久，畬家妹子懷孕了，偷偷地躲在後生家的牛欄裡生了一個小囝。那後生告訴他的老爹，說牛欄裡的母牛生了一個小囝，於是父子倆收養了這個孩子。此後，後生和畬家妹子照舊和好。

後來，畬家妹子憑媒出嫁，在出嫁的路上，她跳崖自殺了。那後生聽到此事，痛哭了三天三夜。他編了一首歌教給他的兒子唱：「火螢蟲，桔桔紅，夜夜下哩吊燈籠。燈籠裡背一枝花，畬家妹子入人家。茶一杯，酒一杯，打扮孺人大路歸。大路歸，石按腳；小路歸，芒割腳。芒頭尾上一點血，芒頭據下一絞腸。爺子見得出目汁，娓子見得叫斷腸。長竹篙，曬羅裙；短竹篙，打媒人。上書老鴉哇哇叫，下書老虎打媒人。」歌唱得十分悲慘，雖然客家人對不祥的語言是十分忌諱的，但這首歌傳唱了一代又一代，直到現在。

後來，那後生將畬家妹子的屍體偷藏在自己的牛欄裡，據說就是現在汀州的牛欄崗，那裡是「生龍口」。再後來，後生一家子孫就尊母牛為祖妣。元、明以後，大批漢人南下，當地人因風俗落後或祖先出身卑賤，往往被人恥笑，就把自己祖先的歷史掩蓋起來。但是，牛肉是絕對不可以上酒席的，更不可以作供品敬祖、敬神。牛肉不上酒席的風俗就這樣流傳下來。[18]

許多民間俗信往往起於偶然因素，或因懼怕，或因敬畏，或因某種境遇。由於歷史上的畬族有過實行「族內婚」的傳統，當時「畬漢不通婚」，「如果誰畬漢通婚是要被挖眼睛和殺頭的」，故而，客家後生和畬族妹子相愛並偷生下孩子後不敢聲張，而且至死不敢把生母的真實身分告訴孩子，只能讓兒孫們「尊母牛為祖妣」。這就在一定範圍人群內形成特定的習俗。

5. 獐的崇拜

閩西南的客家人對獐有特殊的感情，他們愛護牠，甚至尊崇牠。平時發現獐來到村子，客家人絕不會去傷害牠。若遇到獐被獵人追趕，總是千方百計地將牠掩藏；若是獐受傷了，就用草藥給獐敷傷口，待痊癒後再放回山中。閩西南客家人形成了獨特的崇獐習俗。民間傳說，很早以前，有一客家人救護了一隻被獵人追殺的獐，並用草藥為獐治癒傷口，後放回山中。有一天，這隻獐突然下山將老者的孫子叼走，放在山頂上，全村人為幫老者奪回孫子而緊追不捨。他們剛到山頂，雷雨交加，山洪爆發，整個村子都被洪水沖沒，百姓由此倖免於難。從此，客家人對獐尊崇備至，認為獐心地善良，能為百姓消災去禍，是保護客家人的「聖物」。[19] 這是有很明顯地方特色的動物崇拜。

二、基於對生命敬畏的崇拜

「人類祖先的採集和狩獵是十分危險的，於是他們對獲取植物果實或獵物，都以為是動、植物對人類的支持和幫助，並常常把得到果實或獵物看作是動、植物的損失，應當在感恩的同時，用奉獻表示報償、致歉。在認識上，遠古人把動、植物都看作有靈的東西，甚至殺了一個動物要祈禳，砍倒一棵

二、基於對生命敬畏的崇拜

樹要供獻。」[20] 在長期的生活中，客家人形成了尊重生命、敬畏生命的意識。這方面的動物崇拜主要有如下幾種。

1. 蛇的崇拜

小時筆者聽祖母給我們講故事，說我們人類原來是像蛇一樣蛻皮的，每蛻皮一次，生命就延長一次。但每次蛻皮的時候都很痛苦，全身血淋淋的。後來人類怕痛苦，就說不要蛻皮了，上天便把蛻皮的權利轉給了蛇。小時聽的這個故事，筆者還沒有在哪一本民俗書中見到過，不知這個傳說的流傳範圍有多廣，是否有代表性。但把人與蛇的生長相比而談，可以看出其中的關係。

眾所周知，閩越族以蛇為圖騰。南方多山，又是亞熱帶地區，毒蛇多。毒蛇多繁殖於山野溪谷，對當地越族人的生存造成了很大的威脅。蛇在古代越族人的心目中顯得非常神祕。牠來去無蹤，脫皮蛻變，水陸兩棲，無足無翼而能竄突騰躍。特別是蛇一旦狂怒起來，不但能傷害弱小的人畜，而且能毒死甚至於吞噬兇猛的野獸，這就使得古代越人對蛇產生了極大的恐懼，以為蛇具有某種超自然的力量，進而對牠加以崇拜，後來再由一般的崇拜發展為圖騰崇拜，即把蛇看作是自己的祖先或保護神。《說文解字》的作者許慎在解釋「閩」字本義時說：「閩，東南越，蛇種。」所謂「蛇種」即認蛇為自己的祖先。[21] 同時，東漢以後至五代至少有三次大規模的北方漢人遷徙入閩的浪潮，閩越族逐漸被漢人同化。因此，一方面，因入鄉隨俗及蛇的特性的因素，對蛇的崇拜仍然保留下來了。另一方面，閩越族的蛇圖騰自然也成為漢族征服的對象。如《李寄斬蛇》的傳說就是一例，還有閩西流傳的定光佛收服異蛇的傳說。這些均反映出客家先民與閩越族在融合約化的過程中存在著信仰上的矛盾衝突。

毒蛇對於漢族移民來說是一大危害，他們在進行各種活動時，經常受到蛇的侵害。他們一方面企圖借助神力去征服牠，另一方面又對蛇產生了恐懼心理，進而加以崇拜，使閩越族蛇圖騰崇拜又沉澱在南遷而來的漢民族的意識之中。閩西長汀平原裡有蛇騰寺；上杭縣有座山名靈蛇山，「舊傳山有巨蟒出沒，人過其處必禱之，故名」[22]。「汀州人言：『赤峰山定光佛寺後池中，

民間信仰與客家社會

第一章　生命的感悟，靈性的飛揚

有定光佛所收四足蛇，身具五色，四足長數寸，不噬人，見之者必大貴。』」[23] 關於長汀縣城西門外羅漢嶺的蛇王宮，人們有所謂「未有汀州府，先有蛇王宮」之說，說明早在唐代開元二十四年（763年）設立汀州府之前，汀州蛇王宮即已存在，其時客家民系仍未形成，蛇王崇拜屬當地土著民間崇拜無疑。再者，北方漢民族並沒有崇拜蛇的習俗，恰恰相反，漢族人自古以來視蛇為邪惡的象徵，「蛇妖」「美女蛇」在漢語言中是「害人精」「淫邪者」的代名詞，連追求自由幸福的白蛇娘娘和忠肝義膽的青蛇姑娘都被視為妖怪，要讓法海和尚置之死地而後快。然而，客家人卻非常自然地接受和繼承了蛇崇拜，汀州和客家地區各地的蛇王廟、蛇王宮香火甚旺。長汀和上杭縣交界處的靈蛇山上的蛇騰寺裡所塑的蛇神，乾脆被塑成白蛇娘娘，成了客家人心目中美麗善良、救苦救難的菩薩。客家地區還有著每年陰曆六月十九日至九月十九日觀音菩薩回娘家期間，當地護境佑民的責任歸白蛇娘娘的美麗神話傳說，寄託了客家人蛇崇拜的虔誠。在連城，蛇進入民居，主人須想辦法把蛇趕進畚箕，手持三根香，護送到三岔路口放生。對於蛇進入民居，無論是歡迎還是恐懼，都同樣體現了人們對蛇的崇拜心理。

　　由於南方蛇多，人們接觸得也多，因此，相關的習俗就多。如為防蜈蚣之毒，煮蛇不能放在房子的屋簷範圍內煮，只能露天煮。過去，客家人只食蟒蛇肉，其他蛇一般都是打死後掩埋。在筆者的家鄉永定縣高陂鎮有這樣的習俗，不管是誰打到蟒蛇，煮蛇時，村中只要有小孩的人家，都可以拿兩個雞蛋放進鍋裡去煮，還可分到蛇湯，給小孩喝，因蛇湯能去毒。這種習俗在聚族而居的客家村中到處可見。以蛇為美味，在南方民族中已有兩千年的歷史。《淮南子》中有記載說：「越人得蚺蛇以為上肴。」若看見蛇交尾雙頭，會被視為大凶，看見蛇蛻殼，也被視為不吉，按民間的說法，要趕緊拔下一根頭髮，扯掉一顆鈕扣，吐一口唾沫，以資禳解。我們小時候上山耕種或砍伐，要摘野果吃，怕有蛇毒，大人總是叫小孩子要先對著野果吹三口氣。前輩們常告誡後輩，打蛇須一下打死，否則會倒霉，等等。

　　臺灣許多地方也還保留這樣的習俗。如，打蛇要一氣打到死而忌蛇逃走，俗說「蛇會討命（報仇）」。又如，忌用手指蛇，俗說「用手指蛇，會生蛇頭疔」，或說會容易被蛇認識而日後惹禍，因此要裝著避而不看的樣子。見

二、基於對生命敬畏的崇拜

蛇時忌說「蛇無腳」，不慎這樣說，蛇會生出很多腳來追咬人，這時候要解開頭髮，說「我髮比你腳多」始免被咬。而若夢見蛇人交合是得才兆。[24] 在客家區，端午節人們都要飲雄黃、菖蒲酒，其意是避蛇。

閩西長汀童坊竹下七月半有以蠟燭「迎雞嫲蛇」的活動。「迎」，解釋為「撐」的意思。所謂的「雞嫲蛇」就是用稻草紮成大小不同的四腳蛇，它有頭、有尾、有四隻爪，也有人稱之為小龍。因七月半民間稱為「鬼節」，迎小龍也有驅邪避災之意。七月半入夜，迎雞嫲蛇的活動開始。紮了雞嫲蛇的人都把它迎上街。到竹下祠堂時，竹下人就要負責給每隻雞嫲蛇插上點燃的蠟燭。一些點燃蠟燭的人轉一圈把蠟燭拿掉後又回來再要蠟燭，這種惡作劇有時會使竹下人來不及供應，這樣，一些未如願點上蠟燭的人就把雞嫲蛇扔到竹下人的祠堂頂上。據說，被扔了雞嫲蛇後，竹下人會拉痢。所以，每到七月半，竹下人儘量多備好些蠟燭，避免出現供應上的空檔，以求平安。[25]

客家人在繼承了閩越族的某些宗教信仰的同時，也不可避免地產生一些矛盾衝突。如《李寄斬蛇》的傳說就是一例。[26] 一方面，客家人對入屋蛇很愛護，要禮請它出屋，這是對蛇的懼畏，怕在房子裡打死蛇遭受蛇的報復。一方面客家民諺又認為「見蛇不打三分罪」。比如梅州丙村的溫家仁厚祠裡，至今有忌諱：有蛇進了祠內，絕不敢打死牠，而會將其放生，反之視為不吉利。據傳很多年前，仁厚祠圍龍屋裡的一個人，打死一條入屋之蛇，結果主人不久就突然死去。經歷這事之後，溫姓人更加相信蛇是靈異的動物。這種個案傳說在客家地區有不少。

從另一個角度說，客家人對蛇的崇拜還與對龍的崇拜有著密切的關係。從形體上看，蛇與龍極為相似，在中國十二生肖中，民間稱蛇為「小龍」，俗信龍是由蛇生育出來的，或謂蛇脫殼後會變成龍。蛇的資格比龍的資格更老。可以斷言，在還沒有創造出龍形象的時候，蛇就已經成為原始崇拜的對象了。聞一多《伏羲考》認為，龍的主幹部分和基本形態都取於蛇，「這表明在當初那眾多圖騰單位林立的時代，內中以蛇圖騰為最強大」。在中國古代神話的畫廊中，女媧和伏羲均為人首蛇身，如漢代《魯靈光殿賦》所描寫

「伏羲鱗身，女媧蛇身」。陝西米脂東漢墓畫像石，伏羲女媧相對而列，皆著冠服，人首蛇身，手捧日月。[27]

值得注意的是，民間許多俗信是以蛇作為龍的徵兆的。如向龍求雨時，往往以老蛇出現作為下雨的徵兆。又如以蛇為真龍天子的徵兆。《史記》寫漢高祖劉邦醉斬大蛇，有老嫗啼哭，說是我兒本白帝之子，化為蛇，被赤帝之子所殺。劉邦聞言大喜，認為天降神示。通常說來，白帝之子該叫真龍天子的，可他卻化為蛇。蛇與龍的界線簡直是若有若無的了。即使到現在，民間都還會把一些蛇的現象牽強附會到一些國家領導人身上。這些都說明了客家人在崇拜龍的意識中交織著對蛇的崇拜，也在一定程度上反映了南方越族蛇崇拜意識深刻地影響著遷徙而來的漢民族客家民系的民間信仰。

2. 草蜢崇拜

在客家區，我們在小的時候經常被告誡，不能打死草蜢，因為牠是山中鬼變的，有些說不定就是你的祖先。有時家中來了草蜢，大人說是祖先來看望我們了，不能趕牠，更不能把牠打死，要唸唸有詞地禮請牠出去，說是讓牠回到自己待的地方去。從中也可看出客家人祖先崇拜的一個方面。這種說法流行於閩西永定高陂一帶，不知其他地方是否如此。

3. 烏鴉俗信

客家民間普遍認為鴉噪主凶，聽到烏鴉叫，往往要吐一口唾沫以禳解。若讓鳥（尤其是烏鴉）拉屎到頭上，則更覺晦氣，往往要破口大罵幾句以禳解。貓頭鷹在客家被視為凶鳥，俗信貓頭鷹叫是要死人的兆示。謝肇淛說：「貓頭鳥即梟也，閩人最忌之，雲是城隍攝魂使者。城市屋上，有梟夜鳴，主必死喪。」[28]

4. 猴子俗信

筆者家鄉永定稱猴子為「猴哥」。中國拍攝的一部動畫片《孫悟空》中有首歌的歌詞就稱孫悟空為「猴哥」：「猴哥猴哥／你真了不得／五行大山壓不住你／蹦出個孫行者／猴哥猴哥／你真太難得／緊箍咒再念／沒改變老

孫的本色。」這不知是受民俗影響呢，還是其他因素影響。《淵鑑類函》卷四三二引《汀州志》曰：「唐大曆中，有猴數百，集古田山林中。里人欲伐木殺之。中一老猴，忽躍去近鄰一家縱火焚屋。里人懼，亟走救火。於是群猴脫去。」猴像人一樣聰明，讓人不敢小瞧，甚至於敬而遠之。特別是民間傳說，百歲老猴會成精，會降禍福於人。確切地說，客家地區對猴的態度就是怕其搗亂，惹麻煩。永定有一個關於「猴的屁股為什麼紅」的傳說很能說明問題。

三、基於吉祥喜慶意願的崇拜

中國人喜歡吉祥喜慶的東西，在生活中表現很明顯，客家人也不例外。這方面的動物崇拜主要有以下幾種。

1. 燕子、喜鵲崇拜

燕子和喜鵲一樣都被人們視為吉祥之鳥，從不傷害，尤其是對燕鳥。客家人有著很深的家燕情結。客家人建房時，喜歡用竹片釘在大廳的牆上或者是廳正中的屋梁上，讓燕子做巢，即使燕子的糞便弄髒了牆壁廳堂，也從不發出怨言。俗信燕子在民房裡做巢，兆示全家平安、財運亨通。客家人把家族的情感融入其中。客家人把家燕視為「家鳥」，這在很大程度上根源於燕子的雙飛雙宿。其在艱難困苦的遷徙中相濡以沫的深情，為客家人所讚賞。

客家是比較重感情的一個民系。在朋友之交上，講究真情相待，熱情好客；在夫妻之分上，追求榮辱與共的理想伴侶，用客家話說是「一根棍子插到底」。作為候鳥的燕子不斷遷徙，這和客家人「千里漂泊」的歷史命運如出一轍。而燕子在艱難奔徙途中相濡以沫的深情不能不引起客家人的共鳴。客家人最常見的婚禮對聯的橫披是「新婚燕爾」，用來祝福婚男女像燕子一樣相親相近，形影相伴，比翼雙飛。語出《詩經·谷風》：「燕爾新婚，如兄如弟。」說燕子成雙成對，雌雄匹配，兩兩雙棲，形影不離。其次是，燕子為了築巢，每天來回穿梭數百次，這種勤勞是客家人最崇拜的品質。而且燕窩是由一些樹枝、草稈參差交錯和泥土築成的。燕窩外部凹凸不平，而裡面

卻極其光滑整潔，其圓潤程度是任何一個泥瓦匠的手藝所無法比擬的。客家人的民居土樓，無論是建築材料的選用，還是建築理念的形成都是向燕子學習的。客家土樓是用樹木、竹片為骨幹，以泥土、沙石為肌肉建築而成的。還有，客家人的另一種建材是泥磚，即用黃土加上剉成一節節的稻草攪拌均勻，再用木製的工具做成方塊曬乾。這樣的建材一般用來建豬舍、牛欄、廁所、糞間等一到兩層的房子。最關鍵的是，每家每戶都會做。筆者小時候常幫父母一起做這樣的泥磚。充分利用大自然的材料，建築舒適實用的棲身之所，是客家人與家燕共通的理念。而且土樓也和燕窩一樣，不注重外觀的華麗，而是追求堅固與實用；不講究外部的好看，而是注重內部的調適。客家土樓不管是圓樓、方樓、八卦樓，或是五鳳樓、圍龍屋，其建築特徵都與燕窩相似。有客家民諺說：「燕子雙飛晴天告，燕子低飛雨天報。」這些經過客家祖祖輩輩總結出來的經驗是很有一定的科學道理的。

　　《荊楚歲時記》中有載：立春這天，人們用五色綢剪成燕形，戴在頭上，貼上「宜春」兩字。「宜春」兩字在傅咸的《燕賦》裡也有提到。賦說：「春夏秋冬四季一個接一個地推移，人們恭敬地迎接春天，春天順應天運是東方（之神），所以用彩燕歡迎她的來臨。彩燕展開輕巧而有力的翅膀，好像要飛而又不能飛高！人們的手工技巧是何等精妙，仿效燕子的模樣惟妙惟肖，含著青書讚美著春天，表達了（宜春）的祝福『春天安好』。」[29] 這裡對人們崇燕習俗解讀得多麼生動而深刻。

　　喜鵲在客家人心中也是有很崇高的地位的。在客家民間，家中男兒新婚時須請木匠打造喜床，傳統婚床的兩端和靠牆一邊都裝有雕花床欄。雕刻的一般是喜鵲登梅，雙飛的喜鵲預祝新婚夫妻百年和合。燕子和喜鵲都是客家習俗中的吉祥之鳥。

2. 雞的崇拜

　　人類養雞的歷史非常悠久。公元前 8000 年（舊石器時代）的南越地區已經開始養雞，隨後中國中原、印度、埃及、古希臘、古羅馬……相繼開始雞的馴養。在中國，長江流域的屈家嶺人類遺址（新石器時代）中曾發掘出

三、基於吉祥喜慶意願的崇拜

陶雞。這說明，很久以前，家雞就已普及於華夏了，雞與人類休戚與共幾千年。至今，走進鄉村，雞鳴狗吠是人煙所在的象徵。

雞，歷來被視為吉祥物，自古以來人們以雞為犧牲獻祭，並用以禳災祛邪。有時客家人還把牠看成是鳳凰的代身。如不少地方的客家女出嫁時都有一頭帶路雞。有專家認為帶路雞是古族標圖騰文化與原始巫術的遺存。鳳鳥族標是比龍、虎等族標更早出現的最原始族標之一，作為一種文化象徵，它在中國文化的滲透之深廣遠甚於皇族專化了的龍文化符號。帶路雞是其中一種表現，是綜合理念，期祝美好順遂平安。同時它又是安撫使，古傳鳳（即雞）有護魂安魄、驅邪鎮鬼祛穢之作用。帶路雞可潔淨新娘行嫁之路，防止路上中蠱，可避毒邪。新娘出嫁從一個安全圈轉向另一個生疏的安全圈，行嫁之途則脫離了家庭保護神範圍，容易受孤魂野鬼傷害、驚嚇，而帶路雞可以收煞一切鬼祟，又可收生人三魂七魄，所以牠可安保新娘入夫家。

最風趣的是臺灣客家人的圓房習俗。圓房之時，新郎新娘剛躺下，床底下會傳出公雞「喔喔喔」的叫聲和母雞「咯咯咯」的報生聲。原來在女孩談定婚事後，其母親精心地為其餵養了一對雞，在她出嫁之日作為「帶路雞」來到男家，直送洞房婚床底下。雞叫後，新郎會問新娘：「床下怎麼有雞叫？」新娘告訴他：「天快亮了，公雞啼鳴，母雞下蛋了。」新郎掀起床單一看，床下的母雞真的下了個大雞蛋。這在男方看來是好兆頭。此俗稱為「圓房催生」。又如廣西融水客家定親時需送十斤豬肉、一對公雞或一對公鴨（只能是公的），意即女子嫁出後，一定能為男家生育男孩，這樣就能傳宗接代，香火不斷了。閩西習俗，新婚之夜，新郎新娘要在洞房內吃雞，稱為「財食雞」，表達的是有財有食的意願。

在客家地區男孩的滿月儀禮中，最有特色、最具有戲劇性的要算開齋了。開齋前，外祖父要辦好（或讓女婿代辦）開齋的全套物品，即雞、鯉魚、豬肉、酒、蔥五樣。開齋由外祖父或大舅或其他輩分高、有威望的人主持。主持拿著一雙筷子，按次序在各樣東西上比畫一下，「餵」給嬰兒吃，每樣東西都不是真吃，只是點到為止，每動用一樣東西要大聲唸一句吉祥、祝願的話。順序是：(1)「喝酒」——「祿享千鐘，量過太白！」(2)「吃蔥」——

民間信仰與客家社會
第一章　生命的感悟，靈性的飛揚

「中通外通，聰明智慧！」（3）「吃雞頭」——「頭角崢嶸，獨占鰲頭！」「吃雞翅」——「步捷青雲，鵬程萬里！」「吃雞鳳尾」——「鳳毛濟美，光前裕後！」「吃雞爪」——「足踏四方，方方得利！」（4）「吃鯉魚」——「鯉跳龍門，名揚四海！」（5）「吃豬肉」——「永享厚祿，五福俱全！」這其中包含著客家人由於生活的需要而形成的對動、植物的崇拜意識。

　　生活中，客家人是特別看重雞的。每逢過年過節，雞頭對著誰是很講究的。一般對著最尊貴的人。而閩南一帶的人比較看重魚頭，魚頭一般對著最尊貴的人。在客家地區，尤其是現在的閩西連城一帶，對雞的重視依舊保留著。在那裡，從初一開始，酒宴上一直有雞頭。雞頭對著最長最尊貴的客人，而且開席酒就是這位客人的雞頭酒。這是很典型的客家習俗。另外，平時做好事，塗上紅色的雞蛋是必不可少的。每逢結婚、生子、做壽、升遷、上學等，一定要送上貼有紅剪紙、塗上紫紅色彩的雞蛋。宴席上，每個人都要發兩個煮熟的紅雞蛋。《荊楚歲時記》中有載：古時富勢人家，講究的吃食是畫有圖形的雞蛋。現在還有在雞蛋上染上藍紅等顏色，仍像雕刻的一樣，輾轉相互贈送，或者放在菜盤和祭器裡。《管子》說：「雕刻雞蛋後染上顏色，這是為的開發積藏，擴散萬物。」張衡《南都賦》說：「春天的雞蛋，夏天的筍子，秋天的韭菜，冬天的韭菜花。」這是把雞蛋列為滋補身體的美味。[30]在客家地區，人們對於雞蛋的習俗，上述兩方面的意思都有。這是古代民風的遺存。

　　雞髀，就是雞大腿。現在廣東、香港等地的飯館裡寫成「雞比」。雞本身在中國人的生活中占了很重要的位置，又因雞腿肉多，因而在客家人的習俗中就有特殊的含義。這是孝敬長輩、愛護幼小的常用的最好的東西。逢年過節，雞髀就是給餐桌上最長者或是最幼者吃的。這一點在閩西連城縣特別典型。在客家中，一般地說是由家庭主婦來操作，顯示其地位和熱情。平時家中有大事小事殺了雞，如果長輩沒來吃飯，也一定要留下一個大雞髀給他的。一個大雞髀，往往會在老人和孩子之間讓來讓去。最為典型的是，每到過年，出嫁了的女兒會專門剁下一個大雞髀，等到年初二回娘家時，把這個大雞髀送給親生父母或是公爹（爺爺）婆馳（奶奶）吃。如果這些老人不在了，就送給自己的兄弟（孩子稱舅）。這個傳統一直延續至今。區區一個「大

雞牌」的習俗事象，體現了客家人對父母養育恩情的反哺之行、回報之情，體現了客家尊老愛幼的純樸民風。即使他們遷移他鄉，這種習俗也一直保留。如四川東山客家就一直保留了這種習俗。[31]

對雞的崇拜，古已有之。漢代應劭《風俗通義》記載，除夕「以雄雞著門上，以和陰陽」。雞的形象成了保護神，其闢邪的資歷要比鍾馗老得多。《荊楚歲時記》中有載：（正月初一）在紙貼上畫隻雞，貼於門上，把葦索懸掛在畫雞上面，桃符樹立在紙貼兩旁，各種鬼都會害怕。魏朝議郎董勛說：現在正月初一和臘月的早晨，門前燒香紙，樹桃人，把松柏樹枝扭成繩索掛在上面，殺隻雞把雞血灑在門戶上，驅逐瘟疫，這是一種禮俗。[32]實際操作中，因年初一人們不殺生，故一般人用血紙。該書還引述董勛的《答問禮俗說》：正月初一是雞日，初二是狗日，初三是豬日，初四是羊日，初五是牛日，初六是馬日，初七是人日。正月初一早晨畫隻雞貼在門上，初七把五色綢或金箔剪成人形貼在床帳上。現在正月初一不殺雞，初二不殺狗，初三不殺豬，初四不殺羊，初五不殺牛，初六不殺馬，初七不殺人，也是遵循這個古義。更古的時候，正月初一是殺雞的，現在不殺了。從前因為正月初一到初七禁忌吃雞，所以一年的開頭只吃新菜。[33]從中可以看出，古代荊楚一帶的人對雞的崇拜程度。筆者以為這與中國中部地區主要是古代楚地一帶人們的鳳崇拜意識有著很大的關係。

雞與人的生活很密切，故民俗中與雞相關的特別多。如臺灣民俗，甚至對雞的生長時間都很有講究。雞，民間以為一、二、三月孵出來的「春雞」較容易養，四月孵的，因「四」音同「死」，說不易養大。五月生的，俗說「五月龍船雞」，能長大像龍船。六月生的，因逢農忙期無暇顧及飼養，所以也說不好。七月普渡，天天要殺雞供奉，則說七月的雞鴨會被陰鬼攫去。一般以為養雞最好在清明前後，俗說「清明穀雨，人人要做母」，解為萬物皆有生機，雞也不例外。還有，元旦母雞孵卵，巢裡要放上柑橘、紅包，以示吉利。又為能多孵出公雞，即於夜間叫小孩用腳跨其巢上，唸句「暗茫茫（夜很黑），孵雞角公（公雞）」。[34]臺灣民俗禁忌中有忌母雞啼，解為凶兆。「母雞啼，割頭挾紙錢。」將之殺掉，雞頭連同冥紙插在竹竿，豎在田頭田尾（田裡）。關於雞的習俗還有，雞孵卵的第三天，要把卵稍為移動，否則以後忌移動，

民間信仰與客家社會
第一章　生命的感悟，靈性的飛揚

也忌對別人說雞孵卵的事，不然卵不會孵出雞子。而且，雞剛要孵出時，忌旁人說話。[35] 每到雞年，人們都會貼與雞有關的春聯，如「鳳紀書元人間改歲；雞聲告旦天下皆春」「金雞司晨日月照華夏；義犬守夜昇平固乾坤」。

　　古人曾送雞一個雅號：德禽。《韓詩外傳》概括雞的「五德」是：文、武、勇、仁、信。雞被說成是文武兼備、勇敢而仁義且又可信賴的動物，形容為「頭戴冠，文也；足搏距，武也；見敵敢幹，勇也；見食相呼，義也；守夜不失時，信也」。正因如此，雞在客家人的生活中有著很崇高的地位。在筆者的家鄉永定高陂，男孩彌月，要由一年高持重的老祖母裝扮成母雞，抱著新生兒繞村寨一圈，後面跟著眾多孩童，口中高喊「鷯婆」，作保護新生兒狀。

　　雄雞報曉，意味著黑暗（陰）的結束，新一天（陽）的開始，所以人們認為雄雞具有驅邪的靈力。許多時候都要以雄雞血作為壓邪之物加以使用。如新宅奠基和竣工時，要殺雄雞一頭，將雞血灑在基座上或是房子的頂梁上，以資禳解建房時有可能出現的邪氣。在搬新房子時，要取雄雞血塗於門框上、廚房中。現在各地都還保留此習俗。一些重大的祭祀活動中，雄雞更是不可缺少的吉祥物。

　　有些學者對殺雄雞的作用提出另外的觀點，如曹培基先生在談到閩西汀州婚俗時分析：「長汀婚姻習俗中至今尚保留不少掠奪婚的遺蹟。有的遺蹟保留在全縣城鄉婚俗中，有的遺蹟只保留在部分鄉間婚俗中；……一、接親的時間要在夜間，這是掠奪婚在時間方面留下來的遺蹟。因為夜間被掠奪的氏族人都睡了，被掠奪的對象不易知覺，難以逃避反抗，至今城鄉接親多半在半夜三更進行，……二、男方接親的人少則十人左右，多則幾十人，女方送親的人也如此，反映掠奪婚時成群結夥的情況，……三、當接親者到女家時，女家為什麼要立即緊閉大門，拒之門外？這也只能從掠奪婚姻制度來解釋。……四、接親時在女家門檻上宰殺雄雞，或新娘入男家門時宰殺雄雞，反映了掠奪婚時以殺雞儆猴的方式來警告女子，……五、新娘出嫁要痛哭流涕，……六、新人背上花轎，這種風俗很明顯的是掠奪婚的遺蹟，『背新娘』就是『搶新娘』演變而來的。……七、長汀過去的花轎，轎的四周基本上是密不通風的。……這坐花轎也是掠奪婚遺蹟。八、新娘出門時，女家將全屋

的燈火熄滅，還要將男家來接親的燈籠火、大泡燈火都吹熄，……讓人產生一種恐怖感，這正是掠奪婚時男子趁黑夜闖入女家搶婚的情景的反映，長汀城鄉婚俗幾乎都是如此，這種風俗若不從掠奪婚遺蹟來考察，用其他迷信說法解釋，則很難自圓其說。」[36] 曹先生的分析有一定的道理。不過，筆者不能苟同其第四點。從客家人日常習俗中對雞的崇拜角度看，接親時在女家門檻上宰殺雄雞，主要是表示對女方的尊敬，並無殺雞儆猴的意思，現在客家還有送別人雄雞的習俗。而新娘入男家門時宰殺雄雞，是為了禳解接親的路上可能沾上的邪氣。它並不是體現掠奪婚時以殺雞儆猴的方式來警告女子的意思。另外，有些地方如長汀隔壁的連城縣，「背新娘」是由其兄弟背到新娘轎上去的，這解為掠奪婚似乎於理不通。當然，這些都是對民間習俗的不同解讀。

3. 蜜蜂崇拜

客家人對勤勞的蜜蜂有著好感。從春季到秋末，在植物開花季節，蜜蜂天天忙碌不息。蜜蜂是一個多年生群體，將會不斷地有新蜂王被撫養起來，然後老蜂王和一群工蜂離開蜂房到別的地方重建一個家。古代人工飼養蜜蜂以木為器，繁衍了就要分房，春天分房，一房只一個王。到現在養蜂方法還是如此，幾千年不變。客家人家族觀念強，同姓族居現象較普遍，家庭繁衍後要分支，都以「分房」稱。同宗相遇都要問是第幾房系、第幾代。筆者認為，分房之說大概源於蜜蜂的分房。客家人對蜜蜂有好感，不少地方認為，家中飛來蜜蜂是好事。

4. 烏龜崇拜

客家人對烏龜的崇拜十分普遍。龜作為長壽的象徵，在民間更是普遍。客家人抓到烏龜時，總是要撫摸一番後再放回河裡，或送寺廟中去放生。許多人家中還養著烏龜，除觀賞外，更主要的目的是為了圖吉利，有較強的功利性。最為典型的是，客家人蓋房時，往往要抓一隻烏龜埋在房基下，認為以龜填宅，可保證全家平安，興旺發達。有些地方還把龜作為祈雨的對象，

並建有靈龜廟。如長汀的靈龜廟「在府治堂後西北」，神龕上供奉的是雕刻的石龜，稱為靈龜，兩廂牆壁上雕刻的是靈龜的故事。

5. 獅子崇拜

獅子，是中華民族喜愛的一種動物。舞獅是中華漢族喜愛的一種文娛活動，它也是閩西客家人喜愛的文娛活動。舞獅隊一般由四人組成，一人掌獅頭，一人擺獅尾，其餘兩人，一扮「大臉」，又稱小鬼，一扮「猴子」。「大臉」「猴子」戲弄雄獅，獅子則撲、跌、滾、翻，或前躍，或後顧，或騰空，或滾地，生動傳神。舞獅者有較好的武術功底，特別是當雄獅縱跳騰跌幾層高的八仙桌時，難度高，危險性大。二人必須配合默契，動作必須準確、勁健而又輕靈。表演舞獅時，必須有打擊樂伴奏。鼓聲指揮，鑼鈸相與配合，三器一體，效果極佳。樂隊鼓師特別重要，鼓點節拍幾乎指揮著舞蹈節奏。閩西流傳著一種舞獅時專用的曲調，叫「獅鼓」，鼓聲時響時沉，急如疾風驟雨，緩如清風徐來，鼓聲與獅子動作、神態相配合，妙趣橫生，動人心弦。獅分青獅、黃獅兩種。表演前，鑼鼓先行，「大臉」引獅向人禮拜。舞畢，仍由「大臉」引獅向人辭拜。

值得注意的是，在移民攜帶的物品中，有一種既是祈雨的神器，又是供人娛樂的獅子龍燈。據趙長松《吳家獅燈考察記》一文記載，在三臺縣觀音場爛泥溝，活躍著一支「吳家獅燈班」。據傳是清初「彭氏太婆長年（長工）用背篼把獅子背來的」。從當地保留的乾隆四十三年（1778年）八月初二日所立的「吳母彭老太君墓」的碑文可知，彭氏太婆「原籍廣西慶遠府天河縣（今宜山市羅城縣西天河鎮）北鄉古黎里毛洞村生長人士。生於康熙二十三年甲子時」，長適吳氏，「於康熙壬寅春契家來川創業於三臺西路中五里爛泥溝……於乾隆四十三年十二月二十二日時壽終」。據考，大約雍正中期，吳氏開始在族內組織獅燈活動，子孫以耍掌教和尚武功著稱。該班獅具代代翻新，技藝代有傳人，常玩常新，從未間斷，至今獅頭上仍有當年進川獅具的三根竹篾。其活動歷史長達二百九十多年。獅燈講究破陣，以武陣「天鵝包蛋」「雙奪印」，文陣「麒麟送子」「餵肥豬」等著稱。至今享譽獅王、

龍井、西平、八洞、樂安、通緝、回龍等三臺、中江縣各地，深受廣大群眾歡迎。[37]

6. 狗的俗信

　　狗，是人類最早馴養的家畜之一。早在母系氏族公社時期，生活在黃河流域的原始人就已經開始養狗了。狗的身世不凡，作為圖騰，牠曾是原始人崇拜的對象。由於狗長期和人生活在一起，看家護院、打獵等少不了牠，閩西長汀等地客家人有「豬來窮，狗來富，貓來著麻布」的民諺。當然，客家人對狗的喜愛僅限於此。在閩西如果有把狗像神一般來崇拜供奉，不吃狗肉的，一般是漢化了的畲族人，它反映了畲族的狗圖騰崇拜意識。相反，客家人是吃狗的，且稱之為「香肉」。筆者小時候常聽到這樣的故事，說的是一些常走村串鄉的客家人，只要帶上幾條紅綢布，就可以免費地在一些畲族區或閩南語區牽回不少的小狗。當然，現在是市場經濟時代，早已沒有這樣的好事。還要指出的是，客家人一般不用狗肉祭祀神或祖先，因狗為看家護院的動物。

　　還有不少其他動物的崇拜習俗。如廣東梅縣一帶的客家人，在婚嫁禮儀方面，除了一般需送的禮品外，還要送一公一母兩隻「兔子」。「兔子」是用豬肚翻個面，塞入米糖製成，再做上耳朵、眼睛，形象逼真。女方收下一隻公的，回給男方一隻母的。俗謂「過了兔子禮即可吐子吐孫」。又如鯉魚，古代就有「魚龍混雜」的說法，受鯉魚跳龍門傳說的影響，牠是客家人放生的主要動物。

　　還有一些具有地方獨特性的動物崇拜，如閩西清流縣靈地鄉的「義鵝冢」。「義鵝冢」是合葬著一對情深義重的雛鵝和母鵝的墳墓。傳說一個沈姓窮人家養了一群鵝，後來只剩下生病的母鵝和弱小的雛鵝。雛鵝每天銜回一把草奉敬母鵝，但母鵝最終病情惡化死了。雛鵝日夜悲啼，哀傷淒切。沈家將母鵝葬在後山，雛鵝亦步亦趨送葬。後來，儘管沈家人每天把牠領回家，但雛鵝每天循原路重回母鵝墳墓伴守，最後也死了。沈姓人家將其合葬，後人稱「義鵝冢」。這是民眾創造的特殊崇拜。

當然，客家人對動物的崇拜，並不完全如上面所說的因素而截然分開，其中不少是相互交叉的。在客家人的動物崇拜習俗中，還有一些迷信的、不科學的因素在裡面，但不管怎麼說，動物崇拜習俗，體現了客家人對生命、對自然的敬畏之情，以及對生活的熱愛之情，充分體現了客家人的生存智慧。

三、基於吉祥喜慶意願的崇拜

第二章　生存的智慧，自然的和諧

——客家植物崇拜

任何一種民俗都不是畫蛇添足般的多此一舉，都不是一種擺設，它總是這樣或那樣地發揮著某些實用的功能，在每一種民俗事象的背後總是隱藏著文化內涵。客家人聚居地大部分地區都是屬於農耕社會，農耕文化的特徵非常明顯。客家人居住的地方，大多為南方山區。連綿不斷的山巒和南方特有的溫濕多雨的氣候，為植物的生長提供了得天獨厚的條件。豐富多彩的植物與人們的生活生產關係極為密切，與人們的生存息息相關，客家人在日常習俗中有一些植物崇拜活動。如俗信樹有樹神，會降災賜福於人，民間流傳著「千年的古樹會成精」的說法，故經常有人在一些古樹下造神並燒香祭拜。又如，南方稻作文化相信有米穀神，故有許多與此相關的信仰習俗產生。這些習俗，反映了客家人對糧食的崇敬及「民以食為天」的原生態傳承觀念。而關於特殊花草、樹木、蔬菜的神奇信仰，也都展現出深厚的植物生態民俗傳承影響。民俗中有關植物的禁忌，更讓人意識到植物生態民俗鏈在民間文化中的重要性。在客家人的許多祭祀儀式中，五穀雜糧、山野植物都具有驅邪除煞的神祕功能，形成了歷史悠久的巫術信仰傳統。它們在婚喪喜慶、歲時節俗等大禮中更是不可或缺的。這突出反映了古老的客家農耕先民對糧食及其他植物的神聖崇拜，相信這些供養人類生命且與生活休戚相關的植物具有超自然的威力。民俗學家烏丙安認為，在生態民俗研究中，植物在食物鏈中的生態資源開發意義是非常重要的。人們在廣泛地利用植物生態直接或間接選取食料外，還要利用野生林木用作燒材，用於房屋畜欄的構建。人們還要利用山野植物資源採集草藥並用於醫治人畜疾病和保健。人們與綠色植物之間不僅有直接的關係，而且因人們需要草食動物供給肉蛋與皮毛，需要草食大畜做勞力，所以與畜禽需求的草食植物又有著廣泛的間接的關係。[38]

民俗有共性，也有很強的地域性、民族性。植物崇拜是一種古老的文化現象，存在於眾多民族文化當中。在萬物有靈的觀念支配下，部分花草樹木

被賦予了靈性與神力。客家人眾多的日常習俗中表現出來的植物崇拜現象，體現了客家人對養育生命的大自然的崇敬之情。

客家人習俗中表現出來的對植物及相關物品的崇拜，大體可以歸結為以下三種類型。

一、生存藥用因素形成的植物崇拜

客家大部分地區都是農耕社會，稻作文化是客家文化的根本。稻米在客家人的生活中有著特殊地位。客家稱米為「米穀子」，有「食新禾」等習俗。米及由米製成的食品年糕（糯米）、發糕（粳米）、糯米酒等普遍應用於各種場合，有許多不同的意義。其他許多植物如芋子、油茶、茶葉、豆類產品等在客家民俗中都有其特殊意義。

1. 穀物神崇拜

在閩西客家有「食新禾」的習俗。所謂「食新」就是嘗新米，具體日期各地不同，一般是小暑過後，逢卯日食新。人們因為對自然的崇拜，設想了一個「五穀神」（一說是神農氏，一說是后稷）。在鄉間，人們將割下的稻穀碾成米，做好飯先供祀五穀大神和祖先。然後請幫忙割禾的人一同嘗新。城鎮的人們則買一些新米與老米同煮，加上新上市的蔬菜和酒肉，也謂之嘗新。祭祀時的供品主要還有苦瓜、絲瓜、茄子。客家俗稱「苦瓜保佑大家，亂績（指絲瓜）保佑大細（指全家大小），茄子保佑老婆」。

為了表現敬重「五穀神」，閩西客家人除夕前一天用大飯甑蒸飯，叫「蒸歲（年）飯」。「歲飯」要供數日，取「歲有餘糧」之意。正月初二早晨重蒸食用，叫「食歲飯」，一直到正月初五才能用生米做飯。福建寧化、江西石城等地客家在正月初二即可用生米做飯，但到了正月初五又不用生米做飯，以表現敬重「五穀神」之意。因為正月初五是「五穀神」的生日。

民以食為天，稻米在客家人的心中有著很重要的地位。「人是鐵，飯是鋼」，在客家人的故有信仰中，米是力量的源泉，是家族乃至國家得以穩定發展強大的根本保證。實際上，世界各民族對穀物的信仰都很突出，人類自

一、生存藥用因素形成的植物崇拜

古以來把穀物來源解釋為天帝天神所賜，或是從神處盜取而來的靈物。唐朝杜佑《通典》卷一《食貨典·田制上》：「穀者，人之司命也；地者，穀之所生也；人者，君之所治也。有其穀則國用備，辨其地則人食足，察其人則徭役均。此三者，謂之治政。」

　　穀物有穀魂的觀念，在客家人中是比較普遍的。在一些日常習俗中，客家人表現出對「米穀神」的敬畏。如吃飯時不能用筷子敲打桌子、碗盆等，認為如果這樣做會趕走「米穀子」。客家還有一習俗，即將飯菜倒在地上會遭雷打，這可是個大禁忌。這裡還有個客家故事。說的是從前有一個媳婦，赴宴後把席上夾下的菜用一個碗盛好，急急忙忙端回去給婆婆吃，不料走到一棵大樹旁時，被樹根絆了一跤，跌倒在地，碗裡的肉菜也倒在地上，媳婦心疼得哭起來。這時雷電大作。婆婆送斗笠去接媳婦，見媳婦坐在樹下哭，問明情況後，婆婆對天求情：「雷公啊，我媳婦是天底下最孝順的媳婦，你可不要錯怪了她，飯菜倒在地上，純粹是為了我啊！要打你就打我吧。」婆婆話說完，一聲炸雷，那棵大樹炸翻了，樹底下露出一缸銀圓。婆媳倆高興地撿窖而歸。這說的是孝順媳婦終有好報的故事，婆媳和睦歷來是客家民間故事的一個重要主題。這同時也反映了客家敬重米穀神的習俗。

　　米分為兩種：粳米，主要做成米飯、飯糰或發糕；糯米，主要釀酒和做年糕、粽子等。發糕、米酒、年糕等在古時極為珍貴，只有在特殊的節假日、慶典之時或不同尋常的場合才能吃到。這些由米做成的食品被視為喜慶、吉祥、貢奉神靈的食物，也是力量的象徵。尤其是客家米酒，在客家人的習俗中應用最普遍。酒為米之精，由米釀成酒，筆者以為也應歸於「米穀神」崇拜。客家人多以糯米釀酒，稱「客家米酒」。糯米發酵後，還沒有放水生酒之前稱「酒娘」，這是很形象的稱呼。因此，客家人幾乎家家戶戶都釀黃酒，稍微大點的村莊或集鎮，都有專門釀造黃酒的作坊。酒在客家民俗文化中有很重要的地位。以現今南方民系來比較，閩人（主要指福州一帶）、廣府人（主要指廣州一帶）、閩南人（主要指閩南及閩西的新羅、漳平一帶）都是很少以糯米釀酒的，且與客家地區相比，有關酒的習俗也較少。筆者以為客家人保存著更多北方人豪爽好客的基因。如果你到上述各地（泉州一帶除外）去，就會感覺到勸酒之風較弱，而客家區則較盛。姑且撇開此風的利弊之爭，

民間信仰與客家社會

第二章 生存的智慧，自然的和諧

以此作為辨別民系的重要元素是毋庸置疑的。當然，這是從整體上去判斷的。現在區域文化研究常常在一些細枝末節上，或者是在一些已經相互滲透了的民俗個案上糾纏不清，進而或互相攻訐，或互相認同，筆者以為沒有意義。

在祭祀活動中，獻茶獻酒是必不可少的，酒尤為不可少。俗云「拜神，無酒擲無筶」，意即非酒不能使神滿意。往時，鄉間一時不得酒，則以生米泡水代之，叫米酒。臺灣民俗中，拜神供獻三杯，拜祖供奉七杯、九杯、十一杯不等。[39] 筆者雖無從考證這是臺灣哪一地的民俗，但可肯定的是，這是漢民族的祭祀文化和酒文化在臺灣的具體表現。漢民族的祭祀文化和酒文化在各民系中大多是相通的，但客家祭祀文化和酒文化與其他民系有很大程度的區別，它甚至可以作為分析客家民系的淵源及區分客家與現有南方各民系之間特徵的重要元素之一。在客家祖地閩西，祭祀文化和酒文化尤有特色。在祭祀活動中，人們在焚燒紙錢時，還要用酒將紙錢繞上三圈。其意是將紙錢圈住，不被其他孤魂野鬼搶走，直接到祭祀對象的戶頭。

每到過年，或逢好事之前，如嫁女兒、娶媳婦、生孩子、做壽、新房子落成等，客家人首先想到要做的就是釀糯米酒，這是有針對性的酒，稱滿月酒、新屋酒、新婚酒等，而且要求酒放置時間越長、酒越醇越好。相比之下，這是周邊民系所沒有的習俗。客家民居落成典禮習俗中，有「暖梁」「祭酒」儀式。「祭酒」中有許多祭酒呼讚：「……酒娘乃是玄母送，杜康造酒祭良辰。一瓶米酒親手祭，一杯酒來敬上天，敬重天上魯班仙。二杯酒來祭下地，敬重龍神並土地。三杯酒來祭梁頭，代代兒孫要封侯。四杯酒來祭梁中，代代兒孫在朝中。五杯酒來祭梁尾，考下秀才狀元歸。魯班弟子親祝讚，爭授華堂萬萬年。」之後的「升梁」儀式是最隆重的。邊放梁，新屋上下的師徒、幫工和觀眾邊齊聲吶喊：「紅梁高升、高升、高升、再高升！」最後一個「升」字時，紅梁正好到位。此時大放鞭炮。然後將預先準備好的內裝米穀雜糧的四只紅布袋，一邊一對，掛在紅梁上。完後，由一位泥水師傅和一位木匠師傅分站屋牆上，向來祝賀和看熱鬧的人群拋撒糍粑和糧米。相傳吃了此糍粑，可增福增壽、大吉大利。因此，大家在下面嘻嘻哈哈爭先恐後用圍裙、衣兜搶接拋下來的糍粑和糧米。這時，牆上撒糍粑的師傅邊撒邊呼「撒糍粑」贊文：「一個糍粑發上天，五色雲中是神仙。一個糍粑發下地，金銀財寶東君

的。一個糍粑發在東,五色祥雲在其中。二個糍粑發在南,南邊買馬在黔甘。三個糍粑發在西,此是太子來登基。四個糍粑發在北,純(或誠)是文人所得貴。五個糍粑發中央,探花榜眼狀元郎。一要千年富貴,二要金玉滿堂,三要三元及第,四要四海名揚,五要五子登科,六要祿位高升,七要牛羊滿山岡,八要鵝鴨成群滿池塘,九要一舉首登龍虎榜,十要十年身到鳳凰池。」撒糧米的師傅則邊撒邊呼「撒糧米」贊文:「天地開昌,日吉時良,今日時師來敬糧。撒糧撒向東,代代兒孫穿朝衣。撒糧撒向南,代代兒孫做高官。撒糧撒向北,代代兒孫積金玉。撒糧撒向中,代代兒孫在朝中。弟子來祝贊,富貴福祿崇。」一時此起彼伏,熱鬧非凡,將升梁儀式推上高潮。撒糍粑、撒米穀和掛在紅梁上的糧米一樣,都象徵著五穀豐登。[40]

　　客家地區酒文化很典型,在眾多的場合中,酒是不可缺少的東西。閩西、梅州、贛南客家人辦筵席請客稱為「做酒」,突顯酒在飲食文化中充當的重要角色。做酒名目甚繁,生活習俗中,婚嫁中有「暖轎酒」「結婚酒」;小孩誕生三日要做「三朝酒」,半月要做「吃薑酒」,滿月做「滿月酒」,周歲做「過周酒」;男子成年要做「新丁酒」「冠禮酒」;老人過生日要做「暖壽酒」「祝壽酒」;春節一家團聚吃「發始酒」。在生產領域內,種植耕作中有「栽禾酒」「園禾酒」;商業經營中有「起樂酒」「園樂酒」「戲文酒」;工匠學徒有「進師酒」「出師酒」;建房動工之日要做「落石腳酒」,下梁立柱之日要做「上梁酒」,竣工時要做「圓屋酒」「下板酒」,遷基時有「過夥酒」,等等。諸多名堂的酒席各有不同的規格,所用菜式又因地域不同略有差異。[41]

　　閩西連城縣北團鎮上江坊的豐年「遊大粽」習俗,是體現客家人「米穀神」崇拜的典型活動。

　　從上江村中長輩的介紹裡了解到,「遊大粽」的歷史可以追溯至清康熙初年,距今已三百多年,而且其中是有典故的。

　　說的是,有一年到了傳統的春耕之時,上江坊的江姓先祖被派去清流縣林畬學習春耕的經驗。但去了後他並沒有學到什麼經驗,因為播種的程序都差不多。回村後他發現其他村民的春耕都做好了,唯獨他家的田地還荒著。

民間信仰與客家社會

第二章　生存的智慧，自然的和諧

他後悔不已，覺得吃了虧，但也無可奈何，只得抓緊時間春耕。不過，說來也怪，當年，村中大部分村民歉收，唯獨江氏大豐收。第一年，村民們不以為然，認為江氏不過是偶爾踩狗屎運。可是後來連續幾年，江氏依舊每年去林畲，他家依然是大豐收。村民們懷疑江氏取得了播種的真經，於是，紛紛跟著他的時間、學著他的方法播種，結果，全村人都迎來了豐收年。慢慢地，上江村民悟出了其中的奧妙，就是春耕時間的把握。上江坊地處偏遠，氣候寒冷。以往，人們按周邊大多數地方的時間播種，就會遇上倒春寒，提前播種的秧苗受凍，自然就造成歉收。而江氏因為去清流縣的林畲，恰好躲過了那段危險時間，自然就能豐收。於是人們就利用這段時間辦了「遊大粽」這項民俗活動，挑選一個好日子，抬著幾個特製的大粽子，在村、鎮之間遊行，祈求新一年國泰民安、風調雨順、五穀豐收。

「遊大粽」的民俗活動是繁雜而隆重的。因為時間充裕，人們也就樂在其中。首先，人們飲水思源，每年挑選出2至3名村民去林畲朝聖，迎回豐收的好兆頭，然後將精心準備好的粽葉縫製成粽衣，將備好的糯米浸泡塞入粽衣。舉辦這個儀式，每年都要準備上萬片的粽葉，一百多斤的糯米。為了陰陽調和、五穀豐登，上江坊人設計了一公一母的大粽。粽葉用尼龍線串起來，然後像做衣服一樣將糯米包裹起來。粽子的輕重大小有講究：每個用七十二斤糯米，公粽底直徑為55公分，高1.8公尺；母粽底直徑為60公分，高1.6公尺。從農曆二月初五至初八開始縫製粽衣，到第5天，也就是在農曆二月初九早上，將大粽包好，中午時分把大粽放進鍋裡蒸到農曆二月十二早上，蒸煮四天四夜。蒸好的大粽要經過打扮，也就是用金箔紙包裹，貼上吉祥紙花，才能正式聯姻，結伴出行。另外還要包上幾百個指頭大小的公母小粽，掛在大粽尖端。此時，經過裝飾的大粽重達一百四十多斤，再加上大粽架子的重量，抬出去遊行的大粽接近兩百斤，要由四個壯漢抬著遊。遊行時，遵循男左女右的定例，公粽在左邊，母粽在右邊。出遊時間一般是每年農曆二月十三日至十五日間的吉日。出遊時，鳴鑼開道，放銃引路，兩架大粽、龍鳳旗、花燈等列隊沿著田間小路、村中巷道遊行，浩浩蕩蕩。遊行完畢，婦女們討要掛著的小粽，想生男孩的討公小粽，想生女孩的討母小粽。大粽則分給村民帶回家釀酒。據傳，摻入遊行大粽而釀出的米酒，醇厚香濃，

勁道十足。村民把大粽看作吉祥物，是成熟種子的象徵。因此，組織者要將大粽分到每家每戶，由村民們將粽子撒向田間，以祈求新的一年風調雨順、五穀豐登。特殊的節俗，也增加了親朋好友之間的交往，為表示客氣，家家戶戶還要包上數百個拳頭大小的粽子，饋贈親朋好友。

秧根崇拜也是很典型的稻穀崇拜。四川東山客家人認為人的生命是有根的。孩子在十二歲以前還未能自然長成根，需借助人為的力量讓孩子「添根」。秧子盤根錯節、根鬚交織之狀勝過樹根，其茁壯成長全靠發達的根系。[42]

客家許多地方都有「出米石」的傳說。筆者去看過連城縣北團、永定縣奧杳、上杭縣雙髻山的出米石。在物質匱乏時代，人們對「米穀」的尊崇心理表現在許多方面，出米石的傳說似乎也可以歸入此類。這些故事傳說都是大同小異，結果都因人的貪心而毀了出米石。

上杭縣雙髻山的出米石傳說是這樣的：相傳居住在山上古寺中的和尚虔誠為民消災，上天念他們下山取糧困難，就點石綻縫，讓大米從縫中流出，以供食用。雖然初一、十五進香者很多，大米的需求量很大，但都能基本滿足。和尚們每日到出米石前，打躬作揖，唱道：「天門開，地門開，出米石嘴快張開，請你把米流出來。」石嘴慢慢張開，雪白的大米汩汩流淌，到了剛好供眾人當天食用的數量，石嘴自動閉合。據說有一個和尚心術不正，懶惰成性，不想每天這樣辛苦，於是手執鐵錘、鑿子，把小縫鑿成大窟，然後喜形於色地張開口袋，口中唸道：「天門開，地門開，出米石嘴快張開，我要你流出萬袋米。」過了好久，石嘴無動於衷，米不復出。從此糧源中斷，和尚們只好去山下挑糧度日。[43]

而其他地方出米石不再出米，更多是因為個人的貪心。這個傳說往往由長輩告訴後代，講述中充滿對出米石的神往以及對貪心者的痛恨。從某種意義上說，這些傳說符合民間信仰教人向善的導向。

2. 芋子習俗

　　芋子在客家地區的種植較為普遍。由於芋子便於冬藏，加上其實用價值高，因而深受客家人的喜愛，常常被用於許多節慶中。筆者家鄉閩西永定高陂客家人在大年三十這天，一定要以芋子為原料，配以肥豬肉、花生、蔥根、糖冬瓜、洋芋粉、木薯粉等，做成一種叫肉圓的食物，作為大年三十晚上一道不可或缺的主食及正月初二回娘家、走親戚必不可少的禮品，其意為「團圓」。

　　閩西永定有許多傳統風味菜與芋子相關，如「芋卵包」「芋卵粄」等以芋子為主料製成的食物。因為芋頭收穫是在秋天，正是農曆的九月重陽節之時，永定人把九月重陽節又稱「芋卵節」，這是很奇特的。另外，驚蟄這一天，閩西長汀客家人有一種習俗，即在熱水中煮帶皮毛的芋子，或炒豆子、炒麥子。認為這樣可以消滅多種小蟲，俗語稱「炒蟲炒豸，煞（殺）蟲煞豸」。驚蟄是冬眠昆蟲開始復甦活動之時，古人主張早期滅蟲。現在這種習俗已不多見了。驚蟄當天，人們還有做芋子粄或芋子餃的習俗。

　　吃芋子的傳統還與家族的歷史有關，其文化內涵就更不一樣了。如閩西武平縣中山鎮的一些客家人，有逢過年節頭碗菜即吃芋子的習俗。相傳清順治元年（1644年）至五年（1648年）間，武所城（中山城）民眾反清復明，清王朝派重兵血腥鎮壓。血洗後，武所城空蕩無人，清政府派兵屯田，同時組織移民。盧、林、蘇、張四姓從永定遷移來武所開基，成為武所的第一批移民。中山鄉是百姓之鄉，彈丸之地，雜居「軍家」、客家，人員混雜，但盧林蘇張四姓，歷來與「軍家」及其他客家人和睦相處。四姓剛遷來第一年，生活是艱難的。為了教育後代保持艱苦樸素的作風，不忘祖先創業艱辛的歲月，第一個春節來臨前，他們共立一約，規定逢年過節的頭碗菜吃芋頭，還特別為它們取名曰「裕背」（永定金豐話，意為興發）。至今四姓人都有每逢春節吃「裕背」的傳統。

3. 茶樹崇拜

　　閩西、贛南一帶的擂茶，很有客家情味。擂茶俗稱「擂茶粥湯」，又言「擂茶同擂茶，粥同粥」，意為同甘共苦。客家人大都居住在山區，山嵐瘴氣重，生活艱苦。喝擂茶不僅在於解渴充饑，其功能還在於祛病強身。如在擂茶中加上魚腥草、藿香、陳皮等有明顯的防暑作用；加上鳳尾草、佩葉蘭、銅錢草則有清熱解毒之功能。請喝擂茶是江西贛南及福建省西部、西北部客家地區人們用來招待客人最隆重的禮節。

　　茶（包括油茶）對客家人有很重要的意義。客家人認為，茶水是一種男女老少皆宜的保健飲料，有祛病健身的功效。尤其是由每年端午節中午上山採來的原料製成的茶，客家人稱之為「午時茶」。客家諺語有云：「午時茶，好做藥。」客家人相信，喝了端午節採來原料製成的午時茶，可以消除百病。客家人以茶待客的習俗很盛行。如有外出，一定要帶上一小包家中的茶葉，到目的地後，用開水泡茶，以適應當地水土。

　　另一種是油茶。油茶樹四季常青，樹幹十分堅韌，生命力極為旺盛。它常年開花結子，子熟即又開花，有俗語稱「茶樹沒空腹」，是重子嗣的中國人的最佳吉祥物。正因為其特殊性，客家人把它作為吉祥物，樹幹常被製作日常生活中的一些用具。筆者家鄉永定縣高陂有做彌月的習俗：主持人抱起嬰兒在大門口向上拋三下，以壯其膽，口喊「鷂婆」，反覆幾次，再由家人給村中小孩分印有福字的「鷂婆粄」。然後，主持人頭戴插有油茶枝的破斗笠，抱著嬰兒繞村一周，後面一大群孩子跟著喊「鷂婆」，意為讓小孩見世面，壯膽。平時油茶桿還被做成闢邪杖。

　　據筆者調查，更為有特色的是閩西連城等地的祈子習俗。由於特殊的生存環境，客家人對傳宗接代最為重視。婦女雖懷孕，但不知男女時，先要請神預測，如測知生女，則要請神明通融，女轉男，這些要舉行儀式。齋婆從油茶樹上摘下白花則預示生男，紅花或無花則生女。如果還沒有懷孕，則求告自然物，較典型的是「培茶樹、正胎根」的祈子法。生男孩俗叫「開白花」，由巫婆帶祈子婦人深夜去給開白花的油茶樹培土，披白花上衣等。油茶樹可以說是很典型的「添丁樹」。同時，客家人結婚時的「拖親」習俗中，也有

用連根帶尾的油茶樹掛在擔盛（挑盛嫁妝禮品的器具）的頭上，或是載禮品的車上以示吉祥。此俗至今還有一些地方保留。

還有一種植物叫布荊草（學名黃荊、五指風）。平時，客家人割下山邊的布荊草曬乾，以備產婦洗藥澡用，此草（實為灌木）有舒筋活血、驅趕風邪之藥用。

在客家地區，百姓還崇拜樟樹神。有關樟樹神的神話傳說在古文獻中也有記載。樟樹崇拜，估計也與藥用相關，它能驅蟲闢邪。有些地方人每逢病災，就到一些古樟樹下燒香禮拜，並刮下少許樟樹皮熬湯給病人喝。過去，客家人嫁女兒時，往往都要做一對樟木箱為嫁妝，有孩子出門念書，也是送一樟木箱。在過去缺少藥品的情況下，人們往往求助於植物的天然藥性，並把它神化。

另外還有桃樹崇拜。五月端午節「插青」，有插桃枝的，如閩西永定。在中國古代，桃為吉祥物，仙桃祝壽是常規的儀式。桃枝闢邪也是人們普遍的信仰。在廣東蕉嶺一帶的客家，婚嫁中拖青用的是桃枝：由一男孩拖一條桃枝走在花轎前面，為新娘驅邪開道。這是因為桃木做的「桃符」能鎮邪驅鬼。

二、傳說象徵因素形成的植物崇拜

客家地區的部分植物崇拜現象與傳說和植物本身的象徵意義有關。贛南、閩西、梅州一帶的端午節懸掛葛藤、菖蒲（象徵祛除不祥的劍）、艾草的習俗，閩西汀州從五月初一開始就折桃枝插門前以避邪的習俗，各地客家祠堂廟宇後的風水林，榕樹的意義（高大、能乘涼、根系發達、生命力旺盛，榕枝在民間的意義是可使身體健康），水杉的神化，竹子文化，等等，許多習俗都很有特色。

1. 艾草、葛藤習俗

端午節懸掛艾草和葛藤習俗的傳說，有幾個不同的版本，都和黃巢有關。說是唐朝末年，黃巢起義，五月時要進攻河南鄧州。進攻前一天，黃巢在城

外察看地形,見一婦人背著包袱,一隻手牽著一個年紀較小的男孩,另一隻手卻抱著一個年紀較大的男孩。黃巢覺得奇怪,便駐足詢問。婦人回答說:「黃巢兵要來攻城,他殺人如麻,我只好帶著孩子逃難去了。」黃巢告訴婦人:「大嫂快快回去,用艾葉和菖蒲插在門口,黃巢的軍隊就不會傷害你了。」婦人將信將疑,但還是回到城裡,將消息傳了出去。第二天,正是端午節,攻城後的黃巢,看見家家插艾草和菖蒲,為遵守諾言,只好引兵而去。於是,全城倖免於難。為紀念這件事,每到端午節,家家都在門上插艾葉和菖蒲,並且習俗流傳至今。閩西客家祖地寧化有另一種大同小異的傳說,地點成了閩贛交界處。黃巢見婦人背著大男孩,卻拉著小男孩奔跑,生疑,駐足詢問。婦人回答說:「背的是侄兒,沒了父母,怕丟失被殺,斷了香火。年幼的是自己的兒子,所以牽著跑。」黃巢甚為感動,教婦人回村後懸葛藤於門。全村因懸掛葛藤而保平安,由此端午節門懸葛藤成為節俗,流傳至今。每到端午節,客家長輩們都要給後輩講這個流傳了一千多年、不知講了多少代的古老故事。在中國,任何一種習俗都有一個美麗的傳說,不管其是真或是假,隨著歲月的流逝,漸漸積澱成了一種文化精神,薰陶著一代又一代的人們,成為民族寶貴的精神財富,成為民族生生不息的永恆動力。

葛藤之根,是很好的食品。據閩西《武平縣志》記載:「蔓生,取其根碓爛澄粉為葛粉,比薯粉性涼。用根切片曬乾即乾葛,可解渴退熱,為陽明證之要藥。邑人取粉作肉丸,可代薯粉。」

艾草是多年生草本植物,屬菊科家族,分布在亞洲東部的廣大地區。艾草的生命力極強,房前屋後,山坡路旁,處處都能看到她綠色的身影。她性溫味苦,有強烈的清香。祖先很早就認識到「艾所以療疾」的價值,把她稱作艾蒿、醫草。對艾草和葛的最早描述見於《詩經·采葛》:「彼采葛兮,一日不見,如三月兮!彼采蕭兮,一日不見,如三秋兮!彼采艾兮,一日不見,如三歲兮!」短短數語,對情人的熱切思念之情便躍然紙上。「一日不見,如隔三秋」這句話,至今活在人們的口頭上。有民謠這樣唱道:「粽子香,香廚房。艾葉香,香滿堂。桃枝插在大門上,出門一望麥兒黃。這兒端陽,那兒端陽,處處都端陽。」艾草代表招百福,可使身體健康。它是端午節的吉祥物。在閩西客家,人們對她更是情有獨鍾。

民間信仰與客家社會

第二章　生存的智慧，自然的和諧

　　明朝李時珍《本草綱目》中記載，艾草「產於山陽，采以端午，治病灸疾，功非小補」。這不起眼的植物，具有特殊的氣味，能淨化空氣，有芳香通竅的作用，常聞能令人頭腦清醒、耳聰目明、記憶力增強。艾草可以內服外灸，中醫常以艾葉或艾條來做針灸或烤熏，吸進人體內的艾草味道，可以通暢氣血，強身健體，提高免疫力。還記得小時候，每到端午節，閩西客家人就會密閉房間，焚燒艾草以除蟲滅菌。客家民諺說：「五月五日午時火，燒盡百蟲除災禍。」採艾要在雞未鳴以前就出發，挑選最具人型的艾草帶回家掛在門口。據說這種艾草用作針灸時特別有效。一般人將艾草紮成虎型，或將艾葉黏貼在小虎形狀的剪紙上，在端午時佩帶。端午節時逢農曆五月，正是蚊蠅特多、瘴氣最重、人易生病的季節，這些習俗活動，有科學根據，又有強烈的人文色彩，反映了客家先人的智慧。自古以來，中國從平民百姓到富貴人家都是以這種方式來殺蟲滅菌、驅邪健體、平安入夏的。以前，過端午就像過年一樣。客家許多地方，端午節有給小孩洗澡、換新衣服的習俗。如閩西連城客家，至今還保留這一習俗。洗澡是很有講究的，一定要在正午十二點，用的是艾草、桃葉、香茅草、菖蒲、薄荷、車前草等熬出來的「午時水」。以艾葉水洗澡的習俗可以追溯到古代，女孩子出嫁前要用艾草浸泡過的水沐浴，釋禍淨體，以迎接嶄新的生活。艾草代表招百福，可使身體健康，而菖蒲象徵袪除不祥的寶劍。

　　有關艾草的詩文也不少，「手執艾旗招百福；門懸蒲劍斬千邪」「插榕較勇龍；插艾較勇健」是比較有特色的端午聯對。臺灣部分地區還貼對聯來驅邪：「蒲劍沖天皇斗現；艾旗伸地神鬼驚。」南宋著名詩人陸游的《乙卯重五詩》是這樣寫端午的：「重五山村好，榴花忽已繁。粽包分兩髻，艾束著危冠。舊俗方儲藥，羸軀亦點丹。日斜吾事畢，一笑向杯盤。」可以看出詩人對山村端午習俗的喜歡。艾草作為端午節的重要物品，常被文人們用來入詩入文。

　　最有特色的是客家艾葉粄。每到春季，客家人就要做艾葉粄。它是用糯米粉和艾葉做的，方法和做糍粑一樣。採來新鮮艾葉，用開水燙熟，然後和糯米粉一同捶打，然後做成銀圓模樣。以往，客家集鎮的墟天，專門有人製作艾葉粄出售，可以即食。許多小孩跟隨家長赴墟，就為嘗嘗艾葉粄。客家

人平時還很喜歡用艾葉煮魚呀蛋呀什麼的,顏色很好看,味道特別鮮美。到了冬天,則把艾根挖來曬乾,用它燉雞湯啊鴨湯啊之類的,以祛寒濕,舒筋脈,滋養身體。艾草的食療價值越來越為人們所看中。這正體現了客家人充分利用大自然的能力與智慧。

2. 風水林和榕樹崇拜

比較容易成為客家人崇拜的植物還有如下兩種情況:一是特殊地方的樹林。俗信風水林可以造成「藏風得水」、保持「生氣」的作用,所以客家人喜歡在路口、村後、廟後、祠堂後、墳墓周圍等與風水有關的地方種植樹木,嚴禁砍伐。如「伯公樹」或神壇後的樹是神聖不可侵犯的,任何人都不敢砍伐;房前屋後尤其是寺廟、祠堂前後的風水樹、風水林也都沒有人敢砍伐,如古田會議會址──上杭古田萬源祠後鬱鬱蔥蔥、年代久遠的樹林。

二是特殊的樹種,如老榕樹、水杉、松樹、柏樹等。閩西客家有一種常見的將孩子寄拜給自然物的儀式,主要是寄拜巨石、榕樹、茶樹、桃樹等為乾爹、乾娘。寄拜的原因是小兒的命特別硬,八字特別不好,本身既難養,又會剋父母甚至被寄拜的人,因此只好寄拜自然物。其寄拜的方式較簡單,如要將小兒寄拜給榕樹,則擇吉日,小兒父母到大榕樹下,用三牲祭祀,邊燒香作揖,邊對大榕樹唸唸有詞,大概是說寄拜的意願。祭祀畢,在榕樹上繫上紅布條,就算是寄拜開始。從此,每年端午節和大年前均需祭祀,直至小兒十六歲。小兒要以大榕樹命乳名,如「榕樹頭」「榕樹子」「榕樹根」「榕榕」之類。一些地區客家人迎親有「拖青」之俗,即花轎後面有個人拖著一條寓為百子千孫的榕樹枝。如遇別的花轎,則互換榕樹枝,俗稱「換青」。光緒《嘉應州志》載:「一男僕纓帽長衫,執榕樹枝,去仰來俯,名曰拖青。榕樹取義多子也。」青是生命的表現、生機的象徵,客家人、整個中華民族都是以大紅大綠來昭示喜慶吉祥的。

筆者在研究過程中聽到一個真實的現代故事。1995年,各地大建公路,閩西地區要擴大省道302線。在永定縣陳東鄉路段,恰好要經過一棵大榕樹,公路一邊是河流,一邊是山坡,沒有其他辦法,最後決定砍樹。那時,人們的環保意識還不夠強,許多大樹為了修路而被砍伐。客家人對榕樹有特

別的崇拜情結。承包公路的工頭根據路線的規劃，安排工人砍樹。施工者恰好是當地客家人。這些工人都不願意砍樹，認為會得罪神靈，招來禍端。工頭根據上面的指令，強迫幾個工人砍樹。這幾個工人無奈，只好拿著斧頭來到大榕樹前。他們在大榕樹面前大聲祈禱：「樹啊，不是我們要砍你的，是×××（工頭的名字）強迫我們動手的，要責怪就責怪他吧！」這幾個工人反覆這樣碎唸，舉起斧頭虛作砍樹狀，唸了好久，一直沒有下手砍樹。工頭來回幾次，聽了工人反覆碎唸，也開始心虛了，就說不砍了。後來修路方案作了修改，這棵大榕樹就這樣保存下來了。人們在高大的榕樹下修了小小土地廟，每到年節、吉慶日子就要給樹披紅掛綵。現在，這棵榕樹比之前更加茂盛、蔥鬱。這是信仰的力量。

客家人還把對榕樹的崇拜帶到各地，為其遷移地帶去了客家的習俗，帶去了新的福蔭。「客家人來四川，還給四川帶來了榕樹。榕樹是嶺南熱帶樹木。據傳說，福建、廣東人來川後，十分懷念家鄉大榕樹特有的景色，為了營造第二故鄉的家鄉景色，寄託鄉情，於是引入榕樹。榕樹的樹冠、樹幹是林木中最大的，其根也是最大最長最多的。四川人普遍稱之為黃桷樹。黃桷樹與嶺南的榕樹已有不少差別。榕樹有許多粗大的氣根，而黃桷樹卻沒有，還有些小差別，這可能是因地質、氣候、溫度的差異而引起的變化。四川化的榕樹──黃桷樹，在清代、民國時期以及 1950 年左右，全省各鎮各鄉，廟觀、祠堂、會館、橋畔、山坳處處可見。高大的黃桷樹，給行人以蔭涼，飾環境以氤氳蔥蘢，妝添了多少奇山異水的景色。明朝四川有無黃桷樹，尚未見史料記載。將黃桷樹在四川各府州縣鄉村普遍栽種，的確是南方入川移民，特別是客家人的功勞。四川農村風光因此而更美麗動人。」[44]

水杉較為稀少。客家人居住的地方周圍或路邊生長的水杉，往往會被人們神化，成為土地伯公或別的神祇的象徵樹，樹下一般都會安上一個神位。筆者以為這不僅是崇拜樹下的神祇，同時還有水杉本身。因為這種現象有兩種情況：一是先有水杉，而後有神位；一是先有神位，然後種上樹。往往前者情況更多些。

二、傳說象徵因素形成的植物崇拜

客家人的植物崇拜禁伐風水樹、風水林，使客家村村寨寨都保留了一片乃至多片樹林，即使在過去和「文化大革命」期間，許多客家山村的風水樹、風水林依然未遭砍伐，鬱鬱蔥蔥，充滿勃勃生機。它們在某種程度上造成保護環境、保護生態平衡的積極作用。

3. 竹子崇拜

客家人居住的地方大多為山區，盛產毛竹。毛竹及其製品在日常生活、生產中用途廣泛。竹材之用，始初是供生活上的實用，後漸被採用為工藝的加工材料。

竹子四季常青，有「節節高」的寓意；竹子春天萌發，「如雨後春筍」，又有家族大發的含義；古代爆竹聲響驅邪喜慶，有「竹報平安」意蘊；⋯⋯客家人對竹子的感情很深。客家許多地方正月鬧燈籠都要寫上「竹報平安」。筆者參加連城芷溪正月燈會時，看到有些家族遊行隊伍裡配上幾個引路燈牌，上寫「有竹人家」。

客家地區不少地方新娘出嫁時有哭嫁習俗。如閩西連城縣北團鎮江園村的新娘出門前上香拜祖拜別父母，感謝十月懷胎、養育之恩。新娘哭得越大聲越傷心越好。在大廳裡，點一盞燈放在量穀的斗中，上蓋用竹片編成的米篩。米篩上放著新娘的鞋襪，新娘坐著將腳伸到米篩上穿鞋襪，潛意為光明在前、百子千孫。上轎時辰一到，燃放鞭炮，鼓樂喧天。新娘則是由兄弟背上轎，意為不能帶走財富。

過去，不少客家區，在行嫁的隊伍中，新娘坐花轎（大轎），花轎前面有媒人轎、送禮儀的擔盛轎、樂隊和兩個男孩分別坐的燈（諧音丁）轎。花轎後面是送嫁的人們。整個行嫁隊伍走在最前面的是一位身世良好的成年男子，用肩膀扛拖著一枝女家預先準備好的連根帶尾的新竹，俗稱「拖青」，亦謂之清穢。拖青者與後面的人保持二三十步的距離。其竹的枝椏起處與每節要左右兩枝共存，寓意為成雙成對。若只具左或右成了單枝，男方則不予進村。竹的前頭需用紅線索掛一吊大約一二斤重的長條豬肉。拖青的人肅穆地走著，那吊豬肉一晃一晃地搖擺，竹尾拖掃在路上，發出有節奏的「沙沙」

聲，這可謂是「世界真奇妙」之客家真奇妙。「拖青」究竟是什麼意思呢？它不僅起嚮導作用，而且還意味著掃邪清路。竹又是四季常青「節節高」的吉祥物，金黃色的竹根又甚能長筍，借意寄望新郎新娘傳子帶孫。那麼，那吊豬肉又是什麼意思呢？傳說是古人設計預防野外路上萬一遇到豺狼虎豹而備作應付之物。若野獸走來，把那肉丟過去，野獸咬肉，逢凶化吉。若萬一野獸不咬肉，再用竹尾掃過去，把野獸趕跑。後來，不管行嫁隊伍有經野外或是無經野外都一律掛上一吊豬肉。掛肉還帶「祿」的含意，因「肉」在客家方言中和「祿」諧音。那竹連根帶尾意味著什麼呢？意味著人們寄望這婚事有頭有尾（善始善終），百年偕老，生根長葉，代代相傳。[45]

竹子有著旺盛的生命力，滿山遍野，鬱鬱蔥蔥。客家婚俗中諸多的寓意設計和實用設計，體現了客家先民的生存智慧和家族發達的美好願望。至今，在臺灣南部六堆客家地區，還有拖連枝帶葉的竹子的婚嫁習俗。在婚嫁中還有一種「青」——長命草，這種取名吉祥的野草，繫上紅繩，便作為嫁妝，隨新娘陪嫁到男家。洞房花燭夜，用竹籃裝著，掛在新人床頭，第二天早上，再栽到新郎家的菜園裡，表示新娘已在新郎家落地生根了。

4. 松柏樹崇拜

松樹象徵常青，且過去多用松明為火，故客家人對松樹情有獨鍾。柏樹在客家也有獨特的意義，主要是避邪之功效。端午或過年常折柏葉與艾草、布荊草（學名黃荊、五指風）等熬水洗澡。祠堂、廟堂周圍，客家人喜好種植柏樹。國外不少地方有共通之處。柏樹在伊朗被稱為「自由之樹」。對此，有些人疑惑不解。一個青年問一位受人尊敬的哲人：「造物主創造了那麼多能結出甜美果實的樹木，可是為什麼單單把不結果實的柏樹叫做『自由之樹』呢？」哲人回答：「世界上的每一種果樹都有一定的季節，到了那個季節，才會茂密地生長，繼而開花結果，而一旦過了那個季節，便會很快凋落。唯有柏樹，它們不為時間所限制，四季常青，所以，被造物主賦予了『自由之樹』的含義。」的確，世界各地的人們都有植物崇拜的情結，而其崇拜的植物，總是有某種特殊的象徵意義。

汀州試院的雙柏樹，史載為唐大曆年間（766～779年）汀州築城時所種，至今已有一千二百多年的樹齡。清《長汀縣志》中有「柏樹神」條目。據載，任《四庫全書》總編纂的大才子紀曉嵐乾隆年間（1736～1795年）曾來長汀任主考。他以福建督學身分，視察過汀州、龍岩，留下了「雪泥鴻爪」。在他的《閱微草堂筆記》卷一中就有「福建汀州試院堂前二古柏，唐物也」的記載。在紀曉嵐的書中還有關於唐雙柏上紅衣人的記述：「仰見樹梢兩紅衣人……馨折拱揖後隱去。」紀曉嵐記述的是南明隆武娘娘及帝妃被清兵追殺，南逃汀州而蒙難，兩個忠臣聞訊後自縊於唐雙柏上的壯烈故事。後人為了紀念這兩位忠臣，便於雙柏樹東側建了雙忠廟。翌日晨，紀曉嵐畢恭畢敬地來到樹前作揖，並親鐫一聯懸於雙忠廟門口：「參天黛色常如此；點首朱衣或是君。」數百年來，紀曉嵐見紅衣人的故事一直被汀州人傳為美談。[46]

三、諧音吉祥因素形成的植物崇拜

　　無論是平時還是節日，或是特殊的喜慶之時，客家人都喜歡用一些植物來表達吉祥之意。被利用其諧音以示吉祥的植物主要有：大蒜（會算）、蔥（聰明）、芹菜（勤勞）、芥菜（芥，客家許多地方讀為「貴」音，故取大貴意）、桔子或桔餅（吉利）、柚子（有子）、韭菜（久耐）、紅棗花生（早生）、蘋果（平安）、豆腐（大富）。比如，閩西武平、上杭等地和廣東梅州，結婚酒第一道菜是甜湯，用料必有紅棗、蓮子，寓意「早生貴子」；彌月酒第一道菜是酒雞，取「酒香雞香，子孫滿堂」之意；喬遷酒第一道菜是豆腐頭（用紅菊染紅的豆腐渣），諧音意為「頭（首）富」；壽誕酒第一道菜是炒麵，寓意為「長壽」。

　　它們大多是常見的蔬菜和瓜果類的東西，與生活密切相關。因品種繁雜不易理清，就以大概的分類闡述之。

民間信仰與客家社會

第二章　生存的智慧，自然的和諧

1. 節俗中的植物習俗

　　永定縣陳東、岐嶺一帶客家人，過年時，有在門上、廳堂上掛兩棵蒜的習俗，諧音為「聽（廳）算（蒜）」。意思是新的一年各種事情都能按自己的意願進行，有劃有算。「聽」不單是聽從之意，還有能按想法順利完成之意。

　　在連城，掃墓時，煎幾個雞蛋，在其上面插上蔥，意為保佑後代聰明智慧。

　　客家人大年初一開門擺的供品有講究：上供用大米，米中要插十二雙筷子、十二根大蒜（閏年各加一），放黃紙錢、白紙錢、桔子、柚子等，有的加放銀圓，取「有財有食」之意，有的加插「歲飯花」，取「來歲和花髮」之意。

　　大年初一的早餐，是一年中的第一頓飯，客家人對此尤其講究。早餐分葷、素兩種吃法。不管哪種吃法，客家人都注重吉祥的意蘊。如吃素餐，閩西客家主要有團圓湯丸、紅棗花生湯、糯米甜飯等，贛南一些地方客家人喜歡以富菜（即芹菜）、豆腐（即大富之意）下飯。如吃葷餐，除雞、魚等動物菜外，寧化客家人還有一道「長命菜」。其做法是在年三十時，把雞、豬肉等整隻、整塊放進鍋中煮，煮熟後，湯中放入蘿蔔、芥菜，而且芥菜不能切碎，要整片放入鍋中，食用時也只能撕開而不用刀切，寧化客家人稱之為「長命菜」。菜長且多，可以連吃數餐，故取其意為「長命」。不少臺灣客家人還保持這一習俗。客家的許多地方在處理青菜類材料時，大多主張用手直接處理而不用刀切，認為經過刀具處理的蔬菜有鐵器味而失去了自然的風味。這正是客家人強調的人與自然和諧統一的理念在飲食文化中的體現。

　　閩西不少客家人在大年初一接待客人時，第一個項目是敬一杯桔餅湯，口稱「吃了吉吉利利，萬事如意」。有小孩或老人來，要分桔子、糖果等，討個好口彩。

　　廣東梅州客家有正月初三「食歲飯」（也是年三十蒸好）的習俗。飯上插筷子，家中有幾人就插幾雙筷子，再插上一根帶葉的樹枝，有的還要放上桔子等水果。吃歲飯前先要把飯擺在「當天」（露天）神位上，供奉天神和祖先。

還有一個較為典型的節俗是「人日」吃「七種羹」。大年初七，古稱「人日」，亦稱「人勝日」「人生日」「人節」等。此節俗在漢代以前就有。客家人對此節較為重視，早餐一家人要吃「七種羹」。「七種羹」指的是七種菜放在一起煮，一般指芹菜、大蒜、蔥子、韭菜、米果及魚、豬肉等。所取動植物菜類，均取其諧音吉祥之意蘊：吃了芹菜更「勤勞」，吃了大蒜「會劃會算」，吃了蔥子「聰明睿智」，吃了韭菜「久長耐勞」，而吃米果意為「團圓美滿」（客家語「米」「美」同音），吃魚意為「年年有餘」，吃豬肉意為「富裕豐足」等。江西贛南、福建閩西、廣東粵東北等廣大客家地區普遍傳承了這一節俗。江西的石城、福建的寧化等客家地區仍稱「七種羹」，江西的寧都等客家地區叫「七寶羹」，福建上杭、永定及粵東北等客家地區則叫「七樣菜」。民諺曰：「吃了七種羹，各人做零星。」意味著吃了七種羹，就要開始幹些零星活了。這也是春節後一種特殊的開工儀式，對於已經來臨的新的一年時光，客家人藉菜諧音寄以美好祝願。這一節俗也是與大自然的節氣相配合的。

元宵節，客家人又稱「開大正（齋）」。元宵燈俗源於漢明帝倡導佛教。元宵節吃元宵這一風俗則是從宋代開始的。閩西客家不少地方用芥菜、大蒜、蔥子、韭菜、薑做成的菜餡元宵，稱為「五辛元宵」，表示勤勞、長久、向上的意思。平常的蔬菜植物，經客家人的運作，具有很深的文化意味。這也充分體現了客家人對自然和生活的熱愛。

立春在客家的許多地方是個隆重的節日，甚至有無立春的年份不能結婚的習俗。立春的習俗很多，比較典型的是筆者家鄉，閩西永定縣高陂一帶客家人有拔兩棵連根之芥菜（客家芥菜），貼紅紙以接春的習俗，寓有迎春（青）吉利之意。因為在永定客家，「芥菜」發音為「貴菜」。挑選的芥菜要求枝繁葉茂，代表家運旺盛。到「交春」時辰，客家人隆重地設好香案，把已裹上紅紙的芥菜擺上香案祭拜，燃放鞭炮，祈求新的一年全家好運。芥菜，在閩西客家被稱為「大菜」，是製作菜乾的最好的品種。由於其旺盛的生命力及其對客家人生活所起的作用，芥菜在客家人的心中有著崇高的地位。

一些植物果實的製成品在日常俗信中也有很高的地位。如豆腐是由大豆加工而成，它在客家人的習俗中也有較高的地位，各種節日、特殊的儀式、祭祀中都要用上它。大年三十吃年夜飯時，永定縣高陂鎮客家人的風俗是第一道菜上油炸豆腐，家長會招呼全家人「先食豆腐，大富大貴」，這裡取諧音之意。中國古代對豆腐都很重視。客家人的日常生活中還有一些與豆腐相關的俗語，如說一個人沒用，就說是「豆腐提不起」；罵一個人無能時就稱「那麼沒用，自己找塊豆腐撞死算了」。

甘蔗也是客家人喜愛的一種植物，因其節節高、節節甜的特點，故每逢過年，客家人都要把甘蔗放在每一個房間的門後，以期望來年生活節節高、節節甜。在閩西，與客家人相鄰的龍岩學佬人（閩南語系），也很看重甘蔗的吉祥意味，出嫁的女兒回娘家，要帶上兩根用紅繩捆紮的甘蔗。這是習俗的地緣影響。

2. 婚禮中的植物習俗

結婚時與植物相關的禮俗很多，傳說象徵意義方面上文已提及。

結婚時，不少地方的客家人要把花生、柚子、新人豆（實際是爆米花）等灑滿新人床，以這些植物果實之諧音求吉祥。廣西博白客家人的婚俗中，要在新房中放上糖餅、柑橘、瓜棗、銀幣、柏枝等，以示夫妻圓滿，相諧百年。要將棗子、花生、欖子、糖餅、瓜子等撒在新人床上面，讓一群「小不點」（小男孩）上去爭搶，新郎還要搶一顆棗子或椰子給新娘吃，寓早生貴子之意。值得一提的是廣東及海外客家人因地制宜，保留著一種別開生面的「蔬菜嫁妝」之俗。客家女兒出嫁時父母必鄭重其事地把諧音吉利的蔬菜，如芹菜、大蒜、香蔥、韭菜等逐樣用紅繩或紅布條捆紮，作為陪嫁，以表示對女兒女婿的美好祝願。更有趣的是客家還有用「長命草」為陪嫁的習俗。長命草為一種野草，用紅繩紮好，陪嫁到夫家，掛在洞房床頭竹籃裡，第二天栽於菜園，以示扎根。這些都充分表現了客家的地緣文化。有些經濟程度中上的家庭還要加耕牛一頭為嫁妝，體現南方農耕文化的特色。

3. 生育中的植物習俗

客家許多地區孩子滿月時要舉行一系列的儀式。

洗兒：閩西客家人直接繼承古代洗兒的習俗和方法。嬰兒出生後三天，要給嬰兒洗澡，洗澡水中放進香茅、茶餅（榨茶油後渣餅）、桃葉之類，盆中放一至四個紅蛋，有的還要放一個較大的圓卵石「做膽」，表示孩子將來膽子大（洗完澡，此石要一直放在床下，直至成年）。邊洗要邊說吉祥的話，整個過程都是圍繞著祛邪和祝福的意願進行的。洗澡過程中，要把紅蛋分給圍觀的小孩子吃，俗稱「分孩毛蛋」。接著，用蔥去捅或湊近嬰兒鼻孔，令其打噴嚏，意為小孩長大更聰明（「聰」與「蔥」音近）。

開齋：在滿月儀禮中，最有特色、最具有戲劇性的要算開齋了。開齋前，外祖父要辦好（或讓女婿代辦）開齋的全套物品即雞、鯉魚、豬肉、酒、蔥五樣，由外祖父或大舅或其他輩分高、有威望的人主持。主持拿著一雙筷子，按次序在各樣東西上比畫一下，「餵」給嬰兒吃，每樣東西都不是真吃，只是點到為止，每動用一樣東西要大聲唸一句吉祥、祝願的話。這在前面已提及。

客家人認為，樹木有一種神祕的力量，認為古樹都能成精，故有樟樹精、柏樹精、柳樹精之說。因樹的神祕力量，契樹做子，給孩子起名「柏生」「松生」「樟樹子」等，以祈求孩子順利長大。

生育前後有飲食禁忌，如禁食生薑，認為生薑外形多指，唯恐生下的孩子生成六指等。這是迷信的食俗。在客家區，有些地方生育孩子後，為防病災，要到鄉鄰各家要米糧，和在一起煮給孩子吃（或象徵性地吃），名為「討百家飯」。

作為民眾生產、生活經驗的累積和心理信仰的表現，客家人日常生活中因對植物的崇拜所表現出來的相關習俗，有其科學、健康的一面，也有其愚昧、落後的一面，但大多數的習俗已不同於純迷信那樣具有危害性，它主要展現人們的求吉避禍心理，表達嚮往健康長壽、家人平安、生活美滿、社會

安定、家族傳承的良好願望。這些樸實的民間信仰活動,其根基都建築在農耕作物生態民俗鏈之上,在民間得到認同才傳承下來。

第三章　上壁為鬼神，保佑子孫安

——客家祖先崇拜

和大多數中國人一樣，客家人的宗教情緒並不強烈，民間將儒、釋、道三教融為一體，且維持著多神信仰。他們對於天和祖先的崇拜最為普遍而深沉，遠遠超出一般信仰之上，所以有專家認為，祖先崇拜就是中國人的宗教信仰。而客家人的祖先崇拜因其獨特的文化背景而更加濃厚而獨特。

客家人的祖先崇拜屬於人格神崇拜。祖先崇拜是一種在血緣親屬支配下的宗教活動。它以與自己有血緣關係的鬼魂為崇拜對象，崇拜者對祖先的鬼魂有祭祀的義務，而祖先鬼魂則被當作崇拜者的保護神受到祭祀。[47]

祖先崇拜的根源在於宗族觀念。應該說華夏民族歷來敬祖重族。據甲骨文記載，殷人對他們的祖先，已經做到「事死如事生，事亡如事在」的地步。殷人認為，祖先雖然死了，但他們的精靈依然存在，與活著的時候完全一樣，而且還增加了一種神祕的力量，可以降禍授福於子孫，這是他們提倡厚葬之原因。周王朝時講究規矩，井然有序。《管子·小匡》云：「公修公族，家修家族，使相連以事，相及以祿，則民相親矣。」《白虎通·宗族》說：「大宗能率小宗，小宗能群弟，通其有無，所以統理族人者也。」又云：「族者何也，族者湊也，聚也，謂恩愛相流湊也。上湊高祖，下至玄孫，一家有吉，百家聚之，合而為親。生相親愛，死相哀痛，有會聚之道，故謂之族。」周天子把祖先配於上帝和天，各諸侯也紛紛仿效，特別重視祖先的祭祀，敬拜祖先的禮節日見普遍。周王朝重視宗法制度，崇拜祖先，在人們的精神生活中占有重要地位。崇祖敬宗成了華夏民族的一種崇高信仰。

敬天與崇祖信仰，歷久不衰。這種信仰簡單易行，較少迷信色彩，核心是教人「飲水思源」，報恩崇德，「思根而求永生」，光宗耀祖而知自尊，在修心行善、安頓自心的基礎上維繫社會秩序，故而是一種切實、合理、有意義的偉大信仰。

民間信仰與客家社會
第三章　上壁為鬼神，保佑子孫安

客家是不斷遷徙的族群。儘管學者觀點不一，有「五代形成說」「唐代形成說」「宋代形成說」「南宋形成說」「元代形成說」「明代形成說」「清代形成說」等，客家民係為漢族南遷支系是明確無疑的。相較之下，客家人祖先崇拜意識比周邊民系更為典型，這與他們遷移的歷史有關。

漢代以後，中原地區經常受到外族的入侵，戰亂不止，人口遷移頻繁，促使社會成員多次重新整合，聚族而居的傳統受到猛烈衝擊。特別是唐代，士族門閥制度經過魏晉南北朝的極盛逐漸走向衰亡，世閥門第觀念大大淡薄。而在福建，西晉後陸續遷徙入閩的漢人多是舉族而來，利用宗族的力量克服遷徙途中遇到的種種困難。入閩後，漢族人大多聚族而居，依賴家族的力量來求得生存和發展，所以家族門第制度受到高度重視。宋代以後，福建一直保持聚族而居的傳統，家族制度也較中原更加嚴密和完善。客家人在閩西培育成熟向外擴張時，聚族而居的傳統隨遷外地。明末以後，閩人又大批東渡臺灣，為了在新的環境中求得生存和發展，「往往是同鄉同族結伴而行，或是先後渡臺的同鄉同族相互援引，因而從一開始即已形成同鄉同族相對集中的趨勢。清中葉以後，在一些開發較早的地區，不同祖籍及族姓的移民之間經常發生『分類』械鬥，勢力較弱的一方往往被迫遷徙到同鄉同族人數較多的地區，這就進一步促成了同族聚居規模的擴大」[48]。

聚族而居，客觀上要求加強家族制度。因為加強家族制度可以更有效維繫家族內部的團結，增強家族的凝聚力，進而在和其他家族競爭中處於有利地位。唐宋以後，當北方的家族制度日見鬆弛時，福建的家族制度卻日趨嚴密。維繫家族內部團結，增強家族凝聚力，除了嚴密的家族制度外，祖先崇拜是其最重要的精神支柱。在客家民間，祖先崇拜是最為普遍的一種宗教信仰，無論是大宗家族還是小姓弱族，都建有祠堂以祭祀列祖列宗，「家家建追遠之廟，戶戶置時祭之資」，祠堂林立成為閩臺社會的一大奇觀。[49]

家族不僅是中國古代宗法制度的核心，而且還是中國古代基層社會的靈魂。古人關於客家家族制度的記載比比皆是。同治《贛州府志》卷二十《輿地志·風俗》載：「諸邑大姓聚族而居，族有祠，祠有祭。祭或以二分，或以清明，或以冬至。長幼畢集，親疏秩然，反本追遠之意油然而生。」「興邑

重追遠，聚族而居者必建祠堂，祀始遷祖及支祖。」[50]「俗重宗支，凡大小姓莫不有祠。一村之中，聚族而居，必有家廟。」[51] 客家人宗祠規模，經常是跨州過縣，影響巨大，足見家族制度在客家地區的盛行和完備。

祖先崇拜是繼圖騰崇拜之後產生的，信仰祖先、祭祀祖先、向祖先的靈魂表示虔敬，目的是為了祖先在天之靈能夠庇佑後代。祖先崇拜除了與靈魂觀念有關外，還與客家民系的移民特質及農耕文明有關。他們依賴於先人生產和生活經驗的傳承、依靠群體聚居而生存，必須有民系群體的精神支柱。他們在南遷後，保持了祖先的傳統，締造姓氏的始祖、家族有功業者和移民的開基祖為崇拜對象，長期祭祀崇拜，讓晚輩以祖先為楷模，光宗耀祖，奮發圖強。

客家人的祖先崇拜貫穿在人生的每一個環節，落實在人生的每一個節點上，形式多種多樣。客家人祭祀中的祠堂祭祀、墓地祭祀、家庭祭祀，喪葬中的相關禮儀、二次葬、負骸行習俗，日常節俗中的子孫命名、節俗儀式、教育理念、牌匾堂聯、家族譜牒的整修等，都表現出強烈的祖先崇拜意識。

一、客家世界的祖先崇拜

（一）祭祀習俗中的祖先崇拜

1. 祠堂祭祀

客家人聚族而居，形成的最大特色是宗祠的普遍設立。客家各姓氏每一個家族都有自己的宗祠（或祖祠），有的宗族人多支派繁榮，宗祠建得豪華氣派。宗親祠堂的建造往往有三種模式：一是跨州縣聯合建祠堂，二是各支系聯合建祠，三是單個支系建祠。客家祠堂正廳設有神龕，擺放列祖列宗的神位，有堂號堂聯，還有餐廳、客廳，以方便族人祭祀團拜、聚餐敘情。客家人日常祭祖活動一般在祠堂裡進行，而且祭品豐盛，祭禮隆重莊嚴，表現出飲水思源、尊祖敬宗的氣氛。

「祠堂」之稱早在秦漢時就出現，當時就用於祭祀賢德之士。《漢書》記載：「賜塋杜東，將作穿復土，起冢祠堂。」[52] 又載：「文翁終於蜀，吏

民為立祠堂，歲時祭祀不絕。」[53] 貴族祭祀祖先的場所稱廟，平民百姓則只能「祭於寢」。宋代，朱熹等人主張放寬庶民祭祖的限制，曾倡導在居室的正廳東側建造祠堂，奉祀高、曾、祖、禰牌位，即「君子將營室，先立祠堂於正寢之東，為四龕，以奉先世神主」[54]。在朱熹學說的推動下，各地陸續開始建造祠堂，但宋元時期的祠堂是附於居家內，祭祀的祖先也僅限於四代。隨著家族的繁衍，居家內的祠堂已無法容納不同支房的祖先牌位。因此，明代以後出現了脫離民居而自成格局的祠堂，奉祀著為各支房宗親所認同的歷代祖先的牌位。從有關文獻記載來看，明代以後，福建許多家族才開始建造自成格局的祠堂，明末清初已蔚然成風，不但有一族合祀的族祠、宗祠，而且有各支房的支祠、房祠。上杭「家家建追遠之廟，戶戶置時祭之資」[55]，永定「祭各有合族之祠」。一些大姓建造的祖祠、宗祠、支祠、房祠多達數十座，甚至數百座。據調查，連城新泉張氏家族除總祠外，另有支祠二十四座。[56]

祠堂祭祀一般分成兩種：全族統一組織的祭祀，各家各戶的祭祀。

全族組織的祠堂祭祀是家族祭祖活動中規模最大、禮儀最隆重的一種，一般分為春秋兩祭。有的家族為了把祠堂祭祀辦得隆重熱烈，往往將祠堂祭祀活動與傳統年節結合。大多數客家人選擇正月鬧元宵前後和中秋節前後。客家人祠堂祭祀儀式多遵古禮，十分繁縟，至為講究。

祭祀的時間也有在清明前後的，如連城的四堡鄒氏祭祖。清明祭祖時，遷居寧化、廣東等地鄒氏後代也會派代表回來。鄒氏因上祠已廢，今與下祠同在一處祠祭。一般為主祭一人，禮生二人或四人，打鑼三下，與四堡馬屋人有差異。祭祖者多為族中長者，六十歲以上者居多，少部分為年輕人，人數最多時有百餘人，均為男性。

在古代，家族祭祖活動的經費來源於以族田為主的族產，絕大多數家族都有族田，少則幾畝，多則幾十、幾百畝。其田租作為祭祖、修祠、修墓、編修族譜、獎勵後學以及其他與家族有關的種種活動的開支。

各家各戶的祠堂祭祀，往往是過年過節的祭祀，以及平時有婚喪喜慶尤其是生育男孩時的祭祀。以永定高陂客家來說，過大年那天，客家人要敬天

敬地，然後挑著祭品到祠堂，祭拜歷代祖先，請他們過大年，保佑後代。如果生育男孩時，則要到祠堂貼孩子的名貼，向祖先報告，請祖先保佑男孩健康成長、前途無量。現在，時代不同了，人們的觀念改變了，生育的女孩名字也上牆了。

宗祠內崇祖氣氛濃厚，其堂聯大多是為本族歌功頌德或勉勵子孫之語，如永定下洋中川胡氏宗祠有「地據蛟潭勝；家傳麟史風」的聯語，下洋太平曾姓宗祠有「三省家風，德昭成代；四書巨著，文教主風」的聯語。聯兩側常有「祖功浩蕩」「祖德流芳」之類的條幅。

2. 家庭祭祀

家祭是指以家族為單位在居室內設龕祭祖。家祭的對像一般是近一兩代的祖先，祭祀規模較小。因祭祀者與祭祀對象關係密切，大多數是一起生活過的近親，有著特殊的感情，加上在廳堂或廚房中就可以祭祀，十分方便，所以家祭的次數最多，祭祀者的感情也最投入。祭祀的地點各地有些差別。永定高陂一帶的客家人將祭祀逝去的近親與灶君牌位合二為一，由家庭主婦致祝詞、燒香禮拜。筆者父親早逝，母親逢年過節都要帶領我們祭祀禱告，以她平時的叫法稱之，並唸唸有詞：你在壁上做神，要保佑你的後代事事順利、平平安安、高升進步。閩西連城、長汀等地較為隆重，在廳堂設立祖先牌位，更多為歷代祖先，逢年過節祭祀，年節有客人至家或有好事也要點燭致意。

最為典型的家祭要數連城客家拜圖習俗。據連城博物館馬青介紹，純客家縣的連城特別流行一種傳統習俗——拜圖。拜圖，簡單地說就是拜祖宗、拜手足。拜圖是祭祠的一種延續，由祭祠拜祖遺像演變而來，也是族譜的另外一種物化的表現形式。相比較而言，更多是在小家庭內進行。本書把此類也歸於家祭。

拜圖習俗的起源時間最遲應是在明末清初。以連城羅氏族譜為例。廣東新會縣節底鄉羅氏是清代從閩西連城縣文亨鄉遷徙過去的，其族譜可以銜接到文亨的《羅氏族譜》。1944年4月1日，文亨鄉羅美光先生在完善羅氏族譜的時候，抄錄有同時期的廣東新會縣節底鄉《羅氏族譜》，其中有一段記

民間信仰與客家社會
第三章　上壁為鬼神，保佑子孫安

載：「連城文亨羅氏二十一世以前都是祭祠，保存遺像；二十二世、二十三世、二十四世、二十五世是祭墳拜圖。」並記載二十一世系的淵源是「明→念一世祖→軫先公乃一濂公之次子與妣合葬朋口官廳背。遞年八月初三日祭墳，建祠下街，遞年正月初四祭祠，保存遺像」。二十二世系的淵源是「清→念二世祖→廷俊公早逝，與妣合葬後龍山，遞年三、八月初九祭墳；二十三世祖其錦公妣江氏，二十四世獻珠公妣陳氏皆合葬於鳳形山，建屋欄門口田，遞年十二月二十四日拜圖」。從摘錄內容可知連城文亨羅氏二十一世系是明末，二十二世系是清初；而且二十一世系之前都是祭祠，保存遺像，二十二世、二十三世、二十四世、二十五世才出現祭墳拜圖。

馬青由此分析，最遲在明末清初，連城羅氏就有了拜圖習俗，並替代祭祠，成為敬祖睦宗的一種重要方式。為何當時會出現拜圖替代祭祠此種現象？馬青推測這極有可能與當時羅氏後裔不斷壯大有很大關係。從文亨《羅氏族譜》記載的世系表分析：自羅氏搬至文亨後，繁衍生息，人丁興旺，成為當地第一大姓。時至今日，在連城仍有「無羅不成席」說法，意思是說沒有羅姓人參與的酒席不成酒席，隨意入座一桌酒席，都會遇到羅姓人。這種說法從另一側面驗證了當地羅姓的興旺發達。人口多了，生存空間不斷擴展，族群不斷外遷，而祭祖又必須回到祖祠，在當時交通不便、資訊不暢的情況下，實在很難實行，由此產生了在相對較小範圍內，以拜圖替代祭祠的這種較為簡便、合乎現實的習俗。

拜圖有一套完整的程序和儀式。

拜圖時，「圖」懸掛於家庭神龕位置，圖中最老的先祖繁衍下來的歷代男性子孫姓名都寫在圖布上，凡是這些先祖的後裔都有權參與。祭圖時間和拜圖承辦人等一些具體事項由各房推舉德高望重的長者成立理事會共同商議。拜圖時間一般安排在春節前後，拜圖承辦人以家庭為單位，一般採取輪換制。不過，遇到誰家娶妻、生子或喬遷等喜事，為圖個熱鬧、吉利，要求來年先承辦時，事先要與理事會商量，一般能夠及時調整。承辦者應事先準備好米酒，叩拜的膝墊和紅包。參與者在拜圖當天到承辦人家去，德高望重的長者按照輩分、長幼順序安排祭拜者「把酒、叩拜」。不管拜圖參與者身

居何等高位、何等要職，都必須嚴格按照輩分和長幼順序參拜。「把酒」的時候，祭拜者如有什麼心願可向先祖們小聲祈告，祈求先祖們賜福。「把酒」是當地的一種說法，意思就是給祖宗敬酒。如果是小孩，拜完後年長者會為他獻上一個紅包，並摸摸小孩的頭，說些「祖宗保佑你身體健康，學業有成」等鼓勵性的話語。

在連城的四堡鎮，若是有祖圖的人家，一般都要將祖圖懸掛起來，時間從臘月廿一直持續到正月十六。以前宗族的祖圖掛於宗祠，而各家戶則掛自家的祖圖。

3. 墓地祭祀

墓地祭祀是指在墳墓上祭祀祖先。墓地祭祀的對象分近祖和遠祖兩種，祭祀的形式分成全族式祭祀、各分房族的祭祀（其中又可分很多層次）、家庭式祭祀。全族式祭祀一般從開基祖到後面的幾代，是「合族祭」。各分房族的祭祀又稱「支房祭」，參與墓祭的是同一支系傳下的族人，農村形象稱其如樹「開杈後」的支脈。家庭式祭祀對象則是近一兩代的近祖。

客家人的墓地祭祀一般都是實行春秋兩祭，春祭在正月，秋祭在中秋，且當作好事來辦，隆重異常。譚其襄先生在其《湖南人由來考》中指出形成新汀人的江西移民「重宗祠，尤重先人廬墓，故其人之來移湖南者，往往已更歷數十世，支繁派衍，然猶以時省廬墓不肯輟，所以不忘本也」。客家人的祭祖活動，除了緬懷祖先外，更多的是祈望祖先的保佑，把祖先轉化成神的角色了。這使得祭祖活動有了更多慶典的成分，少了悲哀的氣氛。客家人很少在清明節祭祀，如有，一般也是州府所在地。這一現象是值得探討的。

每次祭祖活動，都要由各房族中的一支、或幾支（人口比較不旺的）牽頭，籌集資金（先按人丁攤派，然後由新丁新婚家庭及發財者自願多出），操辦各種事宜。墓地祭祀從整個村落中的開基祖開始。因有些地方已傳至三十代左右，故墓地祭祀一般要分成幾路進行。筆者家鄉永定高陂睦鄰鴨子陳村就是以村為中心，分東西兩路出發祭祀的。由於祖先中又有許多分支，所以祭祀活動還有許多其他規定。

民間信仰與客家社會
第三章　上壁為鬼神，保佑子孫安

　　墓地祭祀有一整套的儀式。先由一批中青年男女（客家已婚婦女可以參加祭祀，她們更多的是承擔勞動的義務）清理墓葬周圍的雜草；再由小孩子在墓地上紮上幾圈的冥紙，墓頭上紮血紙（宰殺動物時就預備好）；再擺上各種祭品；然後斟茶、篩酒、焚香、跪祭。在焚香時，由家族帶頭長老主祭致辭。致辭各地不同。筆者還依稀記得祖父唸的家鄉致辭是：「某某年（農曆年）新正月新正日，某某公太（該墓祖先的名諱）、某儒人（該墓祖先夫人的姓）傳下各房人等：某某、某某……（各房族到場的主要代表名字），來此祭拜公太、儒人。備上各色葷牲、果點，請公太、儒人出來享用。淡茶薄酒一杯以表敬意（這時邊上族人要給墓前的茶杯和酒杯再次添茶斟酒）。願公太、儒人保佑子孫：作田（耕田）者風調雨順，田禾大熟；讀書者聰明智慧，金榜題名；生意者財源茂盛，日進斗金；出門者腳踏四方，方方吉利；新婚者早得貴子，香火旺盛；保佑大家四季平安，身體健康。」致辭完，再次添茶敬酒，眾人唱喏跪拜。然後是焚燒冥紙（現在各地客家人與時俱進了，焚燒的是假外幣和假鈔票）、燃放鞭炮。整個儀式就結束了。在收拾東西時，老人還會向年輕人述說這一祖先的功德、故事，講解這個墓葬的風水等。如果祭祀的墓地較遠，時間又剛好近午，還要在墓地旁生火煮飯、進午餐。筆者一位祖先葬在今新羅區紅坊鎮境內的黃崗水庫上，距村有二十多公里的路程。過去交通不便，這一站就是吃飯休息地。據老一輩稱，當地一些村民還會來幫忙，然後一同享用祭祀後的酒肉，同享先人的祝福。筆者小時常隨族人前往祭祀。祭祀時，一般由筆者祖父勳猷公（諱鴻書，字勳猷。因在兄弟中最小，被稱滿公）主祭。他是老牌中學堂學生，又是老中醫，德高望重。他致辭完還會述說祖先的功德、故事，講解墓葬的風水。祭祀場面熱鬧非凡，至今印象頗深。故筆者以為，它是傳承傳統民俗文化和民族精神、讓後代接受良好精神薰陶的有益形式。

　　墓地祭祀也是很隆重的，規模很大。以永定縣古竹鄉高東村江氏家族祭掃六世祖東峰公墓地為例，其祭奠儀式就很有代表性。從明清以來，高東江氏家族每年都舉辦合族墓祭，其規模隨著家族的興旺發達而不斷擴大，遷居在周邊村落及廈門、臺灣以及東南亞等地的江氏後裔也在約定的時間回鄉祭拜。祭奠由幾名首事籌辦和主持。而選任首事也是有講究的，必須在三年前

就釀好糯米陳酒，提前餵養專門用於祭祀的大肥豬，然後提前一年在祭掃東峰公時到墓地報名，用卜筊的方式從眾多報名者中選定若干名首事。首事確定後，還要進行一系列的籌備工作，諸如採購肥羊、購買河鮮海味、選定祭祀團隊、製作祭服，等等。元宵節時，在江氏宗祠鬧元宵，請戲班演戲、耍龍燈、舞獅、貼花燈、放煙火。大鬧三天三夜後，才在宗祠內用卜筊的方式確定祭祀日期，並通知本族全體成員。祭期一到，江氏宗族的男女老幼爭先恐後地到東峰公墳前燒「頭香」。天沒亮，首事們率領祭祀隊伍向墳地出發，吹喇叭的、舉涼傘的、扛旗幡的、抬豬的、牽羊的，浩浩蕩蕩，頗為壯觀。上午十點左右，墓地前二畝的空地上擺滿各種祭品。家裡有增添男丁的戶主，必備一副豐盛的祭品到這裡來致祭，俗稱「做新丁」。祭祀儀式長達兩個多小時，十分隆重。在祭祀過程中，「做新丁」的人輪番招呼來客喝「新丁酒」。祭祀一結束，鞭炮聲四起，炮紙花達數寸之高，隨後「做新丁」的人將祭品（用蜜餞、果脯、紅棗、冬瓜糖等堆砌裝飾成德丁牌，一百斤白粿，數十斤豬肉等）分給參加祭祖的人。首事們擺上幾十桌美酒佳餚招待異姓賓客、年逾花甲老人和知名人士。晚上回家後，首事們還要各自擺酒宴，招待賓朋。至此，一年的祭掃活動才算結束。[57]

墓地祭祀的儀式與流程，凸顯客家人傳承中原古文明的特性，而墓祭中的祭文，更顯客家人耕讀傳家的精神與氣質。下面謹錄《福建永定胡氏族譜》（2011年10月編印，（永）新出（2011）內書第10號）中記載的永定下洋及遷居臺灣胡氏祭墓文作為佐證：

永定胡氏祭墓說神書

請神

伏以日吉時良，天地開張，立地焚香，香煙繞起，神通萬里，香煙程程，神必降臨，依位就座。恭維人之於世，有死有生，生則侍奉之以禮，死則葬之以禮，祭之以禮。是日和風凜凜，春日遲遲（正月祭）、秋霜有感（八月）、岸上黃鶯啼婉囀，梁間紫燕語呢喃，乃孝裔孫思親之禮，敬當拜掃墳堂，雖然葬在野草之中，為化乃作錦然之地。維公元△年△月△日大吉良日、吉日良時，裔孫△△等誠心度備福香祿茶、光明照燭、壺中清酒、三（五）牲物

儀、黃禾米粄、時鮮果品、散財白紙，列在墳堂。焚香拜請，拜請東方甲乙木墓龍神君、西方庚辛金墓龍神君、南方丙丁火墓龍神君、北方壬癸水墓龍神君、中央戊己土墓龍神君；拜請墓左青龍、墓右白虎、墓前朱雀、墓後玄武；拜請山家二十八將、墓中十二正地龍神；拜請楊九平、曾先貝、馴馬頭駝、白鶴仙人、九天玄女、各樸廖武、眾位仙師；拜請墓上三官、墓下小娘、守墓童子、掌墓童郎，手把金鉤銀鎖匙，打開墓門，引出墓主。安定堂上△世祖顯考△公（妣△婆）△位真魂請出墳堂，推車出閣，降赴祭筵，受領祭禮，洋洋如在，赫赫來臨，禮應香獻，香煙直透上天堂，今日裔孫虔神祭掃後，蔭佑裔孫富貴福綿綿。香獻既周，禮當茶獻，奉獻尊神一杯茶，深山滿酌雪飛花，伏望墓主龍神來鑑納，風吹二葉到仙家。茶獻既周，禮當初奠，初奠酒滴杯中，飲盡桃花上點紅，伏望龍神墓主來領受，蔭佑裔孫家門日日靄春風。初奠既周，禮當二奠，二奠酒味更醇，神民同醉杏花村，今日裔孫虔誠祭掃後，蔭佑裔孫家門日日富貴保新春。二奠既周，禮當三奠，三奠酒在墓堂，春來美味百花香，今日裔孫祭掃後，蔭佑裔孫代代置田莊。三奠既畢，禮不再陳，恭望聖神千神同盞，萬聖同杯，大發慈悲，俯垂鑑納。自今祭掃後，山環水秀，地脈興隆，作千年之吉地，為萬代之佳城，二十四山，山山拱照，三十八將，將將朝迎，文筆峰高，生賢出貴，堆錢山現，積穀豐盈，更祈保佑後，人人清吉，宅舍安康，生男則習習讀書，能文能武，生女則溫良智慧，羅衣生香，匹配才郎，怪夢不生，時災不惹是非口舌，日日清除，出入求謀，般般亨泰，凡諸未露釋賴蒙庇。一來冒瀆神慈，不敢久留神駕，左邊散財白紙，奉上本境山家后土龍神，收執享用，右邊白紙奉上安定堂上△世祖顯考△公（妣△婆）收執享用，用伸火化，奉燒各領。

送神

銀錢白紙已交燒，答謝龍神眾聖賢。今日裔孫虔誠祭掃後，蔭佑裔孫富貴福綿綿。交錢已訖，禮當奉送，奉送東方甲乙木墓龍神君、西方庚辛金墓龍神君、南方丙丁火墓龍神君、北方壬癸水墓龍神君、中央戊己土墓龍神君；奉送墓左青龍、墓右白虎、墓前朱雀、墓後玄武；奉送山家二十八將、墓中十二福德龍神；奉送楊九平、曾仙貝、馴馬頭駝、白鶴仙人、九天玄女、各樸廖武、眾位仙師；奉送墓上三官、墓下小娘、守墓童子、掌墓童郎，手把

金鉤銀鎖匙，打開墓門，引入墓主。安定堂上△世祖顯考△公（妣△婆）△位真魂，推車入閣，葬在吉龍山下，逍遙自在，快樂無窮，春夏秋冬，福蔭裔孫。倘有時師經過，擅自登墳，喝山罵水，變凶為吉，改禍為祥。頻聽金雞來報曉，時聞玉犬吠蒼蒼。一拜一雙，神歸本宮，二拜二雙，神歸本位。來則留恩，去當降福，善報雲程，伏維珍重。

旅臺胡氏清明祭祖填墓告神文

請神

山北皆嫩草，伏以癸酉春光欲青期，花紅柳綠子規啼。山南正是兒孫祭祖時。祭主虔誠，頓首上香，初上香，二上香，三上香。今公元△年△月△日，歲次癸酉，乃是春祭之期，對景傷懷，因時感念，思我祖百年之累積，豈子孫輩一日之敢忘！用申祭拜之儀，是竭孝誠之義。今有陽上報恩，凡嗣孫等合家眷屬，謹備牲醴一筵，列在墳前，特申祭醮。伏以清香敬當拜請，打開墓門，引出墓主顯考△公太妣△婆太二位尊魂，暫離仙官之勝景，遙聞飄渺之清香，降赴墓堂，安身就位。拜請墓左青龍、墓右白虎、墓前朱雀、墓後玄武，內外遠近，四圍八表，諸位龍神，是日今時降臨就座。拜請。伏望墓主△世祖考△公太、妣△婆太，德均秉如聰明，威儀加予廣大，既蒙降赴，足荷恩光。伏乞留座。酒呈初奠。詩曰：乍晴乍雨養花天，正是良辰淑景煙。男女哀思行祭禮，殷勤掃墓到墳前。伏以日映山花，開筵間之錦繡；風吹野草，鋪膝下之青氈。我祖我宗之如在，乃神乃聖以來臨，祭主虔誠，酒呈二奠。詩曰：再斟美酒滿金盃，難捨難忘實可哀。自愧衷情無禮報，感恩不昧納珍財。伏以香煙馥馥，細斟竹葉滿杯中。祭主虔誠，酒呈三奠。詩曰：三月時和氣晴天，花如錦繡草如煙。漁歌樵唱多歡慶，敢羨兒孫世代賢。伏望嘉主顯祖考△公太、妣△婆太二位尊魂，並五方山家土地諸龍神位，自今拜祖以後，禎祥吉兆於家門。建業則人人慈順，畜養則物物繁昌。福遂雲臻，災隨電掃。伏望神明悉從俯懇。內有左片財儀銀子一大份，一心奉上本墓五方山家土地諸位龍神，開封享用。今有右片財帛一大份，銀子不論貫文，一心奉上。△世祖考△公太、妣△婆太共同領納，開封享用。以憑火化，風吹切文，

第三章 上壁為鬼神，保佑子孫安

鄧通大造，錢錢相貫，貫貫相連，雖無貫滿之形，必有方圓之象，陽間火化，陰境淘溶，庶庶神神有分，位位無虧。

送神

今則仙仗，既齊雲並駕，再勸上馬三盅，以盡攀轅之樂。勸醒席工之尊神，萬里之鵬翔。再勸上空中之聖賢，奉送九天玄女，白鶴仙人，尋龍點穴仙師，楊九貧，曾仙輩，馴馬頭駝，合部仙師，奉送墓左青龍，墓右白虎，墓前朱雀，墓後玄武，內外遠近，四圍八表，等等九官九神，奉送二十四山、二十四水、一百二十形、一百二十局，並五方仙家土地諸位龍神。奉送東方甲乙木墓龍神君，西方庚辛金墓龍神君，北方壬癸水墓龍神君，南方丙丁火墓龍神君，中央戊己土墓龍神君，敬請守墓童子、掌墓童郎，打開墓門，引入墓主，△世祖考△公妣△婆太二位尊魂，回轉墓堂，安身就座，安葬吉龍山下，逍遙自在，快樂神仙。或有地師過往，身帶羅經來到墳前，唱山山轉，唱水水潮，莫驚莫恐，莫生禍患，變難作吉，變禍呈祥。今則陰陽雖一禮，幽顯實殊途。神之來當降以人求，神之去當保後人福。祭儀已畢，車馬難留。伏望墓主回宮，龍神復位，一拜一送，伏維珍重，萬事清吉，添丁添財。

祭后土神祝文

其一

恭維尊神，權司后土，職掌中央，位三才而立極，含萬物而化先。我先人下葬於斯，深藉扶持之力，予小子托庇守下，亦叨默相之功。茲當奉祀之日，用備丕微之儀，伏祈來格，更祈降康，房房富貴，代代隆昌。一拜。

其二

恭維土府，職守山岡。保障斯士，可禁不祥。我祖葬此，實賴勷勤。茲當春祭，報答難忘。寅具牲醴，招告墳堂。洋洋來格，匆匆來賞。俾益祭主，世代書香。一拜。

家庭式祭祀也分春秋兩祭，大多數客家人以正月為主。時間從正月初六（正月初五開小齋後）到正月底不定。只要不和族祭相衝突即可，時間可以自己確定，如筆者祭祀祖父母及父親，時間原定於正月初九，後因工作人員

初七要上班，筆者母親決定改為初六。故筆者曾撰文稱客家婦女是民間習俗的執行者、詮釋者和創造者。

（二）喪葬習俗中的祖先崇拜

1. 喪葬禮儀

一個人的生與死，不論古今中外都是人生中重大之事，尤其是去世。比起其他禮俗，喪葬禮俗是最莊重肅穆的。客家人特別重視慎終追遠，喪葬禮俗也就顯得繁縟奢厚。清人楊瀾曾予以猛烈批評：「送死必極奢，酒席尤豐。稍不如俗，群斥為不孝，中人之產立破。士大夫知其非而格於俗，議不敢異……彼豐於酒食，幾等樂憂，不但破家傷親，必非孝也。」[58]不少學者以為這種做法與孔子思想相悖。客家喪葬禮俗的確繁雜：從臨終「著壽衣」開始，送終、報喪、擺孝堂、落枕、入材、弔孝、發靷、安葬、醮三朝、做「五七」、完七、出服、檢金，每一步都有講究。安葬的場地尤有講究。

客家墳墓與民居在形式上十分相似，講究風水。墳後要築「地墳頭」，承接「龍脈」，就像住屋的「後龍山」；墳前要築半圓形「地墳塘」，酷似屋前供洗滌排水養魚的池塘，聚財氣；墓碑前有「祭臺」，好比屋前的「曬坪」；碑後有大穹隆葬棺柩，猶如住屋的「正廳」；碑側築蠟燭庵子供香火，左右對稱，如住屋的「橫屋」。墳墓的整體外觀很似客家人的圍龍屋，說明客家人選墳不僅是為了有個紀念，更認為人死靈魂在，需要和生前一樣的住所。這也是客家人崇拜祖先的一種表現。[59]

2. 獨特的二次葬

客家人喪葬禮儀中有個典型的「二次葬」習俗，這是周邊民系沒有的。

喪葬禮俗中的「檢金」是指安葬6至12年以後，挖開墓穴，將遺骸用炭火烘烤，按人體結構屈肢裝入特製的陶甕內（客家人稱「金甕」），俗稱「檢金」。有的在原地安葬，有的另選擇地點安葬。這才是逝者最終的、真正的墳墓。一般認為，這是客家常常遷徙、難以定居而形成的風俗。如要遷徙，「檢金」後的先人骨骸方便帶走。如不得吉日，往往把「金甕」置於田坎岩穴間，任憑風吹日曬。明黎士弘曾痛切言及啟棺檢骸之事：「啟扦檢筋之惡俗，獨

第三章 上壁為鬼神，保佑子孫安

盛於汀州。每至大寒前後，攜鋤執篲，齊詣墳頭，自行開視，如骨少好，則仍按原所，否則檢骨瓦甖，挑往他處。明歲此時，又再開看此。視祖父之骸如兒戲，誠王法之所必誅。」[60] 這種每年都開視的情況應該是極其少數，在永定、上杭等客家區未有見聞，凡「檢金」後實行「二次葬」的墳墓都不會再動土。不過，即使這只是個別現象，但在明代也不為當時禮儀所容，故被誇大流傳。

據徐杰舜教授考察，廣西平話人有「二次葬」之俗。但他認為是南方少數民族的傳統葬俗，漢族以一次葬為傳統。[61] 一些專家也持此觀點，並認為客家是南方土著，至少這是畬族先民傳給客家的。其實仰韶文化已有此葬俗，陝西華陰橫陳村墓地二次集體葬是最典型例子。

可見拾骨重葬古已有之，反映了強烈的宗族觀念和祖先崇拜意識。特別要指出的是，少數民族的「二次葬」只不過是一種喪葬規制，或置山壁古龕，或隨土而葬，不復祭祀。而客家人之「二次葬」照例隆重，且年年大祭。廣西平話人稱「二次葬」為大葬。

有些專家認為「二次葬」是因為客家先民經常遷徙，到了新地方安定之後，回祖地遷祖宗骨殖到新居地重葬，並漸漸形成一種習俗。此說也不確切。各個民系都在遷徙，南方幾個民系都來自中原同一大區域，為何其他民系沒有？作家韓素音描述了客家祖先遷徙途中，令男子背負盛著祖先遺骸的「金甖」，辛苦跋涉的情景。筆者開基公也是背著祖父、父親的骨殖遷居到今福建省永定縣高陂福梓村的。這說明遷葬是一種傳統。怎麼起源的呢？筆者以為還是要追溯到秦漢時期，南征拓疆的兵士承襲了距他們二千多年的仰韶文化習俗，並加以改進。他們孤身千里遠征南越，後雖徵召婦女成家生子，但他們有著強烈的回歸意識，希望靈魂回到生他養他的中原，因而借用了中原葬夭折小孩之法，用「金甖」（瓦甖）裝骨，希望靈魂能自由出入，重歸故里。同時受楚人及漢代風水堪輿之影響，客家先民後代遵漢族「入土為安」觀念而實行二次大葬。這種習俗一直流傳下來，成為客家民系區別於其他民系的重要特徵。所以，筆者認為「二次葬」習俗並不是因要遷徙新地而形成的，

而是因要「重回故里」而形成的。這裡要指出的是，移居海外或推行火葬後，客家人此種風俗會漸漸消失（隆重葬骨灰盒是新的二次葬模式）。

3. 負骸行

因客家「二次葬」習俗，客家人有「負骸行」的現象。作家韓素音生動描述了客家人遷移路上如何背負祖宗遺骸的具體情形。她寫道：「客家人每移至新的定居點時，一定要帶老人的骨骸，放在甕裡隨身背著。過去在移住的時候，每家都到郊野發掘其先父的葬地，把他的骨骼盛在一個所謂的金缸裡，由家中的男人攜帶，婦女則肩挑其他一切用品。」[62]

著名客家研究專家陳世松在《大遷徙：「湖廣填四川」歷史解讀》中對客家人移民四川時的這一習俗有專門論述：「祖宗遺骸是祖先血肉精氣之所在，對於那些父母已逝，而家鄉又沒有親屬留守祖宗墳塋的移民來說，遷川以後就意味著與自己祖宗的永遠割捨。因此，凡是有條件的遷川移民，都會想盡辦法，隨身背負祖宗遺骸一同上路。」[63]

在一本專門敘述成都附近的東山客家人歷史與現狀的書中，作者對來自廣東的客家人如何攜帶祖先遺骸入川的事跡，作了這樣的記敘：「客家人的先民在逃難或遷徙時……是否將祖先的遺骨攜往遷葬，這尚無文獻的證實，但客家人入蜀時確實有將祖骨遷葬的。他們這樣做是不忘根本的觀念而形成的一種習俗。他們稱祖骨為「金骸」，遷葬後便於年年祭掃。龍潭鄉威靈村葉明盛老人告訴我們，此支葉氏入蜀始祖是廷祐公和祖婆張氏，背負著祖先三顆如雞蛋大的金骨上川的，安葬在來宅旁……洪河鄉柳樹灣馮氏入蜀始祖其煥公同妻子張氏，背負父親金骸，從廣東嘉應州長樂縣磚牛寨上川，在柳樹灣落業後，安葬祖骨。」[64]

今天，在一些閩粵客家人的族譜上，依然可以見到許多客家移民身背祖骨入川的實例。例如，廣東長樂縣的鄭奇達兄弟七人，於康熙末年一道遷川，同時將其父母的骨骸背負入川，最終葬於定居的隆昌縣境內。福建漳州龍溪縣的游程活兄弟三人，於乾隆十七年（1752年）舉家遷川，並將父母骸骨「由閩省負川」。[65]

而對於匆忙上路、來不及或暫時沒有條件負親骸的人說來，待他們在四川定居下來之後，每以入川前「未及負親骸，時引為憾」。如來自廣東興寧縣的黃玉標，孤身一人來川，因急於「入川以圖後業」，加之「路途艱險」，空手而往。結果定居四川後，每年清明祭祀祖時，以「未曾攜得（其父）文選公金骸」，而倍感孤獨，「悼哉孤塋，莫知所向」，「欲行孝思，苦於無由」。後來經與各房商議，「每年清明祭祖時，預設文選公彭祖妣牌位，備祭儀，統少長，面東而遙祭之，此定例也」。[66]

先期入川未能親負祖骸的移民可補此憾的機會就是，讓隨後遷川的家庭成員繼續完成負親骸來川的重任。如來自廣東長樂的林氏家族，長兄於雍正五年（1727 年）遷來四川後，為了彌補自己匆匆上路來不及背負祖骸的遺憾，又於雍正十三年（1735 年），令其弟林漢電「攜長子並父母金骸，由粵上路」。[67] 入川後委託他人回廣東將祖宗的屍骸運來四川，也不失為一種了卻心願的補償方式。

4. 偷祖骸

在客家區有不少偷祖骸的傳說。如閩西長汀就有戴姓後裔遷浙江後回鄉偷祖骸，匆匆忙忙間搞錯了，偷了婆太遺骸的故事。

四川學者陳世松先生也談到一個事例。有一位名叫白昆生的客家老人，近年來受家族的委託，專門住在成都主持新修族譜。該白氏先祖最早是康熙四十九年（1710 年）從廣東和平縣遷來四川的。由於走的時候來不及攜帶祖宗遺骨，在川定居下來後，派後裔回鄉索取。白昆生先生根據蒐集到的口述資料，為我們講述了圍繞回鄉索取祖骸所發生的趣事：據四川方面白氏後裔逐代相傳的口述資料稱，回鄉的四川宗親在原籍宗親的同意下，把老祖宗的遺骨分為三份，一份讓四川宗親帶走，另兩份留在老家安葬。這次重修族譜，他才得知此中情況還有另外的說法。1999 年廣東和平縣白氏宗親來川尋親時，轉述老家長房子孫的口述資料是：老祖宗白日康公的墓在和平，當四川派人來索取時，本地宗親堅決不同意遷走部分遺骸。反覆協商無果後，四川宗親便採取了「偷」的方式，選擇一個深夜把墓穴挖了一個小洞，當伸手去取時，外界似有響動，為了不被發現，匆匆抓了一個人頭骨及一段臂骨，連

忙逃走。次日大家發現墳墓被盜時，見有一信留在墓中，信中有表示歉意與無奈，祈求宗親見諒等語。後來，在 1994 年，葬在四川金堂縣三星鎮的白日康公墓有一次被掘了一個洞，洞內確有上述頭骨及臂骨，子孫們遂仍將其放入墓穴中掩埋。事實證明了廣東口述資料的可靠性。[68]

以上實例表明，客家人確實是漢民族中極重「根」的一個民系。當他們不辭艱辛向西部邊遠的四川盆地作長途遷徙時，仍念念不忘把祖先的骨骸隨身帶走。即使因故來不及帶走祖宗的遺骸，事後也要千方百計派人回去索取。索取不成，甚至不惜去偷祖骸。除了風水的因素外，客家人遷移到新聚居地後，有了祖先之根、祖先之靈寢食才安的心理因素起了很重要的作用。這是根深蒂固的祖先崇拜意識的體現。

5. 開基祖崇拜

客家人是遷徙的族群，他們對首創者、開拓者都有特殊的崇拜情結。對傑出的領袖人物，對家族最早的開發者，客家人奉為開基祖，視為一方之神。開基祖有兩種，第一種為領袖人物，被尊為一方開基祖；第二種為同宗祖先，定居一地後被尊為開基祖。後一種比較普遍，影響更大。客家人日常還有這樣的玩笑話：「實在不行了，自己到一個新地方去當開基祖。」

第一種比較典型有影響的是閩西連城長汀祭祀的玲瑚公王王審知以及閩南人與客家人共同祭祀的開漳聖王陳元光、開臺聖王鄭成功。

（1）玲瑚公王崇拜

閩西連城、長汀一帶有玲瑚公王崇拜習俗，玲瑚公王指王審知。王審知，河南光州人，為五代十國時期閩國的建立者，被譽為天閩王。

唐朝末年，王審知隨其兄王潮起兵，進駐並割據福建。王潮死後，王審知繼任武威軍節度使。篡位的朱全忠建後梁之後，於開平三年（909 年）封王審知為閩王。王審知在福建主政二十餘年，社會安定，政通人和，其功德在八閩大地有口皆碑。

閩西客家人對王審知還有另一種特殊的感情。據說王審知與其兄王潮率部入閩，途徑宣河（現稱宣和）時，因糧草不足，王潮欲殺百姓給士兵充饑。

第三章　上壁為鬼神，保佑子孫安

愛民如子的王審知冒死救民，獻出馬匹給部隊充飢，既解部隊的燃眉之急，又使百姓免遭殺戮。培田及其臨近的河源溪河谷一帶村落的百姓均感王審知愛民之德，對王審知頂禮膜拜。

民間傳說王審知原為江南太湖水域的蛤蝴精。有一次，李世民被匪徒追殺，一路逃到太湖邊上，眼看就要被追上了，情急之下，李世民縱馬跳進太湖，被蛤蝴精連人帶馬高高托起，才倖免於難。李世民登基後分封功臣，卻沒有蛤蝴精的份，於是蛤蝴精找上李世民。李世民問他有何功勞，蛤蝴精於是將太湖救駕一事娓娓道來，說現在身上還有馬蹄印。李世民一陣感動，於是下詔書封蛤蝴精為蛤蝴侯。閩西客家人為了紀念蛤蝴侯，遂將「蛤蝴」改為「玲瑚」，稱「玲瑚公王」。

民間傳說把閩王王審知與唐朝「貞觀之治」開創者李世民聯繫在一起了。玲瑚公王崇拜是包括連城培田在內的河源溪河谷一帶百姓自發、自創的民間信仰。閩西其他客家地區的玲瑚公王崇拜是從這裡傳去的。但長汀縣河田鎮一帶也有人認為，河源溪河谷一帶的玲瑚公王神像（純金的）是從他們那裡偷過去的。

連城培田民眾尊稱王審知為「公太」。明英宗正統年間（1436～1449年），培田村民與河源溪（在朋口鎮匯入朋口溪）谷地的其餘十二個村落（分別為屬於長汀縣的上曹坊、中曹坊、崗背、城溪、黃沙、科南、洋貝，屬於連城縣的文坊、洋坊、馬埔、張家營、朋口，連同培田統稱「河源十三坊」）的民眾，共同集資在馬埔（現屬連城縣朋口鎮）建造「玲瑚公王廟」。明萬曆二十五年（1597年），玲瑚公王廟被洪水沖毀，十三坊代表共商修復之事，推舉培田吳姓第十世祖吳在敬為緣首，重修了玲瑚公王廟。

最隆重的祭祀為每年的農曆二月初二至初四日，稱「入公太」日。迎入玲瑚公太是按分坊進行，一年迎入一坊。培田的玲瑚公王廟迎入公太要十三年才能輪到一次，故隆重而熱鬧。

（2）開漳聖王

開漳聖王陳元光，出生於唐顯慶二年（657年），字廷炬，號龍湖，河南固始人。他文武雙全，十四歲即隨祖母魏氏和伯父陳敏、陳敷率領五十八姓軍校進兵福建，與先前到福建平定「蠻獠嘯亂」的陳政會合。唐儀鳳二年（677年），陳政逝世，二十一歲的陳元光，繼承父親的職務，率領部將平定叛亂，並於垂拱二年（686年）獲准設立漳州，擔任首任漳州刺史。當時漳州是未開化的蠻荒之地，建州後，陳元光鼓勵農民開墾荒地，推廣中原耕作技術，興修水利，廣施教化，經濟得到長足的發展，號稱治平，為漳州的開發和發展立下不朽的功勛。歷代帝王對開漳聖王均有追封，唐代被封為「潁川侯」，宋代追贈「輔國將軍」「靈著順應昭烈廣濟王」，明初封「威惠開漳聖王」，祭祀陳元光的廟宇多稱威惠廟。閩西永定湖坑一帶客家人受影響，不少地方也祭祀「開漳聖王」。

（3）開臺聖王

　　開臺聖王鄭成功，又稱開山聖王、延平郡王、延平王、國姓爺、國姓公、國聖爺等。因為鄭成功對臺灣開發貢獻巨大，所以「開臺聖王」最能表達臺灣人民的敬意。臺灣地區的閩南人及客家人建立了不少開臺聖王廟，以祭祀鄭成功。

（三）日常習俗中的祖先崇拜

1. 年節酒宴祭祀

　　長汀、連城等地，逢年過節有客人來，都會放鞭炮，點蠟燭，祭祀主人家的祖先。這種習俗在客家區很普遍，在其他地區並不多見，更能體現客家人崇祖睦宗的精神。

2. 逢年過節時的位置擺設

　　筆者的家鄉閩西永定一帶客家人逢年過節要在餐桌上為已故的祖輩、父輩擺上碗筷，篩上米酒，開席前由一長輩唸唸有詞請其回來過年過節，家人團聚，保佑平安。筆者母親常常在神位前唸誦「上壁做了鬼神，要保佑家人平平安安」，然後，把我們兄弟姐妹的名字及其各自配偶的名字以及我們各人的孩子的名字報給父親。這時，筆者覺得父親彷彿就在身邊，還和我們在

一起。故私下以為這不是迷信，而是一種很富有人性味的祭祀活動。活動讓我們感受到深深的母愛和父愛，是一種很好的人文教育活動。現代社會已經越來越少這樣的感染熏陶了。

3. 生育等習俗的表現

客家人熱愛家鄉，言必稱「胞衣窟」。其來源是，客家婦女生了孩子後，其胞衣（胎盤）要放在床下，用碗蓋著，第二天才用紙包起，送到竹頭下埋掉（意為能像竹頭一樣多生），這樣床下就留下胞衣濕跡。另外，因客家人大部分是聚族而居，同一祖先的後代往往同住一個大土樓。他們在每一棟大土樓都設有「胞衣坑」。凡是這棟樓出生的孩子的胞衣，都會被放入坑中不再取出。因胎盤與母體相連，古中原人把胞衣當作自己的根。客家人的這一設置，就是讓這棟樓從此成為孩子的根，讓他們永遠思念這個家鄉。

客家人為了傳承，特別重男輕女，針對男孩的禮俗特別多。比如書中其他章節提及的「滿月禮儀」等。男孩子出生後長輩起名要按照祖先排好的輩分字號，給孩子取名，確定代數，然後將取名紅紙貼於大廳以及祠堂牆上，禱告祖先，「呼之大吉」。每年，誰家添了新丁是最高興的事，祭祀祠堂、大年初一開門、正月及秋季祭墓、鬧元宵、做大福、走古事、遊龍燈等家族所有活動都要參加，要多出「份子錢」，尤其是要備足「新丁酒」，讓大家盡興。

4. 婆太崇拜

在客家區，有一種「太祖母現象」，即祖婆太崇拜情節很典型。某個時期的婆太被神化，蔭及子孫，被後世敬仰的例子在閩西客家區有不少。女性是繁衍後代之人，勞苦功高，尤其是客家女性又全面操持家庭，更受後代敬仰。

閩西永定坎市鎮，每年的農曆正月十一日，有萬丁之稱的盧姓人都要舉行「打新婚」活動。「打新婚」習俗由來已久，大約有五百年的歷史。有關它的來歷，流傳著這樣的說法：坎市盧姓五世祖林婆太生前為人慈祥和善，平日喜歡跟孩子們一起玩，常常看他們做遊戲。臨終她特意囑咐，以後祭掃

時要讓她再看到孩子們嬉鬧的場面。林婆太辭世後於農曆正月十一日出葬。棺木抬到現在「打新婚」的地點，突然天降雷雨；待雨過天霽，抬棺木的人回來，卻到處尋覓不到棺木。大家認為，這裡是天賜婆太的風水寶地，便在此處修築林婆太墳墓。後代子孫們便定林婆太棺木不見的農曆正月十一日為「打新婚日」，藉一年一度的「新婚祭」，模仿《二十四孝圖》中老萊子「戲綵娛親」的故事，讓老祖宗高興，既表示孝道，增添節日的喜慶氣氛，又以此祈求家族人丁興旺、吉祥幸福。

這樣的傳說在閩西客家地區有不少。上杭官莊藍姓大一郎房支的婆太為劉氏，《藍氏家譜》是這樣記載她的故事的：「大一郎公……隨父遷居水口。初娶武平桃李鄉劉二郎公之女，名曰三娘，年方十六，未及生育，因歸寧母家，途經大坪岡（即今迎龍岡），忽遭風雨交加，雷電暴至。轎伕放下轎，從人均逃避暴雨。三娘驚昏，頃刻雨息，從人回至原處，則壘然成墳墓矣。三娘生時，肌骨珊然玉立，有翩翩登仙之狀，今果乘風雨而葬他鄉，人莫不以為登仙雲。（墳）坐西向東，形為醉翁臥地，相傳為天葬地。」[69] 上面兩則神奇的天葬故事，不同點在於，永定坎市鎮的是子孫滿堂的婆太，上杭官莊鄉的是未生育的祖先之妻。

順便這裡談談客家女性問題。許多文章因客家婦女田頭田尾、家裡家外的事都做，形成客家地區「男懶女勤」現象，提出客家婦女地位低下的觀點。其實，這對客家男女都是誤讀。筆者認為，客家婦女是家庭經營者，是家庭的支柱；是教育者；是民間口頭文學的傳承者、創造者；是民間習俗的執行者、詮釋者、創造者。客家婦女的優秀品質，天下讚譽。筆者曾提出「角色轉換」的概念，即等到一個家庭壯大時，就形成了客家民系中特別明顯的「主母之尊」現象，老太夫人成了家庭中最尊貴的人物。浦江《鄭氏規範》曰：「主母之尊，家眾悅服。」關於「主母之尊」，客家名人黃遵憲在其《拜曾祖母李太夫人墓》一詩中有描述：「太婆每出入，籠東柱一杖。後來杖掛壁，時見垂帷帳。夜夜攜兒眠，呼娘搔背癢。輾轉千槌腰，殷殷春雷響。佛前燈尚明，窗隙見月上。大父搴簾來，歡笑時鼓掌。瑣屑及鄉鄰，譏訶到官長。每將野人語，眩作鬼魅狀。太婆悄不應，便知婆欲睡。戶樞徐徐關，移躧車輪曳。明朝阿娘來，奉匜為盥洗。欲飯爺捧盤，欲羹娘進七。大爺出迎醫，

觀縷講脈理。咀嚼分嘗藥，斟酌共量水。自兒有知識，日日見此事。」黃遵憲的另一文《曾祖母李太夫人述略》則記述了「至尊主母」李太夫人以勤儉管束全家的情形：「太夫人治家嚴，雖所愛，或不遂順，輒怒責，或呼杖。諸孫婦十六七人，不許插花，不許掠耳鬢，不許以假髮拖長髻尾。晨起如廁，必遍歷孫婦室外。諸孫婦必於未明時嚴妝竟，聞太夫人履聲，即出垂手立戶外問安。或未見，輒問病耶？睡耶？咸惕息不敢違。……每歲十月，太夫人壽辰，必會親戚，長幼咸集，酣嬉歌呼，作十日飲乃已，太夫人亦願而樂之。」這種「儉而用禮」「有三代遺風」的治家風範，是客家大家庭皆有的。[70]

5. 神話祖先和光宗耀祖的教育理念

客家人崇拜祖先，往往在故事傳說中神化祖先，產生了許多祖先在開基拓土、征服自然與周邊族群的各種傳說。

也有為祖先避諱的。如永定縣高陂鎮上洋村民有一祖先稱「龍燈公」，故此陳姓族人不遊龍燈，意思是「祖先是不能遊街的」。

把祖先神化的另一種典型事例是連城縣四堡鄉的「遊兩公」即「遊馬公」與「遊鄒公」活動。筆者曾在此開展《福建連城四堡古代刻書研究整理及旅遊開發》的課題研究，不僅對四堡雕版文化，同時對四堡民間習俗與信仰也有了一定的了解。

四堡，位於閩西連城、長汀、清流、寧化四縣交界處，是一個偏僻的山區小鎮，這裡主要居住著鄒姓和馬姓兩大族人。四堡曾以其興盛的雕版印刷業而赫赫有名。在鼎盛的乾嘉時期，印坊櫛比，書樓林立，從業人員占當地總人口的60%，印版、書籍遠銷閩、粵、桂、蜀等十一省八十九縣市，幾乎壟斷了當時中國南方的印書業。

四堡坊刻是閩西文化乃至福建文化史上的一朵奇葩，四堡與北京、武漢、江西許灣並稱中國古代四大雕版印刷基地，也是目前四大雕版印刷基地中保存最完整的一個，它因此名列「福建省歷史文化名鄉」，倖存的古書坊群也被列為國家重點文物保護單位。我們課題組成員查閱了大量的相關資料，對四堡刻書情況有一定了解，發現四堡印刷的書種類繁多，據統計有九大門類

九百餘種。從經史子集、卜巫星算、詩詞小說、幼學啟蒙到日常應用、醫藥養生甚至禁書如《金瓶梅》等無所不包。作為中國四大雕版印刷基地中印刷文物保存最完整的基地，四堡印刷基地本應該具有極強的文化價值和文化吸引力。長汀連城是中國客家人的聚居地之一，四堡雕版印刷業在當時就已經成為中原文化南傳的重要橋梁，為傳播和弘揚中華民族的傳統文化發揮了巨大的作用。

正是四堡雕版之鄉的文化底蘊，形成了四堡獨特的民間文化習俗與信仰。「遊馬公」的時間定在每年的正月十四，馬姓族人抬著馬公、鄒公及關公等神像（村民統稱為「菩薩」）全村巡境。「遊鄒公」是在每年的農曆七月初七進行，所抬神像為鄒公、關公、媽祖、觀音、彌勒佛、神農等。每年遊行路線一般要視曆書而定。「遊兩公」均在兩姓本村遊。這裡還有約定俗成的規矩，即馬氏族人「遊馬公」時還要抬上鄒公，並且要置於馬公前，第二日還要專「遊鄒公」。而鄒氏族人「遊鄒公」卻並不要「遊馬公」。其中原因何在？按馬氏族人的傳說是，馬公馴1456年任四川布政使，赴任時渡江遇險，得一白犬搭救。後知白犬乃鄒公變化而成。由此，馬公後人知恩圖報，塑兩公同列，共享香火。[71] 馬馴致仕後，對鄰姓鄒氏把唐鄒公演變成宋鄒應龍提出質疑。還有一種說法是，鄒姓先祖中的鄒應龍是個清官，在審嚴嵩父子一案中有功，馬姓族人敬仰崇尚他的忠義，所以拜他。現在，附近清流縣的長校李姓也有「遊鄒公」，傳說鄒公是其開基祖李公的岳父，故而拜之。鄒氏則說李公曾向鄒公學法，云云。明崇禎十年（1637年）重修的《汀州府志》卷六《祠廟》記載：「鄒應龍，字仲恭，自邵武遷汀州，唐元和壬辰及第，居官十五任，封魯國侯，卒葬四堡里，鄉人立廟祀之，祈禱輒應。宋紹興紹定戎馬衝突，公神兵默助，荊襄、虹縣、兩淮、南京、靈壁、江州皆捷聞，封昭仁顯烈威濟廣佑聖王，配陳氏、李氏封乎惠夫人。」清初重修的《福建通志》和《長汀縣志》也都有相關記載：「鄒公廟，在縣東上保鄉，唐敕建。」敕者，皇命也。是唐朝皇帝下令在上保鄉建鄒公廟的。在長汀、清流、連城、寧化等縣方圓數百里的七十多個村莊，鄒公廟不計其數，尤其是馬屋、霧閣、雙井、上保、梘頭、社下前、黃坑、洋背、留坑、茜坑、下謝、黃石坑、長

校、大連坑等村都在每年特定的日子舉辦廟會,把鄒公作菩薩朝拜。封為「昭仁顯烈威濟廣佑聖王」的鄒公,已成為當地各姓氏群眾最為信奉的神明。

四堡「遊兩公」活動中有許多規定,信仰中的儀式呈現出客家人的價值取向,如重視禮教、敦宗睦族、精明節儉,等等。宋明時兩族尚未涉足工商業,明萬曆後則先後投身雕版印刷業,歷經數十載,遂富甲一方。這些族商多以「儒商」自居,重視「立學」,如鄒氏「學之於道,蓋可忽乎哉!一脈書香,繩繩相繼者,其來久矣」。又如馬氏的冠婚喪祭,「一遵《朱子家禮》而行」。各種行業中也以「士」為重,如祠祭中就要求,「祠中執事人等,除司樂可廚陳設糾儀而外,必須讀書子弟,庶衣冠整束,進退雍容,有光俎豆……」[72]客家人重視教育是有目共睹的。耕讀傳家,成為客家核心精神之一。首先,設立族田制,以獎勵後學。其次,重視家教家訓。在祠堂、族譜、堂聯中滲透著強烈的尋根問祖意識。這兩點在下文將論及,其光宗耀祖的教育理念實際也是祖先崇拜的體現。

二、客家人的譜牒信仰

家譜族譜是一種特殊的文獻,就其內容而言,是中國五千年文明史中最具有平民特色的文獻,記載的是同宗共祖血緣集團世系人物和事跡等方面情況。故有專家稱,家譜與正史、方志構成了中國歷史大廈的三大支柱,三者既各自獨立,又互相依存。史學大師顧頡剛認為:「中國史籍之富,舉世無比。然列入公認的官修正史,由於種種原因,自今論之,尚難允稱『信史』。今青年治史學,當於二十五史外博求史料,取精用宏,成就當非前代所可比。而今中國史學領域有尚待開發的二個『大金礦』,即地方志和族譜。它一向為治史者所忽視,實則其中蘊藏無盡有價值的史料,為『正史』所難於悉紀而不為人所知者。」

客家民系的研究興起較晚,作為不斷遷徙的族群,其資料記載相對較少。著名學者羅香林先生便利用譜牒資料來論證客家歷史和文化,這是羅香林先生的一大創造,也是羅香林先生對客家研究的重大貢獻,為後來許多研究客家文化者所效仿。羅香林先生作《客家研究導論》和《客家源流考》時,亦

就此作了進一步闡述:「客家最重視譜牒,而譜之為體,必溯其上世遷徙源流,故欲論客家遷移的歷史,不能不聚其譜乘以資歸納;世人每以族譜侈談華冑,攀援高門,以為內容所述,全不足信,必受其欺,不知此乃淺人不善鑑別所致,非謂譜牒果無參考與研究的必要也。」[73]

譜牒是記載同宗共祖血緣集團的世系、人物和事跡等方面情況的歷史圖籍,蘊藏著大量的資料,具有諸多文化意義。

(一) 尋根問祖之依據

譜牒的最直接作用是據以尋根問祖。

每個姓氏,每個家族都有自己的祖先,故尋根問祖,報本思源,敬奉祖先,緬懷祖德乃人類之天性。隨著家族內部子孫的繁衍,一個家族會不斷發生分化,分別出不同的世代和支系。同時,由於各種因素,家族子孫後代會播遷各地。他們為了知道自己的來龍去脈,找到生命的依託,形成族群的認同感和向心力,便創造出了族譜家譜。譜牒記載始祖淵源、列舉家族支系、敘述世代遷徙,因此成為尋根問祖的重要依據。由於有了族譜家譜的傳承,中華兒女才得以認知各自的祖先,了解族房繁衍遷徙、郡望門第、祖廟祖墳、家規祖訓等情況,自然也就孕育出深厚的尋根謁祖的意識及行為。尤其是漂泊在異國他鄉的海外同胞,譜牒更是其保持血緣記憶、認同華夏子孫的重要憑藉。正是這些譜牒,建立起他們與祖國故土的縷縷聯繫。

眾多資料表明,客家民系是個不斷遷徙的民系,有人稱之為「移動的民系」。雖說此論有些偏頗,但也說出了客家民系的一個公認的特性,那就是遷移的次數多,地域廣,跨度大。同時,客家人又是一個最重視尋根的民系。這已被現代大量的尋根事象所證實,港澳臺及海外客家華人華僑的尋根熱潮可以說是舉世無雙。

這種熱潮根源於客家人的尋根理念,得益於客家人歷來對譜牒文化的重視。許多客家移民在稍為安定之後,為了讓本族之人對祖先有深刻的記憶,能夠解答自己從何而來,不忘根本,便修撰族譜,以「崇先報本,啟裕後昆」。不少客家家族把修纂家譜族譜作為後代子孫的一種義務寫進家法族規,以保

民間信仰與客家社會
第三章　上壁為鬼神，保佑子孫安

證家譜族譜續修的相沿不斷。如福建省連城《李氏族譜》的《凡例》中稱：「譜法當一世一修，故每三十年為率。蓋父子相繼為一世，三十年內所當增益者必多，如此則世無失次，人無遺志，輯而繼之無難也。若累世不修，其間不免遺漏散失。所謂譜之不修，子孫之不孝也。」正由於有此理念，又有許多熱心參加編纂、熱心資助出版的族人，客家地區存留的族譜家譜特別多，種類特別齊全，為我們今天研究客家文化留下了大量寶貴資料。

在對待家譜族譜問題上，著名的史學大師譚其驤先生有一段名言：「譜牒之不可靠，官階也，爵秩也，帝王作之祖、名人作之宗也，而內地移民史所需求於譜牒者，則並不在乎此，在乎其族姓之何時自何地轉徙而來。時與地既不能損其族之令望，亦不能增其家之榮譽，故譜牒不可靠，然惟此種材料，則為可靠也。」從大的角度說，家譜族譜形成了對民系大遷移的記憶。海內外眾多客家家譜族譜指向福建古汀州之寧化石壁村，造就了客家人的寧化石壁情結。眾多客家家譜族譜指向古汀州府各縣為其入閩始祖的開拓地，也奠定了閩西作為客家祖地的特殊地位。這都是譜牒的功勞。

根據近幾年來上杭客家聯誼會開展的客家姓氏源流調查研究顯示，許多姓氏都與寧化石壁有關。

盧氏。盧處信原籍江西寧都，宋淳熙年間（1174～1189年）任寧化學正，遷居寧化石壁。處信四世孫璧，號南洋，遷居上杭，為上杭盧氏開基祖。

丘氏。丘氏受姓始祖穆六十一世孫文仲遷江西寧都安居。唐朝後期六十六世仕成（諱國宗），入閩講學由寧都遷邵武禾坪，生三子平崇、平奉、平湖。平崇遷寧化石壁，其後裔三五郎避亂遷上杭。丘三五郎為上杭丘氏始祖。丘氏為上杭第三大姓。

陳氏，唐高宗時期（650～683年）宜都王陳叔明的第十一代孫陳伯宣從吳興移居廬山。後陳伯宣的孫子陳旺又遷德安。唐昭宗大順二年（891年）詔謁義門。宋仁宗嘉祐七年（1062年），大臣文彥博、包拯上書議義門「朝野太盛」，奉旨分莊，翌年依派拈鬮分遷全國291莊。陳旺第九代孫陳魁因在汀州做官，詔令在寧化石壁立莊。陳魁五個兒子名為崑、崙、嵩、岳、峰，其中嵩、峰之後裔大多遷入上杭。陳氏為上杭第二大姓。

二、客家人的譜牒信仰

李氏。李氏之李珠從江西石城遷寧化石壁。其子木德、火德從寧化遷上杭勝運里豐朗村。李氏為上杭第四大姓。其他還有江氏、羅氏、張氏、袁氏、雷氏、廖氏等，其族譜均記載出自寧化石壁。

從小的角度而言，不少族譜記載了一個地方、一個村落某個家族的遷移史。比如，在《范陽堂盧氏族譜》「廣東省梅縣堯塘鄉溯始」部分中詳細記載了現今粵東饒塘盧姓的遷移史：

坎市天祿公年幼時，是文新公撫養長大，天保公年小時又由伯父之子天祿公撫養長大，雖屬叔伯兄弟，但情同手足。天保公長大成人後在大埔西江寨定居生三子，次子到梅縣白渡田背定居，娶妻生子名西唐，西唐生子名笠溪，笠溪生兩子，長壽伯四郎號念二，次子壽伯五郎號念八。由於上述關係，天保公的子孫每年必到坎市探親祭祀以報答天祿伯祖懷念之恩。有一年婆太帶著壽伯四郎由白渡田背到坎市探親，回到堯塘澄坑半途，婆太不幸逝世，雖有人回白渡報喪，因在白渡家中仍有老小四代需人照顧，所以壽伯四郎獨自草率地把婆太埋葬在澄坑宮子山上，又怕虎狼咬吃婆太屍首，故苦守盧墓三年，幸得早於五百年前由光稠公保送出嶺南避難定居的老鄉親探悉是先代救命恩人的裔孫遭此事故，眾鄉親紛紛送米送菜幫助，才得以維持。三年孝服已滿，眾鄉親見壽伯四郎為人忠孝樸素，苦留堯塘定居，又封外太公把親生人送為妻，生兒育女，又聶外公送女與翼簡公為妻。[74]

由上述記載可以找到這一地區盧姓的發展脈絡及其遷移歷史。這樣的記載幾乎在所有的客家村落中都有。又比如，臺北大學王正輝先生編《王氏族譜》（前言）提及：「自乾隆年間，從福建汀州府武平縣磐龍崗和樹後（何樹凹），橫渡海峽於淡水登陸，開臺至今二百餘年，子孫繁衍至今已九代，現有人數千餘人。」這就證實了臺灣許多民眾的根在大陸福建，而福建住民大都來自中原，閩臺同胞一家同根就有這些族譜為證。

當然，這裡更多是從血緣關係的角度談。實際上，人類進步，種族繁榮，「人口代代繁多」和「生活居住分散」兩種情況交織。因此，東遷西就，離散脫節，是常有之事。因此，著名譜牒文化專家柳哲指出，家譜更重要的意義是文化傳承，而不是血脈傳承。你可以在一個比較大的範圍內尋找自己姓

氏的根源，自己家族的文化淵源，自己有哪些優秀的祖先，應該在一個寬泛的前提下尋找自己的文化根源，而不必太局限於狹隘的血統。修家譜是敬祖先的表現，有人說中國人沒有宗教，這是錯誤的，其實中國人有很樸素的祖先信仰，這就是樸素的宗教。不僅中國，韓國、日本、新加坡等受中國傳統文化影響比較大的國家，也都存在濃厚的祖先信仰。韓國保存了很多完好的家譜，他們的總統盧武鉉、盧泰愚都曾經到山東來認祖尋根。[75]

現實生活中，人們根據家譜族譜的記載尋根謁祖，寄託情思。這在客家地區是很普遍的。

（二）祭祀禮儀之指南

客家人都有十分濃厚的祖先崇拜情結，不僅每個宗族每年春秋二季要舉行隆重的集體祭祀，有的「春祭祠、秋祭墓」，也有是「春秋二次祭墓」的，而且每個房族、家庭隨時可以祭拜自己的祖先。由於家族繁衍、人口增長以及遷徙等因素，人們對祖先的追溯祭祀就越來越覺得繁雜艱難。大多時候，族譜家譜成為祭祀之指南。

許多客家移民在所修的族譜中制定了歷代先祖的祭期。一個姓氏中，涉及範圍廣的族譜，規定遠祖的祭祀時間、形式、地點等。涉及範圍稍小的族譜規範小區域的祖先的祭祀時間、形式、地點等。比如，從福建上杭縣遷出的邱氏，在其族譜中這規確定：「清明前七日，祭始祖邱公八郎諱繼龍，葬在勝運里官田葉坊山梅花落地金盤載珠甲山庚向；……清明前五日，祭一世祖邱公諱惟長妣鄭氏梁氏合葬，在南坑水口社邊東岸；……清明日，祭七世祖妣陳氏，葬本鄉割茅窯，與長孫得旺共穴同祭。」[76]

再比如，廣東梅縣的大美村，歷史上，大美村盧、張兩姓都十分重視祖先崇拜。張姓春季在祠堂祭祖的時間是每年正月二十日，而盧姓是正月十五。秋季祭墓兩姓都是在農曆八月初一前後。張姓每年正月二十要到兩個地方祭拜祖先，一是大美張姓的開基祠堂，一是五戶祠。盧姓正月十五也要到兩個地方祭拜祖先，一是顯朝七世祖開基祠堂，一是松林盧家祠堂。張姓除了在本地祭拜祖先外，每隔十年還要到福建上杭、永定祭拜大始祖化孫公

姒列考妣墳墓。張姓最後一次祭拜是在 1908 年農曆八月二十八日,即大清明之後。[77] 雖然相隔已是幾代,相距也是數百里,但這些張姓的後裔還是不辭艱辛回到閩西祭拜張化孫大始祖,的確難能可貴。

大多數時候,在還沒有統修族譜時,小家庭自身的規定則規範近一二代以內親人的祭祀時間、形式、地點等。這部分的資料還沒有錄入大的族譜之中,而由小家庭自己把握。這正是民間草根力量之所在,它是家譜族譜內容發展的基礎,值得我們注意。以筆者家庭為例,近十幾年間,祖父母、父親相繼辭世,除全村大族的祖先祭祀活動統一組織外,對祖父母、父親的祭祀都由筆者母親設計。在不和其他祭祀活動衝突的情況下,母親將祭祀時間確定為正月初九。實踐幾年後,她根據幾個兒子即筆者幾兄弟上班時間及放假情況改為正月初六祭祀,並請人整理相關材料。

有的祭祀是很有特色的,不少家族在其譜牒中有特別強調。如筆者有一先祖葬在距本族村落二十多里遠的地方,即今龍岩黃崗水庫副壩區處。未建水庫前,先祖墳墓下面是山田,其中有些居民。由於多種原因,該地居民與筆者的族人日常交往甚好,又有傳說該墳墓風水好,會保佑人。所以,每當正月筆者族人在此祭祀時,只要聽到地銃響起,該地居民便會帶上工具前來幫忙,一同祭祀。祭祀儀式完成後,要在墳墓邊起灶架鍋,將祭祀供品做成午餐,讓參與祭祀的族人與當地居民共享,祈求新的一年風調雨順,家家平安,萬事如意!在這裡,已經沒有我們平常印象中那種悲戚的祭祀場面,有的是後代與祖先在山野中共享美味、其樂融融的景象。因此,在筆者的記憶中,不少家族小孩(男丁)每逢正月春祭時,都願意走遠路祭祀先祖,因為他們覺得有許多的樂趣。

在客家人心裡,祖塋是宗祖精氣所在,家族的發展「叨先祖之恩庇」,故特別重視祭掃。

更有特色的是,一些宗族特別注重科舉人才到祠堂謁祖與祭祀。如福建省武平縣武北藍氏具體規定了科舉人物到武平縣城藍家祠堂謁祖或參加祭祀的獎勵措施,不同級別的科舉人物,給予不同等級的獎勵。江坑《藍氏族譜》中的《規款》載:

——配享每名發胙肉錢八文。

——紳士到祠與祭者發胙肉錢每名五拾文。本日享餘。

——主祭自貢生及捐職六品以下者發胙肉錢五佰文，舉人發胙肉錢捌佰文，進士發胙肉錢壹仟貳佰文，捐職五品發胙肉錢捌佰文，四品發胙肉錢壹仟貳佰文。若現任文武官員或告假回家到祠謁祖者，視其職之大小臨時酌議發胙。

——主祭論爵平品論齒尊尊親親之義也。

——科目新進文武生員及補廩出貢到祠謁祖者每名發花紅錢壹仟，新舉人謁祖者發花紅錢三仟文，新進士謁祖者發花紅錢五仟文。[78]

從中可以看出客家人對名人、讀書人參與祭祀的重視。

儘管不少家譜族譜中有將歷史名人牽強附會為祖先，即「帝王作祖，名人作宗」之現象，但大部分資料還是真實的。在現實中，人們總是按其家譜族譜中實實在在的傳承記錄來進行祭祀活動。

（三）研究史實之富礦

正史的記錄畢竟是有限的，範圍也太大，家譜可以作為歷史研究的有利補充，而且更加生動。

譜牒在中國源遠流長，已經形成有獨特內涵、浸潤著民族情愫的譜牒文化，它對民族的心理素質、價值取向、行為模式都發生著潛移默化的影響。「蒐集家譜、族譜加以研究，可以知道人類社會發展的規律，也可以為人文地理、聚落地理提供寶貴的資料。」譜牒中保存著大量富有姓氏家族及其遷徙過程與定居地特色的史料，這在正史中是無法找到的，也是正史無法記載的。

近代著名史學家梁啟超對譜牒的史料價值給予高度評價，他在《中國近三百年學術史》中說：「族姓之譜……實重要史料之一，例如欲考族制組織法、欲考各時代各地方婚姻平均年齡、平均壽數、欲考父母兩系遺傳、欲考男女產生比例、欲考出生率與死亡率比較……等等無數問題，恐除族譜家譜外，

更無他途可以得資料。中國鄉鄉家家冀有譜，實可謂史界瑰寶。將來有國立大圖書館，能盡集天下之家譜，俾學者分析研究，實不朽之盛業也。」

所以有一些學者指出，譜牒內容除了反映世系繁衍之外，還包括宗族大事、姓名歷史源流、人口分布、宗教信仰、族約家規、族產祀田、祠堂墓瑩、人物傳記、藝文習俗、地方史實等，已超越一般的歷史學與文化學領域，它還涉及社會學、考古學、民族學、人類學、經濟學、人口學、地理學、方志學、教育學、文學、民俗學等諸學科領域，實質上形成了一門跨學科的綜合學科，具有豐富深刻的內涵和寬廣的外延。有人稱其為「譜牒學」，作為獨立學科加以研究。

譜牒中的史料，有很大一部分是記錄祖先開基過程中的故事的。祖先定居中的典故往往很有意思，可以從中了解其習俗與心理。客家在遷移中要定居下來，最看重的是地理風水因素。

以閩西張姓開基始祖張化孫為例。南宋淳熙二年（1175年），張化孫出生於寧化縣石壁鄉葛藤村，考取進士後，受朝廷委派「作牧汀州」。他精通堪輿術和岐黃術，任職汀州府時，多次到屬地上杭考察，認為上杭地處鄞江（古時之汀江名）中游，物華天寶，地靈人傑，是塊「生氣行於地」的「風水寶地」。他於宋寧宗嘉泰四年（1204年）辭去官職，攜家小來到上杭縣城東北角一帶遊覽勘察，最後選定在深坑尾官店前上吉街（今白砂鎮茜洋村）定居。從地理形勢看，該地背靠山勢高大峻拔的上圓山，山上樹木繁茂，山前有洋乾溪穿越田洋而過，溪兩岸是肥沃的土地，物產富饒。張化孫開基此地後，果然子孫繁衍。據不完全統計，現今奉張化孫為先祖的海內外裔孫已達千萬之眾。族譜記錄了張氏開基地的許多資料。

再如，1995年3月修竣的贛南瑞金《密溪羅氏七修族譜》別出心裁，除載錄源流、字派、世系、祠宇、祖塋外，特設「沿革記」「興替紀略」和「山水記」諸篇。前者力敘祖先創業、復業、展業之艱難，以「聳示子孫，瞿然警惕」，「益加策勵，思開族之維艱，念守成之不易」，而承先啟後。後者備述密溪山水之秀美形勝，意在激發族人愛鄉惜土之情。他們在族譜中把村

第三章　上壁為鬼神，保佑子孫安

中名勝古蹟提煉概括成「一閣、二坊、三旗、四塔、五祠、六庵、七品、八仙、九崠、十景」[79]。可見族譜具有很重要的史料價值。

家譜中往往記載了家族著名人士的事跡以及其優秀的文學藝術作品，包括與名人交往中的題贈、唱和等。許多作品在正史中是無法找到的。比如福建上杭陳氏論公，在官田的論公祠大廳裡有「追遠堂」匾額，兩側有「派出虞舜胄；世仰宋儒宗」「南國理學無雙士；北宋忠貞第一家」等對聯。其中最引人注目的是北宋名臣楊時題的「半壁宮花春宴罷；滿床牙笏早期歸」一聯。另有名儒黃文梯先生贈句：「仰不愧天俯不怍人千古允稱忠肅諡；窮不失義達不離道八閩惟見了齋翁。」楊聯指的是北宋陳氏「三堯」兄弟的盛事，長兄堯叟，真宗朝狀元，官至同平章事；二弟堯佐，舉進士，三守廬州；三弟堯咨，仁宗朝狀元，官節度使，至太尉。黃先生贈句說的了齋翁是貢川九世世卿公，宋初進士，累官祕書少監、吏部尚書。他不但勤政愛民，且重治家德育的事。此外，族譜還有民間傳說、童謠、民諺等。這些資料是我們研究地方文學史、藝術史的寶貴資料。

再有，家譜中往往記載了家族擁有的集體田戶，如祠田、墳田、房基田、莊田、山林等的數目，甚至還記錄了當時的一些納稅情況，如《石城新田魏氏溯源堂七修族譜》載：「為迭（遞）年徵糧，廣此事，凡承充者難以替代，而況花戶星散、工食浩繁，爰於乾隆庚戌歲合祠父老舉豪傑吉常翁矢公失慎，權子母之息，日積月累，廣而充之，權至乙卯年冬，放計金四十餘兩，當買到左坑南坑等處田，淨穀五石三斗三升正，用價銅錢三十五兩三錢八分正，又用區潤筆禮金四兩四錢。其租十班輪流，遞年值年承充，其租撥於為工、食之需，承充而完納徵糧，光耀典籍矣。」由此可見，魏氏族人為減輕負擔，免於挨門逐戶催收之苦，特將部分族資放債生息，以購置田產，僱人耕種，並將祠中管事人分成十班，輪流收租，所收租金一部分充作管事者的工、食之費，一部分用於完納徵糧。這樣看來，家族在一定程度上承擔了為朝廷徵糧納稅的任務，實際上行使了部分基層行政職能。[80] 這是研究經濟史的寶貴資料。

家譜族譜中往往記載了具有地方特色的宗教信仰、民俗活動的來歷及祭祀形式等，如許多客家地區各種「公王」的祭祀，福建省永定西陂林姓「鞭春牛」，以及連城四堡「走古事」的民俗活動等。家譜中往往還記載了家族婚姻禁忌，闡述不能通婚的原因，等等，不一而足。這些都說明譜牒礦藏之豐富，值得我們好好挖掘。

（四）教化子孫之寶藏

家譜族譜屬於傳統文化的範疇，是中國五千年文明的見證。其實，修家譜由來已久，早在周朝就有，但多為官修，直到宋代，民修家譜才普遍繁盛。家譜族譜中有一個很重要的部分是家法族規，其內容多集中於崇尚正義、愛國守法、崇文重教、敬祖睦宗等方面，可以稱得上是譜牒文化的精髓。它能夠規範人倫，導人向善，是對社會法律和制度的一種重要補充。

每個家族還以族規族約、家法、慣例等管理族人，其作用巨大。如閩西連城《新泉張氏族規條款》就是一部森嚴的家族法規，共有十六個條款，內容涉及族倉儲穀的借還、族中後人上學、族內產業爭端、輩分關係、祭祀祖宗及男女有別、禁縱賭、禁誨淫、禁發墓、禁溺女澆浴等方面。

再如，連城縣文川鄉《李氏七修族譜》中載的「訓戒」，「祖訓」有六條：一訓孝順父母，一訓敬老尊賢，一訓和睦親族，一訓勤讀詩書，一訓誠實正業，一訓早完錢糧；「族戒」有六條：一戒不孝不友，一戒挖賣祖墳，一戒為匪亂倫，一戒承充隸卒，一戒欺祖霸嘗，一戒酗酒打架。每一條「訓戒」都有詳細的解說。如「一訓勤讀詩書」條是「報國榮親，詩書之澤甚大。凡我子姓有志誦讀者，品行文章有著砥礪，或列黌序或掇巍科，非特宗祖有光，亦副族人之望」。而「一戒承充隸卒」條是「隸卒世所共恥，以是人而列譜系與祠祭，豈不玷汙祖宗敗壞家風。尚有誤踐者，宜親房令從正業，如固執迷，圖譜擯黜」。其教化之意，約束之力，凸顯無遺。

客家人重視耕讀傳家，尤其重視教育，這是客家文化的重要特徵。這方面內容在譜族譜中體現得最為突出。羅香林先生指出：「刻苦耐勞所以樹立事功，容物罩人所以敬業樂群。而耕田讀書所以穩定生計與處世立身，關係

民間信仰與客家社會
第三章　上壁為鬼神，保佑子孫安

尤大。有生計，能立身，自然就可久可大，客家人的社會，普通可說都是耕讀人家，這在過去為然，現在還未全改，所以在他們普通人家的家庭分子來說，這方面內容在家譜族譜中體現得最為突出。總有人能做到可進可退、可行可藏的地步。這在社會遺業的觀點看來，可說是一群遷民經過了生存奮鬥而累積了無數經驗的優者。」[81]

　　客家人意識到，在中國傳統時代，一個家族如果缺少最基本的文化教育，其發展將會受到嚴重的局限。由於讀書是成家立業之本，成才是光耀門第的前提，因而客家各家族都重視教育，把興辦學校、培養子弟作為一項永久性的事業，並成文寫入族規族約之中。如贛南興國的劉氏，是一個遠近聞名的客家家族，該家族族規中寫道：「家門之隆替，視人才之盛衰；人才之盛衰，視父兄之培植。每見世家大族箕裘克紹，簪纓不替，端自讀書始。凡我族中子弟，姿稟英敏者固宜督之肄業，賦性鈍者亦須教之識字。」[82] 明確把讀書識字作為教育後代成材、保證家族興旺的根本。

　　為獎勵學習，各族設立了用於支付家族教育費用的所謂「儒資田」或「書燈田」（總稱為學田）。如永定縣中川胡氏家族，早在清代初年即設有「儒資田」。根據族規，凡族中考取秀才者，即可獲得本家族當年儒資田的年收成。在贛南客家，族產中的田地稱「公堂田」，公堂田的收穫除用於祭祖之外，有一部分用來助學講學，稱為「學穀」。許多家譜中往往也會規定具體的資助方法。

　　家譜族譜的教化涉及各個方面：有做人的教育，如上面提到的幾個方面的內容；有做事的教育，如強調以農為國本、耕讀傳家以及本房族特色的行業等內容；有生活的教育，強調各種習俗、信仰及與祖先有關的禁忌等。

　　家族中有文化有聲望者，往往注重給後人留下家訓，以期維持家族興旺發達，千秋萬世。還以閩西張姓開基祖化孫公為例。他定居閩西上杭縣，育有18個兒子和108個孫子，子孫繁衍，至今裔孫達千萬之眾，被譽為「鄞江始祖」。這很大程度上得益於他的遺訓詩：「清河系出源流長，卜吉移居閩上杭。百忍家聲思祖道，千秋金鑑慕宗祊。承先孝友垂今古，裕後詩書繼漢唐。二九苗裔能凜訓，支分富盛姓名香。」這是張化孫的遺訓詩，也被張

化孫後裔稱為「外八句」，內涵深厚，意蘊悠長，張氏子孫無論播遷何處，都要帶到定居地教育後人，使家族正氣弘揚，興旺發達。

列祖列宗的「訓詞」是家族教育的信條，與幾千年儒家教義相吻合，「出門思祖德，入戶念宗恩，治平天下最，孝義古今稀」。客家人家族教育的核心是要求子孫勿忘「三命」：天命、君命、父母之命。天命即自然規律不可違抗，君命即國家利益不可忘記，父母之命即繁榮發達家族以及孝敬父母的使命不能忘。

客家家教歷史悠久，內容豐富，形式多樣，注重耕讀傳家，集中體現了儒家「修身」「齊家」「治國」「平天下」的思想。除了祖宗家訓外，他們特別推崇《朱子治家格言》。這也是中國歷代士大夫尊崇的「治家之經」，為童蒙時期必讀課本之一，略為識字的客家人都懂此書。筆者父親跟隨祖父上學行醫，對此書更為推崇，常常把其中的名句掛在嘴邊，教育後代。如日常生活規範方面的「黎明即起，灑掃庭除，要內外整潔。既昏便息，關鎖門戶，必親自檢點」，生活精神方面的「一粥一飯，當思來處不易；半絲半縷，恆念物力維艱。」如對財物態度方面的「重財，薄父母，不成人子」，強調耕讀傳家方面的「祖宗雖遠，祭祀不可不誠。子孫雖愚，經書不可不讀。居身務期簡樸，教子要有義方」，為人處世方面的「施惠勿念，受恩莫忘」，等等。這些都是讓人醍醐灌頂的名句，是客家家庭教育的精髓。

總的說來，譜牒文化的積極意義值得我們認真挖掘，為今日的文化發展服務。

當然，客家人的祖先崇拜濃厚獨特，在客家人的生存發展奮鬥中造成了凝聚、激勵與協調的作用，但也要見到其消極影響。祖先崇拜主要會造成兩種消極影響：一是易產生守舊觀念，在建祠、修譜、祭祖上花費過多人力、物力，不免有浪費之嫌；二是太重宗族祖墳及風水觀念，容易產生宗族間的鬥毆等惡性事件，須予以防範。

第四章 聖賢創偉績，人間百業興

第四章　聖賢創偉績，人間百業興

——客家聖賢崇拜

有學者指出，中國缺乏嚴格意義上的宗教信仰，千百年來實質上由儒家思想代行了宗教的功能。由此，它也被稱為「儒教」。對於中國人來說，儒學不僅是一種理論體系和觀念形態，更是一種信仰的支柱和生活意義的依據。這種信仰，形成中國人的祖先崇拜和聖賢崇拜。祖先崇拜和聖賢崇拜者屬於人格神崇拜。

在中國，受傳統儒家文化影響，不僅堯、舜、禹、湯、文、武、周公、孔子被公認為是聖人的典範，而且歷代不少英雄豪傑、隱士文人也被尊聖稱賢。人們對聖賢頂禮膜拜，十分崇敬虔誠。

何謂聖賢？古今有變化。古代對聖賢的界定較高。《論語·雍也》：「子貢曰：『如有博施於民而能濟眾，何如？可謂仁乎？』子曰：『何事於仁？必也聖乎！堯舜其猶病諸！』」《論語·述而》：「子曰：『聖人，吾不得而見之矣；得見君子者，斯可矣。』」《論語·子罕》：「太宰問於子貢曰：『夫子聖者與？何其多能也？』子貢曰：『固天縱之將聖，又多能也。』」

從中可以看出：其一，聖人具有非凡的才能，是受命於天的。其二，聖人是仁愛之人，能造福民眾，能救助民眾，即「有博施於民而能濟眾」者。其三，聖人既偉大又罕見，連堯舜恐怕也難榮膺此名。聖人在古人心目中享有至高無上、神聖無比的地位，連萬世師表的孔夫子都自嘆弗如，連名垂千古的堯舜都很難夠格。

隨著時代的發展，後世尊崇聖賢，所崇拜的對象越來越廣泛。《禮記·祭法》言：「夫聖王之制祀也，法施於民則祀之，以死勤事則祀之，以勞定國則祀之，能禦大災則祀之，能捍大患則祀之。」可想而知，凡有規範施行天下、以身殉職、以勞定國及能抗擊大災大患者，皆應受到後人祭祀，皆能榮膺聖賢的桂冠。

第四章　聖賢創偉績，人間百業興

　　《汀州府志·人物》中稱：「天地生萬物，人居一焉。以對待言，則人與物峙；以渾同言，則人亦物也。玉生於山，而不得山山而玉之；珠產於淵，而不得淵淵而珠之。人物本乎人，而不得人人而人物之。然則三才並峙者，一二人之謂，而非人人之謂也。夫此人人者，同稟天地之氣與性，而以德則絀，以功則絀，以言則又絀。身世百年，無能樹立，直草木朽耳，謂之不人不物宜也。汀非海濱鄒魯乎？上下千餘年，廣袤七百里，其中為接往聖、開來學之人，為黼黻隆盛、霖雨蒼生之人，為不避刀鋸斧鉞、直言敢諫之人，為見危授命、臨大節不可奪之人，若是者，蓋卓然矣。然亦不屬數數矣。志人物。」[83] 說得很明白，聖賢如玉，聖賢如珠，稀缺而寶貴。正如不是山山都能出玉，不是淵淵都能產珠一樣，聖賢人物也是屈指可數的。《汀州府志》列舉了稱得上聖賢的四種人，其核心標準就是「立德」「立功」「立言」之「三不朽」。「立德」，即樹立高尚的道德；「立功」，即為國為民建立功績；「立言」，即提出真知灼見。此三者是雖久不廢、流芳百世的。唐代孔穎達對這「三立」作了精闢的闡述：「立德，謂創制垂法，博施濟眾；立功，謂拯厄除難，功濟於時；立言，謂言得其要，理足可傳。」於是，「三立」有了定論，「三不朽」成為中國歷史上許多人的人生目標和理想。中國歷史源遠流長，誕生了數不清的傑出人物，在他們身上總有說不盡的故事，道不完的話題。他們的思想、操守、業績，是我們寶貴的精神財富。

　　香港中文大學謝劍教授曾對清代嘉應地區（今廣東梅州）一百二十二座特殊性廟壇進行過分類，共分為九類，「為數最多的依次是『名宦賢吏』、『藝文功名』及『武德軍功』三項，這類廟壇合計總數竟高達九十六座，占全部『群祀』的78.05%」。「從概念上分析，前三項也是相互關聯的，對『藝文功名』及『武德軍功』的崇拜，當然在鼓勵人們成為『名宦賢吏』……國中其他非客家住域或非純客家住域，則無此種現象。還指出，上文談過的謝劍分類的嘉應地區總計一百二十二座九項特殊性廟壇中，涉及『貴』的名宦賢吏、藝文功名及武德軍功三項高達九十六座，占全部「群祀」的78.05%，而涉及『富』的財神宮等則只有1座，實在不成比例。」[84] 這只有客家地區才有的現象很能說明問題，古代客家人更看重的是「貴」。

閩西客家人崇拜的聖賢，本書分三類闡述：一是共性的聖賢，如孔子、張飛、武侯諸葛亮、關帝等；二是本省本地的聖賢，如王審知、朱子、李綱等以及各縣自己尊奉的賢人；三是各行各業的祖師，如藥王仙師孫思邈、木匠仙師魯班、商聖陶朱、理髮仙師呂祖等。

一、共性的聖賢崇拜

1. 五穀神崇拜

被尊奉為五穀神的是后稷，他是庇佑農業，確保五穀豐登的農業神。相傳，后稷幼時已嶄露頭角，長大後成為原始社會負責農業的頭領，為農業發展做出了巨大貢獻。據《國語·魯語上》記載：「昔烈山氏之有天下也，其子柱，能殖百穀百蔬……故祀以為稷。」后稷被人們尊稱為穀物之神。

閩西客家人普遍崇拜五穀神，又稱之為「五穀大帝」，設庵廟祭祀，祈求風調雨順，五穀豐登。故而，常常與土地神一同祭祀。閩西連城、長汀一帶，還有「食新日」節俗。在早稻開鐮時節，家家戶戶統一約定時間，做新米飯，盛新米飯、三牲（豬肉、魚、雞）供奉五穀大神、土地神，祈求五穀大神保佑各家五穀豐登。這在相關章節已有論述。

2. 孔聖崇拜

孔子時代稱堯舜為聖人，後世封孔子為「至聖先師」。儒學是中華傳統文化的重要組成部分，創立者孔子，名丘字仲尼，生於公元前551年，是春秋時期著名的思想家、政治家、教育家，具有至善、至美的人格魅力。經歷代統治階級的晉封，孔子達到了無與倫比的至尊地位，被尊稱為「大成至聖文宣王」。孔子也因此成為君子人格、文化昌盛的象徵。中國古代社會，一般在縣治所在地既辦儒學又建孔子廟（又稱文廟），而且官辦儒學與孔廟一向比鄰而建，地方官員要定期參謁文廟，以示重視。

閩西客家人倡導耕讀傳家，重視教育。每個家族都有族田供子孫讀書或予以獎勵，故客家各個家族都有孔聖崇拜。

祭祀孔子的形式很多，一是單設「文廟」供奉，如眾多縣城的文廟。二是與關帝合奉，稱「文武廟」。如連城縣培田，有吳姓族人吳鴻飛抱著期盼培田文風興盛、人才輩出的目的，對培田水口的關爺亭進行改造，改建為上、下兩層的樓閣式建築，以上、下層供文、武之序，上祭孔子，下祭關公，即上為文廟，下為武聖廟，一文一武合稱「文武廟」。培田也有單設的文廟，每年的農曆九月初八日（孔子誕辰日），由培田村中的孔聖會組織在文廟內舉行祭祀孔子的儀式。三是與眾神合祀，如永定高陂鎮西陂村的天后宮中同時奉有孔子、關帝、魁星、倉頡等。

3. 漢帝崇拜

閩西寧化縣石壁，張氏族人因張良之故祭祀漢高祖。據上市村《清河郡張氏十修族譜》所記《漢帝廟記》載：「書云聖王之制祀也，法施於民則祀之，以勞定國則祀之，能御災危則祀之，是非事於也不在祀典。昔我祖子房仕漢，不以力征，不自矜功，經營天下，歸於一統，君敬臣忠，兩相用意，故我張氏者，子房苗裔也。然鄉人題資鼎建高祖廟，立君臣像於（宋）淳祐之秋，偉哉巍峨，高殿廊廡輝煌。青山遞翠，古木笙簧，千門萬戶，永錫無疆，千秋享祀，納踵於無窮也。予記之日：非是不在祀典也歟？」[85]

4. 謝安崇拜

（1）謝安崇拜緣起

謝安，字安石，陳郡陽夏（今河南太康）人。他出身名門大族，祖父謝衡以儒學知名，官至國子祭酒；父親謝裒，官至太常卿。他自己在晉孝武帝時任宰相。

在閩臺兩地有很虔誠的謝安崇拜。對此學者張曉松有專題研究。謝安信仰是如何來的？《漳浦縣志》記載：「謝東山廟，浦鄉在處皆有之，相傳陳將軍自光州攜香火來浦，五十八姓同崇奉焉。」今人多認同謝安香火是由陳元光從北方帶入的。《漳州府志》更確言：「謝廣惠王即晉謝安石也，陳將軍元光奉其香火入閩啟漳，漳人因而祀之。」另《平和縣志》亦有類似說法：

「邑人多祀廣惠謝王,其源起於陳將軍。」後兩種說法估計都是參照了《漳浦縣志》的記載,謝安「廣惠聖王」之稱號應為唐以後所封。

漳州目前所知供奉謝安年代最早的宮廟有兩座:南靖船場新溪尾寺和龍海顏厝的古縣大廟。南靖船場的新溪尾寺,據稱是唐上元二年(675年),陳元光的部屬將謝安的香火帶到那裡的,此時距陳政669年入閩才六年,可能性不大,只能存疑。比較可靠的是龍海顏厝的古縣大廟(又稱謝太傅廟、廣應聖王廟、積蒼廟)。該廟歷史悠久,最早為南朝梁時設龍溪縣的縣衙所在。

在漳州,總體而言,福佬地區奉祀謝安的宮廟數量遠遠超過客家地區。而且客家地區僅在客福交匯地區如九峰、長樂等地才有奉祀謝安的宮廟,純客家地區幾乎沒有發現有主祀謝安的宮廟,可見《漳浦縣志》《漳州府志》等載謝安香火是由「陳將軍」即陳政集團帶來是對的,它最早應是只在福佬地區流行,後來才傳到與福佬交匯的客家地區。

無論福佬或客家地區,凡謝安誕辰日都要舉行盛大的慶祝活動。我們在調查中發現,各地宮廟關於謝安誕辰的說法不一,據我們目前的資料統計,關於謝安的誕辰日至少有五種說法:二月二十八、三月二十八、十一月二十六、十一月二十七、十二月二十七。

對謝安信仰的歸屬,大陸學者都是把謝安列入「忠義賢孝之神」「先賢先聖」或地方保護神之類,而非「王爺信仰」。但在臺灣,謝安卻被列為王爺之一,「謝安信仰」也成為「王爺信仰」之一種。[86]

其實,對謝安的崇拜,客家地區有專門的廟宇,而且把謝安作為客家公王祭祀,如永定陳東鄉的「四月八」民俗活動,就是祭祀「玉封公王」謝安的。傳入臺灣的「王爺信仰」可能是受到客家人的「公王信仰」影響,新北三芝民主公王宮所供奉的是「玉封公王」謝安。

陳東幾百年來傳統的民俗活動「四月八」,每次都是從初七至初九,歷時三天,以初八最隆重。民俗活動的核心是祭拜「玉封公王」。「四月八」

民間信仰與客家社會

第四章　聖賢創偉績，人間百業興

是謝安生日，村民在這天都會舉行祭祀活動。陳東鄉有句民諺：「不重年，不重節，只重『四月八』。」可見「四月八」這一民俗活動在他們心中的地位。

與閩南地區崇拜謝安不同，永定陳東盧氏稱謝安為「玉封公王」。而在一縣之隔的新羅區適中鎮，陳林賴謝四姓家族在十月中旬舉辦盂蘭盆盛會，同樣祭祀謝安，這裡稱謝安為「正順聖王」，所供地點稱「白雲堂」。適中謝氏的盂蘭盆節（俗稱「十月半」），是為紀念謝安淝水之戰的戰功的。所以在謝氏新安點，人們搭起五彩繽紛的「新安行臺」（彩坊），以象徵「淝水之戰」謝家軍的轅門。

陳東盧姓人為什麼會對他敬若考妣、奉若神明呢？盧姓人有三種說法：一是淝水之戰後，對於如何處置戰俘特別是戰俘中的大小頭目，朝中意見不一，大部分人主張斬盡殺絕，皇帝也有此意，但謝安力排眾議，主張優待俘虜，將他們發配墾邊。眾俘虜由此得救。內中有個盧姓頭目刀口餘生，其後裔此後一路南遷，至元末明初其裔孫天佑公到陳東開基，繁衍子孫。為報答謝安恩德，盧氏召集十方姓氏，創建了當地有名的廣聖殿，立謝安為主神，四時香火不斷。「四月八」有盧、陳、江、蘇、徐、謝等十個姓氏的人參加，成了陳東傳統的客家文化節日。廣聖殿也成為陳東各姓團結共處的聖地。二是東晉時權奸當道，有一盧姓忠臣挺身而出，聯合另外三位大臣一起彈劾奸臣，不料「打蛇不成反被蛇咬」，四位大臣大禍臨頭，其中三家慘遭滅門之禍，唯有盧姓忠臣由於得到謝安的力保得以保命，最後流落到陳東，於是建廣聖廟報答謝安。三說盧氏原是東晉時的名門望族，後因盧循造反受株連滅族，有個盧姓之人多虧謝安搭救，才得以逃往南方開基，由此奉謝安為神。

供奉謝安神像的廣聖廟，有上下堂和左右橫屋，建築占地面積四五百平方公尺。活動的主體是巡遊公王，廣聖廟是活動的中心。

農曆四月初七上午，迎神隊伍把廣聖廟內的神像「玉封公王」「一品夫人」「郎君舍人」「祖師菩薩」四神請出廟，巡遊城裡、江屋、高峰、上村、陳東、蕉坑、榕蛟、蛟塘、共星、下坪等十村。每村各設一個供壇，三四十張的八仙桌拼起來，擺上糕點、水果、雞鴨等各種貢品，村民虔誠祭拜。每

個供壇要停留兩三個小時，因此神像有時還在陳東、共星村過夜，兩天後回到廣聖廟。

善男信女為了表示虔誠，從初六早晨就開始齋戒。到了初九開齋那天，四鄰八鄉的親戚朋友都趕來陳東做客。家家戶戶的客人少則三五桌，多則十幾桌，甚至更多，好不熱鬧。

5. 韓愈崇拜

昌黎祠是祭祀韓愈的廟。

韓愈，字退之，原籍河南孟州，自稱「昌黎韓愈」。唐憲宗元和十四年（819 年）春天發生了有名的韓愈諫迎佛骨事件。唐憲宗免了韓愈的死罪後，把他貶到潮州做刺史。韓愈在潮州任上提倡儒教、大力興學，對地方的貢獻很大。潮州人十分感激，尊其為「嶺南師表」，在潮州城立廟宇祭祀。蘇東坡在《潮州昌黎伯韓文公廟記》贊頌曰：「文起八代之衰，道濟天下之溺。忠犯人主之怒，而勇奪三軍之帥。」後來潮州商人對韓愈儒者身分十分嚮往，對儒家道德理想十分傾慕，並把這種嚮往和傾慕，傾注於韓愈身上，崇拜韓愈，最終凝練成潮州商人的文化精神。廣東客家人十分崇拜韓愈，並把這種崇拜帶到臺灣。在臺灣屏東內埔，有一座昌黎祠，是臺灣唯一一座祭拜唐宋八大家之首韓愈的廟宇，建於清嘉慶八年（1803 年），至今已兩百餘年。而內埔的客家人祖先大多來自大陸嶺南，為感念韓愈恩德，不忘中華文化傳統，客家人祖先遷移來臺灣後，便建了昌黎祠紀念他。[87]

6. 文丞相崇拜

文天祥，字履善，號文山，南宋德佑二年（1276 年）任右丞相。1278 年元兵進犯，文天祥奮力抗元，後兵敗被俘，被擄至大都，囚禁在兵馬司土牢達四年之久。文天祥面對元統治者的軟硬兼施、恩威並用毫不動搖，誓死不降，在獄中寫下了千古不朽的《正氣歌》，表現了他凜然不屈的氣節。後人感其氣節，立祠祭祀。中國國內建有多處文天祥祠，其中當屬北京文天祥祠最有名。北京文天祥祠，又名文丞相祠，坐落在今東城區府學胡同 63 號，是文天祥當年遭囚禁和就義的地方，明洪武九年（1376 年）建。

第四章　聖賢創偉績，人間百業興

　　文天祥與閩西淵源極深，宋德佑二年（1276年）十月，文天祥移兵汀州，駐紮了幾個月，希望能重整河山，但因元軍勢力大，且汀州知府黃棄疾降元，文天祥於景炎二年（1277年）正月移兵時屬漳州的龍岩（也屬閩西）。

　　據傳，撤出汀州後，文天祥曾途中駐紮朋口鎮（在汀州往龍岩的路上）。傍晚，他登上當時稱北嶺的山頭，遙望淪陷的故土，百感交集，潸然淚下。清人有詩嘆曰：「昔日移漳將士屯，蒼茫北嶺淚沾臆。」當晚，文天祥就住在山下的一個無名小村。據說，文天祥住在村裡的這個晚上，一夜蛙聲聒噪，擾得將士難以入眠，文天祥披衣走出村口，見壩頭一隻大青蛙鼓腮高鳴，便取過硃筆，在蛙頭上點了一點，道：「將士抗敵辛苦，你莫叫了。」群蛙即刻皆靜。據說此處產的青蛙頭上有一個紅點，人稱「紅頭神蛙」，別處見不到，只因文天祥的硃筆點了之故。為紀念文天祥，後人就把北嶺改名垂珠嶺，嶺下的村莊改名垂珠壩。

　　1990年代，連城宣和鄉洋背村發現一批古錢幣，經考證極有可能是文天祥的部隊撤退時埋藏的。宣和一帶舊稱河源里，時屬汀州管轄。史載文天祥的兩個女兒定娘、壽娘數月間相繼病死河源，大約就在此處。

　　崇宗敬祖的客家人特別崇拜文天祥。長汀建有文丞相祠，《汀州府志》卷十三《祠祀》載：「文丞相祠，一名東山書院，祠宋文天祥。明萬曆間增祀李綱。春秋致祭。」閩西不少地方都有祭祀文丞相的祠廟。

　　閩西客家人不但崇拜文丞相，連跟隨文丞相抗敵的將士也崇拜。閩西朋口鎮王城村郊野的田埂邊上，有由幾塊石頭簡易砌起來的石冢，占地不足兩平方公尺，稱「三將壇」，當地客家人按客家習慣又稱「三將公王」，是為紀念文天祥三位犧牲的部將龔、劉、楊而建。

　　跟隨文天祥入閩的將士，不少被打散後留居閩西，傅姓、項姓等幾個姓氏就是文天祥將士的後裔。據稱，傅氏遠祖傅以南，曾隨文天祥抵抗元軍。傅以南在南宋寶祐元年（1253年）考中進士，景定年間（1260～1264年）任安徽宿州太守。當元兵南侵甚疾之際，傅以南偕家屬，從宿州避亂入閩，抵汀州寧化縣石壁村大城坑、中門、凹里，暫住了一段時間。南宋景炎二年（1277年），文天祥進軍江西，恢復州縣多處，不久為元兵所敗，從贛南退

回汀州。以南聞知立即率長子旦郎、次子景郎奔赴汀州,與文天祥相會。由於去漳州的道路被阻,時局發生變化,文天祥等一行人,還未到漳州,就只好改變行軍路線,轉赴廣東勤王,尋找端宗。傅以南不幸逝世於梅州,旦郎、景郎扶柩葬於梅州程鄉縣(今大埔縣)。其衣冠在連城北門外潘洋。長子旦郎、次子景郎均下落不明。三子是郎,由寧化石壁遷汀州宣豪里杉樹坑、大嶺背坑(今連城縣宣和鄉傅家牆)。

和汀州府客家接壤的閩南支系龍岩州人也崇拜文丞相。景炎二年(1277年)正月,文天祥移兵漳州府龍岩,在龍岩駐師達兩個月之久,在此期間他致書老母:「坐孤城中,勢力窮屈,泛觀宇宙,無一可為,甚負我平生之志。三年不見老母,燈前一夕,自汀移屯至龍岩,間道得與老母相見,則下從先帝游,復何云。」據說,駐師期間,文天祥還帶領一批將校探訪了龍岩名勝翠屏山麓的龍岩洞。進洞前,文天祥倡議大家摘梅花瓣含口中,取「銜枚(梅)疾進」之意,以激勵士氣。後人因文天祥駐戈於此,建景忠祠(文信公祠),以表達對文天祥的敬慕和懷念。龍岩適中倒嶺,今尚存駐師橋遺址,這是文天祥大軍渡橋之處。清適中才子林泰(字希尹)《題國公橋》詩讚道:「當朝丞相過橋東,戰馬蕭蕭滿路風。萬古人間留壯烈,百年溪水泣英雄。傷心荒澗碑猶在,極目寒山事已空。懷古不堪回首望,冷煙衰草夕陽紅。」

據說,文天祥率軍路過今龍岩江山鄉銅缽村時,有郭鉉、郭煉兄弟胸懷愛國壯志,投靠文天祥。郭鉉兄弟武藝高強,兼通兵法,得到了文天祥的器重,被任命為左右先鋒,跟隨文天祥轉戰南北,屢立戰功。文天祥為其請功,得封「惠侯」「濟侯」爵號。後郭鉉兄弟因身負重傷,不能隨軍作戰,文天祥派人護送他們到梅州療養。文天祥兵敗後,郭鉉兄弟傷癒迎文天祥入梅州,並建議文天祥屯兵梅州,據險以守,與元軍決一死戰。文天祥未能採納他們的意見,進兵潮陽,至五坡嶺,郭鉉兄弟與文天祥一起戰敗被俘。元將張宏範誘勸他們投降,郭鉉兄弟大義凜然,回答道:「只有斷頭將軍,沒有投降將軍。」即拔劍自刎,未遂。張宏範假惺惺地稱讚郭鉉兄弟「各為其主」,忠貞不二,並釋放他們。至元十九年(1282年)十二月,文天祥在大都菜市口不屈就義。消息傳來,郭鉉兄弟悲痛萬分,決心以死盡節,於是向北哭拜文天祥,淚盡繼之以血,自盡身亡。郭鉉兄弟死後,銅缽鄉親父老集資為他

們建廟，尊他們為「郭公」，世世代代香火不絕，以紀念他們堅貞不屈的民族氣節。[88]

二、區域的聖賢崇拜

1. 珨瑚公王崇拜

客家人的遷移史使客家人對開創基業者非常崇拜，尊為聖賢。閩西連城、長汀一帶有珨瑚公王崇拜。「珨瑚公王」指王審知。王審知，河南光州人，為五代十國時期閩國的建立者，被譽為天閩王。他曾率兵馬經閩西，其第七子王延升徙居閩西清流縣，是當地王姓族人的肇居祖。於是王審知在閩西客家受到崇拜，建廟享祀。客家人稱其為「白馬公王」「珨瑚公王」。長汀城區的白馬廟，即是祭祀閩王王審知的。李世熊《寧化縣志》於「白馬廟」條下記載：「順治六年二月，郭寇攻寧，城幾陷。夜漏三下，或見鎧袍白馬持槍西來者，勢甚銳，賊以為援兵至，宵遁。邑人謂是白馬神也。」

2. 李綱崇拜

李綱，字伯紀，號梁溪先生，祖籍福建邵武，祖父一代遷居江蘇無錫。宋徽宗政和二年（1112年）進士，歷官至太常少卿。宋欽宗時，授兵部侍郎、尚書右丞。靖康元年（1126年）金兵入侵汴京時，任京城四壁守禦使，團結軍民，擊退金兵。後受奸人排斥，抑鬱而終。朱熹評價李綱：「綱知有君父而不知有身，知天下之安危而不知身之有痼疾，雖以讒間竄斥瀕九死，而愛國憂君之志終不可奪者，可謂一世偉人矣！」

原屬汀州府的寧化草蒼祠有一塊鐫刻著李綱七絕詩的石碑。據《寧化縣志》記載，此碑「高四尺二寸，闊二尺二寸四分，因碑詩中有揩淚字，遂稱為揩淚碑云」。明崇禎《寧化縣志》卷六《僑寓》中記載：「李綱，字伯紀，溢忠定，邵武人。宋高宗相，獻恢復策不用，出知潭州（今長沙），改洪州，又改福州，由洪抵吉贛來福，道經寧化，行倦，憩草蒼神祠，題詩壁間……」詩載卷八，全詩為：「不愁芒履長南謫，滿願靈旗助北征。酹徹一杯揩淚眼，煙雲何處是三京？」其序云：「舊歲新皇，光嗣寶曆，子（余）被命拜相，

獻恢復中原之策不用。二閱月,余以觀文殿學士出知潭州,今改洪州,夏又改福州。自洪抵吉贛來福,道經寧化,行倦,憩草蒼祠下,因拜神。坐間,思憶二帝有感,作一絕寫懷,兼寓行蹤云。時大宋紹興一年(當是二年之誤)壬子夏五月吉金政事樵川李綱書。」這可以證明李綱到過寧化。

　　李綱經過並祭拜的寧化草蒼神有記錄。現存最早有關寧化顯應廟的記載,見之於南宋開慶年間(1259 年)修纂的《臨汀志》:在寧化縣西,地名草倉,長孫將軍祠也。將軍諱山,閩時銳將。護芻挽至縣而沒,稱草倉將軍。後出靈異,自是闔縣敬信,有求必應。宋朝天聖間,永福、進賢二坊人爭土牛,訟於漕臺。檄分為二廟,一曰通聖,一曰崇興。舊傳崇興祠前乃東京孔道,南渡初丞相李公綱經過,有詩云:「不愁芒履長南謫,滿願靈旗助北征。酹徹一杯揩淚眼,煙雲何處是三京?」嘉定間,賜廟額曰「顯應」。紹定初產瑞芝,郡守林公岳有詩記其事。

　　後來,寧化官府將李綱作為顯應廟的主神,同時將顯應廟的廟名改為大忠祠。李綱是宋元以來士人認同的忠義典範,符合官方教化地方的需求。在清康熙《寧化縣志》中,仍然可以看到對這一歷史事件的記載:嘉靖間,知縣潘時宜移草倉神於後堂,特祀丞相於中堂,改祠額曰「大忠」。撥民塵五間,官塘四口,歲收租銀,以辦二祭。同書還記載明代提學副使熊汲在《顯應廟記略》中對潘時宜的做法大加讚賞:「李公祠,蓋為宋丞相李忠定公建也。前此未之有,始於今日,其順民之情乎?讀寫懷詩,公自敘詳矣。詩僅二十八字,而討賊復仇,忠君憂國,惻乎有餘思焉。至今傳誦人口,雖三尺之童能揚言之。則夫過化之澤,千載一日,廟而祀之,固邑之人爭先而奔走者也。予惟公忠義之性,與元氣周流,常充塞乎天地間,而幾先之哲,與敏達之材、果斷之氣,又足以副所欲為;且器使善任,豪傑尤附之。天不祚宋,困於讒邪,使顛沛流離而瀕死者屢,可悲矣!」

　　上天讓賢人李綱途經閩西寧化,而寧化客家人尊而祀之,亦可見客家人的忠義之心。

3. 朱子崇拜

紫陽祠，別稱朱子祠，是專門奉祀南宋理學家、思想家朱熹的祠廟。朱熹別號紫陽，是以他的祖籍地江西婺源的紫陽山為名。朱熹產於閩，八閩為朱子閩學發祥地，閩人特別尊崇他，各郡皆有專祠。在浙江杭州、江西九江白鹿洞書院等地，也都建有紫陽祠，香火旺盛。長汀紫陽祠建於康熙五十四年（1715年），「有司春秋祭祀」。

這裡特別要提及武平的紫陽祠。《武平縣志》記載，紫陽祠在所城東門外。庶吉士王應鍾記略曰：「丁亥歲，王將軍建節茲土，雅好青衿，乃揖弟子員進之曰：『夫涉泰山者先東山，涉滄溟者先震澤。聖學倡於宋，而考亭夫子為著，固諸生之東山震澤，希聖者所假途也。盍與屍而祝之？』因守備黃鎮舊址，其山歸然高曠然。鑒東嶠為古塔，西番為新梁，環山之麓為安流，面城關山，經營有期，請於漳南張公，公義其舉，報可……祠凡三楹，中為神座，舉夫子居焉。堂廣三丈，深三丈二。庭外為垣，植桃李桂柏其中。越明年，將軍以擢行，張將軍代，則曰：『夫子產於閩，余，閩人也，宜加惠閩土，幸王將軍尚留有餘之役以俟我。』集諸生營後棟，擴地程工，大都祖前堂法。廳事凡三楹，深廣稱前棟，移神座於中，而前楹則以處諸生，正棟則以肅瞻拜，取升堂入室之意也。諸貯器牲所庖湢者，皆備具云。」[89]任職武平的兩位將軍，前赴後繼修建供奉文人的紫陽祠，其功值得稱讚。尤其是張將軍，以朱子產於閩而自豪。

這在一定程度上反映了閩西客家人崇文尚德、知禮誠信的優良傳統。古代汀州的文脈中，理學是重要一支。南宋及明清時期汀州書院勃然而興，與理學的昌盛和流播有極大關係。

4. 九鯉仙師崇拜

在永定第三高峰的仙洞山山頂，有一座寺廟。寺廟建在山頂，離最高處只有幾步之距，這是很少見的。廟前有一座土地伯公塔，裡面有土地伯公塑像。寺廟依一山洞而建，由一塊塊石頭疊砌而成，那斑駁陳舊的石塊彷彿在訴說著歷史的滄桑。這一石洞，為九鯉仙師洞府，仙洞山之名即由此而來。

廟中供奉著八個神像，神位牌上寫的是「九鯉仙師」。研究過程的嚮導是吳銀村人，姓蘇。筆者問，九鯉仙師的來歷，他也說不清楚。問是否應該是九個神像才對，他也不是很清楚，只說泉州也有仙洞山，有時村中人會請木偶戲來廟前表演。後來查資料，知道寧德有九鯉溪，德化有九仙山，莆田有九鯉湖，永春有供奉炎帝的仙洞山。

莆田九鯉湖是道教重地。相傳漢武帝時，安徽廬江有一何姓太守為淮南王劉安部下，何氏的九個兒子因反對其參與淮南王謀反，南逃至此隱居，他們煉丹濟世，普度眾生，丹成跨鯉升天成仙，九鯉湖因之得名。

何氏九仙煉丹的種種傳說，在福建產生了深遠的影響。福州、福清、莆田、仙遊等地都有九仙的廟宇，主要供奉九仙公。人們覺得朝拜九鯉仙師可添六福，即添福、添祿、添壽、添財、添丁、添貴。仙洞山供奉的神祇是否和九鯉湖的一樣呢？如果一樣，為何觀中只有八個塑像呢？值得繼續考證。

九鯉仙師廟的建造年代不得而知。當地有一個傳說：永定吳銀村盛產燒香用的黃紙，而造黃紙需以一種植物的葉子當原料，這種植物只有仙洞山上才有。一天，幾個採摘葉子的吳銀村村民在仙洞山頂上休息時，突然看見一隻白兔，村民們上前去追，追著追著白兔鑽進了一個洞內，於是村民們用隨身帶的工具開挖，挖著挖著竟然挖出了一罈白花花的銀子，而白兔卻不見蹤影。村民深感此係神明所賜，於是用這些白銀在山頂上修了一座神廟，並在往永定吳銀村方向修築了一條石路。久而久之，這座山頂上的神廟仙洞成為山下客家人和閩南人共同祭拜之所。

5. 歐陽真仙崇拜

有一說法是，歐陽真仙即為歐陽修。歐陽修，宋代廬陵（今江西吉水）人，字永叔，號醉翁，是北宋著名的文學家、政治家。歐陽修心憂百姓，為官勤政清廉。歐陽修在《伶官傳序》中言：「憂勞可以興國，逸豫可以亡身，自然之理也。」其心憂百姓疾苦、為國為民謀福祉的道德追求為客家人所敬仰。

另一說法是，原屬汀州府管轄的清流縣有座大豐山，山頂寺廟即供奉歐陽真仙。《清流縣志》記載，歐陽真仙原名歐陽大一，字世清，為清流縣

民間信仰與客家社會
第四章 聖賢創偉績，人間百業興

東華鄉下窠村人，係歐陽家族的三世祖。他於唐乾符五年（878年）出生，十六歲上大豐山學道，經過二十幾年的潛心修煉，最終在大豐山順真道院成仙。

民間傳說八仙之一的呂洞賓雲遊至大豐山，感受此山仙氣濃郁勝似蓬萊仙境，欲開道場下度凡人。歐陽真人寄養在官坊村其姐家，為其姐放牧養牛。因年少聰慧異常被呂洞賓慧眼看中，欲引度為仙，守大豐山道場。呂洞賓在大豐山最高處南面懸崖絕頂上設好楚漢棋盤石，邀請何仙姑、九龍女（九龍洞狐仙）下棋對弈，何仙姑扮作侍茶少女，等待歐陽世清入局。世清放牧上大豐山，見絕壁處有人下棋，甚感驚奇，前往觀看。呂洞賓呼喚何仙姑拿出一粒仙丹給他泡茶，世清飲茶後頓覺全身清爽有勁，於是坐下觀看老人少女楚漢博弈。哪知棋局錯綜複雜千變萬化，不能分出勝負。世清看得痴迷，不知時光匆匆逝去，竟然忘記回家。

呂洞賓對世清說：度你上天庭如何？世清想等把牛趕回家再說。呂洞賓開懷大笑說：不用趕，那頭仙牛，早回天庭了。天上一日人間一年啊！不信，去看看你插在山凹的趕牛竹鞭，都已長成竹林。世清去看，果真如此，詫異不已，遂打消回家念頭，決意跟仙人上天庭。然而上天庭必須是修行圓滿的得道仙人，凡人必須經歷一番捨棄肉身的考驗。呂洞賓對歐陽世清說：上天庭之前必須做一件事，就是從棋盤石上往下跳，我先跳，你閉上眼睛，隨後跟來，不許偷看就行。說完縱身跳下萬丈山崖。這麼高也敢跳，這不是找死嗎？世清心念一動，偷偷往下一望，果然觸目驚心的場景呈現在眼前：血肉橫飛，懸崖枝椏上掛滿血淋淋的腸子。世清驚嚇得在原地半晌不能語，打死也不敢往下跳。不知過了多久，眼前血腥的場景忽然不見了，只見三位仙人騰雲駕霧飛到半空，從天上傳來呂洞賓的聲音：歐陽真人，你的修行尚不圓滿，只能做個半仙，就在大豐山好好修行，享受凡間煙火供奉，守好此地道場吧。從此，歐陽世清在香爐峰的岩洞中打坐修行，堅志修煉不慕塵俗，終於悟得天道，功德圓滿，神通天界，並被宋孝宗欽封為「通天妙應歐陽真君」。

歐陽世清在大豐山修煉成仙，為百姓消災解厄、驅邪趕鬼，濟世救人，有求必應，他的事傳遍大豐山周圍村落。大豐山因歐陽真仙在此得道而聞名

二、區域的聖賢崇拜

迢邐，吸引了眾多的朝拜者不辭勞苦登臨膜拜。大豐山成為民眾道教信仰朝聖膜拜之地，登臨大豐山朝拜歐陽真仙的信眾絡繹不絕。每年七月十五日（歐陽真仙的生日）的順真道院廟會期前後，上大豐山朝拜歐陽真仙者少則數百人，多則數千人。除本縣各鄉村信眾外，從永安、連城、寧化、長汀、明溪、將樂等地來朝拜的香客高舉彩幡，敲鑼打鼓蜂擁上山，祈求歐陽仙公保佑風調雨順、五穀豐登。

閩西連城、清流、寧化、長汀、明溪等地客家人十分崇拜歐陽真仙，其影響甚至波及上杭、永定一帶及贛南和粵東地區，範圍相當廣泛。筆者在連城研究時多次聽信眾稱歐陽真仙很靈驗，其中一個細節是，許多香客高舉的彩幡下山回到家後會自動打結，形成奇異形狀，福佑信徒。而每個人都說這是自己親歷的。筆者後來也曾登頂大豐山，見過歐陽真仙神位。

最為虔誠的祭拜形式是為歐陽真仙守歲。連城北團、四堡，清流靈地、賴坊、鄧家一帶，虔誠的信徒會選擇除夕夜裡上大豐山為歐陽真仙守歲。無論年紀大小，無論颱風下雨，無論天寒地凍，他們都執著前行，形成了為仙公守歲的傳統。家人團圓吃年夜飯是大事，而筆者連城、清流的一些親戚則在除夕上大豐山為「仙公」守歲，很是虔誠。

信眾對歐陽真仙的推崇還表現在行動上。史載連城培田村民吳汝厚，「生平孝事父母，友愛兄弟」，且「賦性慷慨樂施」，對歐陽真仙非常仰慕。於是不顧路途遙遠，到大豐山朝拜歐陽真仙。當看到大豐山庵破爛不堪，「每大風則庵瓦皆為之拔起」，吳汝厚心裡甚為難過，於是捐資修復，「公乃施鐵瓦於其上，復鑄釧於庵中」。

在連城，為祭祀方便，信眾也會從大豐山分靈回村祭拜。許多大型廟會遊神時，歐陽真仙是其中重要的一尊。

6. 保生大帝崇拜

八閩古為蠻荒之地，生育養育成為大問題，保生大帝的崇拜即由此而來。保生大帝原名吳夲，同安白礁人（還有龍溪青礁人、安溪石門人等不同說法），生於北宋太平興國四年（979年）三月十五，卒於景祐三年（1036年）

五月初二。生前學醫，雜以巫術，不但醫術高明，醫德也高尚，死後當地百姓奉為醫神，建庵「肖像而敬事之」。

南宋時，吳夲的影響迅速擴大，「不但是邦（漳州府）家有其像，而北逮莆陽、長樂、建、劍，南被汀、潮以至二廣，舉知尊事，蓋必有昭晰寞漠之間而不可致詰者矣」。明清以後，保生大帝崇拜進入鼎盛時期。南宋時，其封號只到「真君」，到明代四次敕封，最高神格是「昊天金闕御史慈濟醫靈沖應護國孚惠佑普妙道真君萬壽無極保生大帝」。明代以後，供奉保生大帝的慈濟宮在福建越來越多。[90]

在閩西永定湖坑一帶的客家人，除了到慈濟宮祭拜保生大帝外，每逢舉行大型民俗活動「做大福」時，要把保生大帝請出來巡遊村野。

7. 莘七娘崇拜

歸化縣（現明溪縣）有顯應廟。「宋時建祀莘氏聖七娘。舊傳神五代人，從夫出征，至歸化死。鄉人立祠以祀，凡祀禳皆應。宋紹興中，阮定等作亂，民禱於神，獲平之。後姜大老、黎七等後先竊發及戍兵赴建康者，皆仗神威破敵。端平中封惠利夫人，賜號曰『顯應』。元末，又助陳有定破賊羅天麟、曹福山、馬文甫等於扶竹凹。明永樂中，沙寇陳添保等攻略至明溪，聞哨聲震天，驚遁。此皆靈跡也。六月十一日神誕辰，士庶焚香迎賽。有田塘百畝歲供祀。」[91]

8. 張老先師崇拜

今上杭步雲鄉的馬頭山寺供奉張老先師。張老仙師名張清朗，明末上杭縣人，出家後改名性戒，受戒後又名海經。因其靜心修身，潛心鑽研並精通佛學禪理，龍岩州退職大理寺正卿王命浚特題一聯贈予他。此聯為「至敬至誠，五蘊皆空空色相；道高道厚，六根盡淨淨身心」。佛教有「肉身菩薩」之說，佛教徒即身證得菩薩境界，具足大智慧、大悲心，稱之為「肉身菩薩」。張老先師順治三年（1646年）圓寂，成為少見的肉身和尚。於是，後人就尊稱其為「至道禪師」。上杭一帶的百姓在上杭步雲的馬頭山寺為他塑一金身像，作永世之紀念。

研究過程中，廟中主持向筆者介紹，中國肉身菩薩相當少，很可惜的是，「文革」初期「破四舊」時，至道禪師的「真身」（即「金身木乃伊」）被焚毀，寺院荒蕪。

張老先師崇拜在附近的鄉鎮傳播。如清朝後期，有一位連城培田彈棉被的工匠到上杭縣的古田步雲一帶為客戶加工棉被，這位名為吳昌蟠的工匠極為崇拜張老先師，曾到馬頭山庵供香求神。一天晚上，吳昌蟠得到至道禪師夢示，有人蓄意破壞培田村落的風水。吳昌蟠驚夢，星夜趕回培田，與族人一道，尋高人指點，挽救了培田的風水。為感恩，培田吳姓先民於培田的黃山源擇址建寺廟，與上杭的馬頭山寺同名，也塑至道禪師貼金像。每年的四月十五日，培田吳姓的男性族人都要進庵焚香朝拜（據說因至道禪師原為童男身，忌諱女性上山入寺進香）。清末，培田先民將寺廟改名為「酬恩寺」，以示知恩圖報、永世不忘之意。

9. 各種賢人祠

如前所述，客家人和廣大中華漢族人一樣，崇拜為地方安定、發展作出貢獻的人們。他們或抵禦強敵，或扶危濟困，或好善樂施，或見義勇為，或孝敬長輩……民眾自發立祠祭祀，以彰其德其功。這在府縣志中記錄極多。

對地方有貢獻的官員，也有立祠祭祀以彰其賢。如《武平縣志》中有載的忠烈祠、徐侯祠、鄭侯祠、何侯祠。其中「何侯祠」條云：「明參議朱安期撰記，其略曰：『武平，汀之僻邑。而浮糧為害，虛實相冒，莫可窮詰。征則病民，馳則逋公，侯實憂之。會詔清丈，侯忻然曰：「是可借手以拯民生矣！」遴民之耆有行者署公正，且朔望對神矢無私。尤善隸算，人莫敢欺。因發沙羅圍隱田四十餘石。是時，七閩並舉，侯獨稱最雲。侯諱鳳起，號近洙。甲戌進士，楚之蘄水人。任滿，遷廣德州守。』」[92]「忠烈祠」條：「山川壇右，祀徐必登十二人，從祀林鐸等。」《汀州府志》載：「林鐸，武平人。嘉靖間，賊過白鶴嶺，鐸挺身殺賊，乘勝深入賊，攢槍刺之，猶手刃數賊而死。」[93]

清流縣有唐公祠。「唐公祠，在縣南一里。明正德七年，流寇攻城，幾陷。郡丞唐淳馳兵御之，邑賴以全。士民立祠置田祀之。伍晏有記。」[94]

三、各行各業的祖師崇拜

隨著社會生產力的不斷發展，社會分工愈來愈細，聖人之稱也就逐漸具體化、普遍化，幾乎各行各業各領域都有自己的聖人。但萬變不離其宗，凡被有關行業奉為聖人者，一般都對該行業作出了歷史性的特殊貢獻，或有開創之功，或有轉折之勛。如《周禮·考工記》曰：「百工之事，皆聖人之作也。爍金以為刃，凝土以為器，作車以行陸，作舟以行水，此皆聖人之所作也。」

行業祖師崇拜是民間信仰中的一大分支。這一名人崇拜現象，愈到後世，演化愈烈，以至三百六十行，幾乎行行都有聖人這一保護神。正所謂「三百六十行，無祖不立」，「行行都有祖師爺，業業都有守護神」。

有些行業稱聖，有些行業稱神。如文聖孔子、武聖關羽、史聖司馬遷、詩聖杜甫、醫聖張仲景、藥聖孫思邈、書聖王羲之、畫聖吳道子、酒聖杜康、茶聖陸羽等，又如木匠奉魯班、筆業奉蒙恬、紙業奉蔡倫、棉紡業奉黃道婆、鐵匠奉李老君和歐冶子、染坊業奉葛洪、鞋匠業奉孫臏、漁業奉媽祖、戲曲業奉田公元帥，等等，不勝枚舉。

許多行業所奉祖師都和該行業有直接關係。但也有不少行業或領域的聖人乃牽強附會所致，甚至不惜從神話、傳說或民間文學作品中扯上一個人物，奉為祖師。而且，往往越是社會地位低微的行業，越是如此。最為典型的是，如塑泥人與捏麵人皆奉女媧為聖人、祖師。這無非是在上古神話中，傳說女媧曾摶土造人。又如演戲的伶人，其所奉聖人竟是風流天子唐明皇。歷史上，唐明皇曾大興梨園教坊，並放下皇帝的架子，親自登場作戲。銅鐵錫業奉燒八卦爐的太上老君為聖人；乞丐因伍子胥有過乞食的經歷而奉其為聖人，殺豬屠夫僅僅因關羽手使大刀而奉他為聖人，等等，都是牽強附會。

下面以藥王仙師和茶聖為例說明客家的祖師崇拜。

1. 藥王仙師崇拜

孫思邈,京兆華原(現陝西銅川市耀州區)人,唐代醫藥學家。孫思邈醫術精神,醫德高尚,被後人稱為「藥王」。

孫思邈出生貧民家庭,從小就聰明過人,長大後開始愛好道家學說,在太白山研究道家經典,探索養生術,同時也博覽眾家醫書,研究古人醫療方劑。他一生致力於藥物研究,邊行醫,邊採集中藥,邊臨床試驗,他是繼張仲景之後中國第一個全面系統研究中醫藥的先驅,為中醫發展建立了不可磨滅的功德。

孫思邈醫德高尚。他認為,醫生須以解除病人痛苦為唯一職責,對病人一視同仁「皆如至尊」。孫思邈一生勤於著述,著書八十多種,其中以合稱為《千金方》的《千金要方》和《千金翼方》影響最大,兩部巨著六十卷,藥方六千五百劑。《千金方》是唐代以前醫藥學成就的系統總結,被譽為中國最早的一部臨床醫學百科全書,對後世醫學的發展影響深遠。

筆者家族世代行醫,特別推崇藥王仙師,家族大堂中設有「藥王仙師」牌位。小時候,家人總要求背幾句湯頭歌訣,逢年過節,亦隨祖父、父親焚香祭拜,極為虔誠。

據《汀州府志》記載,在登俊坊建有藥王廟。

2. 茶聖崇拜

福建盛產茶葉,客家地區多山,也有不少茶農,他們奉陸羽為茶聖,其身世、遭遇、才能都被塗上頗為神祕、傳奇的色彩。

陸羽,字鴻漸,漢族,復州竟陵(今湖北省天門市)人,唐代著名的茶學專家。一名疾,字季疵,號竟陵子、桑苧翁、東岡子,又號茶山御史。陸羽一生嗜茶,精於茶道,以著世界第一部茶葉專著《茶經》而聞名於世,對中國和世界茶業發展作出了卓越貢獻,被譽為「茶仙」,尊為「茶聖」,祀為「茶神」。

民間信仰與客家社會
第四章 聖賢創偉績，人間百業興

　　從上面可以看出，人們崇拜聖賢，不僅因為其神祕、傳奇而尊崇、供奉，而且也為聖賢高超的技藝、脫俗的識見、高尚的行動而折服。人們對聖賢的膜拜，對促進社會和有關行業的發展都產生深遠而巨大的影響。

　　當然，也有學者指出，中國沒有一個彼岸的、完全異於人類的萬能上帝，人們崇拜的對象不是神而是人，中國崇尚聖人和準宗教文化的文化心態延續、保護了封建專制，還造成了好古心理和權威主義，壓抑了中國人的個性。這種推崇權威和古人的心理嚴重阻礙了科學的發展。正確認識崇尚聖賢的觀念和信仰體系，釐清其利與弊，是新時代客家人必須面對的問題。

第五章　倉頡驚鬼神，華夏文脈長

——客家母語與漢字崇拜

　　語言文字是重要的交際工具和資訊載體，它植根於民族靈魂和血脈，是民族文化的載體和社會文明的表現形式。它跟一個民族的文化心理、文化特徵與思維方式緊密相聯。歷經幾千年演變而成的漢語言文字，真實地記錄了漢民族文化的發展軌跡，凝聚了幾千年來中華民族的生存智慧，成為延續歷史與未來的血脈。

　　中國人從遠古以來就有文字崇拜，認為漢字是有靈氣的東西。客家人執著的母語情結和虔誠的漢字文化崇拜意識，是中華民族文化精神的核心表現。這種精神是民族的巨大凝聚力，無論在過去、現在或是將來，對團結、凝聚海內外漢民族族群都有著重要意義。它是推動中華民族文化認同的一個重要著力點，也是兩岸和平統一、實現中華民族偉大復興的一個重要著力點。

一、客家人執著的母語情懷

　　方言是某一種語言的分支，是語言在某一特定區域的變體。它與母語之間是一種主次關係，它們在語音、詞彙和語法諸方面都既有承傳，又有變異，表現出同質異構的特徵。客家方言脫胎於中原古漢語，是漢語的一個分支，是客家民系在其形成與發展過程中，在特定的地理環境裡，以中原古漢語為基礎並吸收了當地語言成分而逐步形成的一種方言。它主要分布於福建西部，江西南部，廣東南部、北部和東部，廣西東南部，以及四川和湖南的部分地區。它是客家社會群體在長期的交流過程中在約定俗成的基礎上形成的有聲的符號體系，是客家人主要的語言交流媒介。

　　學術界往往把客家話的形成視為客家民系形成的標誌，普遍認為客家人南遷並與當地民族逐步同化，從而產生了客家方言。

　　羅香林先生根據其客家民系形成於唐末五代的觀點認定客家方言形成於五代宋初，其重要證據就是宋人陳一新《瞻學田碑》一文中有關閩粵贛三角

民間信仰與客家社會
第五章　倉頡驚鬼神，華夏文脈長

地帶居民語言「風聲氣息頗類中州」的記載。華東師範大學王東教授則認為，北宋末年更大規模的北人南遷，從根本上改變了大本營區域的居民格局，從而使客家方言與宋代的語言在聲母、韻母和構詞等方面有著很多的相似性，但這並不能證明客家民系和客家方言形成於北宋。他認為「客家方言的產生，當在 15 世紀至 16 世紀之間，即相當於明朝的中期」。[95]

語言學家羅美珍認為：「（客家先民）到達閩、粵、贛山區以後，由於地理環境和自然條件的限制，不易受到外來的影響，加上強烈的宗族觀念和保守思想，使他們增強了對外來影響的抵抗。在當地，他們征服了土著以後，一方面逐漸同化了土著居民，另一方面也吸收了土著的語言和文化。在這種特定的條件下，到宋形成了一個龐大的社會群體和社會區域。語言也就在這時發展為與中原漢語有一定差別的獨立系統。宋人周去非的《嶺外代答》、陳一新的《瞻學田碑》和王世懋的《閩部疏》都談到虔南韶居民的語言近於漢音而與南方其他漢族的語言不同。」[96] 就是說，在閩、粵、贛山區這個區域，在宋代形成了客家人的共同語言──客家方言。

廈門大學人類學教授鄧曉華是連城客家人，他把現今客家方言音韻與晚唐五代、宋代北方語音進行歷史比較，粗略地勾畫出它們之間的關係，探索客家方言的歷史形成和發展脈絡。他指出，客家話的許多音韻特徵與晚唐五代、宋代音韻相符，音韻格局介於唐末至《中原音韻》之間，客家方言基本上是在晚唐五代至宋初時從中原漢祖語分離出來，逐漸發展演變而形成的。[97]

不管如何，客家人是從中原遷徙出來的漢族人，根在中原，祖是炎黃。無論遷居何處，也無論漂泊何方，客家人始終不會忘記自己是正宗的漢族人、正統的炎黃子孫，他們所講的客家話是正宗的漢族語言，而不是什麼「南蠻」的少數民族語言。世界各地的客家人組織，大多數都稱為「崇正總會」，一直堅持講客家話，又稱為「唐音」，並且告誡子孫後代：「寧賣祖宗田，不賣祖宗言」，一有機會，就要返回「唐山」──祖國去。這種崇正意識，全賴客家話維繫。

一、客家人執著的母語情懷

中華民族歷來重視自己語言的建設與傳承，最典型的是漢民族支系的客家民系。客家人稱家鄉話為「阿姆話」。這是客家後代對自己所說的家鄉話的形象稱呼。在日常生活中，海內外的客家老前輩總是以「寧賣祖宗田，唔賣祖宗言；寧賣祖宗坑，唔賣祖宗聲」這句口頭禪教導後代，這是頗有深意的。「祖宗田」是指祖宗留下的產業，「祖宗言」則包括祖宗使用的語言、祖宗的教誨和祖宗的文化傳統等方方面面。客家人世代不忘的是「祖宗言」。「祖宗田」是身外之物，是有形的資產，是搬不動帶不走的，對於歷經離亂、輾轉遷徙的人們來說沒有多大意義。而「祖宗言」則是無形的資產，可以隨身攜帶。客家先民正是懷揣「祖宗言」，鐵腳板走四方，終於在閩粵贛這一方淨土安身立命。他們在新居地實踐「祖宗言」，弘揚「祖宗言」，靠「祖宗言」開天闢地、艱苦創業，為子孫後代留下了一片賴以繁衍生息的新的「祖宗田」。客家人世代銘記的「祖宗言」，其實就是千百年來規範中國人的生活方式的中華傳統文化的精華。

客家人不斷遷徙，四處闖蕩，身處異鄉，舉目無親，客家話就是他們聯絡的最好手段。客家人甚至把不講客家話看成是忘本叛祖的行為。有時客家話造成聯姻的作用，男女雙方同是講客家話，風俗相近，容易和睦相處。這種習俗使客家後裔頑強地保留客家話而世代相傳。越是僑居國外，這一習俗就越被強化。比如孫中山的上祖本是廣東紫金客家人，後遷增城，最後遷到中山縣翠亨村，待孫中山出生時，已隔七代。孫中山出生在廣府話地區，講廣府話為主，但也不忘客家話。在革命時代，他遇到廣州人來訪，講廣府話；遇到客家人來訪，就用客家話會話。這是很生動的例證。[98]

客家人與不是講客家話的對親，或即使是講客家話但語音有差異的客家人對親，都要求女方用最短的時間學會男方村落道地的本地話。所以，客家人所說的「阿姆話」並不是母親原來的娘家話，而是孩子出生地的話。誰家的妻子最快學會當地語言，往往被稱讚賢能。

舉個客家人遷徙定居海外的例子：蘇利南的官方語言為荷蘭語，通用蘇利南語和英語，而客家話則為法定語言。

民間信仰與客家社會

第五章　倉頡驚鬼神，華夏文脈長

蘇利南共和國，簡稱蘇利南，位於南美洲大陸北部，面積約 16.5 萬平方公里（包括與圭亞那有爭議的 1.7 萬平方公里），人口約 56 萬。無論從面積還是人口看，它都是南美洲最小的國家。它東鄰法屬圭亞那，西接圭亞那，南與巴西接壤，北面是大西洋，是南美洲國家聯盟成員國。

蘇利南在歷史上是美洲印第安人居住地，1593 年被西班牙探險者宣布為屬地，1602 年荷蘭人到此定居，1630 年被英國人占領。1667 年，英荷簽訂條約，蘇利南成為荷蘭殖民地。1975 年 11 月 25 日，蘇利南獨立，成立蘇利南共和國。它於 1978 年 3 月 22 日加入關貿總協定，現在是 WTO 成員。1995 年，蘇利南加入加勒比共同體。

雖然距中國萬里之遙，但它和中國的淵源卻十分之深。據中國新聞網報導，蘇利南的華人歷史可以追溯到一百六十多年之前。1853 年，18 位華工從荷屬爪哇島出發前往蘇利南。到華工契約期滿時，僅有 11 名華人存活，其中 3 人選擇繼續留在蘇利南謀生。在此後的歲月裡，陸續有更多華人來到這裡經商、生活。到 2017 年，蘇利南僑胞已經超過 4 萬人，成為當地的主要族群之一。這些華人大多來自廣東客家地區。因為華人在全國總人口中比重較大，蘇利南視客家話為法定語言，還開設了很多中文學校。不僅如此，華裔在當地扎根後，對蘇利南的政治和經濟發展都作出越來越重要的貢獻。比如說，1980 年，祖籍廣東的醫學博士陳亞先就被推舉為蘇利南共和國的首位總統。而在歷屆的政府閣員中，也有華裔擔任重要職務。如政界知名人士李火秀曾任教育部長，張振猶先生曾任衛生部長。

據中國僑網報導，祖籍深圳的邁克·楊進華，2002 年步入蘇利南政壇，先後擔任工業貿易部、環境整治和土地森林政策部的部長。新生代華裔中，出類拔萃者也有很多。祖籍東莞的楊源發，精通荷蘭語和英語，還會講道地的普通話和客家話。他 17 歲時便隨總統出訪，還在聯合國發表演講，為蘇利南和華人贏得榮譽。而現任總統德西·鮑特瑟也有中國血統，還會說中文，總統夫人英格麗德祖籍在廣東。

不僅將客家話作為法定語言，2014 年 4 月，蘇利南政府還將中國春節定為全國法定假日，這在西半球尚屬首次。

從這個典型案例，可以看出移民海外的客家人典型的母語情懷。

語言是一個民族的血液和乳汁，是一個民族的家園與脊梁，是一個民族精神的根與靈魂。「寧賣祖宗田，不忘祖宗言」表現了客家人強烈的對母語的執著，是這個不斷遷徙的族群執著保有民族核心文脈的錚錚誓言。

二、客家人虔誠的漢字文化崇拜

漢字，是中國獨有的一種文字，是中華兒女智慧的結晶。漢字是中國漢語操用者的思維形式，漢字思維的意象性決定了在中國文化傳統內部沒有構成體系化的形而上學。「天圓地方」「事事相聯」「天人合一」的思想對漢字的產生及形成體系有著至關重要的影響。這影響可以說是決定性的。

漢字使中華民族成為擁有詩詞歌賦的民族，產生了文房四寶、書法藝術、繪畫藝術，等等。簡而言之，漢字文化不僅產生了中國式的文學形式，還產生了中國式的藝術形式。中國傳統文化，具有哲理、史思、詩心與畫意相通的顯著特徵。

中國自古南腔北調，方言繁雜，話語不通，秦始皇統一文字後，文字在加強國內各地區交流方面起了重要的作用。相對來說漢字獨立性強些，超地域、超時代的漢字既可以貫通古今，也可以聯繫各地區人們的思想，對於維護國家統一、民族大團結，促進各地區人們的往來起著重要作用。漢字是以形來表意的，口語是用聲音來表意的。所以，漢字可以不需要那麼在乎怎麼讀，不同的地方不同的時代用什麼音來念都可以表達一樣的意思。清代著名學者陳澧曾說：「聲不能傳於異地，留於異時，於是乎書之為文字。文字者，所以為意與聲之跡也。」著名作家王蒙先生認為，中國文化的根基是中國的文字，漢字應該是中國文化的第一大支柱。筆者在《語文教育文化論》中也提出，中華民族的文化核心是「生成理論、漢字文化、儒道思想」，漢字文化是中華傳統文化的第二核心。

民間信仰與客家社會

第五章　倉頡驚鬼神，華夏文脈長

　　正因文字的重要，網路上有韓國人宣稱「漢字是古代韓國人發明的！」這一論調一出現，學界及社會上一片譁然，中國人、韓國人和許多西方漢語研究者都加入論戰，不可謂不熱鬧。

　　韓國人提出的理由是：「東夷人是韓國人，是大汶口文化的創造者。被稱為『漢字』的文字有可能是高麗人發明的。」他們宣稱「殷朝的統治者是高麗人，（甲骨文）一些基礎象形文字反映了高麗人的生活方式和風俗」，例如「家」字下半部分包含了表示「豬」的漢字，而「只有高麗人把豬養在屋子」。

　　實際上，在客家地區，豬是養在屋子裡的，而且在有些地方和廚房離得很近。為此，曾有人指責客家人不衛生，甚至認為這是土著的做法。其實不然，從造字法看，養著豬的房子正是「家」。我們有些人把漢民族最經典、最傳統的東西說成是少數民族的。客家人保留了中原的許多習俗，豬代表富貴、代表平安的家，這正是古代漢族的習俗。到現在，這種意識在客家人中還顯得特別突出。最能說明問題的是客家人漢字崇拜方面的習俗。

1. 倉頡崇拜

　　中國人從遠古以來就有文字崇拜心理，認為漢字是有靈氣的東西。《淮南子》有「昔者倉頡作書而天雨粟，鬼夜哭」的記載，漢字的產生是一件驚天地、泣鬼神的大事。漢字從產生之始就蒙上了神祕色彩，有著絕通天地的力量，由此而產生了許多習俗。

　　倉頡是中國文字的創造者，是中華民族的文祖。倉頡因造字被尊為神，許多地方都有祭祀倉頡的習俗。位於陝西省白水縣城東北的史官鄉，有中國國內僅存的一座紀念倉頡的廟宇——倉頡廟，裡面有一尊四隻眼睛的倉頡像，來往的遊人都會對他頂禮膜拜。倉頡因創制漢字而名垂千古，漢字因倉頡而產生、發展，因此對倉頡的尊敬、愛戴，也就是對漢字的崇敬、熱愛，這種愛是中華人民與生俱來的。

　　在客家地區，倉頡崇拜表現最典型的是福建永定縣高陂鎮的西陂天后宮。西陂天后宮塔共有七層，一層大殿供奉天后聖母（媽祖），中間幾層供奉孔

子、關帝、文曲星等，最上層供奉倉頡。其他被供奉者都有塑像，只有倉頡無像，因為人們想像不出倉頡的具體形象，就只立了個牌位，表示人們的敬重之心。

這是客家人對造字之神的崇拜。

2. 敬惜字紙

人們對漢字懷有虔誠敬重的情感和神祕敬畏的心理。到宋代，人們對文字的崇拜逐漸演變為對字紙的敬惜，產生了敬惜字紙的信仰。有學者提出敬字塔起源於宋代，但中國迄今並沒有發現宋代敬字塔。大約從明代開始，敬字塔在中國南方出現；到清代，敬惜字紙的信仰達到巔峰，現在中國南方遺存的敬字塔也多為清代建造。客家民間有愛惜字紙的習俗，有字的紙是不能隨便糟蹋的。大人們經常恐嚇孩子：「用字紙當手紙眼睛會瞎。」也告誡孩子不能把字紙墊在地上坐。

敬惜字紙的信仰隨著客家人的遷徙而進入臺灣。臺灣的惜字民俗至今保留且更為典型。清代時，臺灣的許多地方建有惜字亭、敬字亭。不論是官府衙門、書院、文昌祠，還是街莊等處，都有惜字亭的設置，其他如一般聚落、廟宇或民宅也有設置。雖然現在它們不多見了，但在一些地方還保留著傳統。

在現在的臺灣美濃地區，居住著不少祖先來自大陸的客家人，他們保留著敬重漢字的習俗。這裡廟宇很多，廟宇前都有兩個爐子，一個寫著「金爐」，一個寫著「字爐」。金爐是朝拜時用來燒金紙的，而字爐是用來燒收集來的字紙的。同時因人們對文字本身充滿著敬意，故尊稱它是「聖蹟」，刻於爐子上。印有文字的字紙被丟棄或是被拿來做其他用途，他們都視為是對文字的一種褻瀆。在重視文風的美濃地區，常會有人背著寫有「敬惜字紙，尊古聖賢」的字紙簍，自願做「撿字紙」的工作。他們撿拾被丟棄在路旁的字紙或到各家各戶去收集不用的字紙，洗乾淨之後，統一拿到附近的惜字亭或廟前的字爐，焚香膜拜，虔誠地將字紙燒化。這個過程叫做「過化成神」，意思是藉著火焚的潔淨效果，保留文字的神聖性並傳達對文字的崇敬之情。

民間信仰與客家社會

第五章 倉頡驚鬼神，華夏文脈長

「送字紙」是客家的習俗，時間不確定，過去字紙比較少、比較珍貴，故有一年一次的，更有十二年一次的。不管多長時間，在焚字紙時，「紳士商民，演樂迎送」，十分隆重，體現了客家人對此風俗的重視，對漢字的崇拜，體現了客家人尊崇文化、敬畏先賢、恪守儒家教化的古風。

著名作家龍應台女士在談什麼是「文化」時，舉了一個例子。在臺灣南部鄉下，她曾經在一個廟前的荷花池畔坐下。為了不把裙子弄髒，她便將報紙墊在下面。一個戴著斗笠的老人家馬上遞過來自己肩上的毛巾，說：「小姐，那個紙有字，不要坐啦，我毛巾給你坐。」字，代表知識的價值，斗笠老伯堅持自己對知識的敬重。

由於歷史原因，大陸地區敬惜字紙的信仰已不多見，尤其是敬字塔中燒字紙的習俗已絕跡，敬字塔也很少見。經一些有心人挖掘，在上杭稔田發現了敬字塔。2016 年 10 月 13 日上杭新聞網刊發了林斯乾的《閩西地區罕見的敬字塔》一文。

近日，筆者來到稔田鎮南坑村，看到一處奇特的八角形攢尖頂塔形建築，塔基直徑約 2.8 公尺，塔身三層，通高約兩公尺。第二層正面有焚燒字紙用的拱形爐門，兩邊有對聯，但文字已多脫落。牆面依稀可見用楷體抄錄的古詩及篆書字跡。第二、三層均有塔檐，檐角微翹，塔檐和塔身描繪著各色花紋，色彩鮮豔如初。整體外觀古樸典雅，整座塔處於一處竹叢間，並不顯眼。據當地老人說，該塔離原來的位置已有移動。至於該塔的建造年代，有待進一步考證。當地老人告訴我們，在距該塔不遠處，原來有一所學校。按老人的說法，我們果然在不遠處看到了這所早已廢棄的學校遺址。根據該塔的特徵，這座塔是目前發現的閩西罕見的敬字塔。

敬字塔，也叫字庫塔、惜字塔、焚字爐、敬字亭等等，顧名思義，是古時焚燒字紙的塔形建築。古人認為文字神聖而崇高，寫有文字的紙張不應隨意丟棄，哪怕廢紙也需要洗淨焚化。由專人焚燒，甚至有專門的禮儀，非常鄭重。有些地方村民還組織有「惜字會」，除了自願外，人們義務上街收集字紙。

敬字塔的興起除了先人的文字崇拜外，還與科舉考試的盛行分不開。「學而優則仕」的觀念深入人心，崇拜文化，尊重讀書人，進而演變為對文字的崇拜也就順理成章了，敬字塔也就逐漸成為文字和文化的載體，受到人們的頂禮膜拜，祈求金榜題名。

敬字塔選址往往在寺廟、道觀、宗祠、書院附近，或是在集鎮、集市等公共空間，還有在群山之中、綠水之側，有的也充當著風水塔的角色。

敬字塔仿造佛塔而建，主要有三種形制：密檐式、樓閣式和單層。敬字塔不能登臨，少為密檐式，多為樓閣式，層數也不像佛塔那樣一定是奇數，最簡單的只有一層。敬字塔是用來焚燒字紙的，所以用來投放字紙和排煙的入爐口和排煙口是其標誌，而佛塔並無此結構。敬字塔多為民間建築，在模仿佛塔的基礎上，加入了更多自由發揮的細節。

每年的農曆七月初七是中國傳統的「七夕」節日。這一天可以說是婦女的節日。而在閩西客家縣明溪，又把「乞巧節」叫「七吉」。這是孩子們的節日。據明萬曆《歸化縣志歲時》記載：「七月初七日，各街兒童備酒果設拜，焚所書字紙。」這是為孩子們祈求智慧靈巧，教育他們敬惜字紙，努力讀書，熱愛民族文字。

七月七日據說是魁星的生日。魁星主掌文運，深受讀書人的崇拜，閩東更有「拜魁星」之俗。而汀州民間則有聚餐請先生的習俗，可以說這天就是古代的「教師節」了。私塾會放假一天，學生湊錢買酒宴請老師，並將一年來書寫的字紙焚化。會餐時，師生同樂，要讓老師喝得滿臉通紅為好。

在閩西的客家地區，人們還認為有字的書本能驅鬼。因為鬼怕字，要一個字一個字過關，每讀一個字，鬼都要花很長的時間，一本書還沒讀完天又亮了，沒時間作祟了。因而閩西客家人有晚上在孩子床頭放一本書，或出門走夜路時帶上一本書的習俗。

近來，有人提議把中國農曆的穀雨日定為「漢字日」。之所以選穀雨日，濫觴於上古倉頡造字的傳說。

這些習俗，過去我們一味地說是迷信，現在看來，實在值得深思。保存著中華民族傳統文化的經典書籍都是以文字記載的，漢字文化是中華傳統文化的核心，保有漢字就是保有中華民族的文脈。

「字之恩德，說不能盡。敬惜書字，福報甚大。」敬惜字紙、崇敬文字，是中國文化傳統理念之一。「字紙莫亂廢，須報五穀恩；做事循天理，博愛惜生靈。」這是「先天下之憂而憂，後天下之樂而樂」的思想家、政治家范仲淹家訓中的一節，是支撐其家族繁盛八百年的精神支柱。

3. 對聯堂聯

如果說書法是漢字的形體藝術，那麼，詩詞歌賦尤其是對聯就是漢字形體美與內涵美的結合。

對聯，雅稱「楹聯」，俗稱「對子」，是由兩個工整的對偶語句構成的獨立篇章。其基本特徵是兩聯字數相等，平仄相對；詞性相近，句法相似；語義相關，語勢相當。它是中華民族文化瑰寶之一，已經有一千多年的歷史了。對聯大約分為春聯、喜聯、壽聯、輓聯、裝飾聯、行業聯、交際聯、名勝聯、格言題贈聯和雜聯（包括諧趣聯）等。對聯是一種文化現象，也是一種具有中國特色，不能翻譯，也不能改寫，更不能移植的藝術形式。尤其是拆字聯如「二人土上坐；一月日邊明」和「踏破磊橋三板石；分開出路兩重山」等，只能出現在中國的漢語言文字中。

作為中國特有的文學形式之一，對聯又與書法美妙結合，讓人於翰墨之中品味文字的詩情哲理，在詞句之間賞觀書法的風神韻致，是中國人文藝術的完美體現，成為中華民族絢爛多彩的藝術獨創。

客家人在使用對聯上情有獨鍾，樓宇、寺廟、學校、祠堂多有楹聯。尤其是長汀、連城、清流等地客家人，每家每戶都有堂聯，如陳氏「穎水源流遠；虞山世澤長」、李氏的「紫陽門第；沛國家聲」，在表達崇宗敬祖的同時，也顯示客家人對漢文化的熱愛。

4. 占卜預知

　　自漢字起源始，漢字就是中國傳統文化最親密的同胞兄弟。「先民造字，遠取諸物，近取諸身，仰觀天文，俯察地理」，漢字反映了先古人類社會意識和文化心理，先天具有可視性和意象性，從而能夠嵌入傳統文化的筋脈中並交融於無形。故而，漢字在許多領域發揮其獨特的作用。

　　殷商時期甲骨文產生，文字被刻在甲骨上，用來書寫卜辭，有占卜、預知未來的功能，可見文字一出現便不只是簡單用於語言交流。

　　另外，還有測字藝術。它是流行於中國民間的一種活動，起源於民間的拆字遊戲，是一種帶有藝術技巧性的活動，有它存在的群眾基礎。

　　由於漢字是由筆畫構成的，筆畫的分合重組可以變化出不同的漢字。又由於漢字是以表意為目的的，它的各個構成部分也都包含著一定的意義。如果把一個漢字用不同的方法分拆成幾個部分，那麼，因為分拆的方法不同，拆出的幾個部分包含的意義也就各不相同，拆出的部分傳達給人的訊息也就不同。早在春秋時期，人們就注意到這點了。《左傳·宣公十二年》引用楚莊王的話說：「夫文，止戈為武。……夫武，禁暴、戢兵、保大、定功、安民、和眾、豐財者也。」這裡楚莊王把「武」字分拆為「止」和「戈」兩部分，並且把「武」的內容闡發為「禁暴、戢兵」等七個方面，就是從「止」和「戈」這兩個拆出部件的含義入手的。

　　正由於漢字的這些特性，為人們創造漢字解析藝術提供了先天的條件。

　　客家地區還有佩帶護身符的習俗。符是對漢字極度崇拜從而使之神化了的東西，主要是道教在使用，在民間有一定的影響。根據神話傳說，漢字的產生具有極大的神祕性，如倉頡造字驚天地泣鬼神，以及龍馬背河圖、龜獻洛書等，就已體現了對漢字的迷信。中國早期的文字甲骨文、金文等，大多是形象化的文字，也用來占卜、鑄鼎，極其神聖。這是啟發道士們製作符的基本條件。符籙，道教又稱「符字」「墨篆」或「丹書」，是一種用墨或硃砂畫在特定紙帛上的文字或變形文字及圖案，用來作為驅鬼鎮邪的神物。東

漢開始，道教就在民間廣為傳播符籙，形成不少派別。宋代張君房編撰《道藏》，收輯了古代道教符籙專書。在民間，符咒更具神祕的迷惑力。

　　道家的符籙雖說是以漢字為原型加工出來的符號，但比漢字更具有抽象性、會意性、神祕性。它仿漢時印章篆字和模仿雲氣繚繞形狀的雲篆天書，組成了一種文字和圖畫的神祕圖像，成為道教法術的構成部分。據晉葛洪《抱朴子》載，當時已有黃帝符、延年命符、消災符、治百病符等數不勝數的大小符。當時的人們以為「符出於老君，皆天文也，老君能通神明，符皆神靈所授」。使用它時，一定要心誠，心誠則靈，不誠則不靈。這就是俗稱的「畫符不知竅，反惹鬼神笑；畫符若知竅，驚得鬼神叫」[100]。

　　此外，民間還流行著將多字合寫為一體的書寫習俗，名為「斗方」「方字」，這在表示吉祥喜慶，尤其是在商貿、節慶以及婚嫁壽誕等喜事的對聯字帖中常有出現。如「黃金萬兩」「招財進寶」「日進斗金」「斗大金元寶」等，它使文字更接近於符籙，在心理上加強了祈禱的語言力量。這是存於民間的、非常特別的漢字文化，對一代代人產生了巨大影響。

三、客家人聰慧的漢字教育模式

　　漢字本身就是文化的一個組成部分：漢字的形體之精巧產生了書法藝術，意蘊之豐富催生了謎語、諺語、歇後語、對聯等文藝樣式，音韻之諧美亦被應用於詩律成就了詩詞的形式革新。從更為廣義的角度說，漢字文化是深廣的歷史人文積澱，是不同時代人民智慧的結晶，是在漢字的鋼筋水泥上架起的傳統文化大廈。它滲透於中國人的所有文化領域裡。

　　漢字一直被認為是難學難寫的。幾千年的流傳過程中，漢民族發明了許多學習漢字的方法，民間有很多遊戲式的識字方式，反映了中華民族的智慧。

　　漢字遊戲有拆字歌和謎語。這是中國漢字文化的獨特景觀，在民間廣泛流行，尤其是南方的客家地區。

1. 漢字拆字歌

　　客家人是漢民族的一個重要分支，在南方眾多的漢民族支系中，它保留了最多的古中原文化傳統。客家人重視教育，在中國可謂是人人皆知。詩人冼玉清讚揚：「學校最多文教盛，滿街兒女挾書囊。」日常生活中如何進行啟蒙教育，客家人積累了豐富的經驗。拆字歌和排字歌便是其中的有效手段。如「一字寫來一條龍，二字寫來隔條河，三字寫來疊疊上，四字寫來四四方，五字寫來盤腳坐，六字寫來三點一劃長，七字寫來金鉤梁上吊，八字寫來兩邊排，九字寫來彎曲曲，十字寫來一橫又一直」——這些生動易懂、形象生動的語言，把漢字從一到十的寫法具體描述了出來。一般地說，拆字歌是從十唱到一，而排字歌是從一唱到十。

　　排字歌和拆字歌從兒童的特點出發，給予其形象的啟示，而不是枯燥無味的說教。這是寓教於樂的好方法，對教人識字、啟迪人智、傳承文化、培育情感有重要的作用。這種方法，對今天我們從事語文教育的同仁，不無啟迪作用。拆字歌所表現的文化意蘊，更是發人深省。那簡明的唱詞，有著深刻的含義。拆字歌和排字歌用客家話唱，其曲調是在吸收與融匯民間小調精華基礎上，新創造出的一種獨特唱腔「傀儡腔」，它包括猜調與拆字歌等。歌唱中往往伴有很多幽默風趣的獨白和對白。排字歌和拆字歌在福建、廣東、廣西、四川一帶很流行。其他則還有「古文」「十字歌」等。拆字歌又如：

　　唱了十字拆十字，忙把十字唱分明；十字頭上加一撇，千秋萬代福無疆。

　　唱了十字拆九字，忙把十字唱分明；九字肚裡加日子，旭日臨門九子升。

　　唱了九字拆八字，忙把十字唱分明；八字底下加刀字，財上分明大丈夫。

　　唱了八字拆七字，忙把十字唱分明；七字側邊企個人，化龍化鳳化麒麟。

　　唱了七字拆六字，忙把十字唱分明；六字底下加交叉，交朋結友情義長。

　　唱了六字拆五字，忙把十字唱分明；五字底下加口字，吾輩同奔錦繡程。

　　唱了五字拆四字，忙把十字唱分明；四字底下加馬字，講理講法不罵人。

　　唱了四字拆三字，忙把十字唱分明；三字肚裡加一直，稱王稱霸失人心。

唱了三字拆二字，忙把十字唱分明；二字肚裡加人字，天高海闊任遨遊。

唱了二字拆一字，忙把十字唱分明；一字肚裡加一直，十分春色在人間。

還有一種問答式的拆字歌也很典型，它顯示出了普通民眾的生活智慧：

問：麼（個）字寫來半邊衣衫一口田？麼（個）字寫來女子親嘴口相連？麼（個）字寫來一人走呀田中過？麼（個）字寫來三人跪在田面前？

答：福字寫來半邊衣衫一口田，如字寫來女子親嘴口相連，東字寫來一人走呀田中過，海字寫來三人跪在田面前，恭喜老兄福如東海萬萬年。

「福」字左邊為「示」，被解為「半邊衣衫」，而右邊被拆為「一口田」；「如」字被分成「女」和「口」，形象地解為「女子親嘴口相連」；「東」字是繁體字，被分解為「一」「人」「田」「中」四字；「海」字被分解成「三」「人」「田」（母）三字；最後四個字連成「福如東海」的祝福語，很有生活情趣和語言智慧，也可以看出人們對養育自己的「田」的熱愛。這些文字遊戲代代口口相傳，有很強的教化功能。

還有民謠中的識字歌。如臺灣客家童謠《一一一》：「一一一，松樹屋上一管筆。兩兩兩，兩子親家打巴掌。三三三，脫去棉襖換單衫。四四四，兩子親家打鬥趣。五五五，五月十五好嫁女。六六六，河背村莊火燒燎。七七七，天上落水地下濕。八八八，窮苦人家挦粥缽。九九九，兩子親家飲老酒。十十十，糍粑飯子軟泥泥。」

2. 漢字謎語

漢字謎語是一種以漢字字形為基礎的智力遊戲，也是一種別開生面的藝術形式——解字藝術。它是漢民族特有的一種語言文化現象。漢字謎語利用了漢字的字形特點和整字或構字部件的含意，對漢字進行分解，運用離合、增損、象形、會意等多種方式創造設置，將漢字的字形用隱喻的語言表達出來，讓猜謎者去玩味、體會、猜測、推斷。

字謎有廣義、狹義之分。廣義的字謎，指所有的文字詞語謎，如字類謎、詞類謎、句類謎等。狹義的字謎，指單個漢字的謎語。後者注重文字形體的

組合及偏旁部首搭配，要從形態、功用和意義上對謎底漢字各個組成部分作多角度描繪，詞句簡短，行文措辭和謎面修辭技巧也比較高。

字謎能加深人們對謎底漢字的字形、結構、字意的印象。在猜謎過程中，眾多猜謎者的角逐，也會激發猜謎者的積極性和競爭意識。尤其是一些難解難破的字謎經過苦苦思索而獲得結果，更使人感到勝利的喜悅，產生一種美的感受。它是漢字文化寶庫裡的一個瑰寶。

比如，在閩西客家民間就有許多這樣的字謎：

九橫六直，天下才子不識；顏淵問孔子，孔子想了三日。——晶。

一點一橫長，架梯上屋梁，背頭彎一轉，中間一口塘。——高。

一人橋上站崗，二人橋下乘涼。——六。

一點一橫長，一撇到潮陽，田糜崩一片，腳下水汪汪。——康。

東西南北角叉叉，八仙帶刀在腳下，子女兩人面對面，卻見妖精竹頭下。——十分好笑。

客家人日常表現出來的漢字崇拜習俗，是執著於中華文化的一種精神表現。這對傳承中華民族的核心文化，凝聚海內外漢民族族群具有重要意義。

民間信仰與客家社會

第六章　上善若甘霖，恩澤福萬民

第六章　上善若甘霖，恩澤福萬民

——客家媽祖及水崇拜

媽祖，人們又稱之為「天上聖母」「天后」，在中國民間被奉為救苦救難的海神。人們對媽祖的信仰，漸漸地形成了富有特色的媽祖文化。它是中國民間信仰文化的一個組成部分。

媽祖崇拜發源於福建閩南地區，後傳播到了客家地區，因而媽祖在客家地區也被廣為祭祀。客家地區的媽祖崇拜，由於區域及民系的特殊因素，形成了既有媽祖文化的共性，同時又具有客家民系文化特點的信仰文化。

客家人信仰中還有許多對女神和水的俗信。

一、媽祖崇拜的起源

據傳，媽祖本名林默娘，福建莆田湄洲人。宋太祖建隆元年（960年）三月二十三日生。父願，五代時官都巡檢。自幼聰穎，八歲讀書，性好佛。十三歲遇老道士元通，授以要典祕法。十六歲觀井得符，能布席海上救人。雍熙四年（987年）九月初九日昇化，時年二十八歲。

媽祖生前是一位「預知人禍福」的女巫，死後被當地人奉為神靈，常穿朱衣，乘雲氣，巡遊島嶼，受到鄉里的愛戴，尊為「海神」。

媽祖死後約一百年，其信仰逐漸擴大。洪邁《夷堅支景志》載：興化軍（今福建莆田、仙遊一帶）境內，地名海口，舊有林夫人廟，莫知何年所立，屋宇不甚廣大，而靈異素著。凡賈客入海，必致禱祠下，求杯笅，祈陰護，乃敢行。蓋嘗有至大洋遇惡風，而遙望百拜乞憐，見神出現於檣竿者。北宋宣和四年（1122年），給事中路允迪奉旨出使高麗，航行途中遇狂風怒浪，其餘船隻均覆沒，唯有路允迪所乘的船隻在媽祖顯靈的指引下，避開風浪而平安抵達。事後，路允迪上奏朝廷，為媽祖請功。宋徽宗特賜莆田寧海聖墩廟廟額為「順濟」。得到官府認可後，媽祖信仰以較快的速度向外傳播。

民間信仰與客家社會

第六章 上善若甘霖，恩澤福萬民

　　媽祖始封「靈惠夫人」，崇寧間，賜廟，額名「靈神」。元代天曆年間（1328～1330年），更額名「靈應」。元統二年（1334年），加封「輔國」。至正年間（1341～1368年），又加封為「感應神妃」。清康熙二十二年（1683年），加封「天后」，並敕建祠原籍。雍正十一年（1733年），御書「賜福安瀾」，懸掛於福州南臺廟宇，並命沿海各省，修祠致祭。自是崇奉日盛。據統計，自北宋徽宗宣和四年（1122年）至清同治十一年（1872年），媽祖共被褒封五十九次，封號達六十六字之多，成為「護國庇民妙靈昭應弘仁普濟福佑群生誠感咸孚顯神贊順垂慈篤佑安瀾利運澤潭海宇恬波宣惠導流衍慶靖洋錫祉恩周德普衛漕保泰振武綏疆嘉佑天后之神」。同時還被御賜廟額四次，甚至列入國家祀典。歷代統治階級出於自己的統治目的而對媽祖大肆封賜褒爵，使之更為神化，這無疑加速著媽祖文化的傳播。代表封建社會大傳統的統治階級文化雖與代表鄉民或俗民的小傳統文化有所不同，但它們卻是相互影響、互動互補的，「大傳統引導文化的方向，小傳統卻提供真實文化的素材，兩者都是構成整個文明的重要部分」。[101]

　　宋代媽祖信仰形成後，歷代文人儒士和達官貴人對媽祖歌功頌德、褒揚有加。撰於延祐二年（1315年）的《崑山靈慈宮原廟記》說：「今夫輕舟單舸，以行江潮，尚有風濤不測之虞。」「當其霾曀斂藏，天宇澄穆，然猶奮擊震盪。若乃纖雲召陰，勁風起惡，洪濤騰沓，快風吹撞，束手罔措。……千夫怖悚，命在頃刻。於是，吁呼天妃，應答如響，光景赫然見於檣端，而船中之人如嬰之睹怙恃矣。」宋紹興八年（1138年），狀元黃公度在《題順濟廟》中寫道：「枯木肇靈滄東海，參差宮殿翠晴空。平生不厭混巫媼，已死猶能效國功。萬戶牲醪無水旱，四時歌舞走兒童。傳聞利澤至今在，千里危檣一信風。」宋人吳自牧亦述：「其妃之靈者，多於海洋之中，佑護船舶，其功甚大。」儘管媽祖傳說虛無縹緲，但由於文人的褒揚和達官顯貴的倡導，媽祖傳說「上達天聽」，下入民心，極大地促進了媽祖文化的形成與播行。

二、客家的媽祖崇拜

盛行於沿海地區的媽祖海神，在客家地區也廣為祭祀。客家聚居的閩西南、粵東、粵北、港澳臺以及海外各地，均普遍崇奉媽祖。需要注意的是，在客家地區一般稱媽祖為天后，或稱天妃，很少稱媽祖。

客家地區對媽祖的崇拜很盛。以閩西為例，據客家學者謝重光先生田野調查，明清時期閩西客家地區的天后宮（媽祖廟）或與天后有關聯的寺廟有四十三座，特別是明中葉以來，清代乾隆、嘉慶時期信奉媽祖十分興盛。不僅媽祖廟數量多，分布範圍廣，而且傳播媽祖信仰的途徑多樣化，成為對內維繫家族團結，對外擴大與外族、外鄉、外縣的經濟、文化聯繫的紐帶。以永定縣為例，這裡各鄉、社都有天后宮或媽祖廟。而武平縣，不但城邑、鄉村有媽祖廟，連高山頂上也繚繞著祭拜媽祖的煙火。其中武平縣武東鄉太平山的天后宮最為典型。[102]

客家人濃厚的媽祖信仰情結，與其遷徙的歷史、泛神崇拜理念以及向海外遷徙的意念有關係。

（一）客家區媽祖崇拜的傳播緣由

從已掌握的材料看，媽祖信仰在宋代就已傳入遠離海洋的客家地區，其原因有多種。

1. 直接因素

這裡指的是某人或某族群因為直接的因素形成的媽祖崇拜。

（1）姓氏族緣

西陂天后宮位於福建省永定縣高陂鎮的西陂村。西陂村總人口達六千多人，其中以林姓居多。他們都稱與媽祖林默娘有著直接的淵源關係。這座天后宮是西陂林姓族人特地從莆田湄洲祖廟分靈出來的，這反映出他們崇拜本姓媽祖、祈求媽祖保佑的心願。永定縣高陂鎮、湖坑鎮、陳東鄉一帶林姓家族親切地尊稱媽祖神為「姑婆」，稱呼也顯得很獨特。湖坑鎮土樓小溪邊上，有座林姓家族建造的天后宮，直接就命名為「姑婆廟」。「闖關東、走西口、

民間信仰與客家社會
第六章　上善若甘霖，恩澤福萬民

下南洋」是近代中國人遷徙三部曲，過去客家人為了謀生，背井離鄉下南洋，家人希望海神保佑。湖坑鎮所在的永定金豐片區特別多民眾下南洋，那裡分布著數量眾多的媽祖廟。洪坑人多為林姓，與媽祖同姓，就將廟稱為「姑婆廟」。

（2）從軍經歷

軍人在從軍途中，或回轉故鄉探親，或退伍時，有時要面對波濤洶湧之大海。他們受沿海風俗影響而祈求媽祖庇佑平安，並立祠以祭。如福建山區腹地的建寧天后宮就是一例。

建寧天后宮位於縣城北門，相傳是由建寧籍駐臺兵員服役歸里時帶回奉祀的。

清朝時，駐守臺灣的兵員都是由閩省各縣抽派，三年換防一次。當時有兩個建寧籍貫的士兵服役期滿，回歸家鄉時隨身攜帶了一尊媽祖神像，希望能保佑一路平安。歸途中，他們搭乘的航船遇上了狂風巨浪，危難之中，他們急忙捧出媽祖神像叩拜，祈求媽祖庇佑眾人平安。果然，不久就風平浪靜了，他們平安渡過臺灣海峽回到故鄉建寧。兩位士兵的現身說法，讓鄉民深信不疑。於是，媽祖娘娘海上顯靈保佑平安的事就在建寧廣為流傳。在一些好事者推動下，人們募集資金，在城關北門拱長坊建起了天后宮。每年的農曆三月廿三日，當地人都要舉行「迎媽祖」的朝拜活動。這是臺灣媽祖信仰回傳大陸山區腹地的典型例子。

（3）從商經歷

連城廟前鎮芷溪天后宮的興建屬於此類。根據筆者主持的福建省教育廳課題《民系文化與語文教育》調查整理的資料可以看出，芷溪水尾媽祖廟及其「天上聖母」的雕像的來由，與媽祖文化有著很直接的淵源關係。

鄉民口口相傳的是，乾隆年間（1736～1795年），家鄉一個不務正業的浪蕩子楊明安，經親戚介紹後，到廣東一家木材行賣苦力賺錢。有一次山洪暴發，木材行堆積在上游的木材被滔滔洪水沖往下游的香檀橋上，危及大橋安全。官員放話說如果橋被沖垮，這批木材的主人就要負一切責任。為了

保命，木材老闆嚇得逃跑了。這是一批價值上百萬的木材，楊明安當時的想法是，富貴險中求，大不了一死。於是，楊明安就冒死大聲說是他的。為保平安，他心裡不停默唸禱告：「祈求媽祖保佑。」也許真的感動了媽祖，洪水很快退去，大橋安然無恙，他因此成了百萬富翁。

發財後，楊明安將資金轉回福建，到福州開了個「和昌木材行」，經營木材進出口生意。富貴來得蹊蹺，在他的心中一直有個結，就是念念不忘媽祖的恩德，要還願。乾隆三十二年（1767 年），楊明安路經湄州島，特地到媽祖廟裡進香還願。廟主得知楊明安身分後，就向他提出購買大樟木雕刻媽祖神像的要求。楊明安則主動提出要捐贈樟木，唯一請求是，廟主要多雕一尊媽祖神像，讓他帶回家鄉供奉，以圓自己的夙願。廟主得知他的慈心善意後滿口應允。於是，媽祖信仰落戶連城芷溪。

閩西連城隔川鄉的天后宮的來歷也很有特色。筆者在調查中了解到，五百年前，隔川鄉竹光村一位商人在沿海經商時，曾受到媽祖庇護，所以偷偷地把湄洲媽祖廟裡的香灰包了一包回家。他覺得這就把媽祖的神靈帶回了隔川，於是請來能工巧匠，按照媽祖原形雕成塑像，並請風水先生在整個隔川鄉中選擇一座內水口風水寶地，建成一個坐南向北的天后宮。天后宮大門處能遠眺整個隔川鄉，意思為媽祖保佑全鄉子民。這個傳說中反映出來的偷偷傳播媽祖信仰的方式很典型，是中國民間信仰傳播的一個特色。

（4）遷徙新居

由於客家人不斷遷徙，於是將媽祖文化帶至新居所，由此形成了傳播媽祖文化的新渠道。這方面的例子有不少。東南亞一帶的客家、港澳臺客家及內地四川、廣西等地客家區的媽祖崇拜，都因移民搬遷之故形成。

客家人是媽祖信仰的推動者。臺灣媽祖廟之源頭——北港媽祖廟，最初是由當地閩籍居民根據湄洲僧人傳入的神像建造的。陸正平《北港名勝朝天宮》一文說媽祖廟「位於北港鎮中心區域，建自遜清康熙三十三年。習俗相傳：是時，福建省湄洲『朝天閣』有一僧人樹壁，奉『天上聖母』神像來臺，道經北港，附近居民多為閩籍，極其崇奉聖母，爰經集議，建立小廟供奉」。值得注意的是，正是這座雲林北港的媽祖廟，成為臺灣客家人朝拜的中心。

民間信仰與客家社會

第六章　上善若甘霖，恩澤福萬民

周朝宗《雲林風俗》記載：「三月廿三日：天后誕辰，本縣北港稱『媽祖生』，南北香客，多赴北港行香，粵莊尤盛。」所謂「粵莊」，係指臺灣客家人居地。林姓又為閩南大姓。這一切，都為這一傳說塗上了一層厚厚的地方色彩。一是客家人雖不斷向近海地區遷移，不斷向海外拓展，但那是後起之事，是生齒日繁以後為擴展生存空間所致。就其祖居的閩粵贛邊區基地而言，則是在丘陵山區。在這樣的生活環境中，早期是不太可能萌發海神崇拜的。再者在客家人的居地中，福建比廣東的天后宮建得要早，分布更為廣泛，故可證此俗係由閩入粵。至於臺灣客家人的媽祖信仰，受講閩南語的人之影響，至為明顯。[103]

澳門共有天后宮八座，是澳門一道重要的文化風景。其中最引人注目的是路環島天后宮，因為它塑立有一尊高達 19.99 公尺的媽祖雕像。據載此天后宮創建於康熙十六年（1680 年），後經歷幾次重建與擴建。媽祖雖是閩南人敬奉的海神，傳至澳門卻是客家人的功德，因為客家地區早在宋代就已有媽祖崇拜，且據路環天后宮內兩處碑銘顯示，清朝時經粵東嘉應州（今廣東梅州）客家人的大規模重建，此天后宮才成為澳門重要的媽祖崇拜聖地和重要的文化景觀。

有的研究者認為，最早到澳門定居的是福建莆田和廣東潮州、汕頭人。福建為廣東鄰省，自唐末五代始，福建人口增長超過了廣東。宋代福建經濟、文化比較發達，成為全國最發達的省份和人口過剩的區域之一。五代以後已有閩人移居香山縣境的記載，及至宋代，縣志中已有一些閩人官仕香山的記錄，其中宋代香山縣令洪天驥最為著名。此外，宋代閩人移居該縣的也很多。谷都南湖鄭族、仁良都南湖鄭族、良都長洲黃族、仁都邑城高族等等，成為當地的大族。南宋的益王、衛王在張世傑、陸秀夫的扶持下航海到泉州。他們曾徵用當地許多船隻和水手組成一支大規模的船隊，漸次行至香山、新會沿海，後來結集於崖山。《廣東通志》載：張世傑等人「奉帝幸香山，以馬南寶宅為行宮，復駐淺灣」，元將敗張於香山島。研究者一般認為，淺灣指澳門十字門一帶的海灣，而香山島則為澳門附近島嶼的古稱。張世傑敗於元後，成千上萬的南宋遺民流散當地，許多人定居香山，其中當有不少閩籍遺民。入明後，香山仍為地廣人稀之地，閩人繼續移居香山，其中以客家人最

為顯著。這些客家人大多來自福建西部的汀州，他們先是移居廣東梅州，而後陸續遷移各地，成為廣東漢族人口的主要組成部分。他們也盛行媽祖崇拜的習俗。葡人初到中國騷擾廣東失利後，廣東實行海禁。「安南、滿剌加諸番舶，有司盡行阻絕，皆往福建漳州府海面地方，私自行商，於是利盡歸於閩，而廣之市井皆蕭然也。」[104]

明末清初，四川遭受了幾十年的戰亂、瘟疫之災，許多地方可以說是十室九空，甚至有人煙斷絕幾十年的。清廷制定了移民入川的措施。在這被稱作「湖廣填四川」的浪潮中，一批批來自福建、廣東、江西的客家人也進入四川謀求新的發展。他們為了在新的地方生根發芽繁衍，為了消災祈福，也為了寄託對祖籍地的思念之情，紛紛以祖籍地所信奉的神祇為對象興建廟宇，亦作為會館，作為祭神、聚會的場所。福建籍客家人建的是「天上宮」，亦稱天后宮、媽祖廟，即為福建會館（公所）奉祀媽祖。單四川江津縣內就有十三座，分布在十個鎮，占鎮數的27%。會館一般建在各地的主要街道，地當鬧市，規模較大，占地都在一千平方公尺以上。以江津城區的天上宮為例，該宮占地十餘畝，建有牌坊、佛殿、文昌殿、後殿、樂樓、禪房、內臺、後山等。樂臺即戲臺，可演出戲劇、歌舞。會館成了城區及各場鎮的主要建築，是商業的中心區，會館之間商舖連接成街。[105] 四川江津「天上宮」的對聯都是「封崇溯宋元以始；鐘靈在閩蜀之間」。對聯很有特色，充分體現了客家移民對故土的眷戀之情及對新居住地的熱愛之情。

2. 間接因素

（1）水神崇拜

古代科學技術不發達，人們無法掌握自身的命運，於是常常會祈求神靈的保佑。尤其是生活在海上、江河邊的人們，面對反覆無常、威力無比的力量更覺無助，這為媽祖信仰的形成提供了土壤。水為生命之源，人類對水有特殊的情感。許多民族都以不同方式表現對水的崇拜，創造了水神形象。在出現媽祖後，許多居住山地的客家人把對水的崇拜也寄於媽祖身上，於是，他們選擇在江河邊或水口建天后宮。

（2）行業崇拜

民間信仰與客家社會

第六章　上善若甘霖，恩澤福萬民

　　媽祖信仰有源於行業的崇拜如水運等，典型的如為閩西汀州的天后宮。因汀江航運受潮州影響之故，其傳播渠道和前面提到的連城廟前和永定高陂的媽祖信仰有所不同。

　　客家人所居的地方屬於綿延千里的大山區，條件極為惡劣，交通極為閉塞，因而受外界的衝擊和影響較小。據史載，古代汀州「民生尚武。島居安魚鹽，山居任耕織。南通交廣，西接贛水。南接潮海，後枕臥龍，憑山負海，在閩山之窮處，介於虔梅之間」[106]。

　　千百年來，客家文化圈內始終保留著一些古代的文化特徵，諸如信仰習俗等，又吸收新鮮的東西，使之互相滲透、融合。媽祖信仰在宋代就已傳入遠離海洋的客家地區。古代汀州府因汀江連接著潮州、汕頭，陸路連接贛州、贛水，於是成為交通樞紐。

　　「客家母親河」汀江，是福建省四大水系之一，是福建省第三大江，是唯一通往外省的航道。汀江發源於寧化，流經長汀、武平、上杭，再經永定縣流入廣東，在廣東大埔三河壩與梅江匯合稱為韓江，主流在澄海縣入海，全長328公里，其中福建境內285.5公里，而長汀境內153.7公里。汀江自古以來便有舟楫之利，一度號稱「上河三千，下河八百」。

　　據有關史料記載，南宋理宗紹定年間（1125～1264年），著名法醫學家宋慈任長汀縣令，為縮短運鹽路程，溝通汀潮經貿往來，他打通了汀江韓江間的商業航道，長汀由此接受了沿海一帶崇祀盛行的媽祖信仰，從此，媽祖信仰就融入了汀州民眾民俗信仰之中，媽祖成為民間十分崇敬和信仰的「媽祖娭哩」（客家方言「娭」「哩」即「母親」，把媽祖喻為母親以上的祖輩之意）。長汀民間舊時習俗，許多家長給孩子取名要契一個「馬」字，意即請媽祖庇佑，孩子快快長大。[107]

　　在汀州落籍之初，媽祖主司汀江航運，保佑急流險灘無數、船隻經常觸礁撞灘的汀江航運安全，成為河神。

　　隨著時代的發展，在客家區，媽祖所司職能不斷被改造和擴大，其主司「航海安全」的職能被人們淡忘，有的地方甚至連媽祖是海神都少有人知。

客家人崇拜媽祖，大多不是把她作為海神，而是把她作為如同佛祖、觀音、玉皇、關帝、公王一樣能夠降福於人、保境安民、抗災救疫，保護風調雨順、五穀豐登、人丁興旺的多功能神靈加以崇拜。發展到後面，媽祖崇拜在客家地區逐步蔓延並升級，媽祖廟、天后宮隨處可見，香火越來越旺。在閩西，幾乎每縣都有媽祖廟（宮）。

（二）客家地區媽祖崇拜的獨特色彩

1. 宮殿依水而建

天后宮大多是依水而建的——這體現水神崇拜的特性。儘管客家是山區，客家人的天后宮大多還是依水而建的，或臨大江、小河，或居當地水口。如閩西連城隔川鄉的天后宮，當地雖然沒有江河，但信仰者也要找一水口的位置。上面提到的連城廟前鎮芷溪天后宮的興建，也是如此。楊明安求到神像後，與同鄉黃富民護送神像返回家鄉。幾人一路跋涉，本來要將神像放回村中的，但到了芷溪村口——水尾時，突然覺得神像沉重起來，抬得很吃力。大夥都覺得奇怪，只好暫時停放。他們特地從江西贛南的興國請來了風水先生踏勘地形，尋找原因。江西來的風水先生經過認真踏勘後，認為此處是「雙龍合脈獅象把水口」，是難得的建庵造廟的風水寶地。於是，他們決定在此地興建天后宮。這事當然是傳奇，不過也可看出客家人對天后宮選址的要求。

2. 獨特的山寨天后宮

本是水神的媽祖，也充當山神的角色，這是較為奇特的現象。一般在客家區才會有此狀況。這一般是因族緣關係形成的，比較典型的是武平縣武東鄉太平山的天后宮。

這座天后宮內設立了四座神位，中間供奉的是媽祖，塑像體積最大；左邊神位供奉著一尊觀音立像；右邊神位供奉著一尊吉祥哥立像；媽祖塑像前面還特別安置了一尊小小的觀音像；神座的左側平置一塊石碑，上面刻著「林氏十二世開山施主林奇卿公」的字樣，顯示宮廟建築者的身分及與天后娘娘的淵源。[108]

3. 獨特的建築風格

民間信仰與客家社會
第六章　上善若甘霖，恩澤福萬民

　　天后宮的建築總體上是大同小異的，但各地又有不同，閩西天后宮更是有較多的不同點。

　　西陂天后宮，造型奇特，是中國少見的寶塔式建築物。

　　主體建築為七層塔式結構，通高四十餘公尺，為樓閣式。一、二、三層為四方形，土木結構；四層以上為八角形，四、五層是磚木結構；六、七層用大圓杉木為軸心，數十根方木條向八方輻射成年輪狀，純木構築。塔頂葫蘆用瓷都景德鎮特製的圓缸壘成，分紅、黃、藍、白、青諸色，用8公釐粗鐵索拴牢。底層為天后宮主殿，長12公尺，寬14.4公尺，高6.5公尺（內高5.3公尺），牆厚達1公尺，是典型的客家土樓的建築風格。殿中間四根杉木擎天大柱拔地而起，直達塔頂，支撐著塔的中心。中軸線自南而北，廟堂疊進，共有房屋36間。塔南為登雲館，塔北為大廳堂，兩廂是上、下酒樓。主殿供奉媽祖神像，神龕上高懸「神昭海表」的匾（原匾題為雍正御書，中鈐有玉璽，今匾無之）。正殿大門的楹聯是乾隆御賜的聯句：「忠信涉波濤，閱歷玉洲瑤島；神明昭日月，指揮水伯天吳。」塔的南北各有一大天井，北端宮門畫梁雕棟，溢彩鎏金。大門彩繪詩幅有「維神顯聖寄斯宮，四海江湖著大功」之句。

　　大門入口處有一座木質的永久戲臺，十分雅緻，呈半圓穹窿形，鑲嵌立體圖案，結構奇巧，有良好的集音作用，俗稱「雷公棚」。臺口柱聯是「一派是西河，潺潺聲雜管弦曲；七層朝北，疊疊影隨文武班」，橫額為「鸞鳳和鳴」，戲臺中堂橫額是「鈞天雅奏」。西陂天后宮的建築結構及其藝術成就，是中國國內的天后宮中罕見的。

　　西陂天后宮的供奉體系很是獨特，主塔一層大殿供奉媽祖，二至五層，分別奉祀關帝、文昌帝君、魁星和倉頡。一樓朝東後殿祭祀孔子，取「遙望東山」之意。

　　位於長汀縣東大街朝天門外的汀州天后宮，北倚臥龍山，南臨汀江，西連橫崗嶺，在9口大池塘水中央建立起來，是按照潮州三聖宮的樣式來建造的，其殿宇廣闊、雄偉壯觀，人們習慣稱之為「蛤蟆浮塘」。

天后宮主建築分前殿、正殿和後殿。正殿上為五鳳樓，右旁為廂廳，內為媽祖起居室；左為小閣樓。後殿為積慶殿，奉禮媽祖父母之神位。正殿玻璃間內奉的媽祖塑像，由清道光年間（1821～1850年）廣東潮州名藝人精心雕琢，清秀端莊，十分逼真。

其他如閩西永定高陂富嶺天后宮虎型建築奇特異彩，澳門天后宮依山面海的群體建築輝煌氣派，眾多鄉村天后宮建築簡樸實用等，不一而足。這裡就不一一細說。

4. 多神合祀

這也是閩西客家人祭祀神祇的特點。上面提及西陂天后宮裡多神祭祀，還有的地方天后宮與關帝廟合建。

另據考證：連城（古稱蓮城）有三聖妃宮，唐汀州刺史陳劍始立；宋嘉熙間三聖妃宮內祀靈惠助順顯衛英烈妃、昭貺協助靈應慧祐妃、昭惠協靈順勇惠助妃，今州縣吏運鹽綱必禱焉。又據宋《夢粱錄》：「順濟聖妃廟在艮外，妃姓林，莆田人氏，素著靈異。宣和癸卯年賜廟額，累加夫人美號，後封靈惠協應嘉順善慶聖妃。」《八閩通志》載：「蓮城是唐之古田鄉。」《閩都記》：「順懿廟，在閩江上游龍潭閣，榜曰臨水宮，祀臨水夫人。神名陳靖姑，為陳昌之女，母葛氏，生於唐大曆二年，嫁劉杞，年廿四卒。龍井中有蛟，吐氣為疫癘，一日朱衣女執劍索白蛟斬之，乃知神異，鄉人立廟祀之。宋淳祐間賜額。」

這種三聖妃宮在閩西客家不多見。

5. 祭祀儀式的獨特性

從客家區眾多媽祖廟的造像看，除正殿主祀媽祖外，配殿往往還有觀音和關公神位，兩側還塑有侍者形象。儒釋道與地方神祇崇拜熔於一爐，不同宗教的諸神共同祀奉是媽祖廟的一個顯著特徵。武平縣武東鄉太平山的天后宮把祖先和媽祖一同祭祀，這種現象不多見，主要因其同宗之故。

祭祀時間，各地不一。正常的朝拜活動是在農曆三月二十三日「天上聖母」的出生日，農曆九月初九的升天日。有些地方在正月元宵節也舉行隆重

民間信仰與客家社會
第六章　上善若甘霖，恩澤福萬民

的朝拜活動，還有實行春秋祭祀的。如，民國《仁化縣志·祀典》載：「天后，歲以春秋仲月諏吉致祭。」這一習俗的形成，有學者認為，是因為客家人保持了二月和八月掃墓祭祖的中原古風，將祭媽祖的時間也並在其間舉行。又有正月出遊的。如廣東河源地區有正月十三日、十六日、十九日奉諸廟天后神出遊之俗。更為典型的如閩西連城廟前鎮芷溪天后宮，每逢農曆初一十五、逢年過節人們都要祭祀媽祖，村中的神佛法事也聚集這裡。每到這個時候，大批的信男信女便蜂擁而至，燃香放炮，唸經誦佛，熱鬧非凡。因有村民香客的資助，即使是平常時，天后宮也是香火不斷，明燈輝煌，體現了鄉民對媽祖的虔誠。總之，客家地區祭媽祖的時間，三月二十三日為通例，春秋和正月則為特例，而將鄉村法事合辦更為獨特。

　　客家人舉辦的媽祖祭典形式相當隆重，在媽祖誕辰之日，奉神出遊，頂禮膜拜，排宴演戲，盛況空前。尤以福建汀州、廣東河源、臺灣苗栗等地為甚。據《客家風情》載：「清代福州建有汀州會館，八縣（長、杭、武、永、寧、清、明、連）共有，祀奉媽祖。每年到媽祖生日，會館張燈結綵，排宴演戲以示慶祝，汀州八縣的旅省同鄉都可參加宴會、看戲。」據同治《河源縣志·歲時》載：自清代嘉慶以後，每年正月「十三、十六分日恭奉北廟、東廟天后神出遊，俱本日還宮。十九恭奉阿婆廟天后神出遊，次日還宮。均先於新城東門外教場結廠以為駐蹕之所，邑中士庶競以童男女扮演古事於神前為導，多至三四十隊。凡神所經過，門戶必設香花宝燭，極其致敬。惟阿婆廟還宮，駕經新城南門外，是日男女聚觀於南門，罔不下萬人，尤為盛景。年習為常」。

　　除了常規的祭祀儀式外，筆者在調查中還了解到，閩西連城隔川鄉的天后宮有一種不定期的朝拜活動，那就是替「天上聖母」換袍。隔川鄉天后宮的「天上聖母」內外共穿七件衣服，每次換袍要花上一定的資金，要按原有的式樣訂製。因此，一般要等村中做生意賺了錢的村民捐助，然後才舉行隆重的換袍儀式。而且有一個不成文的規矩，那就是竹光村不讓其他村的人替「天上聖母」換袍，原因是「天上聖母」是竹光村人引來的，不能讓其他人看到「天上聖母」的金身。

長期研究客家文化的張鴻祥特別注意到長汀「清河祭祀媽祖」的獨特性，稱之為「汀江絕響」。據其介紹，「清河祭祀」是清末至民國年間汀州客家人祭祀媽祖的儀式之一，它與中國各地祭祀媽祖的方式不同，為汀州所獨創。儀式不是在天后宮內舉行，也不是在城鄉巡遊，而是在汀江上舉行。這與汀江航運息息相關。舉行「清河祭祀」的原因是，汀江有九九八十一灘，屢出行船事故。清末汀州商戶們聯名舉薦時在北京任內閣中書的康詠，去莆田湄洲灣媽祖廟致祭，希望借助康詠的聲響，祈求媽祖庇護汀江航運安全。康詠背負汀州百姓的期盼，去莆田湄洲致祭。返汀後，他與汀州城的商戶商量，計劃籌辦一場酬謝媽祖的祭祀活動。康詠提出既然是祈求汀江平安，索性就將祭祀活動搬到汀江上舉行，恭請媽祖巡江，並命名為「清河祭祀」。所謂「清河」，即透過媽祖的巡江，祈求清除汀江一切影響行船安全的障礙和凶險，求得河清海晏，舟楫平安。於是就有了在穿城而過的汀江上舉辦的曠世未有的、獨一無二的媽祖祭祀儀式。

「清河祭祀」並不是每年都舉辦，也沒有固定的時間，大約三四年一次，祭祀時間在豐水的上半年。舉辦之時，江上四條大船並列而行。船體布置得很漂亮。第一條船安放燈籠，上書「天上聖母」，民樂鼓隊居其中。第二條船樹黃色大旗，上書「天上聖母」，媽祖神像安放其中。第三條船安放香案，香燭祭品擺放其中，樹四把黃涼傘，還有十番器樂。第四條船裝媽祖娘娘的全副鑾駕，有兩副大扇及執事兩人。祭祀開始，鞭炮齊鳴，大船開動，兩岸觀眾爭相觀看，萬人空巷，虔誠者焚香祭拜。

「清河祭祀」的路線是從太平橋開始起航至麻潭嶺背游繩渡止。回歸路線從游繩渡經麻潭嶺、曾溪背、車子關、惠吉門、五通橋、半片街、水東橋至跳石橋止。

（三）客家地區媽祖崇拜的特殊文化因素

1.「廟」「宮」同稱

客家人奉媽祖為神，將對其供奉與祭禮之所名曰「廟」或「宮」。如福建長汀城東門有「天后宮」，福建武平縣溪東鄉有「天妃娘娘廟」，連城縣「天

民間信仰與客家社會
第六章　上善若甘霖，恩澤福萬民

后宮」又稱「夫人廟」，廣東嘉應州（今梅州市）有「天后宮」「天后廟」，廣東鎮平縣（今蕉嶺縣）興福鄉馬鞍潭岸有「天后宮」等等。還有文中提到的其他地方的「宮」「廟」。在稱號上，客家地區一般稱「天后」，或稱「天妃」，林姓族人直接稱「婆太」，而很少稱「媽祖」。

2. 融入時代潮流

根據筆者的課題調查資料，閩西連城廟前鎮芷溪天后宮有兩個牌匾、兩個名稱：南面向芷溪方向的前大門樓牌匾題為「天后宮」，北面向另一個鄉鎮新泉的後大門樓牌匾題為「媽祖廟」。這種命名方式在中國、甚至於海內外的媽祖廟中都是罕見的，這是芷溪天后宮的獨特魅力，也即「一廟兩名」。它激起了許多人的好奇心。芷溪天后宮已經有近兩百年的歷史，由於風雨侵襲，年深日久，逐漸破敗不堪。1930年的一場山洪，將天后宮徹底淹塌了。好在人們及時將媽祖塑像轉移，暫時安放在其他地方。1942年，村民決定重建天后宮，因種種原因，先建成了小屋「天后宮」。1996年開始在小屋「天后宮」的基礎上進行了擴建，根據募集的資金進行逐年擴建，加建了三寶佛殿一座、宿舍七間和南北進出的兩大門樓。由於時代的發展，海峽兩岸的文化交流越來越多，為順應海峽兩岸大力弘揚媽祖文化的時代潮流，當時有人就提議把水尾庵「天后宮」改名為「媽祖廟」，和閩南語系的媽祖文化對接。但也有不少人反對，因「天后宮」的叫法已形成習慣，在客家地區極為普遍，沒必要改變名稱。由於兩家各執一端，最後人們採取折中的辦法，將正南面作為進口的正大門樓牌匾題為「天后宮」，而將朝北面出口處的後大門樓牌匾題為「媽祖廟」。「一廟兩名」就這樣形成了。從這案例中可以看出社會主流文化對民間文化的影響。

3. 增加地方特色的傳奇故事

每一個地方的天后宮在建成後，人們都會把當地出現的一些好事和壞事與天后娘娘的神力聯繫起來，融進有地方特色的傳說故事，增加足以讓一方之人產生崇拜的神奇色彩，以此增強媽祖信仰的神奇色彩。如連城隔川天后宮，傳說1950年左右破除迷信時，有位村民陳某某用斧頭砍天后宮文臣武將的手，結果，不到一個月，陳某某去炸魚時被炸了一隻手。村民認為是天

后宫「聖母娘娘」顯靈了。筆者在調查中發現，村民敢於有名有姓地說出故事的經過。這類故事還有很多。

前面提及的武平縣武東鄉太平山天后宮的建成也是一個傳奇。傳說昔年太平山山林失火，有位仙姑自天而降奮力撲滅火災，後來人們得知這位仙姑就是媽祖娘娘。太平山兩側園田村和袁畬村的村民為答謝媽祖恩德而建廟，並用占卜的方法，決定廟址設在袁田一側。太平山天后廟的建廟緣起，鮮明地反映出當地媽祖信仰的一個特點，即人們一開始就把媽祖當作山區救火的神靈來崇奉，偏離了沿海媽祖海上護航、水上拯溺救厄的本來面貌。[109]

汀州天后宮也有地方典故。傳說汀江原來水勢兇猛，一路險灘極多，行船遇難時有發生。一日，媽祖腳踩祥雲，慧眼巡視在汀城上空，了解汀江河流多發生故障，危害行船安全，頓生憐憫之心。她發現東門有一塊寶地，處北山東面獅子滾繡球右側，三面環水（池塘），屬田雞浮塘之脈勢，適宜建造宮殿。即降落人間，化身勸善，發動民眾建宮祭祀，以保一方平安。宮殿建成後，塑造金身擇日登殿，香火極盛。汀州八邑朝拜者絡繹不絕。據傳有個乙卯年的六月，汀城普降大雨十餘日不絕，河水猛漲，波濤滾滾，農作物和低窪處房屋沖毀不少，嚴重威脅群眾生命安全。又說汀江河內有一水牛精在作怪。到了某一天傍晚時分，水勢有增無減，眼看就要漫上岸來，整個汀城就要化為一片汪洋，人們驚駭萬分。這時忽見天空一片霞光，「媽祖娭哩」現出金身，手摘一片樹葉，腳踩祥雲至汀江上游，將樹葉拋向河中化作一葉扁舟，聖母端坐舟中，舟篷前高掛一盞油燈順水而下，舟過水退，雨止天晴，直把水牛精趕到麻嵐井中鎮住，永世不再復出，拯救了汀江兩岸居民。從此萬民感戴，「媽祖娭哩」更受到人們的崇拜了。[110]

三、客家人的水崇拜

水是生命之源，客家人對水極為尊崇。

1. 對水神的崇拜

　　農耕社會中，水是農業的命脈。傳說中龍王是最有權威的水神。在客家區，還有其他水神：水母娘娘、三聖公主、天帝、觀音菩薩、黃倅三仙師等。

　　有時，人們會製造自己當地的水神。在閩西客家上杭、永定、武平等地的農村中流行黃倅三仙師崇拜。據清同治《上杭縣志》載：「黃七翁，本邑人。宋時鐘寮場未立縣，石峽間兩山如束，中通一徑，有山精虎狼為害，翁皆其子婿有異術，以符法治之，群妖屏息，隱身入石，現像於石壁間，每風雨，石中隱隱聞鐘鼓聲，民敬畏之，立祠香爐石岩下。遇歲災旱禱之輒應。縣既遷，改建行祠於今縣治之西南，世稱黃倅三仙師，倅其婿也。」仙師神廟門前對聯是「黃雲洞中群仙集；紫金山下顯神靈」。仙師公爹是位有求必應的神仙，農曆四月以後，各村輪流迎仙師公爹。如上杭縣太拔鄉垍輝村在四月十五日「恭迎三大仙師午後出宮，一由水口出，歷荷樹坪旋至店前塅；一由歇巒崗上，旋至高前村；一由雷公嶺上，旋至矮乾子崗。……卜豐穰於沃野」。四月中旬，正是上季禾苗生長的時節，讓三大仙分頭巡視各地禾苗，預祝當年好收成。這種扛菩薩巡於田間的儀式在客家地區非常普遍。

2. 習俗中對水的尊崇

（1）人死後的買水習俗

　　客家人有「買水浴屍」的習俗。「父母疾革時，子孫環立於前，謂之『送終』。為長子者袒臂，用香紙到溪邊取淨水，謂之『買水』。取回後，以水略拭父母遺體，更換新衣，將新衣剪脫少許，分作若干條，各纏於手，父左母右，謂之『手尾』。」另據《梅州客家風俗》記載：「死者家屬，在未正式成服以前，孝子、孝孫、媳婦、兒孫們，將上衣反穿，腰束麻皮，持壺或碗哀哭著去河溪中間向河神買水，先在河岸上插上未點燃的香紙，再丟幾文錢於河中，順水舀水，舀水多少均不能重舀。回來時不能哀哭，至堂上為死者抹臉，俗稱『沐浴』。」[11]

　　著名學者謝重光認為，此俗有中原禮俗的根據，儒家經典《禮記》就有送終「掘中霤而浴」「浴於中霤」的記載，所以論者以為客家人浴屍之俗「尤

浴以中霤之義也」。但古越族也有「買水浴屍」之俗，如南宋范成大《桂海虞衡志》記載：西南蠻「親始死，披髮持瓶甕，痛哭水濱，擲銅錢紙幣於水，汲歸浴屍，謂之買水。否則，鄰里以為不孝」。南宋周去非《嶺外代答》卷六《食用》「買水沽水」條亦載：「欽人始死，孝子披髮，頂竹笠，攜瓶甕，持紙錢，往水濱號慟，擲錢於水，而汲歸浴屍，謂之買水。否則，鄰里以為不孝。」

(2) 生活中的水習俗

客家人重視水，兒童滿月有洗浴習俗。四川東山客家人認為，人跟樹木一樣，需要「上水」才能生存，並且認為老年人滿六十歲以後自然「上水」比較困難，需要有外力相助才能「上水」，才能獲得旺盛的生命力。雨水這一天，出嫁的客家女兒會舉行儀式為父母「補水」。

客家人對井水特別尊崇，過年過節要洗井、燒香。大人常常告誡小孩不能往井裡扔東西，更不能撒尿。

(3) 節俗中的水崇拜

閩西永定縣高頭的鬧龍燈很出名，有著悠久的歷史。每到元宵，全鄉三十幾個較大的自然村，每村都不肯屈居人下，都要製作一條或兩條足以自豪的燈龍到祖祠參拜，並表演各種舞技，以增加祖祠元宵夜的熱鬧氣氛。舞龍燈的時間是從正月十四日造成十六日止，共三天。其較有特色的程序是，第一天晚上多由各製龍燈的自然村自行安排，一般是舞前先把龍燈持到有水潭的溪邊舉行請水儀式。在儀式中，村民要緊鑼密鼓敲著《請水譜》，燒香、放鞭炮之後，紮製好的新龍龍頭對著水潭做三下潛水的象徵性舞蹈動作，程序就算完成了。據傳說，請了水的燈龍就沾了真龍的性靈，有了魂魄和靈光，舞起來有意想不到的「神助」而得心應手。接著，這條經過請水的燈龍先去參拜祖祠中列祖列宗的牌位，再到各大神壇如民主公王、媽祖廟、伯公壇去參神，然後到本自然村中的各樓各屋去參拜設在大廳裡的觀音。在高頭，家家戶戶都非常歡迎任何一個自然村的燈龍到自己樓裡做客，多多益善。民俗認為這樣一來可以增強「樓龍」的旺勢。龍燈到樓中，家家戶戶都要燃放鞭炮以為答禮。第二天，即元宵之夜，各路龍燈都要集中到祖祠表演。從這一

習俗中可以看出很有特色的東西：一是燈龍要舉行請水儀式，表現了客家人對水的崇拜。二是在許多習俗，包括舞龍這一習俗中，客家人往往更為尊崇祖先，要先到祖祠中參拜、祭祀，充分體現了客家人的祖先崇拜意識。這在其他地方是較為少見的。

3. 客家風水中的水崇拜

風水，或稱堪輿。《說文解字》：「堪為天道，輿為地道。」仰視天象，俯察地理，實則「地理」為以地為對象的「相地」術。晉郭璞《葬書》：「氣乘風而散，界水則止。古人聚之使不散，行之使有止，故謂風水。」此書正式確定了風水的哲學基礎，為後世的風水術定下了基本的觀念；人需要「氣」，「氣」則因天、地、人的配合才能產生「生氣」、克服「死氣」。「生氣」的操作靠著風和水，使人生活或工作在一個和諧的環境中。客家人因其獨特的遷移經歷以及特殊的居住環境，在中華漢族的眾多民系中，最重風水。

風水觀念早在秦漢時就傳入福建，魏晉之後，風水術逐漸在八閩流行，晚唐時期，在開發程度較高的福建東南沿海地區，已形成較為系統的風水形法理論，並影響到廣東等地。隨著贛南形法派風水術由福建的客家地區向福佬地區的逐漸擴張，兩地的形法理論也慢慢地走向融合。明清以來，隨著福建居民大量移居臺澎等地，福建的形法思想亦傳入這些待開發的地區。大體來說，閩臺的形法派和理氣派一樣，其形成與發展過程都和福建居民的開發活動以及家族的事死事生活動密切相關，並融入了該區域的一些民間習俗，從而對閩臺民間社會產生深刻的影響。[112]

對風水之說，人們有著不同的看法，有認為是迷信的，有認為是科學的。後者認為，風水就是風生水動、人與自然和諧相處的道理，是中國最高的哲學境界《易經》的陰陽和諧、中和平衡、生生不息的科學觀在風水術中的體現。當然，它被後世江湖術士所推演，成為撲朔迷離的神祕學問，成為讓人陷入迷津的道術。它亟待人們去認識挖掘。

我們現在來看客家人重風水的習俗。在經歷了動盪的歲月之後，客家人為了適應生存的環境，更加重視各種選址的風水條件。趨吉避凶的風水觀念，

使客家人在陽宅屋場和陰宅墓地的建築上多有講究。這是客家人追求生命的生存和繁榮理念的具體體現。

臺灣學者陳怡魁在其著作《生存風水學》中歸納出了「九大風水寶地」：(1) 沖積扇平原，(2) 盆地，(3) 依高地而居，(4) 依水源而居，(5) 綠洲，(6) 河階臺地，(7) 湖中沙丘，(8) 二河交會處，(9) 海濱住地。客家人在多年的艱難困苦的遷徙歲月中，從生活的經歷中，體驗出如何應對週遭的環境生存下去。他們在山河大地之間，挑選一處適合人類生存的環境，並且好好利用這一有利的環境，積極奮鬥，努力不懈，使常居此地的後代健康、平安、興旺、成功。其選地有口訣：「乾山乾向水流乾，乾峰出狀元；坤山坤向水流坤，富貴永無休。」如臺灣屏東客家村。屏東平原大武山孕育了終年潺潺的流水。1683年清政府統一了臺灣，福佬客家先民入墾屏東平原。客家人沿東港溪和林邊溪深入山下開墾，乾隆年間（1736～1795年）客家再涉下淡水入墾今高雄的美濃鎮。從六堆地區客家人的聚落調查發現，客家人離不開水，而且客家聚落也都在「九大風水寶地」之上。美濃有大埤，濃彌著水霧。內埔有東港溪和龍頸溪大小河川環抱，河邊樹林密布在方圍之內為埔，故名之為「內埔」。佳冬鄉有林邊溪流，旁有高大的茄冬樹，後才改鄉名為吉祥的「佳冬」。新埤有新的埤塘。東港溪由內埔流入萬巒鄉，沿著河岸開發了頭溝水、二溝水、三溝水、四溝水、五溝水的客家聚落。我們在臺灣六堆地區走訪客家聚落，居民都是選在風水寶地之上，而且都以水邊高地為開發的據點。這些客家聚落的形成，符合風水選址觀念中的「龍穴寶地」，與西方人文地理學探討的「聚落發源地」不謀而合。客家先民的這種選址，印證了《撼龍經》所謂的「大水與小水相交之處，乃真龍之行，真穴之址」。[113] 客家聚落建築重視風水，先求生存，然後才力求繁榮。他們重視大自然形勢與人居合而為一的法則，追求個人家族的生存安居，而非偏重於追逐榮華富貴的功利的風水。在客家人踏實的人生體驗中，表現出「風水好不如心地好，未得地，當積德以求之；已得地，當積德以培之」的心態。從中可以體會出客家人為求生存的生命哲學：一是擇吉而居，二是努力不懈，三是積極向善。《老子》曰：「上善若水。」

民間信仰與客家社會
第六章　上善若甘霖，恩澤福萬民

　　在客家，規範的土樓建築前必建一口池塘，一個半圓形的池塘，遠遠看去就像是倒映在地面上的半月，十分美觀。客家人稱池塘為「風水塘」，認為「塘之蓄水，足以蔭地脈，養真氣」，所以，池塘有養人蓄財的寓意。對於注重聚族而居的客家居民來說，門前有塘至關重要。同時，客家人對水的運行很講究，往往是池塘兩側有溝渠，以形成活水，是典型的風水塘。客家人認為，門前的池塘越大，家族儲積的財氣就越旺，出的人才越多。而且，池塘的功能還有很多，比如生活用水方便，還可以游泳，最重要的是滿足安全防火的需要，若遇火災，風水塘就成了救命塘，還可以養魚，到了夏天有涼爽的過塘風，等等，這些都是實際生活的需要。

　　永定客家土樓中的振成樓，因其奇特巧妙的建築設計，科學完整的功能設置，中西建築的完美結合，精雕細琢的製作功夫，豐富的文化內涵，被譽為「東方建築明珠」。振成樓內的設置不僅實用而且很美觀。天井中有兩個小花圃，樓內的東西兩側設有兩口水井，是依八卦圖中的陰陽太極而設，代表日月。最讓人讚嘆的是，東西兩口井的水位高低不同，東高西低，而且水溫也有所不同，但井水都清涼可口，取之不盡，用之不竭。也有人說，對應的兩口水井，如人之兩腎，藏精蓄水，以使樓房興旺發達。

　　從更廣的視野看，客家人非常尊崇媽祖，海內外凡是有客家人聚居的地方，就有媽祖信仰。而且，人們對媽祖的信仰已遠遠超出了消災納福的意義，他們把媽祖看作中華民族傳統文化的載體，當作尋根問祖的紐帶，天后宮（廟）成為朝拜、謝神、集會的中心，成為不忘祖根、思念家鄉的場所。人們對媽祖的信仰蘊含了深刻的民族向心力和民族認同感。客家人的媽祖崇拜包括水崇拜是傳承千年的信仰，早已深深浸入了客家人的血脈。

第七章　定光古佛在，護佑客家親

——客家定光佛崇拜

定光佛崇拜，或稱定光古佛崇拜，是具有客家地區特色的民間信仰，有很大的影響力，有人稱定光佛為客家保護神。

佛教有過去、現在和未來三世說，有三世佛。燃燈佛修過去為過去佛，為釋迦牟尼佛之前的佛，地位尊貴；如來佛主修今生，是現在佛；彌勒主修未來，為未來佛。許多供奉豎三世佛的廟宇，往往在正殿——大雄寶殿中供奉燃燈佛（左側）、釋迦牟尼佛（正中）、彌勒佛（右側），代表過去、現在、未來三世。

關於「定光古佛」之名，在佛教經典裡，定光佛即然（燃）燈佛，又叫定光如來、普光如來，是過去莊嚴劫中所出世的千佛之首。燃燈佛是佛教過去世的教主。佛經裡說他出世時，周身放光，身邊光明無量，猶如點燃巨燈一般，所以叫他燃燈佛。因其點化釋迦菩薩而成佛果，當九十一劫時，將轉世普度眾生。《大智度論》曰：「如然燈佛生時，一切身邊如燈，故名然燈太子，作佛亦名然燈，舊名錠光佛。」《瑞應本起經》卷上載：「錠光佛時，釋迦菩薩名儒童，見王家女曰瞿夷者，持七枝表蓮燈，以五百金錢買五莖蓮奉佛。又見地泥濘，解皮衣覆地，不足乃解髮布地，使佛蹈之而過。佛因授記曰：『是後九十一劫，名賢劫，汝當作佛，號釋迦文如來。』」關於燃燈佛授記故事，佛經中沒有專門的經典，多分散記錄在各種三藏經典裡。綜合各種記載，其故事梗概如下：

釋迦曾為一梵志（仙人），名儒童子（亦名雲童子、善慧童子），跟從珍寶學道，盡得珍寶真傳。學成後為報師恩，出外尋找寶物。一日，他來到了輸羅波城，恰逢一婆羅門祭祀德在這裡召開無遮大會，用貴重財物和自己的女兒布施才識淵博的婆羅門。儒童子誦出自己所學，令眾人折服。此婆羅門便將所布施的物品交給儒童子，並要求他留在這裡。但儒童子僅受下了金瓶、金缽及五百金錢，並且辭別眾人，回山去見師父。途中，經過蓮花城，正好碰上燃燈佛前往該城遊化說法。他從一青衣王族女子手中買了一枝七莖

第七章　定光古佛在，護佑客家親

蓮花。見到燃燈佛後，他將花散在空中以作供養。他又發現地面有一灘汙水，心想佛是赤足行走，這汙水一定會弄髒了佛的雙腳。於是將自己的鹿皮衣鋪在燃燈佛將走過的泥地上，但皮衣面積不夠，就頓發大心，親身撲在地上，還用自己的頭髮，鋪在汙水上面，等著燃燈佛從他頭髮上走過去。燃燈佛從他的頭髮上走過，並為儒童子授記預言他來世將作佛，名釋迦牟尼佛。儒童子得到授記，身心清淨，騰空於燃燈佛前，歡喜無限。然後降落於地上，頂禮佛足，願隨他出家。這一世後，又經過許多世的修煉，他最終成佛。

丁福保《佛學大辭典》「定光」條曰：「（佛名）梵名提洹羯佛，Dipamkara，譯言錠光佛或然燈佛。有足曰錠，無足曰燈，作定非。釋迦佛嘗稱為儒童。此佛出世之時，買五莖之蓮奉佛，因而得未來成佛之別記。」又《過去現在未來因果經》卷一說：「今我女弱，不能得前，請寄二花，以獻於佛。」「借花獻佛」後來逐漸成為人們常用語。

民間宗教世界又把燃燈佛比作老子化身，掌握青陽期；釋迦佛掌現世之紅陽期；彌勒佛掌未來之白陽期。每期為一劫，又稱青陽、紅陽、白陽三劫，分別度人二億、二億及九十二億。清代初年問世的《三教應劫總觀通書》中形成了如下內容：世界是過去、現在、未來三佛輪管天盤。過去者是燃燈佛，管上元子丑寅卯四個時辰，度道人道姑，是三葉金蓮為蒼天；現在者是釋迦佛，管中元辰巳午未四個時辰，度僧人尼僧，是五葉金蓮為青天；未來者是彌勒佛，管下元申酉戌亥四個時辰，度在家貧男貧女，是九葉金蓮為黃天。

可見，「定光佛」名稱由來已久。

隨著佛教的發展及其影響的擴大，人們開始相信定光佛轉世普度眾生的傳說。於是，民間開始把一些神奇人物傳說成定光佛轉世，甚至官方也如此。北齊文宣帝高洋有一種特殊的操作，他把自己打扮成燃燈佛授記裡「布髮掩泥」的修行菩薩儒童即釋迦牟尼的前世。多種文獻記載，高洋視高僧法上為佛，自己布髮於地，讓法上踐之。另據史載，宋朝有人鼓吹宋太祖是定光佛轉世，以此來爭取民心，為趙宋王朝披上一層神聖的外衣。宋人朱弁在《曲洧舊聞》卷一中說道：「五代割據，干戈相侵，不勝其苦。有一僧，雖佯狂

而言多奇中。嘗謂人曰：『汝等望太平甚切，若要太平，須待定光佛出世始得。』至太祖一天下，皆以為定光佛後身者，蓋用此僧之語也。」

在中國，定光佛地位特殊且崇高，定光佛信仰在很多地方都有，但認真分析，其所指截然不同，以致讓人產生誤解，一些研究者也常常將其混淆。

中國各地稱「定光佛」的都是過去佛轉世，但轉到現世為何人，各地所膜拜的轉世真身各有不同。閩西客家地區的定光古佛為俗姓鄭名自嚴的泉州同安縣人。在其去世後，閩西百姓收集其遺骨及舍利，「塑為真像」，頂禮膜拜，形成了客家地區獨特的定光佛崇拜。

一、閩西定光佛簡介

據考，現存最早的有關記載閩西定光古佛生平的文獻為南宋文人周必大的《新創定光庵記》：定光，泉州人，姓鄭名自嚴。乾德二年（964年），駐錫武平南安岩，淳化二年（991年），別立草庵居之，景德初，遷南康郡盤古山，大中祥符四年（1011年），汀守趙遂良即州宅創後庵延師，至八年（即大中祥符八年，1015年）終於舊岩。[114] 周必大對定光古佛生平的描述比較簡略，但清晰地勾畫出定光古佛生平的基本輪廓，沒有任何神話色彩，成為後世志書撰寫定光古佛傳記的藍本。由於古代同安縣屬泉州府管轄，故文中說定光古佛為「泉州人」。

現存較早而且比較詳細記載定光古佛生平和宋代定光古佛信仰的是《臨汀志》。《臨汀志》成書於南宋開慶元年（1259年），由汀州知州胡太初修、州學教授趙與沐纂，是福建僅存的三部宋修方志之一。據胡太初、趙與沐的序跋可知，早在隆興二年（1164年）汀州就修纂了《鄞江舊志》，慶元四年（1198年）又續修了《鄞江志》，《臨汀志》是在這兩部舊志的基礎上編纂而成，「道釋」部分的記載特別詳細，其中《敕賜定光圓應普慈通聖大師》即定光古佛傳就多達二千餘字，既可以了解定光古佛的生平，也可以看出定光古佛信仰的產生和發展情況。

第七章　定光古佛在，護佑客家親

據張木森、鄒文清考證，熙寧八年（1075年），定光被追賜「定應」封號，這是其獲得敕號的開始，沈遼創作《南安導師贊》，此詩是已知現存最早的定光贊詩。崇寧三年（1104年），定光被敕封為「定光圓應」之際，有一個讚頌定光的詩文創作高潮，主要有《臨汀志·定光傳》中署名蘇軾的《定光石佛贊》（應為黃庭堅之作）、黃庭堅《定光佛石松贊》，以及僧惠洪的《南安巖嚴和尚傳》《南安巖嚴尊者傳》《南安巖主定光古佛木刻像贊》《南安巖主定光生辰五首》，其中前兩傳是現知最早的、翔實的定光傳記，是其後定光傳記寫作的藍本。此外還有僧宗杲的《南安巖主贊》。

乾道三年（1167年），定光被朝廷累封至八字，據《元一統志》卷八「風俗形勢」門引1198年所修汀州州志《鄞江志》（已佚）佚文「郡有三仙二佛」，及《臨汀志·定光傳》中「詳《行實編》」「《鄞江集》云」之記載，表明《鄞江志》應錄有《定光行實編》，同時所編的《鄞江集》也應錄有定光偈語，它們成為日後《臨汀志·定光傳》的基礎。[115]

《臨汀志》所載可以詳細知道定光古佛的生平：定光古佛，俗姓鄭，法名自嚴，同安縣人。祖父仕於唐，為四門斬斫使，父任同安令。後唐同光二年（924年）鄭自嚴出生，11歲時出家，依本郡建興寺契緣法師席下。十七歲時遊歷江西豫章、廬陵，拜高僧西峰圓淨為師，在那裡盤桓五年後，告別圓淨法師，雲遊天下。乾德二年（964年），來到武平縣南安巖，見這裡石壁陡峭，岩穴天成，遂結庵於此。景德初，應邀往江西南康（今於都縣）盤古山弘法，住持禪院。三年後返回南安巖。大中祥符四年（1011年），汀州郡守趙遂良慕名延請鄭自嚴到汀州府城，建寺廟於州府後供其居住，以便往來請教。大中祥符八年（1015年）正月初六圓寂，享年八十二歲，遺偈共一百十七首，其中二十二首乃親筆所書。定光古佛去世後，百姓收集其遺骨及舍利，「塑為真像」，頂禮膜拜。[116]

對於定光佛的生卒時間，文獻記載不盡相同，有一定分歧。福建師範大學歷史系教授林國平在其《定光古佛探索》一文中總結，主要有五代說和元代說二種：

一是五代說。主張鄭自嚴出生在五代時期的除《臨汀志》的作者外，元代劉將孫、清代的楊瀾及康熙《武平縣志》、光緒《長汀縣志》和民國《福建省志》等的作者也持此說，但在具體出生年上又有分歧。元代劉將孫在《養吾齋集》卷二十八《定光圓應普慈通聖大師事狀》中承襲了《臨汀志》中的鄭自嚴卒於北宋大中祥符八年、享年八十二歲的說法。楊瀾《臨汀匯考》卷二對鄭自嚴的出生年說得比較含糊，但認為其為五代時人是很明確的：「南唐保大年間，寧化天華山伏虎禪師誕生其地，為居民葉千益之子。生時天為雨花。同時，定光佛亦來武平，為白衣岩主，汀郡沙門，一時稱盛。……伏虎、定光，生為汀人，沒為汀神，救旱御兵，至今崇祀。」而福建方志多記載定光佛卒於宋淳化八年，如康熙《武平縣志》卷九《人物·方外志》和光緒《長汀縣志》卷二四《人物仙釋》有完全相同的記載：「淳化八年，師壽八十有二，正月六日申時集眾而逝，遺骸塑為真像。」民國《福建通志》卷二百六十三《宋方外》：「自嚴本姓鄭，泉州同安人，沙門家所稱定光佛是也。年十一出家得佛法，振錫於長汀獅子岩。乾德二年，隱於武平縣南岩。……淳化八年，坐逝，年八十有二，賜號定應。」而《福建高僧傳·宋一》也記載：「鄭自嚴於淳化乙卯正月初六，集眾曰：『吾此日生，今正是時。』遂右肋臥而化，謚曰定光圓應禪師。」但宋代淳化年號只使用五年，並不存在上述各志書提到的「淳化八年」之說，也無《福建高僧傳》所說的「淳化乙卯」年。「淳化八年」和「淳化乙卯」年很可能是「大中祥符八年（乙卯）」之誤。另外，王增能先生據武平《何氏族譜·序》的「北宋乾德二年（964年），鄭自嚴卓錫武平南安岩，時年四十八歲」的記載推算，認為「公元917年為定光古佛誕生年，確屬明白無誤」。[117]

二是元代說。《元至治自嚴尊者碑》：「略曰：自嚴尊者，元仁宗時曾應詔入都，靈異卓著。南歸杭州，遇山出蛟，以帝賜金鐘覆之。入閩，喜此岩有『一峰獅子吼，萬象盡歸依』語，啟道場，敕賜藏經。尊者接詔歸，有句云『九重天上恩綸賜，順得曇花滿路香』。旋示寂於杭。閩人塑遺像於寺及岩中。」清末丘逢甲見到此碑後，認定定光佛是元代人，並言：「今所傳宋封定光圓應大德普度古佛者，當元仁宗而訛。」

民間信仰與客家社會
第七章　定光古佛在，護佑客家親

　　中國古代尤其是宋代，地方神明追封敕號蔚然成風。據《臨汀志》引《行實編》記載，鄭自嚴獲得朝廷的八字敕封也並非易事，前後花去近百年的時間，請封過程如下：

　　宋熙寧八年（1075 年），郡守許公嘗表禱雨感應，詔賜號「定應」。宋崇寧三年（1104 年），郡守陳公粹復表真相薦生白毫，加號「定光圓應」。宋紹興三年（1133 年），虔寇猖獗，虔化宰劉僅乞靈於師，師於縣塔上放五色毫光，示現真相，賊遂潰。江西漕司以聞，紹興二年（疑為「三年」之誤）嘉「普通」二字。宋乾道三年（1167 年），又嘉「慈濟」，累封至八字大師。民依賴之，甚於慈父。……宋紹定三年（1230 年），礦寇挺起，干犯州城，勢甚炎炎，師屢現靈。賊駐金泉寺，值大雨，水不得渡。晨炊，粒米迄不熟，賊眾饑困，及戰，師於雲表見名旗，皆有草木風鶴之疑，遂驚愕奔潰，祈求乞命。汀民便生，皆師力也。宋嘉熙四年（1240 年），州人列狀於郡，乞申奏賜州後庵額，有旨賜額曰「定光院」。續又乞八字封號，內易一「聖」字，仍改賜「通聖」，遂稱「定光圓應普慈通聖大師」。[118]

　　關於敕封，還有一個民間傳說：宋朝有個「狸貓換太子」的故事，宋仁宗是主角，因宮廷之爭，他出生後一直以為劉太后是其生母，後來才知自己沒見過生母，生母早已歸天。他十分想見生母一面。定光佛施行法術，讓宋仁宗與其生母李太后見面。宋仁宗大喜過望，遂給定光封號，連封數次，讓他選擇，定光就是默默無語。宋仁宗笑了：「你這個和尚怎麼不說話？你呀，真乃古佛也。」鄭自嚴隨即謝恩。據說，「定光古佛」之稱由此而來。

　　歷史上對定光古佛的讚美詩文不少。

　　福建地方史專家林國平教授在其《定光古佛探索》一文中說：「值得注意的是，定光古佛去世後，許多文人士大夫也紛紛撰寫詩文，盛讚定光古佛，志稱：『名公巨卿，大篇短章，致讚嘆意，無慮數百篇。』」[119] 其中以大文學家蘇東坡的讚詞最為有名，他寫道：定光古佛，不顯其光，古錐透穿，大千為囊。臥像出家，西峰參道，亦俗亦真，一體三寶。南安石窟，開甘露門，異類中住，無天中尊。彼逆我順，彼順我逆，過即追求，虛空鳥集。驅使草木，教誨蛇虎，愁霖出日，枯旱下雨。無男得男，無女得女。法法如是，誰奪誰

與？令若威怒，免我伽梨，既而釋之，遂終白衣。壽帽素履，髮鬢皤皤，壽八十二，與世同波。窮崖草木，枯臘風雨，七閩香火，家以為祖。薩埵御天，宋有萬姓，乃錫象服，名曰定應。

有專家則考證此文不是蘇軾所作，而是黃庭堅所作。因為在蘇軾集中找不到此詩，而在黃庭堅的《山谷集》中卻有收錄。

閩西學者吳福文提出一個觀點：「龍岩新羅江山鎮被人供奉千百年的石佛公就是定光古佛。」這是新論點，影響很大。他指出神龕兩邊的對聯「定力無比感昭有情；光照社稷庇護百姓」中藏頭兩字「定光」就是最好的證明，而且「宮內所祀石佛公有求必應，特別是新婚夫婦到那拜上一拜就能早得貴子，而許多汽車司機更是把它奉為保護神，每年正月初六都要前往許願，以求平安」。這些特徵正是定光古佛佛法無邊的佐證。[120]

筆者在研究過程中曾發現不少地方有石佛崇拜。比如連城北團的石豐村就有石佛，又稱布袋和尚的傳說。石豐村位於雞籠山下，此處屬於丹霞地貌，村中有巨石，當地人稱「杧槌石」，因其形狀與杧槌相似故稱。杧槌是客家人一種日常工具，用硬木做成，長條，扁圓，手握處較小，是過去客家人在溪河、水渠邊洗衣服時用來捶打衣物的工具。以前的衣服、被子都是棉布、麻布製成，厚重粗糙，不容易搓動，為使衣服能洗乾淨，就要用木棍反覆捶打。「杧」這裡暫且用諧音字，客家話中的「杧」是動詞，意思是「用力打」。平時說到誰很壞，就說「杧死他」，即往死裡打。現在年輕人已不太理解。

村民向筆者介紹說，這裡的祖輩有個杧槌石傳說。說的是石佛公（布袋和尚）要用雨傘背著巨石出福州，為了避人耳目，他是晝歇夜行。途經石豐，當地的土地公為了讓石佛公將巨石留於此地，便學雞叫，讓石佛公錯以為天將放亮。石佛公果然中計，將巨石放下歇腳。土地公於是現身，懇求石佛公將巨石留於此地，說要以此培育千軍萬馬，讓此地能出現稱王稱帝之人，榮耀一方。石佛公看到自己的行藏被人識破，巨石只能在此落地生根了，很是無奈。但他對土地公說，巨石給你留下，不過你這地方小，格局不大，怎麼能夠出千軍萬馬、帝王將相呢？還是出千磚萬瓦吧。於是石豐村就有了挺拔壯觀的巨石，因其形狀民眾稱為杧槌石。同時，也因石佛公之言，此地的黃

泥土特別適合燒磚燒瓦。曾經有一個時期，這裡到處都是磚瓦廠，出產大量的磚瓦。沒有「千軍萬馬」之名，倒有「千磚萬瓦」之實。

北團鎮與長汀的童坊接壤，童坊的龍藏寨是定光古佛的駐錫地。從石佛公走的線路看，來的方向正是童坊方向。那麼，石豐的布袋和尚即是石佛公，也正如吳福文所言「石佛公就是定光古佛」。

■二、閩西客家定光佛信仰的形成與發展

關於從平民到「聖人」、從凡人到萬人膜拜的定光古佛，有許多傳說。清代著名學者楊瀾在《臨汀彙考》書中記載：「定光古佛，汀州土神最靈者，非淫祠也。」古時閩西地區屬於蠻荒之地，野獸出沒，自然災害頻發。客家先民希望有超自然的力量消除恐懼、度過難關，無形中推動了定光佛的造神運動。定光古佛在世時，民間就流傳著許多有關他的傳說，這些傳說基本上是表現他的神通廣大、法力無邊、為民除害、送民吉祥、修利除弊等方面。定光古佛在世時曾為百姓做了一些好事，受到群眾的愛戴，被稱為「和尚翁」。

1. 除蛟伏虎

宋修《臨汀志》載：「渡太和縣懷仁江，時水暴漲，彼人曰：『江有蜃為民害。』師乃寫偈投潭中，水退沙壅，今號龍洲。」「乾德二年屆丁，之武平，睹南巖石壁峭峻，巖冗嵌崆……數夕後，大蟒前蟠，猛虎旁睨，良久，皆俯伏而去。」「淳化間，去巖十里立草庵，牧牛，夜常有虎守衛，後遷牧於冷洋徑。師還巖，一日倏云：『牛被虎所中。』日暮有報，果然。師往彼處，削木書偈，厥明，虎斃於路。」[121] 民國《武平縣志》載：「南歸道杭州，遇山出蛟，以帝賜金鐘覆之。」[122]

2. 疏通航道

相傳景德初定光古佛應邀到江西南康盤古山弘法，經過某一條江河時，江中布滿槎椿，船隻常常觸椿而沉沒，定光古佛用手撫摸著槎椿，說道：「去，去，莫為害！」當天晚上，天未下雨而江水暴漲，槎椿均被江水沖走。

3. 施法出泉

定光古佛到了盤古山後，發現井水枯乾，禪院缺水，遂用禪杖敲井沿三下，說道：「快出，快出！」到了晚上，落泉濺崖之聲不絕於耳，天明，井水湧而滿溢。

又傳大中祥符四年（1011年），郡守趙遂良結庵州後，請定光古佛住持，庵前有一枯池，定光古佛「投偈而水溢，今名『金乳』」。

4. 法力無邊

傳大中祥符初年，「有僧自南海郡來，告曰：『今欲造磚塔，將求巨艦載磚瓦，惠州河源縣沙洲有船插沙岸，無能取者，願師方便。……』師乃書偈與僧，僧持往船所，船應手拔。」[123]

在《臨汀志》中還記載了一個故事：相傳宋真宗有一次在京都宴請全國高僧，而在皇帝面前無人敢就座。定光古佛姍姍來遲，進殿後就大大方方地坐在皇帝的對面。宋真宗感到驚訝，問道：「大師從何處來？幾時起行？」定光古佛答道：「今天早上從汀州來。」真宗不相信，又問：「汀州太守是誰？」答道：「是胡咸秩。」宴畢，真宗故意叫定光古佛帶一些齋飯賜給胡咸秩。齋飯帶到汀州時還沒變質，胡咸秩驚詫萬分，上表謝恩。真宗接到胡咸秩的表文後，才相信定光古佛非等閒之輩，稱之為「現世佛」。

定光佛的法力還顯示在祈雨請雪上：大中祥符四年（1011年），汀州久雨不晴，郡守趙遂良請定光古佛搭臺祈晴，獲應。不久，又發生旱災，郡守胡咸秩遣使到南安岩請定光古佛祈雨，定光古佛寫一偈語給來使帶回汀州，剛進入汀州境內，大雨傾盆，是年喜獲豐收。

清康熙《武平縣志》卷三《建置志·祠廟》有載：「均慶寺：岩前里。定光道場。大中祥符四年，敕賜均慶寺護國禪師。轉運王贄行部過岩，以雪請，果大雪，乃奏福州開元寺所得太宗御書百二十幅，奉安岩中。詔可，仍命郡守胡咸秩躬護至寺。」[124]

定光佛的法力還顯示在民間傳說築陂故事上：相傳某地築陂，因水流湍急，久而不能合攏。一天，一位老太婆給築陂的女兒送飯，正好遇上變化成乞丐的定光古佛向她乞食。老太婆將築陂事及家中困苦狀一五一十告訴他，對他的乞食面有難色。定光古佛拖著沉重的步伐走開了。老太婆見他餓成這個樣子，忽動惻隱之心，將所有的飯菜施捨給他。定光古佛吃完後，來到水陂，叫眾人走開，即脫下草鞋，甩向壢口，彈指間水陂合攏，且十分牢固，經久不毀。

武平梁野山上的古母石以及白雲寺的傳說也顯示定光古佛的法力。白雲寺的廟址在風水上屬於「兔子回龍」的龍脈，相傳定光古佛在梁野上弘揚佛法時，住在梁野山頂的庵岩。有一天中午睡覺前，他特地交代徒弟要看住，說如果有什麼東西路過要叫醒他。他睡後不久，徒弟見到有一隻獅子張開血盆大口走來，他嚇得半死，不敢去叫醒定光古佛。過了一會，他又見到一隻老虎呼嘯而過，更是嚇得不敢言。最後，他看見一隻兔子蹦蹦跳跳跑過來，便連忙叫醒定光古佛，說是有一隻兔子路過。定光古佛大喝一聲，這隻兔子便回過頭停在那兒。這就是被稱為「兔子回龍」的白雲寺廟址。這裡的地形，一面是古母石，面前則是一浪高過一浪的山脈。關於梁野山頂的古母石，傳說定光古佛到西北山腳的籮斗坑化緣，財主不善，不僅不肯施捨，還叫家丁追趕定光古佛。定光古佛見村頭有塊鎮水口的大石，用腰帶捆石，以傘把鉤石，背在身上，健步如飛上山，並把石頭用氣吹大後懸空，搖搖欲墜，好像大風一吹就會滾下山輾壓籮斗坑村之勢，令財主一夥心驚不已。從此，巨石立於梁野山頂，威示不善之人。

佛道之間的鬥法也能顯示定光佛法力，定光曾與何仙姑鬥法。據傳武平南岩獅子口本是道教八仙之一何仙姑家族的地盤。乾德二年（964年）定光抵岩募化，曰此地宜建禪堂。「仙姑時年二十有八，曰：『我生於斯，長於斯，靜修於斯，我豈舍岩而他往耶？』一日，仙姑出觀洪水，佛輒入岩中趺坐，大蟒猛虎皆盤伏。仙姑語（其父親）何大郎。……大郎欽其神異，遂施岩為佛殿，地為均慶寺，宅宇為僧房，所有田、塘永充供養。」有學者認為這則故事包含著道教在先，佛教後到，佛道爭地鬥法，佛教得勝，道教服輸的隱

祕含意,也就是說,定光佛是經過與道教的艱苦鬥爭後才在閩西站穩腳跟,受到敬信的。

5. 警示官府

咸平六年(1003年),官府向寺院徵收布匹,布匹則由當地百姓代交,定光古佛於心不忍,寫了一封要求免徵布匹的信夾在上交的布匹中。官府發現後,十分惱怒,拘捕定光古佛詢問,定光古佛拒絕回答,郡守歐陽公程和兵卒張曄愈怒,令人焚燒他的衲帽,可是火燒盡了,衲帽卻依然如故。郡守懷疑他是旁門左道,於是用狗血、蒜薑等辛辣物潑其衲帽後再燒,但衲帽越燒越白淨,最後只好把他放了。從此以後,定光佛「自是白衣而不褐」。

6. 賜嗣送子

古人的讚詞中有稱祈求定光古佛可「無男得男,無女得女」。

《定光大師來岩事跡碑》記載:「寧化余某,求嗣立應。後夫婦抱子齊來叩謝,距岩二十里,子忽斃。余夫婦敬心不改,把子暫寄荒嶺,仍親到岩。致齋畢,乃歸,視子坐食饅頭,遂盡捨財產入寺。今其嶺猶傳『寄子』云。」

古代,人們尤其是客家人對家族的繁衍很重視,求子成為民間故事傳說的一個重要內容。據《臨汀志》載,武平南安廨院是定光古佛於大中祥符年間(1008～1016年)親自創建的。長汀距武平南安岩三百里,往來不便。元祐年間(1086～1094年),定光古佛在長汀縣東南三里另創南安廨院為郡人祈禳之所。紹興年間(1131～1162年),長汀郡守詹尚方有營葺長汀南安廨院之意,忽有鄉民葉姓者到縣衙來,說是曾夢見一個和尚攜節叩門,告訴他:「郡守有意修葺南安廨院,如果你能施捨木料,將使你有子嗣。」醒來告訴妻子,夢也應驗了,所以前來施捨木料以為營葺之用。《閩雜記》還記錄了「無子者」搶「佛子」的生動情節:「長汀縣向有搶佛子之俗。每年正月初七日,定光寺僧以長竹二竿懸數十小牌於杪,書伏虎佛虎,無子者群奉之而行,自辰至酉,咸以長鉤鉤之,一墜地紛然奪取,得者用鼓樂迎歸供之,以為舉子之兆。」[125]

7. 息戰惠民

《臨汀志》「敕賜定光圓應普慈通聖大師」（定光古佛）條下記：「紹定庚寅磔寇挺起，干犯州城，勢甚岌岌，師屢現靈。賊駐金泉寺，值大雨，水不得渡。晨炊，粒米迄不熟，賊眾饑困。及戰，師於雲表見名旗，皆有草木風鶴之疑，遂驚愕奔潰，祈求乞命。汀民便生，皆師力也。」又於「敕賜威濟靈應普惠妙顯大師」（伏虎禪師）條下記：「紹定群盜犯城，多方保護，顯大威力，師與定光實相葉贊。」李世熊《寧化縣志》亦記：「紹定間，磔寇犯郡城，守者每夜見二僧巡城戒勿懈，疑即師與定光也。」《定光大師來岩事跡》則記：「國朝順治三年，大圖章京率兵至百里鋪，見二僧云：『城即開，幸勿傷民！』明日，復從臥龍嶺灑水。章京詢悉，詣寺揭帳視之，知即定光與伏虎二佛也，命鼎新其宇。」

其他讚頌定光古佛法力無邊、神通廣大的故事還有許多，不一一列舉。

三、閩西客家定光佛信仰的傳播

地方信仰的傳播往往是跟隨著移民的腳步，跟著商旅者的腳步擴散到民眾需求又合適其落腳的地方。定光古佛在世時就帶有一定的神祕色彩，其影響不限於閩西，在江西和廣東等地也有一定的影響，「自江以西，由廣而南，或刻石為相，或畫像以祠，家有其祀，村有其庵」[126]。鄭自嚴圓寂後，很快被群眾奉為神靈，尊稱為「聖翁」。

1. 本省傳播

從史料看，定光大師一直活動於閩西和贛南，並逐漸向外擴展。自北宋初至南宋末，以汀州為中心，定光佛信仰在閩西境內傳播定型形成具有廣泛群眾基礎的民間信仰後，輻射到贛南、粵東、閩西北等地。僅據《臨汀志》所載，截至南宋，專門或主要崇奉定光佛的寺廟，武平縣有南安均慶禪院、東山禪果院、南安廨院、定光堂，上杭縣有東安岩，連城縣有太平庵、東田石、白仙岩、廣靈岩、定光庵，清流縣有灞湧岩。汀州之外，同屬福建西部而與汀州相鄰的南劍州、建寧府等地宋代也已建有崇奉定光佛的寺廟。南劍州方

三、閩西客家定光佛信仰的傳播

面,沙縣的洞天岩、西竺寺、瑞雲岩舊時均供奉定光佛。沙縣唐時曾屬汀州,宋以後雖然自汀州劃出,但與汀州關係仍然密切。名相李綱貶官福建,就同時兼任武平和沙縣兩地的職務。定光佛信仰因李綱之故自汀州傳至沙縣是很自然的事。所以這裡所舉舊時供奉定光佛的寺廟雖未必都建於宋代,但宋代沙縣有定光寺廟則可斷言。建寧府方面,崇安縣的定光寺,舊名「園徹」,唐末建,宋時「賜今額。建安縣則有南岩寺,宋建炎二年(1128年)建。南岩寺是武平南安岩定光寺的別稱,其知名度幾與定光寺相等。建安縣的寺院以「南岩」為名,疑因祀奉定光佛而得名。[127]

在汀州客家地區,專門祭祀定光古佛或與定光古佛有關的廟宇、古蹟很多。如上杭縣的回龍庵、東安岩、崇福寺、石陂庵等,連城縣的滴水岩、定光庵等,永定縣的鎮龍塔、永豐堂、上老庵等,長汀縣的定光院、定光堂、廣福院、定光寺、定光廟、定光陂、獅子岩等,武平縣的南安岩上記山寺、定光岩、定光陂、定堂庵、古佛道場、高雲寺、延壽庵、龍虎庵、雞籠頂寺、田蔭寺、天門寺、雲華寺等。其中,武平的岩前獅岩是定光古佛信仰的搖籃,又是定光古佛涅槃的聖土。學者劉大可則稱:「從寺廟古蹟看,閩西客家地區專門祭祀定光古佛或與定光古佛有關的廟宇、古蹟十分眾多,以方志為載體,輔以田野調查和其他文獻材料,祭祀定光古佛有出處的廟宇就有五十多處,而且這些廟宇主要集中在長汀、上杭、武平、永定四個客家縣。」[128]

武平的岩前獅岩是定光古佛卓錫處及涅槃的聖土。明代曾任「欽差整飭汀漳等處兵備、分巡贛南道、福建布政使司右參政兼按察使僉事」的顧元鏡在其所撰《鼎建岩城碑記》中如此讚道:「岩前洞為定光禪師卓錫處,翠巘丹崖,四圍如抱;中忽另闢一境,延袤可數千頃,而青潤縈紆,隨方合局,不假疏鑿。天若預設此以待人締構者,蓋福地亦旺地也。」[129]

定光佛信仰古已有之。其轉世為肉身後,各地所提定光佛就有所不同,需要認真考證。

研究者黎曉玲就曾著文探討閩北建甌南雅定光院的問題。「其實,在閩北也有定光佛信仰。且那裡的定光佛不同於閩西,其原型並不是被汀州民眾神化的鄭自嚴,而是長耳定光佛。沙縣洞天岩建有老佛庵,庵旁岩石上雕刻

民間信仰與客家社會
第七章　定光古佛在，護佑客家親

著定光古佛的睡像，俗稱『靈岩睡像』。洞天岩還『有長耳佛像，水旱禱，著靈跡』。可以看到，與閩西不同，閩北的定光古佛的特徵是長耳，而這並不是閩西定光佛所具有的特徵。更特別的是，在今天建甌一帶所祀奉的定光佛是一位身著紅肚兜盤著腿的長耳孩童，據廟祝解釋，這是因為定光佛七歲成佛，因此其形象也是七歲孩童。閩西的定光佛十一歲出家，在其七歲時，並沒有特別的事跡。這更可以證明，閩北的定光佛與閩西定光佛所指並不是同一個人。」作者認為，這個長耳定光佛另有其人，是《宋高僧傳》中記載的一位長耳和尚「釋行修。俗姓陳。泉州人也。少投北岩院出家。小心授課，誦唸克勤。十三削髮」。

那麼，為什麼建甌南雅定光院的廟祝卻稱定光佛來自汀州，而介紹過程中又夾雜七歲成佛的故事，讓人丈二和尚摸不著頭腦呢？因為，長耳和尚行修並不是本地的地方神，閩北人民對他也不是特別了解。隨著時間的推移，已經很少有人知道閩北深山中定光院裡祀奉的究竟是何方神聖。不過，在定光寺裡還保留著兩塊碑記，從中可以獲悉此定光院大致的歷史。碑記稱定光院始於何年未得確考。父老相傳最早為南雅張厝墳墓，後因定光佛顯靈，始建小廟一座，供奉定光古佛。清咸豐元年（1851年）進行第二次重建，而後香火旺盛，成為南雅主廟之一，定光佛亦為南雅權威之佛。重建之後，迎佛儀式莊嚴隆重，南雅本籍人士通為集資值事；居住南雅的福州籍民眾負責戲文嗩吶、彩裝鑾駕；汀州籍民眾負責三眼神銃，鳴鑼開道；江西籍民眾負責自街到殿布帛遮蓬。一路香燈叩拜，十分壯觀。

在咸豐之前，此定光院早已存在。但當時只是一座小廟，在當地並沒有受到特別重視。咸豐元年（1851年）第二次重建之後，定光佛成為當地的權威之佛。從碑記中我們可以知道，重建之後隆重的迎佛儀式是由移民到南雅的各地民眾共同參與的，其中就包括汀州籍的移民。因此，建甌南雅的定光院極有可能是在他們的要求之下重建的。而明清時期閩西的定光古佛鄭自嚴已經成為福建最著名的定光佛。由於汀州民眾所信仰的定光佛是閩西的鄭自嚴，他們理所當然地認為建甌南雅原有的定光佛就是閩西的定光佛。流傳日久，當地民眾也就認為此定光院的定光佛來自閩西。[130]

不過，清人劉登《重建三寶殿碑記》云：「按《湖壖雜記》：『佛名行修，耳長數寸。吳越王於梁開平時，據兩浙之地，佛攜瓢適至。永明禪師告之曰：「『此長耳和尚，定光古佛應身也。」』是定光之號，五代時有之，不自宋昉也。而宋因靈異加尊焉。」[131]

這是定光佛信仰在傳播中最有特色的故事，其中蘊含了很多訊息，值得研究者深思。

2. 傳播內地

閩粵贛三省交界處是客家人的聚居區，山多田少，生計艱難。由於相對閉塞，較為安定，故人口逐漸增加，而耕植所獲，不足供應，客家人乃思向外發展。適逢清政府於康熙年間（1662～1722年）發起「移湖廣，填四川」的移民運動，於是，客家人大量入川。客家人將客家文化帶到了巴蜀大地。他們聚居丘陵地帶，形成了一個個客家聚落。民國以前，每年農曆三月三，成都、崇州、邛崍一帶，都還保留著一個搶童子的習俗。木刻的童子共十二個，人們相信搶得童子者可生育。值此日，參加搶童子者成百上千，觀眾數萬。程序則為先唱川劇《仙姬送子》，戲畢拋出童子，臺下激烈爭奪。搶得童子者便將之送給事先約定的求嗣者。主家迎童供奉，設宴酬謝賓客。

四川沖相寺摩崖石刻造像，更是四川人信奉定光古佛的一個明證。肖溪古鎮沖相寺後的石崖上，隋開皇八年（558年）流江郡守袁君等人刻造定光佛像，唐初賜額「定光古佛道場」。摩崖石刻分四層，正中為定光古佛，俗稱「太陽菩薩」，高四公尺，背飾日月佛光，呈坐式，雙眼平視，莊嚴凝重。[132] 這個材料說明定光古佛崇拜早已有之，不過，若與閩西傳入的客家定光佛信仰並提，則容易讓人產生誤解，畢竟兩者不是一回事。

3. 傳播臺灣

定光佛信仰向臺灣的傳播是比較典型的。明末清初開發臺灣的移民中，來自閩南、潮汕、梅州、汀州的人為數不少，因臺灣土地肥沃、氣候適宜農耕，對地少人多的閩南、潮汕、梅州、汀州有很大的吸引力，前往臺灣耕植形成氣候。大多數客家人留戀故土，故候鳥式的遷移比較多。清朝統一臺灣

民間信仰與客家社會
第七章　定光古佛在，護佑客家親

後，施琅實施的政策不利候鳥式民眾，故客家人逐漸減少而閩南人漸為主體。儘管臺灣土地肥沃，但開發之初，墾殖臺灣的移民，不僅面臨遍地荊棘叢生、蛇蟲出沒、水利設施幾乎空白的局面，還要面對與當地原住民之間的流血衝突，以及各種天災人禍的威脅。在這種情況下，感到軟弱無助的閩南及客家的先民們，往往祈求神明的庇佑。於是人們把自己家鄉本土之神請到了臺灣祭拜，立起了座座寺廟庵堂。

當時從汀州府渡臺的移民，便把流行閩西的定光佛信仰帶到了臺灣。因此，臺灣定光佛的信徒以古汀州所轄八邑，即永定、上杭、長汀、武平、連城、寧化、清流、歸化的客家人為主，很少有其他地方之人。

據臺灣學者江彥震考證，在臺灣現今仍保存的定光佛廟僅有兩座，一是彰化定光佛廟，另一則是淡水鄞山寺。彰化定光佛廟創於清乾隆廿六年（1761年），是由永定縣籍的士民及北路總兵張世英等鳩金公建，初名定光庵，又稱為汀州會館，供奉汀州守護神定光，為一人群廟。其建築規模與格局已不清楚，以後歷經嘉慶、道光、咸豐三朝諸次修建，廟貌壯麗，擁有大筆地產，建築規模成為兩進兩廊左右廂房的格局，並正名為定光佛廟。日本占據臺灣之後，閩臺居民不能自由往來，且該廟兩邊廂房已拆，喪失了會館功能，成為純粹的寺廟。廟的主神位為定光古佛，從祀佛童，陪祀李老君、城隍爺、福德爺及媽祖，右側另設報功祠，祭祀歷來捐建該廟有功信士，設有「汀州八邑倡議捐紳士緣首董事祿位」之長生牌位。其大殿之上，懸掛「濟汀渡海」四字大匾，道出了臺灣定光佛與汀州客家的情緣。廟內保留著四幅古聯，其中一幅的上聯為「古蹟溯鄞江，換骨脫身，空色相乎圓光之外」。「鄞江」即發源於汀州的汀江別稱，這更印證了臺灣民眾定光佛信仰的發源地就是汀州。[133] 彰化定光佛廟也蘊含汀州移民來臺開墾的特殊意義，是珍貴的歷史文化古蹟。

位於臺北縣淡水鎮的鄞山寺，興建於清道光三年（1823年），由張鳴岡等捐建，並由羅可斌施田以充經費。鄞山寺本來是要作為會館之用，但其入門大殿卻供奉一尊定光古佛。鄞山寺曾於咸豐八年（1858年）重修，同治十二年（1873年）再度重修。

鄞山寺是臺灣清代中期寺廟的典型代表，是傳統客家古建築的代表作。鄞山寺目前仍然保持一百七十多年前的原貌，燕尾式屋脊曲線向上飛揚，構成一組豐富的天際線景觀，脊上泥塑及剪粘精美可見。泥塑多為人物，剪粘則多為花草主題，豐富了屋脊之裝飾。

泥塑的定光佛軟身神像，神態安詳莊嚴，栩栩如生。軟身神像是以木料做成有關節的骨架，再敷上灰泥做成。這尊神像據說是從福建武平縣岩前祖師廟中迎回的，十分珍貴。

鄞山寺外觀雖然像廟，但事實上不是廟，它主要功能是地方會館。因為汀州人來臺的時間較晚，怕漳州、泉州人欺負，所以汀州人先集合在這裡，演變成一個聚落。由於客家人生性團結，就一起出資蓋了這個地方會館，也就是臨時的旅館。若後來有汀州人來，可以臨時居住在地方會館，有了基業，他們就陸續遷出。會館是循環過渡的地方。[134]

四、福建三大民間信仰之比較

定光佛信仰、媽祖信仰和臨水娘娘信仰，是福建三大民間信仰，它們之間既有共性，又存在差異。

（一）三種信仰的共性

1. 由人而神，民間產生，朝廷敕封

閩西客家的定光古佛信仰、莆仙的媽祖娘娘信仰、閩東的臨水娘娘信仰，都是由人而神，在民間流傳產生影響後，由朝廷敕封而後定型。

閩西客家的定光古佛，即自嚴法師最終被朝廷敕封為「定光圓應普慈通聖大師」，前後歷經百餘年。而且正如學者林國平先生所稱：「鄭自嚴的八字封號有六字來自閩西官員的請封，有兩字來自江西南部官員的請封，這種情形極為少見，說明在兩宋時期，定光佛信仰主要在福建的西部、江西的南部地區流傳。」[135]

民間信仰與客家社會
第七章　定光古佛在，護佑客家親

　　媽祖本名林默娘，福建莆田湄洲人。宋太祖建隆元年（960年）三月二十三日生。自幼聰穎，八歲讀書，性好佛。十三歲遇老道士元通，授以要典祕法。十六歲觀井得符，能布席海上救人。雍熙四年（987年）九月初九日昇化，時年二十八歲。從此，常穿朱衣，乘雲氣，巡遊島嶼，受到鄉里的愛戴，號為「海神」。

　　媽祖的敕封經歷的時間較長。始封「靈惠夫人」，崇寧間，賜廟，額名「靈神」。元代天歷年間（1328～1330年），更額名「靈應」。元統二年（1334年），加封「輔國」。至正年間（1341～1368年），又加封為「感應神妃」。清康熙二十二年（1683年），加封「天后」，並敕建祠原籍。雍正十一年（1733年），御書「賜福安瀾」，懸掛於福州南臺廟宇，並命沿海各省，修祠致祭。自是崇奉日盛。據統計，自北宋徽宗宣和四年（1122年）至清同治十一年（1872年），媽祖共被襃封五十九次，封號達六十六字之多，成為「護國庇民妙靈昭應弘仁普濟福佑群生誠感咸孚顯神贊順垂慈篤佑安瀾利運澤覃海宇恬波宣惠導流衍慶靖洋錫祉恩周德普衛漕保泰振武綏疆天后之神」。

　　臨水娘娘原名陳靖姑，生於唐中和二年（882年），福建莆田人，生於福州。年十三，即從師許遜真君學習道法，三年學成歸里，奉親命適古田縣劉杞公為妻。夫人本好生濟世，救人厄難。開閩建國二年夏，閩垣大旱，禾枯樹萎，民不聊生。夫人順應民情，以懷孕之身奮然脫胎，臨壇施法祈雨，事後歸天，年方二十四歲。時人以其肉身於古田，立廟祀之。夫人芳年早逝而成神仙，又稱為三山女神、臨水陳夫人（太后）、娘奶。臺灣民間尊稱她為娘奶、註生娘娘、太后及三奶夫人等。傳說陳靖姑能「扶胎救產，保赤佑童，治病驅邪，濟世度人」，為婦女與兒童的保護神。

　　南宋淳祐年間（1241～1252年），朝廷封陳靖姑為「崇福昭惠慈濟夫人」，賜匾額「順懿」。由於得到朝廷襃封，陳靖姑由普通民間女神一躍而為欽定神明，大大推動了陳靖姑信仰的傳播。雍正七年（1729年），陳靖姑被封為「天仙聖母」。相傳道光帝后難產，皇帝祈求臨水夫人相助，後果然靈驗。道光帝遂連呼「臨水夫人真乃朕的再生父母」，陳靖姑因此被稱為「太

后」。咸豐年間（1851～1861年），又被加封為「順天聖母」，封號幾近媽祖。在閩臺女神信仰中，一向有「海上媽祖，陸上陳靖姑」的說法。

從上述史料還可以看出，閩西客家的定光古佛的敕封僅限於宋代，之後則無再加封，而莆仙的媽祖娘娘、閩東的臨水娘娘的封號一直延續到清代，且層層加碼，成為至高無上的「天后娘娘」「天仙聖母」。

2. 宗教歸類的模糊性及法力擴展全能化

中國文化背景下的信仰有自己的特點。它沒有單一的神，帶有泛自然的傾向。而且，對神明的認識也具有模糊性。民間信仰中只有神靈的概念而無宗教概念。信徒們一方面沒有專業的知識去區分哪一尊神是屬於哪一種宗教的，而且對他們而言，這種區分也沒有意義。他們面對這些自己創造的信仰對象，在宗教認識上、在舉行的祭祀儀式上，沒有太多計較屬於佛還是道。對這些香客信徒來說，一言以蔽之，「敬神」而已。其實這種心態的廣泛存在有著深刻的歷史根源和現實依據，與中國傳統文化，尤其是長期以來君主專制對民眾提出的「無條件的敬畏」的要求，和當時社會現實都有著緊密的聯繫。

往往，這些由人而神的信仰，其法力都會在後來的傳播中擴大，形成萬能神。其後的功能大多是人們追加的，一是追加本地的事跡，讓人們有親近感，增加可信度；二是追加與皇族相關的事跡，讓人們有崇高感，增加神祕性。比如，定光古佛信仰傳至江西、閩北、臺灣，人們以當地的故事來宣揚他的法力；媽祖信仰傳至閩西永定、長汀，人們也以當地的故事來宣揚媽祖的法力。陳靖姑信仰則增加了與清代皇室的故事。

（二）三種信仰的差異性

1. 地域性產生的差異

首先是人物來源的差異。

媽祖、靖姑都是當地人氏。陳靖姑雖為莆田人，但生於福州，嫁入古田，其神蹟就在她誕生、生活的區域。媽祖娘娘則是莆田湄洲嶼人。兩位女性都

出自莆田，這與被稱「東方猶太人」的莆仙人習慣外出經商的習俗是否關係密切？定光則來自泉州，非本地人氏。

其次是傳說事跡的區域特色。

陳靖姑斬蛇，與閩東北多蛇有關，而蛇在民間稱小龍，斬蛇而天降雨，解除旱情，造福民生。媽祖誕生地湄洲島與大陸之間的海峽有不少礁石，常使漁舟、商船遇難。能「乘席渡海」「預知休咎事」的林默娘，洞曉天文氣象，熟習水性，為人們化解災難，被稱為「神女」「龍女」。而誕生定光佛信仰的閩西，地處山區，古代多猛虎，加之群山峻峭、河水湍急、水利不便，澇時洪水泛濫，莊稼被毀；旱時土地龜裂，顆粒無收。這對於客家人的生存是巨大的威脅。故而，定光古佛的傳說與這種生存環境有關。

定光古佛最出名的事跡就是「定光陂」。長汀縣十里鋪，田高水底，民眾靠天吃飯，雨水多時則五穀豐登，年成不好則有種無收。定光經過此地，心生善念，動了惻隱之心，在一天夜裡，將海螺墩上的巨石一塊塊像趕一群野豬似的往十里鋪上趕，一夜功夫，一條石陂從斜刺裡橫臥在江上。人們歌頌定光為民築陂造福的功績，於是將這座陂命名為「定光陂」。

「和尚圳」是其第二個有名事跡。長汀縣陳坊里游行渡一帶，無水澆灌，禾苗枯萎。民眾開圳引水，卻遇名叫「仙人掛鼓」的大石壁，無法打通。定光化緣路過，用手中鐵柄布傘在石壁上來回捅了幾下，捅出一個碗口般大小的石洞，羊耳坑的水透過石洞流了出來，民眾極為高興。忽然，石洞沒水流出，定光將腳上穿的稻草鞋脫下，放到圳裡給水一沖，沖入石洞，一會兒鞋出來了，還帶出很多垃圾。定光囑咐大家，如果以後石洞被泥沙堵塞，就將草鞋放到圳裡去推，可將垃圾推盡，水就會照樣流出。

2. 性別因素產生的功能、法力差異

定光古佛、媽祖娘娘、臨水娘娘都有法力，後兩者是女性柔和的法力，前者是男性剛勁的法力。從其主要的事跡可以看出，龍和虎、石反映的是男性的力度，水和蛇則是女性的象徵。媽祖娘娘信仰、臨水娘娘信仰的母系文化特徵比較鮮明，定光古佛信仰的父系文化特徵比較明顯。

陳靖姑二十四歲那年，福建大旱，民不聊生，為拯救百姓，陳靖姑不顧自己已懷胎三月，毅然脫胎祈雨。而正當陳靖姑祈雨時，當地邪惡的白蛇精和長坑鬼前往陳府盜胎並將胎兒吃掉。陳靖姑回府後，憤怒追殺。長坑鬼趁機逃走了，白蛇精被追進古田臨水洞，陳靖姑拚盡最後的氣力腰斬蛇精。天空終於降下了甘霖，而這時的陳靖姑卻終因勞瘁饑渴而死去。陳靖姑歸天成為神仙以後，法力無邊，她為世人「醫病、除妖、扶危、解厄、救產、保胎、送子、決疑」，成為「救產護胎佑民」的女神。

　　同樣，媽祖從救難海神，發展到水神，逢水即為保佑神，並擴展出救困保平安、祈福送子等功能，與其性別有明顯的聯繫。

　　自唐宋以來，在中國民間信仰活動中，閩臺女神之多以及影響之大都冠於全國，形成一種獨特的文化現象。中華民族自古供奉女媧，她被奉為萬物之母。客家先民從中原移民南方，面對瘴癘橫行、瘟疫肆虐的蠻荒之地，在醫療條件極端匱乏的情況下，人們祈望風調雨順、大地豐產、子嗣繁衍。尤其是生育，因為人們認為「收穫與生育密不可分」，以生育信仰為核心產生了各種儀式、禮制、風俗。很多女神被賦予祈福送子之功能。

　　定光古佛作為男性，顯示更多的是與自然界的石、虎、蛟等鬥爭的法力，與男性力量有關。當然，由於客家人對生育的重視，定光古佛也有「送子」的法力。如武平南安岩前有十二峰，相傳因定光佛的偈語「一峰獅子吼，十二子相隨」而得名。武平黃公嶺上有泉水名聖公泉，「舊傳定光佛過此，偶渴，卓錫而出。視其所有，僅杯勺，一日，千兵過之，飲亦不竭」。

3. 傳播的途徑及在臺灣的影響

　　移民因素，是這三種信仰主要的傳播因素。尤其是傳播到臺灣。

　　媽祖娘娘信仰、臨水娘娘信仰的傳播，主要是以本地為主，向外主要傳播到與水有關的地方。尤其是江河水口的地方，或因航行平安需要，或因除卻水災害，都有媽祖娘娘信仰的傳播，比如，閩西長汀的媽祖廟，就是因汀江的航運而從潮汕傳入媽祖信仰，並在當地建廟。而且，媽祖娘娘信仰的傳播有一個特別的因素，這就是姓氏——有林姓的地方，大多會供奉媽祖娘娘。

比如，福建永定縣高陂鎮西陂天后宮，就是典型的一例。恰恰在閩臺兩地，林姓是大姓，因此，媽祖娘娘信仰傳播範圍更為廣闊。

定光古佛信仰產生於山區，其法力與山、石、虎有較大關聯，主要法力體現在降蛟伏虎、開山移石、祈雨引水等方面，這對於耕山之民來說是非常重要的。故而，定光古佛信仰在山區的傳播較多。傳播臺灣，主要是汀州客家人移民臺灣所致，範圍不廣，主要在臺灣的幾個地區。臺灣彰化定光廟大殿上懸掛著「濟汀渡海」大匾，說明了臺灣定光古佛信仰與汀州客家的關係。臺灣淡水的鄞山寺，最早由永定移民所建，後有分祀，在客家民眾中影響巨大。

4. 塑像的差異

從三者塑像看主要有三大差異：一是男女性別差異，二是年齡上的差異，三是站臥姿的差異。媽祖娘娘、臨水娘娘都為坐像或站像，而定光古佛則是坐像或臥像。

作為典型的女神信仰，媽祖、陳靖姑的塑像都是年輕貌美、姿容溫婉、慈眉善目，象徵著美好、賢淑、奉獻、自我犧牲。這兩位女性都是年輕夭折，產生超自然之力，民眾祈望她們成仙成佛。女神形象崇高偉大，一經民俗化、藝術化，就深入民心。這種造神有其偶然性與必然性。定光古佛是長壽的，其塑像為蒼老慈祥，極富女相。

定光古佛信仰、媽祖娘娘信仰、臨水娘娘信仰，經過千餘年的發展，從最初的產生地區向外傳播，隨著福建移民走到了世界各地。它們是閩臺影響巨大的三大民間信仰。

第八章　義薄雲天外，信入民眾間

——客家關帝崇拜

在民間，孔子被尊為「文聖」，而關羽則被尊為「武聖」。古人有言：「山東文聖人，山西武聖人」，兩者並稱，均以德行著稱於世，由此可見關公在民間信仰中的地位。他作為三國時的一位名將，不僅在當時有顯赫的威名，身後更越來越受到人們的尊敬與推崇。歷朝歷代的君王也爭相為其加爵封王，直至清末，關羽的封號陸續追加成「仁勇威顯護國保民精誠綏靖翊贊宣德忠義神武關聖大帝」。可以說，在千年歷史的發展過程中，關羽，由一個武將，一路飆升：侯而公，公而王，王而帝，帝而聖，聖而天。民間處處設立武聖廟，形成了中華民族「文拜孔子、武拜關公」的格局，演繹出具有厚重內涵的關公文化。

關公文化博大精深，是中華傳統文化的重要組成部分。關公一生所體現出來的「忠、義、仁、勇、禮、智、信」，是關公文化的精髓，也是關公精神的核心，為一千多年來海內外炎黃子孫所推崇敬仰。客家作為遷徙族群，家族文化保持完好，重視族群團結，特別講究「忠、義、仁、勇、禮、智、信」，故在客家地區，關帝崇拜比較普遍。

在民間信仰中，關公被視為村落保護神和家庭保護神，極其靈驗。同時，他還是一些行業所崇拜的神聖，尤其在中國南方和東南亞地區，關公被尊為商業的保護神，被視為「武財神」，居於文武財神之首。關公的神格比較廣泛，凡人所願關公皆能滿足，凡是有華人的地方，多有關帝廟，這足以說明關公信仰的普遍性和廣泛性。

一、關帝文化

（一）關帝崇拜起源

關公在民間有許多稱謂，關老爺、關帝、關王、關爺、關聖、關夫子等。關帝崇拜是一種歷史悠久的獨特的民族文化現象。

第八章　義薄雲天外，信入民眾間

關羽，初字長生，後改字雲長，河東解（今運城市解州）人也，三國時名將，出生於公元 160 年，卒於公元 219 年。關公生前最高的職位是將軍。漢獻帝建安四年（199 年），關公在許都被封為中郎將；建安五年（200 年），關公隨曹操二進許都，被拜為偏將軍，後解白馬之圍有功，表封為漢壽亭侯；建安十四年（209）劉備拜關公為蕩寇將軍、襄陽太守；建安二十四年（219 年）被劉備拜為前將軍，位列五虎上將之首。

1. 三教同敬

「儒稱聖、釋稱佛、道稱天尊，三教盡皈依」。關公崇拜有著獨特的文化淵源，關公是融合儒、釋、道三教的神聖。

（1）佛教伽藍神

佛教自東漢明帝時傳入以後，在民間得以廣泛傳播，但是因為它與本土民間信仰有差異，所以曾經遭到眾多士人尤其是政治家的鎮壓。為此，佛教在傳播的過程中，不斷吸收民間信仰，以增強佛教的適應能力。隋開皇十二年（592 年），智大師來到荊州傳播佛法，建造玉泉寺，為贏得民眾的信任，智充分利用了荊州地區的關羽崇拜，將其修造佛舍的想法轉化為關羽的意願，以此獲得民眾的信賴。

《全唐文》卷六八四載唐董侹《荊南節度使江陵尹裴公重修玉泉關廟碑記》：「玉泉寺覆船山，東去當陽三十里。……寺西北三百步，有蜀將軍、都督荊州事關公遺廟存焉，將軍姓關名羽，河東解梁人。公族功績，詳於國史。先是，陳光大中，智禪師者，至自天臺，宴坐喬木之下。夜分，忽與神遇，雲願舍此地為僧房，請師出山，以觀其用。……貞元十八年記。」由此碑文可以得到以下幾個訊息：一是早在南朝陳廢帝光大年間（567～568 年），紀念關公的樓堂已經存在。二是智充分利用當地的民間信仰，藉關羽崇拜來傳教。三是唐代貞元十八年（802 年），江陵尹裴均派人修繕「玉泉關廟」，說明唐代的地方官也在利用關公崇拜教化百姓。[136]

另據《佛祖統記·智者傳》載，隋開皇十二年（592 年），高僧智到湖北當陽玉泉山建廟傳教，夜見一長髯神人，自稱蜀將關羽，現為當陽山主，願

做佛門弟子。智大師奏於晉王楊廣，遂封關公為伽藍護法神。可見，關公成為佛教中的護法伽藍神，應該是在隋唐時期。

由此可見，佛教，在與傳統的儒家思想及道教文化的激烈碰撞中趨向融合，逐步演變成了中國化的佛教。

（2）道教崇寧真君

道教屬於本土宗教，其產生時間在東漢年間，距離關羽所處時代不遠。當關羽的信仰逐漸普及增強，尤其是被佛教吸收後，道教不甘落後，於是就有了宋真宗派張天師請關公為山西運城百里鹽池滅妖（斬蚩尤）的傳說。道教自此尊關公為「蕩魔真君」「伏魔大帝」，將關公納入道教的信仰體系之中。

關羽的故鄉解州自古盛產食鹽，故有鹽池之稱。北宋真宗大中祥符年間（1008～1016年），此地發生乾旱，導致鹽稅減少。大中祥符七年（1014年）宋真宗派官員考察實情。「帝遣使持詔至解州城隍廟祈禱焉。使夜夢一神告日：『吾城隍也。鹽之患，乃蚩尤也。往昔蚩尤與軒轅帝征戰，帝殺之於此地。鹽池之側，至今尚有遺蹟。近聞朝廷建立聖祖殿，蚩尤大怒，攻竭鹽池之水。』颯然而覺，得此報應，回奏於帝。」在大臣王欽若的建議下，宋真宗派遣呂夷簡到鹽池祭祀蚩尤，蚩尤顯靈責斥宋朝廷，要求「除毀軒轅之殿」。王欽若又建議到信州龍虎山請來張天師，張天師則詔令關將軍征討蚩尤。關將軍說：「臣乞會五嶽四瀆名山大川所有陰兵，盡往解州，討此妖鬼。若臣與蚩尤對戰，必待七日，方剿除得伏。願陛下先令解州管內戶民，三百里內，盡閉戶不出；三百里外盡示告行人，勿得往來。待七日之期，必成其功。然後開門如往。」宋真宗「遂下詔，解州居民悉知。忽一日，大風陰暗，白晝如夜，烏雲四起，雷奔電走，似有鐵馬金戈之聲，聞空中叫桑。如此五日，方且雲收霧散，天晴日朗。鹽池水如故。皆關將軍力也。其護國祚民如此」。宋真宗據此恢復了關羽配享武成王的待遇，宋徽宗則封其為「崇寧真君」，關帝廟的主殿從此被稱為崇寧殿。這樣，道教不僅利用了關公在民眾中的巨大信仰基礎，而且謀得了統治者的全力支持，從而為道教的傳播提供了便利。
[137]

（3）儒家武聖人

民間信仰與客家社會
第八章 義薄雲天外，信入民眾間

儒家，也有學者稱儒教，是中國的本土文化，影響中國幾千年。對於關公，儒家並不與佛道爭鋒，而是順乎自然地將「夫子」「聖人」的桂冠奉獻給關公。關公自身所體現的忠義，以及一生活動所展示的仁、勇、智、禮、信、義，都是儒家所要求的基本道德倫理義項，加之史書所記載的關公讀《春秋》，顯然，關公屬於儒家或者踐行儒家思想之人。尤其是儒生羅貫中根據《三國志》及民間傳說，妙筆生花，著就了一部千年不朽的《三國演義》，非常形象地將關公刻畫成集「忠義仁勇禮智信」於一身的儒家聖人，因此，關公崇拜就成為儒家信仰的一個重要內容。《三國演義》可以說是關帝文化發展史上的輝煌里程碑，中華民族形成了文拜孔子、武拜關公的格局。

在中國歷史上，儒佛道諸教，有融合互補，有矛盾鬥爭，但在尊奉關公上，卻形成了三教爭奉關公的局面，正如關帝廟一副楹聯所云：

儒稱聖，釋稱佛，道稱天尊，三教盡皈依，式瞻廟貌長新，無人不肅然起敬；

漢封侯，宋封王，明封大帝，歷朝加尊號，矧是神功卓著，真可謂蕩乎難名。

2. 歷朝加封

由於統治的需要，歷代帝王把關公作為忠義的化身，作為誠信的代表，視為皇家保護神，屢屢加封，使關公從民間神靈躍升為國家祭祀的最高神祇。所以說，從某種意義上講，關公的成神不像一般的民間造神程序那樣，由民間發動，而是由上層發動的。

在關公誕辰 100 週年之際，蜀主劉禪追封關公為「壯繆侯」，當時，關公已逝 40 年。與關公同時被封祀的，還有張飛、馬超、黃忠、龐統和趙子龍。之後，關公歷三國後期、西晉、東晉、南朝宋齊梁陳和北朝魏周諸王朝，約三個半世紀都無聲無息，既無文人讚詠，也無民間傳說。明人王世貞說：「關壯繆侯，初不聞為神。」直到隋文帝開皇十二年（592 年）才開始有一則關羽為神的傳說，說關羽受了五戒，成了寺廟的護法神。這則傳說到唐董侹的《貞元重建廟記》才有記述，中間又經歷了兩個世紀。可見關羽在其死後的

五六百年裡並未產生什麼大的影響。對關羽的美化神化，是從宋朝開始的。
[138]

北宋大中祥符年間（1008～1016年），宋真宗以解鹽恢復生產為契機恢復了關羽配享武成王的待遇，篤信道教的宋徽宗則先加封其為「忠惠公」，後封其為「崇寧真君」，從此一發不可遏止，封號節節攀升。宋徽宗的書畫藝術成就，比他當皇帝的政績顯赫得多。就在這位皇帝悉心作畫之時，北方女真族建立的金國逐漸強盛，且經常南侵。面對外侵之敵，宋徽宗想不出更好的富國強兵之策，只有大興道術，自稱上帝元子太霄帝君降世，讓朝臣們稱他為教主道君皇帝。徽宗期望能得到關公神靈的護佑，他執政24年，關公得到4次褒封，從「忠惠公」到「崇寧真君」，大觀二年（1108年）加封「武安王」，宣和五年（1123年）敕封「義勇武安王」。

南宋王朝僻居臨安，宋高宗趙構北望昔日山河，百感交集，期待著如三國關公一樣的神勇義士出現，於建炎三年（1127年）加封關公為「壯繆義勇武安王」。宋孝宗於淳熙十四年（1187年）加封關公為「壯繆義勇武安英濟王」，更贊關公，敕云：「生立大節與天地以並傳，歿為神明亙古今而不朽」。

鐵木真於公元1206年建立起疆域遼闊的蒙古帝國，成為「一代天驕成吉思汗」。這位元太祖深深懂得，要保天下，僅有馬背上的功夫不行，還要用漢民族關公的忠義勇武來約束群臣，教化各族民眾。他的後人元文宗圖帖睦爾即位之初，天歷元年（1328年），諡封關公為「顯靈義勇武安英濟王」，接過趙宋王朝的保護神，既能平衡漢人對元人入主中原的牴觸心態，又能粉飾太平。

到明代，明太祖洪武元年（1368年），恢復關公原封「漢前將軍漢壽亭侯」稱號。明憲宗成化十七年（1481年）祭祀關公，稱其「靈威顯赫」。武宗正德四年（1509年），賜廟號曰「忠武」。

朱翊鈞是明朝的第十三位皇帝，年號萬曆。他10歲登基，在位48年，是明朝享國最久，在大明歷史上有著重要影響的皇帝，他親手締造了堪稱整個明代最為富庶強盛的萬曆王朝，卻又使其在自己手中衰落。早期，萬曆皇帝有張居正輔佐，曾推行一條鞭法經濟大策，並治理黃河，使經濟有了復興。

民間信仰與客家社會

第八章 義薄雲天外，信入民眾間

當朱翊鈞逐漸長大，並逐步親政後，卻重用太監，又酷喜道術，加之天災人禍，人心浮動，致使社會矛盾激化。

公元1581年冬，萬曆皇帝19歲，情竇初開的萬曆皇帝偶然看中了慈聖太后跟前的一個宮女，這個年輕美貌的宮女就是後來的孝靖王娘娘，恭妃王氏。萬曆和她親近不久，王氏有了身孕。次年七月，王氏被封為恭妃，八月，就在萬曆皇帝20歲這一年，皇子降生，宮廷內外一派喜氣洋洋。心境特別舒暢的萬曆皇帝，詔告全國減稅免刑，並下旨祀封關公為「協天大帝」。萬曆十八年，即公元1590年，朱翊鈞再度頒旨，追封關公為「協天護國忠義帝」。

封關公為「聖」，也是萬曆皇帝的傑作。萬曆四十二年（1614年）加封關公為「三界伏魔大帝神威遠震天尊關聖帝君」，封關娘娘為「九靈懿德武肅英皇后」，封關公長子關平為「竭忠王」，封其次子關興為「顯忠王」，封關公的部將周倉為「威靈惠勇公」，並封左丞相陸秀夫（南宋人）、右丞相張世傑（南宋人）、岳飛為兵馬大元帥，尉遲恭為伽藍（護法神）。

就這樣，明王朝把對關公的尊崇推上了最高層面。

而到了清王朝，則是系統而詳盡地完善了關公的人、帝、神體系。清王室的締造者是努爾哈赤，實現清王室一統中國目標的則是清第三代君主順治。順治極其領悟漢文化的要略，十分崇拜關公，並仿效關羽桃園結義之儀，與蒙古族的各部落首為異姓兄弟，並聲言：「亦如關羽之於劉備，服事唯謹也！」當李自成農民軍攻陷北京，吳三桂請求清軍入關，以「復明」為號，剿除李自成以報家仇時，順治入關，利用各種勢力，一統中國，大行文治之事，頒詔供奉關公為「忠義神武關聖大帝」，時為公元1653年。

康熙皇帝以劉備轉世自詡，親政後不久，封關公為「協天伏魔大帝」，還親自駕臨關公故鄉解州，參拜關公。他言與關公靈像：「二弟，大哥看你來了。」並書題「義炳乾坤」匾，懸掛於解州關帝廟內。

乾隆皇帝兩次下詔，先後對關公加諡「神勇」「忠義」，乾隆三十三年（1768年）對關公的封號為「忠義神武靈佑關聖大帝」。對關羽的封諡還及

於其三代祖宗,雍正三年(1725年)五月,追封關帝曾祖光昭公,祖裕昌公,父成忠公。關帝的後人也得到關照,仿先聖成例,解州、荊州、洛陽各設博士,世襲奉祠廟主祀事。至清光緒年間(1875～1908年),皇室對關公的封號已長達二十六字:忠義神武靈佑仁勇威顯護國保民精誠綏靖翊贊宣德關聖帝君。今天,此封號碑刻仍矗立在湖北當陽關陵的中軸線之首。[139]

3.《三國演義》的作用

關公崇拜的形成固然有其十分複雜的因素,但和元末明初偉大小說《三國演義》的誕生與流傳密不可分。清末無名氏在《老圃叢談》中說:「古來名將如關羽者甚多,而關羽獨為婦孺所稱,則小說標榜之力。自《三國演義》風行,世俗幾不知有陳壽《三國志》。」黃人《小說小話》也說:「小說感興社會之效果,殆莫過於《三國演義》一書矣。……自此書一行,而壯繆之人格,互相推崇於無上,祀典方諸郊禘,榮名媲於尼山,雖由吾國崇拜英雄宗教之積習,而演義亦一大主動力也。」的確,由於《三國演義》這部小說的推波助瀾,三國英雄人物多被神話,受到後世民眾的標榜和崇拜。尤其是「劉關張桃園結義」的故事帶有一定的江湖性質,突出的是手足兄弟的義氣,強化了民間的道德與審美觀念,故《三國演義》在關公文化形成與發展的過程中有著無與倫比的貢獻。那麼,《三國演義》究竟做了哪些方面的工作而使一位名望並不太高的三國武將變成文化英雄並成為世人心目中的神靈呢?

有學者提出主要有兩大方面:一是作者將關公這個粗豪武將文雅化,二是將關公這個英雄神異化。

《三國演義》的作者羅貫中在民間文學的基礎上按照雅文化的標準來創造、包裝關羽形象,極大地豐富了關羽形象的文化內涵,提高了關羽形象的文化品位。關羽成了儒雅的文士。本來,歷史上真實的關羽教育程度並不高,但在羅貫中的《三國演義》裡,關羽則表現出相當濃厚的書卷氣,如卷三寫「一匹馬早先飛出,蒲州解良人也,文讀《春秋左氏傳》,武使青龍偃月刀」;卷六寫「胡班往觀,見雲長左手綽髯,憑几於燈下看書」。《三國演義》強化關羽義士品格,羅貫中不僅不遺餘力地描寫他的種種義舉,而且還盛讚他「義重如山」。毛宗崗更是激情滿懷地說:「如關公者,忠可干霄,義亦貫

民間信仰與客家社會

第八章　義薄雲天外，信入民眾間

日，真千古一人。」小說不遺餘力寫關公，怒殺倚勢欺人的豪霸而亡命江湖，表現了他扶弱鋤強、敢作敢為的俠義心腸；華容道上私放曹操，表現了他知恩圖報、急人之難的國士風範。這種俠肝義膽在弱小的平民階層中頗有市場，是一種重信譽、重感情的俗文化的「義」。關羽在桃園結義時立下「上報國家，下安黎庶」的宏偉目標，遵循的是儒家仁人志士的大義。小說還突出關羽堅貞不屈的氣節，即使關公曾降曹，《三國演義》還是卻在關羽的氣節上大做文章。為掩飾關羽被俘投降的不太光彩的歷史而虛構了「約三事」的故事，寫關羽困守土山，曹操派張遼勸降，關羽提出投降的三個前提：一是「只降漢帝不降曹公」，二是絕對保證劉備家小的安全與俸祿，三是知道劉備下落後不管千里萬里便當辭去。這三個前提的第一條就足以使關羽挽回許多面子，形式上消除了關羽的變節問題。後來，儘管曹操待關羽如上賓，但關羽卻絲毫不動心，時時思念舊情，最後「掛印封金別曹公，千里尋兄不辭遠」，成就了歷史上「身在曹營心在漢」的典故。小說最後還突出關羽視死如歸的精神。鎮守荊州的關羽在孫、曹大軍的夾攻下身臨絕境，孫權派諸葛瑾勸降，給關羽提供了生死抉擇的餘地。但關羽毅然選擇了死亡：「為子死孝，為臣死忠。死歸冥路，吾何懼哉！玉可碎而不可改其白，竹可焚而不可改其節。大丈夫身可殞，名可垂於竹帛也。」《三國演義》所熱情謳歌的關羽氣節，其實就是羅貫中想要謳歌的中華民族「寧為玉碎，不為瓦全」的氣節。它與歷史上那些貪圖榮華富貴而屈膝投降的民族敗類形成了鮮明的對照。羅貫中的著力，讓關公這一形象煥發「義」的光輝。

　　《三國演義》把英雄神異化，讓世人深感英雄來自上天。首先，小說突出了關公的神勇。關羽武功絕倫，勇猛無敵，斬華雄，刺顏良，誅文醜，降于禁，殺龐德，過五關斬六將，天下英雄無不為之心驚膽寒。如「溫酒斬華雄」一節，當董卓大將華雄連斬盟軍數員上將以致十八路諸侯大驚失色時，關羽「飛身上馬，眾諸侯聽得寨外鼓聲大震，喊聲大舉，岳撼山崩。眾皆失驚，卻欲探聽，鸞鈴響處，馬到中軍，雲長提華雄之頭，擲於地上。其酒尚溫」。關羽力挽狂瀾，頃刻間就大功告成。《三國演義》中描寫關羽神勇的文字中隨處可見，一個令敵聞風喪膽的大英雄活現在世人面前，羅貫中為世人刻畫了這樣一個天神般的英雄。其次是小說塑造了關公的異貌——紅臉，俗稱「紅

一、關帝文化

臉關公」，許多關帝塑像都以小說的描寫為模板。中國古人十分相信傑出的人物必有奇異的相貌，無論是民間傳說，還是文人著作，都熱衷描繪異貌異相。羅貫中滿懷激情地描寫了關羽的奇異之貌：「身長九尺三寸，髯長一尺八寸，面如重棗，唇若抹朱，丹鳳眼，臥蠶眉，相貌堂堂，威風凜凜。」這種形象給民眾帶來祥瑞福氣，帶來心理安慰。最後是小說突出關公顯靈。《三國演義》不僅記錄了不少民間和宗教界有關關公顯靈的傳說，還直接在關羽遇難前後製造了許多神異色彩和顯聖故事。如關羽最後的結局，《三國演義》處理起來就大不相同：「公與潘璋部將馬忠相遇，忽聞空中有人叫曰：『雲長久住下方也，茲玉帝有詔，勿與凡夫較勝負矣。』關公聞言頓悟，遂不戀戰，棄卻刀馬，父子歸神。」明確告訴讀者，關羽是天神，他受玉帝詔令辭別人世，這不叫「死」，叫「歸神」。當關羽的首級送到曹操面前時，作者寫道：「關公神眉急動，鬚髮皆張，操忽然驚倒。眾將急救，良久方醒，吁氣一口，乃顧文武曰：『關將軍真天神也！』」這裡作者明顯是把關羽當作天神來刻畫的。
[140]

另外，由崇拜而形成的各種詩文、戲劇、繪畫及現當代影視作品等，尤其是京劇，都在強化關公的形象，使其形象不斷地豐滿，神性、地位不斷提高。

（二）關帝崇拜的內涵

關公成王成帝成聖，是因為千百萬民眾對關公道德精神的崇尚，是因為儒佛道諸教對關公的追奉，更因為歷朝皇帝想借助關公忠義思想教化臣民而一次又一次地追封關公，諸多因素共同創造出一位中華民族「忠、義、仁、勇、禮、智、信」的道德偶像。

民眾信奉關公是因關公的仁義，商人信奉關公是因關公的誠信，軍人信奉關公是信奉關公的忠勇，政府信奉關公是因為關公的「大一統」忠義思想，有利於國家統一安定。關公成了無所不包、無所不能的神靈，既是忠義與力量的化身，又是武神、財神、戰神、門神等，具有多種神職，是各行各業的保護神。關公的影響不斷被放大，超越岳飛和姜子牙，終成一代武聖人，從

第八章　義薄雲天外，信入民眾間

民間走進皇權，和文聖並列，配享國祭，又從皇權中央輻射地方，遠播海內外。

1. 保護神

關羽被歷代帝王不斷加封上忠、義、禮、仁、智、信的神聖光環，由一個悲情英雄變成了萬民膜拜的神。《關帝文獻彙編》開篇之《前言》云：「明清以來，在中國人的神明崇拜中，關帝可以說是獨一無二的既不分階級與民族，又不分時間與空間，受到舉國上下各色人等普遍信仰的大神。」

作為戰爭的保護神，關羽是一名將軍，常常以戰神的形象保護民眾，歷史上許多軍隊都供奉關帝，以鼓舞士氣。作為村落保護神，民眾在各地建有關公廟祈求關公的庇護。民間信仰中，關公是一位全能保護神：驅妖、闢邪、降雨、救災、功名等。

2. 祖師爺

不少行業把關帝奉為祖師爺。

在民間，關羽的影響比孔子更普遍，古時孔子主要影響統治階層和讀書人，而關羽影響到所有階層的人。眾多行業還把關帝供奉為祖師爺，如打鐵、煉銅、煉鋼（相傳關羽年輕時以打鐵為業）、屠宰、理髮、刀剪鋪（關羽的武器是青龍偃月刀），甚至製豆腐業（相傳關羽年輕時曾以販豆腐為生）、香燭燈籠業（關羽曾秉燭達旦讀史書）等也把關羽當作祖師爺。其中有些是名正言順，有些則是牽強附會，無論如何關羽在民間的影響可見一斑。

3. 武財神

崇拜關公為文武財神之首，很是典型。關公如何變成財神的呢？

有一說法是，關羽「降漢不降曹」，儘管曹操對其恩禮有加，封侯賜爵，「三日一小宴，五日一大宴」，「上馬一提金，下馬一提銀」，但關羽卻心繫劉備，在知道劉備下落後決然離開曹操，不接受曹操的恩典，「掛印封金」，「過五關斬六將」回到劉備身邊，並且將曹操之前所賞賜的財物條清縷析，

「收轉出存」，記得清楚明白。民間傳說關羽發明「日清簿」，涵蓋原、收、出、存四項，為後世廣泛沿用，有「記帳祖師爺」之稱，而後升為財神。

又一說法是，張天師在關公的幫助下打敗蚩尤，宋朝皇帝賞賜關公「崇寧錢」。皇帝以錢封關公，明明是讓關公掌財權，後人認為關公被帝王以錢敕封，自當成為財神。這就是關公成為武財神之源。

還有一個因素是，明清晉商對關公的崇拜，確立了關公財神地位。這與晉商的需求有關：關羽為山西人，屬歷史上的山西名將，祖籍解州的關公可聯結晉商家鄉情誼，增進外出商人之間的團結；關公為武聖，「過五關斬六將」的氣概，可成為商幫兇險貿易路途的保護神；關公的忠誠信義，是商業行為上的道德模範與規範制約，有利於經貿的發展。

歷史上，關公助人財運的職能越傳越遠，越傳越廣，且大有長盛不衰之勢。尤其是遷播到海外的華人，以及現代商界，對其特別推崇。

（三）四大關帝文化地

關帝文化流播甚遠，在不同區域形成既有共性又有特色的關帝文化。有學者歸納出四大關帝文化地，且四大關帝文化地之間有著密切的聯繫：關公出生在運城，去世後身體葬在湖北當陽，頭部埋在了河南洛陽，福建東山又利用其獨特的地理優勢，把關公精神傳到了臺灣。其中，運城的解州關帝廟和福建的東山關帝廟先後被列為國家級非物質文化遺產。

1. 湖北當陽關帝廟

關公文化資源極為豐富，當陽是三國時期的主戰場，許多戰爭遺蹟保存至今，並且此處還是關公的葬身之地。人們在當陽關帝廟舉辦紀念關帝的各種文化活動，影響力甚大。

2. 河南洛陽關林廟

河南洛陽關林廟是全國唯一一個「林、廟、冢」一體的關公廟。雖並沒列入國家級非物質文化遺產名錄，但其最富特色的關林朝聖大典活動，影響很大。

3. 福建東山關帝廟

　　福建與臺灣緊密相聯，福建許多民眾遷徙臺灣，把關公信仰與關公精神傳到了臺灣。臺灣關帝信仰信徒對福建東山關帝廟情有獨鍾，一般都認為東山縣銅陵關帝廟為祖廟，很多臺灣人每年都會來到福建東山關帝廟祭祀，如宜蘭礁溪為天宮曾一次組團四百七十八人前往東山祖廟謁祖。在東山關帝廟裡有《重修武廟碑記》，上面清楚地記載著臺灣各個行業對福建東山廟的捐款。1995年，福建東山的關帝神被臺灣民眾請到臺灣，成為溝通大陸和臺灣人民關公崇拜的主要橋梁。關公、媽祖、觀音成為臺灣的三大主流信仰。福建東山關帝廟雖然建築面積不大，但其建築藝術富有閩南特色，被列入國家級非物質文化遺產名錄。

4. 運城解州關帝廟

　　運城解州關帝廟，創建於隋開皇九年（589年）。目前建築面積達二百多畝，是全國現存規模最大、也是保存最為完整的宮殿式道教建築群和武廟，被譽為「關廟之祖」「武廟之冠」。運城解州關帝廟分為正廟和結義園兩部分，廟內懸掛有康熙御筆「義炳乾坤」、乾隆欽定「神勇」、咸豐御書「萬世人極」、慈禧太后親書「威靈震疊」等匾額，代表建築是春秋樓，形成了極具規模的關公文化景區群。2013年3月29日至4月18日山西省赴臺舉辦了「兩岸關公文化巡禮關公祖廟聖像巡遊」活動。[141]

二、客家地區的關帝崇拜

　　客家人從中原遷移而來，他們保存著中原漢民族的信仰特徵，對孔子、對關帝的崇拜就很普遍。客家人崇拜關帝，敬仰關帝的忠、勇、信、義、仁、智。各州、府、縣城所在地甚至鄉村都為關帝建祠立廟，不少人還在廳堂、店鋪設置關帝神位，對關帝焚香點燭，頂禮膜拜。同時，客家人在閩粵贛形成獨特民系後，民間信仰也加入了新的元素，並在繼續遷徙過程中傳播到海內外。

二、客家地區的關帝崇拜

（一）關帝形象

關帝形象，全國的塑像大同小異，有共性又有細微的變化。關帝早期的形象是《關羽傳》中諸葛亮讚關羽「猶未及髯之絕倫逸群也」，但真正奠定關公形象的是《三國演義》中對關公的藝術性描寫。

繪畫藝術的描摹，以及京劇藝術的扮相設計，則塑造了更具體的關羽形象。其經典形象是：身大而長，手握《春秋》，棗紅臉，臥蠶眉，丹鳳眼，長鬍子，綠錦袍，赤兔馬，青龍偃月刀。關公留給世人的經典性格特徵則是：凝重、威武、儒雅、高傲。

文學藝術是關公文化的誕生源頭與演進載體。《三國演義》第一回對關羽出場的描述是在劉備首次見到他時：「玄德看其人，身長九尺，髯長二尺，面如重棗，唇若塗脂，丹鳳眼，臥蠶眉：相貌堂堂，威風凜凜。玄德邀他同坐，叩其姓名。其人曰：『吾姓關名羽，字長生，後改雲長，河東解良人也。因本處勢豪倚勢凌人，被吾殺了，逃難江湖，五六年矣。今聞此處招兵破賊，特來應募。』」這就將其長相、性格凸顯出來，成為關公形象的底版。桃園結義後，三人一同打造兵器，「雲長造青龍偃月刀，又名『冷豔鋸』，重八十二斤」。[142]

接著，作者在關羽的勇武、仁義、忠信上不斷發力塑造，如第五回關羽「溫酒斬華雄」情節：「關公曰：『酒且斟下，某去便來。』出帳提刀，飛身上馬。眾諸侯聽得關外鼓聲大振，喊聲大舉，如天摧地塌，岳撼山崩，眾皆失驚。正欲探聽，鸞鈴響處，馬到中軍，雲長提華雄之頭，擲於地上。其酒尚溫。後人有詩贊之曰：威震乾坤第一功，轅門畫鼓響鼕鼕。雲長停盞施英勇，酒尚溫時斬華雄。」第二十五回，寫關羽斬顏良：「關公奮然上馬，倒提青龍刀，跑下山來，鳳目圓睜，蠶眉直豎，直破彼陣。河北軍如波開浪裂，關公徑奔顏良。……忽地下馬，割了顏良首級，拴於馬項之下。飛身上馬，提刀出陣，如入無人之境。」百萬軍中，關羽取敵上將首級，如入無人之境，被曹操稱讚：「將軍真神人也！」第二十七回寫其過五關斬六將，勇武形象躍然紙上，成為千古的神話。[143]第二十五回，關帝被圍，劉備不知下落，而劉備妻兒在關羽軍中。被張遼的「三罪」說服之下，關羽提出了投降條件

的「三約定」：「只降漢帝，不降曹操」；「二嫂處請給皇叔俸祿養贍」；「但知劉皇叔去向，不管千里萬里，便當辭去」；「三者缺一，斷不肯降」。第二十六回，在得知劉備下落後，關羽「掛印封金」，訣別曹操而回歸劉備，小說突出體現關羽的忠義仁愛以及視金錢、權力如糞土的精神。[144] 此後，第五十回的華容道義釋曹操是有關關公忠義之描寫，其忠義之形象完全塑造出來了。[145]

「美髯公」是關羽典型形象。「美髯公」之稱，出自第二十五回，曹操關注關羽之髯，並引其朝見文帝：「次日，早朝見帝。帝見關公一紗錦囊垂於胸次，帝問之。關公奏曰：『臣髯頗長，丞相賜囊貯之。』帝令當殿披拂，過於其腹。帝曰：『真美髯公也。』因此人皆呼為『美髯公』。」[146]

「紅面關公」的形象非常獨特，來源於小說「面如重棗」的描述。也有人指出，關羽的這個形象，是有特殊意義的。據記載，關羽生於戊午年戊午月戊午日戊午時，年月日時的天干同氣，地支也同氣，火土相生，格局清純。五行中火和土是信用和忠義的象徵，火的代表色是紅色，所以，「紅面關公」的形象突出表現了關羽的忠肝義膽，這個形象非常符合關羽的氣質和性格。

（二）關公塑像

關公的塑像形態可謂多種多樣，各有千秋：在儒家書齋，關夫子被安置得文質彬彬，《春秋》在手；在道家宮觀，道長們把關公塑造得仙風道骨，清淨自然；在佛家寺院，關公又被點化得四大皆空，善哉善哉；在財神殿堂，關老爺出落得金光燦爛，滿身放射著招財進寶的光芒。

客家地區祭拜的關公塑像，基本按照上面的關帝形象塑造，但又有不同的造型。我們留意供奉關羽的祠祀廟宇就可以發現，關帝塑像有立像和坐像之分。立像一般是右手執刀，左手撫髯。坐像的造型就很多了：有一手刀、一手書的；有一手握刀、一手撫髯的；有一手端書、一手撫髯的，如連城林坊、培田村的關公塑像；有雙手握於胸前的，如長汀舉河村關公塑像；有一手撫髯、一手做蘭花指的，這個造型較少見，如永定北山關帝廟；等等。

這裡還要說明的是，大多數時候，寺廟中關公塑像左有關平，右有周倉；關平侍立，周倉握刀。供奉的關羽塑像多是頭戴夫子帽，面色赤紅，身著綠袍，一手捋長鬚，一手執《春秋》的造型。

關羽作為一名武將，戎馬一生，卻常手不釋卷，可見其對《春秋》喜愛之深。《三國演義》第二十七回胡班領王植令欲乾柴引火燒死關羽，就曾窺見「關公左手綽髯，憑几於燈下看書」。其實我們從儒家經學的發展史可以知道，作為儒家五經之一的《春秋》，在關羽生活的漢末三國時期，已在社會上廣為流傳。關羽所當之世，閱讀《春秋》已經蔚然成風。魏、蜀、吳三國，喜歡讀《春秋》的政治家、軍事家數見不鮮。[147]另外，「秉燭達旦」故事見毛本《三國志演義》第二十五回，關羽「約三事」而暫時棲身曹操處。小說云：「操欲亂其君臣之禮，使關公與二嫂共處一室。關公乃秉燭立於戶外，自夜達旦，毫無倦色。操見公如此，愈加敬佩。」司馬遷言：「《春秋》，禮儀之大宗也。」「秉燭達旦」凸現關羽不僅讀《春秋》，更是奉守《春秋》大義，執守叔嫂之禮。他處變不亂、貞潔凜然的風姿更為後人敬仰。關羽秉燭讀《春秋》的形象也由此而明確。[148]

關羽秉燭讀《春秋》的形象逐漸成為關公文化的文化符號，其突出表現就是供奉關羽處的塑像、畫像通常以此為原型。讀《春秋》有很深的文化含義，體現了關羽的忠、義等內涵，及其一生對《春秋》大義的踐行。武聖讀書又與客家人的耕讀文化精神相契合。永定大溪客家人在巡遊關帝時，稱之為「轎上讀書郎」。

（三）關帝廟宇

因民眾以及官府的廣泛推崇，關帝崇拜極盛，關廟遍及窮鄉僻壤，「九州無處不焚香」，且所建寺廟形式多樣。《關帝志·廟》記載：「玉泉山關帝廟在當陽縣西三十里。漢建安二十四年十二月帝歿此山下，葬於章鄉。廟興於陳光大中。」這是最早的見於史籍的關廟記述。

據臺灣專門研究宗教的張檉先生介紹：1945年，抗日戰爭勝利後，全國有一次專門調查統計，中國道教廟觀總數超過4.4萬座，而且不計小山村廟

民間信仰與客家社會
第八章 義薄雲天外，信入民眾間

宇數，每廟都有專供或合供、配供關公的。他還介紹，1956年，臺灣有過專門登記，總廟宇數量達1.6萬座，至少有1.4萬座廟中供祀關公。還有文字資料表明，有一個以崇拜關公為主的組織，在世界140多個國家與地區中有分支機構，香火祭祀遍於全球。[149]

供奉關帝的場所多種多樣，有個人在家中、公司裡供奉的；有和其他神靈一同供奉的，如永定高陂鎮西陂村天后宮，一層大殿供奉媽祖，二至五層，分別奉祀關帝、文昌帝君、魁星和倉頡，一樓朝東後殿祭祀孔子；有建成文武廟，供奉孔子、關帝兩人的，如連城培田的文武廟；有專門的關帝廟，如永定高陂鎮的北山關帝廟、永定大溪的關帝廟等。

各地的關帝廟獨特的帝宮布局，規模宏大，建築藝術精湛，其和諧的建築風格，傳神的鑄造工藝，精妙的雕塑藝術，都獨具魅力。尤其在臺灣，風格特點更明顯。有專家把臺灣關帝廟的建築模式歸納成三種：第一種有牌樓、寬闊的廟埕，廟宇結構或以華南式為主，或以華北式為主，或將兩者結合。如雲林縣四湖鄉的參天宮。第二種是院落式，有二進或三進，基本以閩式風格為主。如臺北市民權東路的行天宮。第三種為宮殿式，以多層為主，主要向空間發展，以層代殿。如高雄市苓雅區的關帝廟，為典型的華北宮殿式建築。「臺灣關公廟的建造中可看到閩地匠師、臺灣匠師、客家匠師的不同風格。如桃園縣大溪鎮的普濟堂，其主祀的關廟帝君、孚佑仙祖、九天司令，左右偏殿各祀的延平郡主、文昌帝君，皆出自福建雕刻名家林其鳳之手，距今已90多年歷史，係採用陶土脫坯方式雕塑而成。再如宜蘭縣礁溪鎮的協天宮，其設計師為臺灣人阮元榮，廟內的木雕、結網、藻井皆由臺灣阿水師傅包辦完成，水泥師及關聖帝君後的那條龍則為臺灣再興師傅的手藝。又如雲林縣口湖鄉的關帝廟建築，可明顯看出廣東客家建築和流派風格；關帝廟是三殿兩廊式的木構建築，三殿就是前門，棟束不直接承桁，前步口採二，後步口縮為一架，明顯分出寬狹；廟門不彩繪門神，接近官廟孔子廟的風格；三川殿後檐向上彎起，牌樓也不作彎枋用雕花取代；正殿前有軒的設計，也是彎拱，展現了客屬此派精神；正殿進深有七間，棟架簡單明瞭，棟架的斗拱，只有拱而省去了斗；後殿的屋頂則是穿斗式的構造；廟中隨處可見的最大特

點就是客家人常用的穿水式棟梁，其束木不與桁木接觸，兩者之間墊一個斗，也有束木穿過柱頭斗下，斗口呈孤，以承桁木。」[150]

1. 培田文武廟

培田文武廟建於明初，原為平房，稱「關爺亭」。培田吳氏族譜云：明明祀關帝也，何不曰廟而曰亭，聞原四方一層如亭然，故名欣然。在乾隆己亥年（1779 年）由吳鴻飛公倡建二層，改建成上層祀文聖孔子、下層祀武帝關公的兩層建築，稱「文昌閣」，後人稱為「文武廟」。中國人歷來講究輩分排次，人們決定「大誠至尊」孔夫子安在樓上，「千古一人」關聖帝君安在樓下，體現客家人崇文尚武的理念。

關於文武共祀一廟，培田村吳清熙介紹了培田人自己編著的《培田：輝煌的客家莊園》一書，特別提到這樣一則故事：明朝嘉靖年間（1521～1566 年），富陽地方的文武舉人和秀才集資興造一座「二聖祠」，供奉的是被歷代文人奉為師表的孔夫子，被歷代武人奉為忠義雙全的關雲長。殿宇、神像落成後，要擬寫一副對聯。這時，文武舉人和秀才們發生了爭執，在對聯中，文的要突出孔子，武的則要突出關羽，雙方意見相持不下。後經富陽知縣裁定，延請書法、文章名重江南的才子徐文長來撰聯。為此文武雙方各推出代表數人，去杭州請徐文長。徐文長對此雅事，也欣然答應，並洞察文武雙方的心思，為了開導他們撇開門戶之見，徐文長決定借物寓意勸導他們。乘船看見帆船超過搖櫓的船時，徐文長吟道：「逆水行舟，櫓速（魯肅，三國時東吳的文大夫）不如帆快（樊噲，漢初劉邦的武將）。」這時，武方的代表洋洋得意，認為徐文長偏向武。而徐文長接著又吟道：「迎風奏樂，笛清（狄青，北宋時一名武將）怎比蕭何（蕭何，漢代文丞相）。」這時原感到委屈的文方代表，立即轉嗔為喜，認為徐文長還是向著文的。徐文長見此，對眾人說：「櫓與帆都是行舟工具，但各有各的用處，相輔相成，取長補短，才能兩得其利。笛聲清而厲，簫聲和而遠，依聲入譜方成悅耳之音。文武之道，一張一弛，同出一理，願大家深知此理。」眾人聽了這一番寓意深刻的比喻，都暗自慚愧。到了富陽，徐文長沐浴更衣後，在隆重的儀式中運筆如飛寫下這樣一副對聯：

民間信仰與客家社會

第八章　義薄雲天外，信入民眾間

孔夫子，關夫子，兩位夫子，聖德威靈同傳萬世；

著春秋，看春秋，一部春秋，廟堂香火永續千年。

對聯既讚揚文，又崇尚武，一視同仁，文武都重要，因而大家都感到滿意。

培田人民對文武之道孰重孰輕，向來沒有偏頗，一直把他們視為一體，崇文尚武成為該村風尚。正因為如此，該村才會出現文武進士、文武舉人、秀才達近二百人的輝煌，文經武略之風才能一直延傳至今。

培田文武廟廟門為牌樓式建築，飛檐走瓦，金碧輝煌。兩邊牆上鑲嵌壁畫，門楣刻「渤水恩波」，聯為「忠心昭日月；義氣壯山河」。進門後為天井，天井後為大廳，供奉關帝神像。關帝左手執《春秋》，右手撫美髯；左有侍立之關平，右有持刀之周倉。最典型的是神臺上還供有許多牌位，左有「武哲孫武神位」「武哲諸葛亮位」「武哲徐勣神位」「武哲白起神位」「武哲田穰苴位」，右有「武哲吳起神位」「武哲張良神位」「武哲韓信神位」「武哲李靖神位」「武哲樂毅神位」，把歷史上著名的軍事家都列入其中合祀。三國時漢丞相、與關公同朝者，著名軍事謀略家諸葛亮也居於下首的牌位。神位兩旁的對聯是：「一生不負桃園義；千古長存蜀漢忠。」

廟中專門有「武聖關帝簡介」：

步入培田古文武廟，映入眼簾的是武聖關帝以及其義子關平（左尊神像）愛將周倉的神像。

現代的神古代的人，武聖關帝何許人也？他就是三國蜀漢五虎上將關羽是也。

關羽，東漢末年山西解州人，他與劉備、張飛「桃園三結義」，情勝兄弟。關羽以一顆忠義赤心，誠信仁義的道德操守，精勇的武藝而聞名於三國。他溫酒斬華雄、斬顏良文醜、封金掛印、千里走單騎、秉燭達旦、過五關斬六將，威震荊襄而家喻戶曉，載入史冊。同時也因關帝大意失荊州，兵敗走麥城，為很多看《三國演義》者扼腕嘆息，甚至唏噓落淚。

關羽因其忠孝氣魄和節義誠信精神，備受封建朝廷和平民百姓的愛戴與讚頌，蜀漢追謚他為壯繆侯；宋崇寧中封他為崇惠公，旋加封武安王；明萬曆中封他為協天護國忠義大帝；清乾隆中詔改之壯繆為忠義；民國三年與岳飛合祀於武廟。老百姓則稱關羽為「關公」、「關帝」、「關老爺」、「武財神」、「關爺菩薩」、「武聖」等集儒釋道稱號於一身。

民間為什麼會把關羽奉為「武財神」呢？主要是做生意的買賣人最重信用和義氣，而關公信義俱全堪為生意人的楷模，加之「晉商」對關公這位老鄉的推崇，所以關公順理成章地成為生意人心目中的「財神爺」。二是因為做生意人的算盤，傳說是關公發明的，關公當年為了正確計數殲敵數目和軍用錢糧數目的，後算盤被民眾用於商業。三是傳說關公善於理財，長於會計業務，曾設筆記法，發明日清簿，記帳設有原、收、入、存四項，詳細清楚，此種記帳法被生意人採用。四是傳說關公遇害後，他的靈魂又回來復仇，爭取最後勝利。生意人如有挫敗，也要像關公那樣不懼失敗而應東山再起。

敬奉關公，熏沾誠信之氣，忠義之精神，取財有道之財氣，為聖為靈之靈氣。一炷清香達天庭，神靈如在，神靈有應，佑君好運。

——吳來星撰稿

2. 連城林坊關帝廟

連城林坊林坵村，為林氏家族居地，自元朝至元甲子（1264年）即由清流林家城遷入此地。一條小溪貫村而過。村中溪邊有建於明代的古建築鎮武廟，祭祀鎮武祖師。在鎮武廟邊，林姓族人建立了媽祖廟。溪上近年架建了一座崇民橋，橋上立有「水將軍之神」牌位。在鎮武廟後建有關帝廟，規模比鎮武廟小。不遠處還有林氏宗祠，形成了一個祭祀文化圈。

林坊關帝廟為廳堂建築，規模不大。大堂神位上的關帝為坐像，左手握《春秋》，右手撫美髯。關帝左手邊立捧帥印的關平，右手邊立握刀之周倉。神臺前兩根大立柱有聯：「關帝護國國太平；帝君愛民民康樂。」神位前設有大香爐、大神桌，供人們焚香、擺貢品祭祀。

最有特色的是廟中側牆張貼的《關聖帝君覺世真經》：

民間信仰與客家社會

第八章 義薄雲天外，信入民眾間

　　帝君曰：人生在世，貴盡忠孝節義等事，方於人道無愧，可立於天地之間。若不盡忠孝節義等事，身雖在世，其心已死，是謂偷生。凡人心即神，神即心，無愧心，無愧神，若是欺心便是欺神。故君子三畏四知，以慎其獨。勿謂暗室可欺，屋漏可窺，一動一靜，神明鑑察，十目十手，理所必至。況報應昭昭，不爽毫髮。淫為萬惡首，孝為百行原。但有逆理於心有愧者，勿謂有利而行之。凡有合理於心無愧者，勿謂無利而不行。若負吾教，請試吾刀。敬天地，禮神明，奉祖先，孝雙親，守王法，重師尊，愛兄弟，信朋友，睦宗族，和鄉鄰，敬夫婦，教子孫。時行方便，廣積陰功，救難濟急，恤孤憐貧，創修廟宇，印造經文，捨藥施茶，戒殺放生，造橋修路，矜寡拔困，重粟惜福，排難解紛，捐資成美，垂訓教人，冤仇解釋，斗秤公平，親近有德，遠避凶人，隱惡揚善，利物救民，回心向道，改過自新，滿腔仁慈，惡念不存。一切善事，信心奉行，人雖不見，神已早聞。加福增壽，添子益孫。災消病減，禍患不侵。人物咸寧，吉星照臨。若存惡心，不行善事，淫人妻女，破人婚姻，壞人名節，妒人技能，謀人財產，唆人爭訟，損人利己，肥家潤身，恨天怨地，罵雨呵風，謗聖毀賢，滅像欺神，宰殺牛犬，穢溺字紙，恃勢辱善，倚富壓貧，離人骨肉，間人兄弟，不信正道，姦盜邪淫，好尚奢詐，不重勤儉，輕棄五穀，不報有恩，瞞心昧己，大斗小秤，假立邪教，引誘愚人，詭說升天，斂物行淫，明瞞暗騙，橫言曲語，白日詛咒，背地謀害，不存天理，不順人心，不信報應，引人作惡，不修片善，行諸惡事，官詞口舌，水火盜賊，惡毒瘟疫，生敗產蠢，殺身亡家，男盜女淫，近報在身，遠報子孫。神明鑑察，毫髮不紊。善惡兩途，禍福攸分。行善福報，作惡禍臨。我作斯語，願人奉行。言雖淺近，大益身心。戲侮吾言，斬首分形。有能持誦，消凶聚慶。求子得子，求壽得壽。富貴功名，皆能有成。凡有所祈，如意而獲。萬禍雪消，千祥雲集。諸如此福，惟善可致。吾本無私，惟佑善人。眾善奉行，毋怠厥志。

　　戊子年五月吉日

　　人們借關帝聖君之口，說出做人的道理，為人處世的原則。這則《關聖帝君覺世真經》把千年來融入關帝信仰的精神，深刻表達了出來，其最核心的理念就是「懲惡揚善」。《關聖帝君覺世真經》寓意深刻，故錄於此。

據村民介紹，自明萬曆以來，林氏的祖輩在春節期間有舞龍、舞獅活動，從正月十三至十五開展游大龍鬧元宵活動，祈禱來年風調雨順、國泰民安。活動環繞林坊大地巡遊四門，曾博得「天下第一龍」的讚譽。

3. 高陂北山關帝廟

北山關帝廟位於福建省龍岩市永定區高陂鎮北山村南部水口右岸的河壩上，始建於明朝萬曆八年（1580年）。據記載，該廟始建時為亭閣式，泥塑關公，清乾隆年間（1736～1795年）擴建成現在規模。清嘉慶元年（1796年）在四川經商的族人運回木雕關公、關平和周倉神像，置廟內供奉。1967年三尊神像被毀，2006年重塑，並於當年農曆十月二十七日舉行開光儀式。

（1）建廟之因

北山關帝廟為高陂鎮北山村人所建。北山村中張姓為大姓，人口達五六千人。之所以建關帝廟，其中一個說法是北山村民大多數姓張，民間由於《三國演義》等傳統作品的影響，認為關羽與劉備、張飛是桃園結義兄弟，關羽排行第二，故又俗稱其為關二爺，張飛是三弟。於是北山張姓人就說關公是其兄長，是二哥。張姓人認為關公最講忠義二字，最值得信賴，最值得推崇，同時也向世人表示，張姓人也是最講義氣的。

民間信仰，有時往往與姓氏連在一起，如福建林姓稱媽祖為「婆太」，所建供奉林默娘的廟宇為「婆太廟」。居北山村上游的西陂村林姓人就是稱媽祖為「婆太」，建有供奉林默娘的廟宇為「婆太廟」，後改稱天后宮。永定高陂北山人建關帝廟多一層意思，北山張姓人以張飛為驕傲，供奉其「關二哥」關帝也是情理之中。

另外，關公作為武財神，是保護商賈之神，商家對他很虔誠。他們篤信仰賴關帝庇佑，就會求到吉利，財源廣進。北山有一從虎崗經西陂、上洋而下的河流，是永定河的上游。早期水量充沛，水運發達，是高陂人外出營商求學的重要通道之一。關帝是一種文化，關帝是一種精神。人們祭拜關帝，推舉他為忠、信、義、勇集於一身的道德楷模，保佑民眾的萬能神，還奉其

為許多行業如皮革業、煙業、成衣業、屠宰業等的行業神。所以，人口眾多、從事多種行業的北山人特別重視關帝崇拜。

（2）廟宇特色

北山關帝廟坐東南朝西北，占地面積1700平方公尺，建築面積890平方公尺。土木結構，兩進三落合院式，由門廳、天井、拜亭、正殿、左右迴廊和後院等組成，正殿立面呈「昌」字形，就像一座宮殿式土樓，分3層，高度達19.8公尺，相當於六層樓高，面闊五間，抬梁式梁架，歇山頂。

它的結構精巧奇特：由於天井大，故在主殿前建一個亭式構築的拜庭，由四根八公尺長的大圓柱立起，頂層以一根大圓木柱為主體，像傘狀向周圍輻射，精巧玲瓏，典雅壯觀。這個設計比較少見。主殿邊各有兩門，第一個門打開後，裡面設計成直通二層的木樓梯，有二十六級，從二層再上三層的又有二十四級；第二個門是通往後殿的通道，邊上各有三間房。二、三層還供奉有菩薩。站在三層上，北山矗立，房舍田洋一目瞭然，廟門前的溪水蜿蜒而過，故三樓又稱「凌雲步月樓」。後堂也有兩層，有樓梯，兩邊上下各一間，與兩邊廂房的三間相通，可以住人放東西。再後為一天井，然後是平房，除了作廚房部分外，其他廳堂還供奉許多其他菩薩，其中小廳叫三寶殿，供奉三寶佛像。

寺廟主樓的一層大堂供奉關帝，左周平、右周倉。比較奇特的是關帝左手不是握書，而是比蘭花指狀，這也是比較少見的造型。

關帝廟邊還有一吳公庵，是供奉保生大帝的。

2013年1月28日，這座古建築被福建省人民政府列為第八批省級重點文物保護單位。

（3）節慶祭祀

和其他關帝廟一樣，人們逢初一十五或個人升學、生意開業等事項就去北山關帝廟祭拜，祈求福運。在農曆五月十三關帝聖誕日，行祭者到廟堂三獻禮，三跪九叩首，三奏樂，獻五牲，讀祝文，禮儀十分隆重。最熱鬧的祭祀則在元宵節。

元宵節，客家各地都有鬧元宵遊龍活動，北山村龍燈隊鬧關帝廟。北山村龍燈隊以房族為單位，從家族祠堂或一固定地點出發，每條龍都配有鑼鼓隊，一路巡遊，家家戶戶看到龍燈來了，都紛紛點燃早已準備好的鞭炮，濃煙四起，響聲陣陣。最後，所有的龍都在關帝廟聚集。人們也都集聚在關帝廟，人山人海。廟會組織者請來採茶燈表演隊及相關文藝團隊表演，以壯聲勢。陸續到來的龍燈隊都要進入關帝廟和旁邊的吳公庵行禮參拜，然後在廟前廣場上舞動。眾多龍燈隊輪番上陣，一條龍舞完走了，另一條龍又上來。還有舞獅隊，也是先往廟裡走，行禮鞠躬後緩緩退出來，到廣場表演。舞龍、舞獅的過程中，人們配合著燃放煙花炮竹，真是鑼鼓喧天、鞭炮齊鳴、煙花爛漫，一片節日熱鬧祥和景象。高陂鬧龍燈，一般從正月十二開始鬧到十九，長達七八天。

（4）楹聯文化

　　關公文化中，楹聯文化是一大特色。關帝廟的楹聯除了一部分是通用的，或者說是從別處抄來的之外，大多數楹聯由當地文人學士自撰。這樣的楹聯蘊含了各地民眾對關帝精神的理解，對關帝功德的讚頌，同時楹聯內容也彰顯了各地的民情風俗、自然風光，更體現了一個地方的人文底蘊。

　　如客家梅州平遠關帝廟的對聯：「精忠沖日月；義氣貫乾坤。」堂前楹柱聯：「目中僅二人，大哥三弟；心頭惟兩事，滅魏吞吳。」此聯為清翰林莊友恭撰，很有特色，突出關帝的忠義精神。又如梅縣關帝廟對聯：「匹馬斬顏良，河北英雄皆喪膽；單刀赴魯肅，江南士卒盡寒心。」傳說此聯為宋湘所作，以關帝平生兩件事入手，突出其智勇精神。

　　閩西永定高陂鎮是人文之鄉，文化底蘊深厚。古代，從永定縣城通往北山關帝廟的要道上有座橋，名高陂橋，是高陂名士王見川翰林為實現母親在他出生前的承諾而建。

　　高陂橋凌空飛架，氣勢豪邁，宏偉壯觀，尤其是大跨拱，如長虹臥波，是馳譽閩粵的石拱橋。高陂橋落成之日，車水馬龍，四鄉同慶，王翰林欣然題寫了一副楹聯：「一道飛虹，人在青雲路上；半輪明月，家藏丹桂宮中。」前一句從上游即從家鄉往下看，長虹臥波，連接外面精彩的世界，高陂人要

從橋上向外拓展，要走上青雲之路；後句則從下游回望家鄉，從橋洞看，家鄉被半輪明月含在口中，如在畫框中，美輪美奐。視角獨特，構思精巧，格律嚴謹，詞句美妙，體現了王翰林深厚的文學功力。

北山關帝廟的楹聯不少是本地才俊所撰，也很有特色。

大門聯：「一嶂青山懸義膽；雙溪碧水映丹心。」對聯將關帝廟所在的地理環境及景色融入其中：一嶂青山，指關帝廟所面對的北山；雙溪碧水，就是關帝廟門前右虹橋下一條大溪，蜿蜒奔湍而東南向高陂橋，而廟左小溪之水從關帝廟後繞回又重新匯入大溪。聯中「青山懸義膽」「碧水映丹心」，情景交融，珠聯璧合，可謂絕對。

前廳中柱外聯：「萬古英名載青史；千秋義勇壯山河。」

前廳中柱內聯：「志在千秋功在漢；功同日月義同天。」

拜廳外柱：「匹馬上驅千里月；單刀獨耀一江風。」

拜廳內柱：「夜雨煙消思漢鼎；春風花發想桃園。」

正殿廳柱：「生蒲州，事豫州，戰徐州，千載名標第一；兄玄德，弟翼德，擒龐德，古今義勇無雙。」

另外，寺廟中有求籤處。北山關帝廟籤語也有特色，以三國人物故事以及其他歷史人物故事寫成兩句籤語。如第一籤（上上）：「堯舜有道君盛世樂耕耘；風調雨又順國泰民安平」，第二籤（上中）：「常山趙子龍當陽逞威風；單騎救真主三國顯英雄」，第廿三籤（中）：「大戰虎牢關兄弟逞英雄；三英戰呂布溫酒斬華雄」等。

總的說來，關帝廟往往成為一個地方文化活動的中心，關公廟建築所具有的藝術特色又會吸引無數的藝術愛好者、旅遊愛好者前來參觀。

（四）祭祀活動

對關帝的祭祀活動，有日常祭祀和巡遊模式。時間上有幾個說法：關羽的老家解州常平村，據崇禎二年（1629 年）《建關聖常平村祖塋祀田碑記》記載：「四月初八日關聖受封之期，六月二十二日為誕辰，九月十三日為忌日，

五月十三日為賽會。」在這四個時間裡，鄉民們都要前往解州關帝廟和常平村關聖家廟舉行盛大的祭祀活動。

客家地區供奉關帝的民眾往往在農曆的每月初一、十五到關帝廟祭拜。如果遇上出國念書、升學考試、拜結金蘭、生意開張、企業節慶等活動，人們把關公作為他們的保護神，都要到關帝廟或者自家的關帝像前祈禱祝福。其他的時間根據當地村民的理解而定，每個宮廟還有自己獨特的祭典方式。

大型的巡遊關帝活動，一般以村落或區域為單位組織，隆重熱烈。如永定的大溪鄉、永定的北山村、長汀縣舉河村等。

客家長汀縣的舉河村，每年農曆正月十二日要舉行「鬧春田」或稱「抬爛泥菩薩」的民俗活動，這是由全村民眾共同參與的民俗節日活動。起源於何時，沒有史料記載，關於它的各種傳說卻代代相傳，其民俗活動也沿襲至今。

長汀縣舉河村「鬧春田」民俗活動與關公信仰緊密相連。在長汀，關公作為民間信仰與人們日常生活息息相關，對民眾身心愉悅、村落和諧都有重要作用。正月十二日天色未明，福首家已經熙熙攘攘來了許多祭拜關公的人，正廳非常明亮，關公像擺放在正廳案前，身披紅色長布，兩旁香燭遍布，香爐兩側擺放著紙製的金元寶花籃以及各樣祭品，包括豬肉、雞、魚。自清晨開始，人來人往，絡繹不絕，屋內人聲鼎沸，屋外爆竹連連。8點正式開始抬菩薩，青壯年將關公神像固定在提前備好的紅轎之上，前後各兩人抬著開始遊神。村內共有六個祭祀點，青壯年輪流更替以保持體力。第一個祭祀點是大壩角，祭祀點門前擺好瓜果牲品，關公像到達祭祀人家門口，樂隊開始吹拉彈唱，舞船燈者吆喝曼舞，民眾燒香祭祀。村民會從家中帶來活雞當場封喉，傳說中雞用來祭祀山神，雞血則用來供奉土地神。前來祭拜的人絡繹不絕，最後由德高望重的老人祝辭，祭祀儀式完成之後，就是「鬧春田」的第一個高潮。關公像還未抬到第一個祭祀田，泥田周圍已經圍滿了群眾，寒氣逼人，田裡泥濘不堪，依然阻擋不了村民的一片熱心以及外來客人樂在其中的心理。四個青壯年抬著關公像來到田邊，圍觀的群眾自發讓出了一條道路，方便抬像的青壯年下田。關公像被抬到田地中央，接著繞水田內側快速

民間信仰與客家社會

第八章　義薄雲天外，信入民眾間

奔跑，圍觀群眾的歡呼聲也隨著他們的奔跑速度起伏不定。倘若有人在奔跑過程中體力不支跌在泥田，群眾也會隨著奔跑者的跌倒而惋惜不已，當跌倒者重新站起來繼續奔跑之時，歡呼聲也更加鏗鏘有力。跌倒，爬起來，再次跌倒，又一次爬起來，就這樣循環往復，直到四個青壯年氣喘吁吁，筋疲力盡。立在旁邊的青年會上去頂替他們繼續奔跑，群眾的歡呼聲、讚嘆聲連綿不絕。最後，十幾個青壯年一同上去抬著泥像奔跑、歡鬧，活動的氣氛此時也達到了高潮。進行到最後，青壯年們已經氣力用盡喘息不已，但是他們依然在泥田裡盡情揮灑。在第一個祭祀點鬧完之後，關公像被抬到貫穿整個舉河村東西邊的河水中清洗，清洗之後在第二個祭祀點胡屋進行同樣的儀式。等到六個祭祀點都鬧完之後，村民又浩浩蕩蕩地將關公像送往回龍庵，「鬧春田」圓滿結束。

　　舉河村有胡、馬、曾、黃等幾大姓氏。常有多個姓氏宗族力量相互抗衡，相互影響，宗族之間的紛爭難以避免。舉河村日常的活動舉辦、要事商榷是按照抓鬮的分配方式將整個村分為四蓬人，其中蓬作為祭祀菩薩的分組單位。過去蓬是按照地域來劃分，各個宗族人口混雜在一起。現在蓬的分布則是以抓鬮的方式，一個蓬內的民眾被打散開來，並且一旦蓬的分配確定下來便不再改變，以後子子孫孫都從屬於此蓬。祭祀關公、舉辦「鬧春田」活動每年都由蓬中某戶人家來負責，直至蓬內人家輪流完畢，另一個蓬繼續輪流負責。祭祀關公過程之中利用抓鬮方式分蓬，活動過程所需的舉旗者、廚師以及記帳會計等，同樣以此種方式確定，村民各司其職，活動順利舉行。此種方式避免了宗族之間互相抱團排斥外人的現象，使得宗族中的各個家庭分散在不同蓬之中。「鬧春田」得以延續至今也正得益於蓬內各家各戶之間的緊密聯繫、配合，它促進蓬內民眾團結互助，也避免了宗族間因雞毛蒜皮之事引起不必要的紛爭。劉燕凌在對福建莆田黃村莊姓宗族的考察報告中認為遊神賽會是展現宗族意識、體現宗族的現有地位的一種本能抗爭行為。這種以蓬為單位的特殊方式巧妙地將這種本能抗爭行為轉化為增強舉河村民眾凝聚力的方式。舉河村民眾的凝聚力不僅僅體現在祭祀關公上，商貿交往、公共事項也都因此而順利進行。[151]

客家地區最為大型的「關帝巡遊」當屬永定大溪鄉的「迎關帝」活動，下文將專題探討。

（五）關帝崇拜的現代意義

關帝文化作為一種民俗文化，已成為中華民族傳統文化的重要組成部分，得到海內外華人華僑的普遍認可。

多年以來，從沿海經濟發達地區到內地，從港澳到國外都興起了關公崇拜熱潮，各類祭祀活動此起彼伏，愈演愈烈。尤其在海外，華人對關公的崇拜是一道獨特的文化風景線。臺灣、韓國、新加坡、日本、越南、馬來西亞、菲律賓、泰國、緬甸、印度尼西亞等國，北美的紐約、舊金山等地，都建有關帝廟。各地華人華僑熱衷尋根問祖，每當本土的知名關帝廟舉行祭祀大典時，世界各地的代表踴躍參加祭祀，形成巨大的盛會。

在相當一段時間裡，祭祀和崇拜關公，成了一種極為廣泛的社會文化現象，關帝信仰有引領民眾精神的積極方面，關帝的忠義精神，凝聚成一種無堅不摧的力量，推動了歷史的前進；關帝的信仁精神，成為做人處世中一種高尚的行為準則，也轉化為市場經濟活動中誠信不欺的商業倫理；關帝的勇武精神，激勵人們奮進向前、開拓創新。關公作為道德楷模和道德偶像被不斷提升，關公崇拜作為一種文化現象被廣泛普及，他是忠義的化身和道德的楷模，彙集了廣大民眾的審美理想和人生價值觀念，對於中國傳統社會凝聚力的形成，以及道德意識、道德行為的規範與提升，產生過一定的積極作用。

時代在發展，社會在前進。目前，中國正處於經濟轉型時期，極易產生商業道德上的失信以及由此引發的道德秩序混亂，市場經濟愈發展、愈完善，市場競爭愈激烈，愈要求人們恪守信義。同時，中華民族正走在復興的道路上，超國籍、超民族、超時代、超漢文化圈的關公信仰，自有其獨特的魅力。因此，維護和繼承中華民族優秀傳統，促進和增強海內外中華兒女對民族文化的認同，正是關公精神和關帝文化在當代社會的價值所在。

三、大溪「迎關帝」節俗活動

客家祖地閩西永定大溪鄉，有 13000 人，8 個行政村，21 姓氏，歷史悠久，文化資源豐富，人才輩出。據統計，大溪四百年以上的方、圓土樓近三十座，三百年古寺廟有六座，還有千年塔、百年榕。大溪最大的民間信仰活動就是祭拜關帝活動，後來設立專門的「關帝文化節」。

（一）大溪關帝廟

1. 節俗由來

永定大溪「關帝巡遊」（或稱「扛菩薩」），屬於大型的祭拜關帝活動。為什麼有這樣的活動？當地的傳說是：明朝萬曆年間（1573～1620 年）的一天，關公騰空巡察江南，途經福建永定金豐，得聞百姓啼哭不休，叫苦連天，一問方知乃因旱魔作祟，病魔糾纏，金豐連年旱災沉重，農作物乾枯，禾稻歉收，疾病流行，民不聊生。關公鐵心驅邪除魔，治病消災，普利眾生，便在古大溪司署之南側上空降下一只靴，令司署派員籌建關帝聖殿。經一載多努力，於大明朝萬曆九年，即公元 1581 年，一座亮麗堂皇、規模宏大、雄偉壯觀的廟宇聳立在依通著九天的大溪馬齊崬名山下。關帝廟位於古大溪司署之南側，坐南朝北，挺秀靈氣，實為風水寶地。自關帝廟建成後，香火鼎盛，毗鄰的鄉鎮村落：高頭、古竹、奧杳、南溪、豐盛、湖坑、笙竹、列市、陳東、岐嶺、下洋、太月、湖山等金豐十三鄉合境平安、風調雨順、五穀豐登、六畜興旺，百姓安居樂業，男增百福、女納千祥。由此，金豐十三鄉的婦孺長幼、各行各業民眾對「萬能神」關聖帝君頂禮膜拜。出門謀生的、讀書的等等，都要去關帝廟燒香禱告，祈求如意。

大溪民眾對關帝的介紹是：關公宋代封為「義勇武安王」，明朝加封為「三界伏魔大帝神威遠鎮天尊關聖大帝」，歷代皇帝追封到「蓋天大佛」，成為人與神之至極。這裡「蓋天大佛」的說法比較特殊。大溪民眾認為關公具有司命祿、佑科舉、治病消災、驅邪避惡、巡察冥司、招財進寶、庇護商價等多種法力。

三、大溪「迎關帝」節俗活動

當年關帝廟落成適逢農曆五月，為舉行落成典禮決定五月十三吉日（傳關帝生日，大溪人也稱關公磨刀日）進行開光大典，特請佛侶道士開光，並把關帝神像請出廟門巡遊，一方信眾大慶，搭臺演戲熱鬧三天。以後每年農曆五月十三日定為「大溪迎關帝」節日，至今有四百多年的歷史。1949年前，每年舉辦一次關帝廟會，由金豐十三鄉之紳士達人匯商祭祀大事。幾百年來，一直延續不斷，隆重熱烈，聞名永定。此俗除1960年代初期至1970年代末期沒有活動外，其餘時間均有大小活動。

當地關於關帝的靈驗有許多說法，但缺少具體事例。有一則是說關帝祭祀前即五月十三前會下雨，這是關帝磨刀雨，而到了祭祀關帝的時間又都是雲開日出，讓人們開展各項活動。首屆總理游遠豐介紹：「2006年五月永定大雨，各地政府組織大力抗災。五月十二日，大溪地界還是下雨，鄉鎮領導很著急，召集我們理事會徵詢，別的地方在抗災，我們還要辦祭祀踩街遊行活動，行不行？安全不安全？我就說行。關公有大刀，會把大雨砍掉的，會保佑的。半是玩笑話，半是依據以往的經驗，五月十三大溪一般不會有大雨。果然，五月十三祭祀遊行日，周邊鄉鎮大雨，大溪只是細雨。我們從鄉政府踩街遊行結束了、巡遊完了才下起大雨。百姓都說靈驗，是關帝保佑的。」

再一則是2018年的6月10日，關帝廟的後山籠罩在一片金色中，人們認為自古以來，大溪從沒出現過這種情景，是關帝顯靈的好兆頭。這一精彩時刻，恰巧給曾任大溪鄉書記的江宇圍遇上，專門拍攝留念以證。同時，江宇圍擔心人們懷疑其真實性，於是叫人將自己也拍攝進畫面中，將之傳到網路。人們都稱是奇象，是關帝廟所在馬齊崬的靈氣。儘管有專家出來解釋這一現象的科學道理，但民間百姓寧願稱是關帝顯靈。恰逢這時距第五屆「大溪迎關帝」舉辦還有十四五天，大溪人很高興地傳播說關帝顯靈，為「首屆海峽兩岸（客家）關帝文化交流暨第五屆永定大溪關帝民俗文化節」增色不少。

2. 廟宇建築

大溪關帝廟建於馬齊崬山下、古大溪司署之南側。經多年整修，規模較大，廟宇壯觀，邊上為小學校。

民間信仰與客家社會

第八章　義薄雲天外，信入民眾間

廟宇為口型，進大門後為一天井，天井後為大殿。門樓高大，最前有兩個柱子，書聯曰：「行國家大義方許叩頭禮拜；無兄弟深情何須入廟焚香。」對聯內容暗合關帝精神，有告誡祭拜之人意味。大門的對聯則為：「紅臉臥蠶丹鳳軍營夜燈兵書手捋長髯思謀略；青龍偃月赤兔虎牢屯土五關臂舞大刀戰沙場。」天井後大堂中間是關帝神位，左設神龕「文昌帝君神位」，右設神龕「孔聖人神位」。

關帝廟平時有信徒管理服務，日常人們亦來焚香祭祀，捐贈款項，表達願望。寺廟為信眾準備的收據也很有特色，採用傳統的豎寫方式，有到寺廟祭祀捐贈者就填寫地址名字。為方便起見，這裡用橫寫展現：

一泗天下　南瞻部洲

今據

中國　省　縣　鄉（鎮）村（樓、店）

善男、信女：

今日虔備清香寶燭神金花炮齋蔬果品豬羊等牲儀誠心叩拜

南鎮廟關帝聖君暨合廟尊神　祈求降幅，家門昌盛，合家平安，男增百福，女納千祥，四時無災，八節有慶，五穀豐登，六畜興旺，人、車出入平安，經商生意興隆，讀書金榜題名，工作步步高陞，辦廠財源廣進，採掘一本萬利，在家和氣康樂，外出貴人照應，逢凶化吉，神降靈威，神靈顯赫，萬事如意，風調雨順，國泰民安。

南鎮廟謹表

上

聞

公元　年　歲　月　日具疏上申

寺廟中張貼著許多書寫海內外信眾捐贈錢物的紅帳單、介紹關帝文化的宣傳畫，掛著祭祀活動及相關人物的照片，等等。一邊的過道上有信眾游彩

茂題贈關帝聖誕的牌匾：「人傑地靈大溪鄉，三條圳水倒流上。巍峨文峰馬齊崇，美麗新村土籠崗。五庵一寺關帝廟，忠義仁勇永流芳。關帝聖君聖誕日，五月十三大吉昌。千姿百態鑼鼓手，萬紫千紅龍旗揚。百桌供品呈風采，千支香燭點點光。善男祈禱添百福，信女祝告納千祥。合境虔誠歌義將，八方人民享安康。」把大溪祭拜關帝的方方面面都寫到了，通俗易懂。另一邊牆上還掛著 2017 年巡遊臺灣時的邀請旗：

中國福建龍岩市永定區大溪鄉

關帝廟

建廟四百三十六年首次訪臺灣

兩岸一家親

共圓華夏夢

弘揚忠信義

龍岩市永定區大溪鄉

戊戌年五月十三日吉慶

拜訪誠邀

（二）祭祀儀式

自關帝廟建成後的四百多年裡，大溪人在每年的五月十三都要舉行廟會活動。人們準備豬、羊、牛等各類祭品，行大禮祭拜。一般由德高望重的鄉紳主祭，三跪九叩，上香斟酒，儀式繁雜。

主祭念祭詞：「維帝浩氣凌霄，丹心貫月。扶正統而彰信義，威震九州；完大節篤心忠貞，名高三國。神明如在，遍祠宇於寰區；靈應丕昭，焄馨香於歷代。屢征異跡，顯佑群生。恭值佳辰，遵行禮典，筵陳籩豆，幾奠牲醪。尚饗。」

在設立關公文化節後，唸祭文就改在大福場祭拜之時了。根據游遠豐先生的說法：祭品中最為典型的是以全牛祭祀。客家地區最隆重的牲儀一般是

全豬與全羊等五牲，而大溪用全牛祭祀的確特殊。農耕時代，牛作為重要的生產力是受保護的，民眾不能輕易宰殺水牛和黃牛，故農村敬神是禁用牛肉的。現在已是機耕時代，加之牛越來越多，全牛宴已成為金豐十三鄉的大餐，宰殺牛已是平常事。不過，大溪全牛祭祀也不是真正的抬出來一頭牛，而是在祭壇前宰殺黃牛，然後把牛肉、骨頭掏空，只留牛頭及完整的黃牛皮蒙在特製的椅凳上，看似全牛擺在祭壇前。故周邊民眾流行一句帶著貶義的民謠：「大溪人奇趣不奇趣，空殼黃牛祭關帝。」但這也體現了大溪鄉民對關帝的膜拜和敬仰。在廟裡進行調查研究時，有一位老人說這是把牠當成關帝的愛騎赤兔馬。這不失為一種有趣的說法。

（三）關帝文化節誕生

祭拜關帝的廟會延續了四百多年，但後來停辦了。直到 2006 年，政策寬鬆了，經濟也發達了，民間風俗信仰活動逐漸展開了，於是人們就有了新想法。

1. 節俗創起

鄉賢游遠豐倡議發起福建閩西永定大溪「關帝聖君聖誕民俗文化節」活動，以延續大溪祭祀關帝聖君的傳統。其主張是：為推進社會主義新農村文化建設，保護歷史文化古蹟，承繼與弘揚關帝傳統民俗文化，共促科技文化事業繁榮，增進鄉情，加強大溪江、李、巫、余、吳、邱、胡、周、徐、翁、黃、張、陳、游、郭、楊、詹、賴、鐘、簡、蘇等 21 姓氏團結，構建和諧平安大溪，開拓經濟發展，創建大溪土樓融入永定客家土樓旅遊行業等各項事業之發展平臺。活動的主旨是：「弘揚關帝文化，傳承中華美德。」同時決定每三年為一屆。他們還擬製了將「大溪」地名融入其中的對聯：「大地鐘靈文明運啟；溪川集瑞福有基開。」後又擬一副：「大地鶯歌燕舞迎關帝；溪中鯉躍龍騰樂太平。」

2. 關帝巡遊

客家民間最盛大的民俗信仰活動一般是「扛菩薩」。「菩薩」泛指神靈，各地扛的「菩薩」所指神靈各有不同。民眾抬著「菩薩」到各村各戶、祠堂

廟宇、田頭地塊中巡遊，祈求保佑平安幸福、五穀豐登、國泰民安。大溪人是「迎關帝」，抬的是「關帝聖君」。當然，現在是用汽車載著神靈走村串巷了。

從2006年開始，大溪人「迎關帝」演變為全鄉太聯、大溪、三堂、聯合、莒溪、湖背、坑頭、黃龍等8個行政村35個自然村的民俗活動，涉及1.6萬多人。

大溪人在活動的第一天就從關帝廟中隆重請出關帝神像到各村巡遊，每個村落巡完後，於農曆五月十三日，在大溪集鎮所在地開展大型踩街遊行活動，最後將神像安置在大福場集中祭拜。大福場原來設在鄉政府門前大平地，後因規模越來越大，就將大福場移至僑光中學的大操場了。

2018年第五屆關帝民俗文化節，民眾載著下鄉巡遊的是五位神像：右手撫髯左手握書的關帝聖君、手捧官印的關平、手握大刀的周倉、端坐的文昌帝君及文宣王。巡遊活動隆重熱烈，前面鳴鑼開道，有「迴避」「肅靜」大牌；中間是五位神靈；後面有各種表演古事的方陣、八仙隊伍、戲劇團隊以及虔誠的舉香民眾，浩浩蕩蕩，熱鬧非凡。每到一個點，都有一套活動：道士作法、舞獅表演、山歌唱和、樂隊演奏、八仙表演，民眾則擺好八仙桌、堆放祭品、焚香祭拜、燒化紙錢、鳴放鞭炮，最後收拾東西結束儀式，巡遊隊伍繼續走向下一個祭拜點。

第五屆關帝民俗文化節巡遊活動的具體安排如下：

第一天6月23日（農曆五月初十日）

上午5:30—6:30關帝聖君出廟及下鄉活動隊伍次序，匾幅：「魅力客家，和諧大溪」「恭迎關帝聖君巡鄉保平安！」「熱烈慶祝首屆海峽兩岸（客家）關帝文化交流暨第五屆永定大溪關帝民俗文化節隆重舉行！」，「迴避」「肅靜」牌匾，「關」字龍旗、彩旗、獅隊、神轎車、八仙、大鼓隊、腰鼓隊、永定區宣傳系統業餘藝術團、民間藝人李福淵團隊及籌委會成員。

下鄉活動地點：坑頭 6：00——雙坑里 6：40——和順堂 8：30——萬石 9：10——黃屋科 9：40——黃仕坑 10：30——聯和 11：30。（以上時間以隊伍出發為準）

第二天 6 月 24 日（農曆五月十一日）

下鄉活動地點：三堂 6：30——圓樹山 7：30——西科 8：30——寨下隆 9：20——湖背 10：20。（人員車輛及隊伍秩序要求參照五月初十日之排序）

第三天 6 月 25 日（農曆五月十二日）

下鄉活動地點：溪頭山 6：00——莒溪 6：40——科頭 8：10——沽坑村 8：50——坑仔尾 9：30——周屋 10：00——圓寨、賴屋 10：40。（人員車輛及隊伍秩序要求參照五月初十日之排序）

第四天 6 月 26 日（農曆五月十三日）

農曆五月十三日是祭祀的正日，神像集中在大福場，設有主祭臺。6：00 在主福場祭祀上供。人員列隊：第一堂主祭人，第二堂總理組成員，第三堂嘉賓代表。按照村落組織隊伍，於 8：00—8：30 舉行「首屆海峽兩岸（客家）關帝文化交流暨第五屆永定大溪關帝民俗文化節慶典開幕式」，由於當地政府的重視，儀式帶有半官方色彩。

接著是踩街遊行活動，其路線為：主福場——溪尾——華僑新街——塘背——嶺下——楓樹下——崗下橋頭——柚樹下——鄉政府——知青路——主福場。

活動吸引了海內外鄉賢及各地鄉親朋友兩萬餘人參加，所以需要周密組織安排。回到主福場，其他活動儀式開始，等於把過去在關帝廟前舉行的廟會移到場地更大的僑光中學大操場。

3. 歷屆概況及變化

自從 2006 年創辦「關帝民俗文化節」至今已舉辦五屆，每一屆都有一些新意，充分展現了勞動人民的智慧與創造力。

第一屆：2006年，首屆關帝聖君聖誕民俗文化節，為期5天，由倡議者游遠豐擔任總理。首次大型踩街活動史無前例，尤其是他們以21姓氏製作成龍旗，按照筆畫順序排列，場面壯觀。活動還組織了首屆大溪書畫展、籃球賽、拔河、乒乓球賽、文藝演出等。

第二屆：2009年，第二屆關帝聖君聖誕民俗文化節，由游武平擔任總理。文化節盛況空前，家鄉本土、回鄉人員、知青及外來人員3萬多人參加，共收到各類贊助近百萬元（包括海外華僑、港澳臺同胞）。活動包括迎關公踩街、首屆「土樓杯」男子籃球賽、書畫展、拔河、乒乓球賽、投花籃、青年座談、廈門青年林建元捐資橋（路、亭）剪綵儀式、農民文藝晚會、漢劇表演、黃梅戲、燃放煙花等。其中10名臺灣宗親和132位廈門青年返鄉，特別令人注目。

第三屆：2012年，第三屆關帝聖君聖誕民俗文化節，由陳鏡華擔任總理。此次文化節盛況空前，吸引了回鄉人員、廈門青年及海內外華人兩萬多人前來參加。內容包括喜迎關公踩街、第二屆「土樓杯」男子籃球賽、書畫展、拔河、乒乓球賽、大溪鄉「廈門知青路」剪綵儀式、農民文藝晚會等。

第四屆：2015年，第四屆關帝聖君聖誕民俗文化節，由翁永勇擔任總理。此次吸引了回鄉人員、廈門青年及海內外華人兩萬多人前來參加。內容包括喜迎關公踩街、第三屆「土樓杯」男子籃球賽、書畫展、拔河、乒乓球賽、農民文藝晚會等。

第五屆：2018年，首屆海峽兩岸（客家）關帝文化交流暨第五屆永定大溪關帝民俗文化節，由游育榕擔任總理。除了常規活動，邀請了臺灣人士來鄉開展關帝文化交流活動，規模更加宏大。尤其是利用微信開展捐款，捐贈拱門、龍柱、空飄的接龍活動，形式新穎，效果良好。

（四）巡遊臺灣

中華民族歷史悠久，大陸與一水相隔的臺灣，親緣、地緣、神緣、業緣和物緣「五緣」相連。

民間信仰與客家社會

第八章　義薄雲天外，信入民眾間

關羽是海峽兩岸民間信仰中共同尊奉的神祇，關公文化是海峽兩岸民間往來的重要媒介和橋梁。據統計，臺灣現有關帝廟九百多座，信眾八百萬餘人。自從兩岸互通後，海峽兩岸人民以關公文化為橋梁，開展了多樣的民間文化交流活動。如福建東山關帝廟作為臺灣關公文化的發源地，臺灣近500座關帝廟是從東山關帝廟分靈或再分靈的，一直以來深受臺灣同胞的敬仰。1995年，臺灣有關方面就邀請東山關帝的神像到臺灣巡遊，歷時六個月，在臺灣全島引起巨大轟動。近年來，臺灣已經有20多個市縣的200多座關帝廟的7萬名信眾到東山關帝廟參加各種形式的關帝文化交流活動。以關公文化為媒介的交流，不但加深了臺灣民眾對中國傳統文化的認知，同時也讓閩臺民眾深切感受到彼此間「人同根，神同源」，骨肉情深的親緣關係和一脈相承的文緣關係。

2017年10月5日8時，大溪關帝理事會8名成員在總理游育榕的帶領下，恭請「關帝」赴臺巡遊。關帝金身出廟後先沿街巡遊一圈，然後在大家的護送下，乘坐奔馳小車直奔廈門。10月6日上午9時，交流團護送關帝金身從廈門坐船至金門，後轉飛臺中市，開展為期7天的巡遊會香活動。

在臺7天活動中，大溪「關帝」繞境巡臺，經過彰化、嘉義、高雄、臺東、雲林、宜蘭、花蓮、臺北等8個縣（市），與17座宮廟進行文化交流。

10月6日下午，交流團到達臺中市大甲區鎮瀾宮開展入臺第一站巡遊會香交流活動。關帝雕像被迎進鎮瀾宮內，臺中萬名信眾參拜、祈福。然後由一部專車載著關帝金身在大甲區進行巡遊。當天恰好遇上全臺媽祖盛會，在大甲區體育場上萬尊媽祖、關帝神像彙集，為大溪關帝巡遊增添了熱鬧的氣氛。7日下午，到臺灣雲林縣斗六鎮南聖宮交流，當地新聞媒體專門前來採訪，並特地製作以「兩岸一家親、弘揚忠信義」為主題的專題報導。

接著交流團到高雄的東照山關帝廟會香，當日跨越臺東、花蓮兩個縣市，行程三百六十多公里，赴東凌宮、聖天宮開展巡遊會香交流活動，還到了佛光山、臺北慈惠宮等地。

10月14日，赴臺巡遊7天的大溪關帝神像，在迎候鄉親熱鬧的鑼鼓中平安回到大溪關帝廟。

永定大溪人四百多年來信奉的關帝忠義禮智信精神，在兩岸關帝文化交流中得到了昇華。[152]

（五）「迎關帝」民俗意義

1. 弘揚關帝精神，傳承中華文化

永定大溪人四百多年來信奉關帝的忠義禮智信精神，「迎關帝」活動讓關帝文化更深入到大溪民眾心中。關帝作為最具影響力的「護國佑民神」，其報國以忠、待人以義、處世以仁、作戰以勇的精神，隨著中國社會歷史的發展和人們的需要，越來越受到追捧。

客家人注重耕讀傳家，關公手握書卷的塑像很合客家人的思想。大溪人親切稱其為「轎上讀書郎」「讀書不倦的關帝君」。儘管在調查研究中，不少民眾不知他在讀《春秋》以及《春秋》的含義，許多人以為關羽讀的是兵書，但武將讀書對人們更有激勵效果。大溪人常以「轎上讀書郎」激勵子孫後代。

「迎關帝」活動讓關帝文化弘揚發展，也讓中華民族美德發揚光大。

2. 建設和諧鄉村，促進民眾交流

大溪鄉人口少，但姓氏多而雜。平時各姓氏間矛盾爭鬥厲害，大姓欺負小姓，強族欺負弱族，不和諧。關帝民俗文化節以共同的民間信仰把大家凝聚了起來。作為首屆總理的游遠豐先生很自豪當初的兩個好設計：一是每個姓氏製作一面姓氏龍旗，共 21 面，遊行時與「關」字龍旗等一同列隊，張揚家風。當時有人說：「遠豐叔，您的『游』是大姓，走在前面。」他說：「不行。為體現平等和諧，按照姓氏筆畫排序。」大家很佩服這個建議，都很服氣，一直延續至今。第二個是負責「迎關帝」事務的總理輪流當，不能一直由大姓強族的人當。後來，陳、翁等小姓，有能力的都當了總理，大家覺得平等和諧。

同時，由於要開展活動，為調動大家共同參與，大溪組建了大溪鑼鼓隊、腰鼓隊、山歌隊、舞蹈隊等，平時要操練，許多村民參與了訓練。有事做了，

時間有安排了，人們就不會只是打牌、打麻將賭博。整個社會風氣變好了，打架鬥毆、偷盜等少了，社會和諧了。民眾都很開心。

關帝文化節的口號「忠義千秋關聖帝，孝賢萬代大溪人」也有很好的教育意義。透過祭拜關帝的狂歡，鄉鎮村落認同感、和諧建設區域村落的理念得到了強化，民眾的信仰意識得到了昇華。

大溪「迎關帝」活動，是以地緣為紐帶將大溪 21 姓鄉親聯繫在一起，形成了民眾對鄉鎮的認同，這對於民眾之間交往互惠及各自村落的綿延興盛是大有裨益的。

「迎關帝」活動讓人們找到了交流的契機。游遠豐先生說，以前沒有開展活動時，大溪人覺得不好意思，每次都到外面去吃別人的。現在終於有由頭請親朋好友來家中做客了。原來，周邊鄉鎮都有活動，湖坑、奧杳、撫市有大型的「做大福」民俗活動，陳東有「四月八」民俗活動，都很熱鬧，客人很多。現在有「迎關帝」活動了，大溪人的腰也就直起來了，也能大聲說：「迎關帝，請到我家做客！」這是典型的客家人、客家思維，熱情好客，去吃別人不好意思，別人來吃很開心。客家地區的湖坑、奧杳、撫市「做大福」，陳東「四月八」，大溪「迎關帝」民俗活動期間，人們廣邀親朋好友，以來客多為榮耀，每家每戶最少都有幾桌客人，多的達八十幾桌，熱鬧非凡，令外人咋舌。

3. 密切了與港臺同胞海外僑胞的聯繫

一座關帝聖殿，就是一方水土的民俗民風的展示；一尊關公聖像，就是千萬民眾的道德楷模和精神寄託。海內外的關帝廟，讓關公文化成為連接海內外中華兒女的紐帶。

大溪是僑鄉，在海外的鄉親很多。關公文化的交流開闊了大溪人的眼界，也聯絡了大溪人的感情。除了上面介紹關帝巡遊臺灣外，大溪民眾以關公為紐帶交流最多的是東南亞。

海外僑胞心繫故土，熱心捐資辦學校醫院、修橋築路、建廟修寺，為大溪建設作出很大貢獻。

三、大溪「迎關帝」節俗活動

永定區僑聯副主席、大溪僑聯主席游遠景如數家珍地介紹了大溪海外僑胞熱心家鄉公益的情況，並滿懷激情介紹了第五屆關帝文化節前夕他帶領「大溪鄉僑聯關帝廟總理組印尼感恩之行」的實況。

建國初期，僑胞游範吾先生懷抱「榮華富貴都不要，一心嚮往祖國春」的理念，變賣家產，告別妻兒，隻身回到大溪，為家鄉建設貢獻畢生的精力。在他帶領下，大溪華僑興建了永定區第一個農村水電站，第一所華僑醫院，第一所華僑中學，第一所華僑幼兒園，還有第一個華僑農場和第一條華僑新街，創建了第一個漢劇團。

中國改革開放之初，華僑們的生活其實也並不富裕，但老一輩華僑游宏蘊、游任康、游萬通、游紹寬、游尚群、游美初等積極為僑光中學慷慨捐資。發起人之一游宏蘊為建中學奔走在印尼各大城市鄉村，病倒在籌款路上，臨終時仍念念不忘中學的建設。發起人之一游任康先生八十多歲還關心中學的籌建，想回來看看，兒女看他年紀大，身體不好，行動不便（80年代初農村交通不便），不肯讓他回家鄉，他就以絕食相要挾，最後兒女只好陪他回來，回來時還帶了裝骨灰袋子，說萬一路上去世就將骨灰裝回就行。老一輩華僑為了家鄉人民的幸福，作出了巨大的貢獻，有太多可歌可泣的感人事跡。

據不完全統計，改革開放後大溪華僑為大溪公益事業捐款三千多萬元（按現在幣值估算至少也一二億），建了一所中學、四所小學、一座醫院、僑聯大廈、四條公路、十五座橋梁、一個公園等等。僑光中學的興辦使大溪學子全部能就近入學，三十多年來，培養了六千多個初中畢業生，四千多高中畢業生。大溪僑光中學設施好，師資強，學風濃，最近幾年，中考成績名列全區農村中學前茅，二人考上清華大學，二人進入中國科學院，為家鄉培養了許多全面發展的人才。大溪鄉公路、橋梁建設的密度也是全區最好的。醫院也是很好的，民眾有病能就近就醫，許多病危鄉親得到及時的醫治。

現任印尼永定會館會長的游日成先生之父親游蘇萍和伯父游尚群鄉親均是僑光中學發起人，他們家族為家鄉僑光中學捐建了瑞光禮堂、尚群秀昭實驗樓、蘇萍金招科技館，還有坑頭輸電線路、坑頭公路、瑞光橋、大溪電視

民間信仰與客家社會

第八章　義薄雲天外，信入民眾間

轉播臺等等，他們家族的善舉受到了國務院僑辦金匾表彰和省政府捐資公益事業銅牌表彰。

客家人特別崇宗敬祖，重視尋根。旅居海外的客家人更是滿懷愛國熱情，儘管身在他鄉卻有著割不斷的中國情結，時刻牽掛中華民族的繁榮興旺，並為祖國貢獻自己的力量。享受到各種福利的家鄉人們也感激海外僑胞的義舉。在2018年舉辦第五屆大溪「迎關帝」活動前夕的五月二十日，游遠景主席和永定大溪第五屆關帝民俗文化節總理游育榕、大溪村村主任游明輝懷著對海外僑胞的崇敬之心，帶著大溪人民對海外鄉親的深情厚意，從大溪關帝廟出發，啟程前往印尼雅加達，拜訪大溪在印尼的鄉親，並表達感恩之情。

據游遠景主席介紹，當晚十二點他們到達雅加達機場，先期到達的福建明輝新能源有限公司董事長游小民兄弟、原雅加達永定會館副會長謝成乾鄉親就在機場熱情地迎接他們。

第二天上午，雅加達永定會館游日成會長組織五十多個鄉親在永定會館歡迎家鄉來客：有專程從萬隆永定會館前來的張良才會長和老會長陳偉良、游賀昌等；有受國務院僑辦、福建省政府表彰的年已八十多歲的游文福鄉親，他是在家人和醫護人員陪伴下坐著輪椅前來參加的，很感人；有永定僑源中學創辦人陳永源先生；有原永定僑光中學發起人游宏蘊先生的兒子其塘和其雲兄弟，游其塘是星蝶藥業公司董事長，公司生產的太平散已列入印尼國藥暢銷全世界；還有原理事長游兆民先生（已逝）的太太、原理事長游元偉先生（已逝）的太太和兒子游錦峰等等眾多鄉親。這讓感恩之行的成員更為激動。

這一晚，印尼著名僑領、印尼永定會館第十、十一屆會長永安藥業集團董事長游繼志、胡素丹伉儷專程設宴接待家鄉客人，有五十多名鄉親參加。游繼志、胡素丹夫婦自力更生白手起家，他們的公司從一個家庭作坊，發展到擁有兩千多名員工的現代化的永安藥業集團，藥品銷售世界各地。他們身在印尼，情繫鄉梓，2011年組團參加世界永定懇親會，並為客家博物館捐資一百萬元。僑光中學創辦之初，年紀尚輕的游繼志就深知百年大計，教育為本，積極為僑光中學建設慷慨捐資。幾年來，他們還出資興建僑光中學引

水工程和修建家鄉公路等，為改變家鄉面貌作出了巨大的貢獻。擔任第十、十一屆永定會館會長期間，他關心僑胞，訪貧問苦，辦診療所、中文補習班，積極開展交流組團回鄉，熱情接待家鄉親人。

第三天上午，他們到三友藥業公司參觀，三友藥業公司經營名牌中成藥。感恩組成員拜訪了游文福先生，向他匯報了家鄉的發展情況，感謝他對家鄉公益事業的關心。游文福兄弟繼承先父遺志，熱愛家鄉，為家鄉僑光中學興建了任康體育場、任康綜合樓，大溪中心小學任康綜合樓，大溪鄉蜈蚣橋，太聯村村道，維修南昌樓、五福樓，捐資獎教獎學等，受到國務院僑辦的表彰，兩次受省政府金牌表彰，是龍岩市第一批榮譽市民。新一代僑胞游宏成、宏豪、宏達熱情接待感恩組成員一行，並陪同參觀了正在興建的規模宏大的現代化藥廠。

第四天，感恩組成員在原永定會館謝成乾副會長的陪同下，拜訪了僑光中學高中創辦人之一游宏厚先生的兒子游遠隆和女兒游素珍。游宏厚鄉親早年參加革命，因受國民黨反動派的追捕，才避走南洋，他為人耿直慷慨，在當時經濟並不富裕的情況下，傾資捐建僑光中學高中綜合樓，1996年「8.8洪災」，家鄉五福樓被洪水沖了一個缺口，他迅速奔走募捐建起防洪壩，保住了古老而有文化內涵的五福樓。五福樓現在是龍岩市文物保護單位。

接著他們拜訪了僑光中學第二任董事長游兆民鄉親的兒子游得彬兄弟（其祖游萬通鄉親也是僑光中學發起人之一）。游兆民先生熱愛家鄉，為家鄉僑光中學捐建了萬通綜合樓、萬通科技館、僑光中學校門，大溪小學萬通綜合樓，大溪村村道。這些基礎設施極大改變了大溪辦學面貌，福建省政府授予其捐資公益事業金牌獎章以示表彰。

第五天，感恩組成員在柏輝鄉親的陪同下，拜訪了游子平、游子雲的後代。游子平是雅加達永定會館第二任主席。下午拜訪了游琴祥、胡秋蓮的兒女，游梅霞五兄妹盛情接待感恩組成員。

第六天，感恩組成員在柏輝鄉親的陪同下，參觀了印尼客家博物館。博物館是由旅印鄉親游繼志、游洪壁等捐資按圓形土樓樣式建造的。博物館展現了當年老一輩華僑背井離鄉、在印尼艱苦創業的事跡。華僑們傳承客家人

民間信仰與客家社會
第八章 義薄雲天外，信入民眾間

拚搏進取的精神，開創了一片新天地。博物館資料表明大溪人傑地靈，人才輩出，後繼有人，前有老一輩游範吾、游子平、游尚群、游任康、游紹寬等愛國愛鄉僑胞，後有新一代游繼志、游洪壁、游文福等新生俊傑，星光燦爛。

下午，他們專程前往神珠藥行，拜訪了游紹寬的兒子游樂群。樂群、禮群、麗霞的父親游紹寬鄉親是僑光中學發起人之一，為僑光中學建初中樓，為家鄉鄉親捐建祝元樓，他們兄妹繼承父志，為僑光中學捐建了紹寬紀念亭、設立游紹寬獎教獎學金。

感恩組成員在印尼聽到最多、最親切的話就是：「我們是親人。」親人！多麼樸實的話語。

游遠景主席還特別介紹，此次感恩之行能夠圓滿順利，是和游小民鄉親精心安排、無私奉獻分不開的。游小民鄉親熱愛家鄉，幾年來，為家鄉興建關帝廟萬清綜合樓、大溪村萬清橋、鎮江樓門前御福公園徵地和公園綠化美化，捐資大溪僑光中學獎學助學金等合計二百多萬元。他是印尼和家鄉聯繫的橋梁和紐帶，這次透過小民鄉親，聯繫上十多戶與家鄉親人失去聯絡的鄉親，家鄉人民十分敬重他。[153]

大溪關帝廟、「迎關帝」文化活動成為連接海內外大溪兒女的紐帶。

第九章　村落聚福地，處處公王神

——客家公王崇拜

在客家民間信仰中，有一個最為典型、最紛繁複雜的信仰，那就是公王崇拜。俗語有云：「縣有城隍，鄉有公王。」「公王」是客家地區民眾最為普遍最為痴迷的神靈。只要有人群居住的地方，幾乎都設有公王壇或公王廟，有些地方甚至有幾個、十幾個公王壇或宮、廟，這種情況在其他地方並不普及甚至少見。透過這種客家地區最普及、最有影響力的民俗形式，可以看出公王崇拜與客家人的生產和生活是息息相關的。公王信仰及相關活動成為客家民眾日常生活的重要組成部分。公王崇拜還隨著客家人的播遷，流傳到港澳臺等地及馬來西亞、印度尼西亞、泰國等東南亞國家。

在客家地區，「公王」常被冠以當地地名、原型名號或者帶有意義的名稱，以區別於其他地方的公王。如梅縣松口鎮梅溪公王、梅州松源鎮龍源公王、梅州泮坑公王、連城長汀交界處十三鄉玲瑚公王以及得勝公王、石固公王等。其中最具典型代表的是梅州的「泮坑公王」，其公王廟（又稱「三山國王廟」），因傳聞有求必應且在民間有「泮坑公王保外鄉」的讖語而聞名於東南亞各國，深受本地外出邑人、華僑以及外鄉人的頂禮膜拜而長年香火鼎盛。

客家地區的許多村落，都有自己供奉的公王，而且村民都只祭祀自己的公王，而不祭祀其他村落的公王。這正如劉大可先生所說：公王、社公是村落的象徵與標誌，就像灶君象徵著家庭。分家一定要另立灶君，滅人之家要「倒灶頭」；而分村也必然增立公王、社公，亡人村落，也必驅逐其公王、社公。如店廈村的大化、牛湖下、浪下、河口、吳潭、羅屋等自然村除共有的公王外，各有一座自己的公王神壇；梁山村的牛姆窩、山背、上洋、下洋、丘屋、鐘屋、吳屋等也是除共有公王外，分別還有一座自己的公王神壇。[154]他在田野調查中發現的一個故事很能說明客家地區公王崇拜的特性。「……連城縣的其他村落也有信仰民主公王，如在芷溪鄉就有當地洪福公王召集民主公王等各村公王開會的傳說，據當地報告人說：『一次，洪福公王為了保

民間信仰與客家社會
第九章　村落聚福地，處處公王神

衛芷溪人民生命、財產的安全，把店背的金精公王和大路背的祈福公王，隘門的民主公王，還有庵坪的太伯公王，召集起來開會，會議決定要求開會的內容絕對保密。事後，大路背的公王卻洩密於鄧法王，洪福公王知道後，罪打一記耳光，所以祈福公王的神位頭上永遠是歪斜的。每次經過修整、扶正又會歪斜回去。』」[155] 公王名稱很多，各村不一，且和村民一樣各有性情。

關於公王的職掌，人們希望的是：鎮疆守土、捍患御災、賜福求財、長驅厲疫，護佑民眾四季安寧、五穀豐登、六畜興旺、百福隆臨、事事順意。這從公王神位前常用的對聯「賜福隆康求財福；御災捍患感必通」可以看出，從祭祀公王常用的祭文也可以看出，祭文曰：「竊維公王普施福澤，庇佑百姓黎氏，每逢雨順風調，萬民安居樂業，均得尊神之威靈顯赫也。茲值新年伊始，歲序更新，迎春接福之際，物集士庶壇前，敬陳香楮牲醴不腆之儀，既報往昔之鴻恩，亦祈今後之常旋雨露。伏望尊神鎮守斯土，素有仁民愛物之忱，捍患御災之德，大發靈威，長驅瘴疫，萬民賴以四季安寧，五穀豐登，六畜興旺，民安物阜，百福隆臨，事事順意，敬布微忱，尚祈昭鑑。」

公王不但是人們意識中的守護神，還是人們祈願永保平安、消災賜福的精神寄託。在客家地區，民間各村都有公王，幾乎每個村的村民一提到公王，人人肅然起敬，個個神情莊重，都認為自己村的「公王爺爺」最靈。這一民間信仰給人們帶來精神慰藉的同時，也極大地影響了客家人的世俗生活。這種影響既體現在客家人的醮會廟會和節慶祭祀活動中，也體現在人們的行為習慣和日常生活中。如由對公王的崇拜而形成的「扛公王」的民間習俗活動，隆重而熱烈，凝聚家庭與族人；而跨區域的公王崇拜則具有協調族群關係，維持社會穩定的社會整合功能，解決各族群在發展的過程中因水源、土地等問題而引發的矛盾，推動客家社會的發展。

祭祀公王也是客家地區人們對善的追求，對美好生活的嚮往，對天地人的感恩。人們在日常生活中祭祀公王，同時也在傳播公王法力的神奇，還把事業的成功、生意的興隆、逢凶化吉的事項歸功於公王的庇佑。如梅縣松源鎮王氏宗族是大姓，信奉「龍源公王」。王氏族人不但在本地從事工商業，還遠涉佛山等地經商開店。族人王超望在嘉慶二十四年（1819年）寫的一篇

短文中就談到自己曾祖父在佛山經商,將生意興隆的原因歸於龍源公王的庇護,還成立叢勝會等經濟型眾會來保證「祭祀無缺」:

  恭維吾鄉龍源公王殿下,聰明正直,足以代天施化,福被遐邇。凡居口鄉而業士農工賈者,罔不享其德而報其功。蓋亦準本天之義也。昔我曾祖蓉生公之商於佛鎮也,字號信昌。數十年來生意鼎盛,用念人事之成,必藉神功之助。既歷釀有叢勝等會,每歲詣宮崇祀無缺。[156]

一、客家公王稱號

  公王是什麼?有許多說法。從字面上看,「公王」是組合詞,「公」與「王」,來自古代的「王」「公」封號,民眾以此表示對神靈的尊稱。民間對公王的稱呼雜亂而籠統,有「公王」「公皇」「伯公」「社公」「社官」等。對公王的認識也很模糊,各地人們崇信的公王原型,出處不一。民間有說是帝王,有說是祖宗神,有說是土神、山神或風水神等神靈的化身,也有說是地方官宦、朝廷重臣,他們或德高望重,或功勳顯赫,或清正廉明,或為民除害而遭受奸臣陷害,因此深受子民百姓的愛戴和緬懷而被尊為神,供奉為公王,不一而足。由於民間田野調查資料繁雜不一,學者的觀點也不盡相同。

  巫能昌專門撰寫文章辨析,他考察了閩西客家地區,即舊屬汀州府的長汀、上杭、武平、連城、永定五縣,發現伯公、社公與公王是閩西客家人普遍祀奉的神明。而閩西民間對「伯公」「社公」「公王」這三個概念似乎也沒有很清楚的界分,尤其是對後兩者。那麼,是否可以將「社公」與「公王」這兩個概念等同起來呢?曾有不少學者對這些神明進行過專門討論,或將其置於更大的神明崇拜體系之中進行整體考察。著名客家學者勞格文從土地神、大廟、跨區域神明崇拜和地方性神明崇拜這四個方面討論了長汀、上杭、武平、永定四縣的崇拜模式。關於其中的土地神,勞氏提到了伯公、社公和公王;大廟則主要討論了公王廟。實際上,這四種崇拜之間的界限比較模糊。跨區域神明或地方性神明是很多大廟的主神,他們也常被當成公王神來崇拜。除了公王廟,屬於大廟的還有很多被民眾作為香火院的佛教寺院。土地神中的社公和公王在民間俗稱「福主」或「福主公王」。「福主」即主一方福祉之意。

民間信仰與客家社會

第九章　村落聚福地，處處公王神

清初上杭士人丘嘉穗對其鄉中的福主神壇進行了描繪：「吾鄉有福主之神，舊設壇宇，蒼松鬱然，四境之民出必祈，過必揖，耕種畜牧必禱，歲時伏臘奉罃蕭、燎燈燭於神前者無虛日，可不謂虔矣哉！」

巫能昌指出，公王可分為兩種，一種是被稱為「福主公王」的社公，另一種是被稱為「公王」或「福主公王」，但又不屬於社公的地方保護神。下文所說的公王均指第二種。公王與伯公、社公之間有大概的界分。從職掌範圍來看，伯公最小，一般是某個田段或某片山林。最常見的伯公神為田伯公和開山土地楊太伯公。明顯地，伯公崇拜源於人們對山林、田地等的開發，且與人們的生計直接相關。社公的職掌範圍比伯公大，但也很少超出村界。公王的職掌範圍彈性較大，既可以是一個村落或村落的一角，也可以是一個村落群。相應地，民間在對伯公、社公、公王稱呼方面的「混亂」是單向的。一般來說，有伯公被稱為社公的情況，卻沒有社公被稱為伯公的情況；有社公被稱為公王的情況，卻沒有跨村落的公王被稱為社公的情況。與伯公和社公相比，公王崇拜的起源較為複雜。公王最為人稱道的能力和功勞是捍患御災，這也是很多公王最初被崇祀的原因所在。不過也有很多公王最初並非因抗災御患而被崇祀，但都擁有武力或法力等技能，其身分是後來才逐漸被功能性地轉化為公王的。[157]

與社神崇拜相比，公王多為人格神，而且神壇與廟宇這兩種供奉形式都很普遍。神壇大都設在村落的水口，面朝溪流，或設於村口處，一般都在大榕樹或水杉樹下。如研究客家的學者勞格文指出的，不少公王神最初供奉於神壇，當其影響力足夠大時便很可能被建廟祀奉。客家村落的公王、社公有許多不同的名稱。較為常見的公王有福主公王、五顯、石固石猛公王、蛇陽公王、黃倅三仙、三將福主公王、麻公三聖、靈顯靈祐福主公王、把界公王等。閩西較為著名的還有長汀、連城交界處河源十三坊的珨瑚公王、長汀河田的霸王、上杭白砂的太保公王、武平象洞的龍源公王、永定岐嶺下山村的騎虎公王等。

儘管人們對客家公王身分界定不一，雜亂而籠統，但有一點是肯定的，民眾認可自己村落的公王，把其作為當地的福神、保護神。公王所在之處，

就是村落風水文化中心。如果一個村落或社區有多個公王的，人們還會選擇吉地，設置成「福場」，讓眾多公王聚集，以便人們祭拜祈福。

二、客家公王來源類型

公王的原型是誰？眾說紛紜，莫衷一是。根據已有資料，可以看出，公王的原型各地不同，原型來歷也不同，形式多樣。這顯示出客家人多神崇拜的特性以及造神運動的豐富性。

（一）來自人的原型

1. 梅溪公王

在梅州客家人心目中有一個地位很高的梅溪公王，民眾又稱梅溪聖王，屬於福祿神明，是鄉間村民的裁定和守護之神。每逢節日，眾多善男信女都會到寺廟祈求梅溪公王庇佑風調雨順、平安消災、福祿壽喜、五穀豐登、六畜興旺。

根據乾隆《嘉應州志》記載，梅縣（今梅州市梅縣區）有兩座供奉梅溪公王的梅溪宮，一座在丙村新墟角北，一座在松口下店村。光緒《嘉應州志》又述：「今梅縣區松口松源江合大河處，東岸有金盤宮祀梅溪神。」金盤宮又稱梅溪宮，曾於清乾隆十七年（1752年）修建，而始建於何時則無考。宮的正殿柱聯曰：「漢時功業清時福；當日威儀此日神。」宮內神牌上安放的神牌曰：「敕封梅溪助國安濟侯之神位。」在梅江北岸梅江橋頭的梅溪宮亦是奉祀梅溪公王。在梅縣松口，供奉梅溪公王的還有王明宮、王濟宮等。

梅州不少的客家鄉村都建有公王壇，其中大多奉祀梅溪公王。由此可知，供奉梅溪公王是梅州客家人普遍的民間信仰。

受到客家人如此崇拜的梅溪公王，他的原型到底又是誰呢？不少學者進行了考證。據清康熙《程鄉縣志》載：「梅州命名考。李士淳曰：曾見《粵東名賢志》：梅鋗，滇水人，漢初，從高祖，破秦有功，封於粵，即今程鄉縣（梅州）地。故號其水曰梅源，溪曰梅溪，名其州曰梅州，皆以梅鋗得名也。至今各鄉祀神有梅溪公王意即其人。云俗不詳其從，未遂以程俗多樹梅，故

民間信仰與客家社會

第九章　村落聚福地，處處公王神

名梅溪。又以宋時狀元王十朋號梅溪，梅溪即十朋，皆習而不察，相傳之誤也。今考證以俟後之君子。」梅州城始建於宋朝，命名比「梅口」和「梅溪」遲了幾十年。從公元 945 年程鄉在潮州府屬割出，直至 1733 年設立嘉應州這近八百年中，梅州地方先後五次隸屬潮州府管轄。故清順治《潮州府志》卷七載：「銅以功最大，最先封臺侯二千戶，今梅州以銅得名。」在史上，李士淳、劉廣聰和各種縣志都明確指出：梅州以梅銅得名，而奉祀的梅溪公王即是梅銅。

從這些資料可見，梅州、梅溪與梅銅是緊密聯繫在一起，梅溪公王的原型即是漢代的梅銅。

關於梅溪公王的來歷，松口鎮民間傳說則認為，梅溪公王就是王梅溪，他舊時在嘉應州當州官，有一年適逢發大水，眼看水災越來越嚴重，王梅溪為了感化水神，決心以自己的身家性命平息洪水，換取全州人們的幸福，便跳入梅江之中，洪水立即退卻，庶民為了紀念他佑民之功，便在各地立壇祭祀，稱曰梅溪公王。

儘管傳說有異，所指不同，但有一點是肯定的，梅溪公王是梅縣境內普遍崇信的神明，他在梅州客家人心中的地位非常高。

2. 三聖公王

客家區梅州市大埔縣三河鎮梓里村有個傳統的民俗佳節，每年農曆九月十三祭拜三聖公王「做大福」。

這裡的「三聖公王」是指三國時代的劉備、關雲長、張飛，即歷史上桃園結義的劉、關、張三兄弟。關帝崇拜是客家民間信仰的重要組成部分。而梓里村以公王崇拜來表達，確實比較特殊。何以三聖被村人奉為公王並且在農曆九月十三這個特殊的日子祭拜？其中有故事緣由。三河鎮梓里村原名滸梓村。三聖公王原來是梓水上游大水源村供奉的水口公王，公王壇設在大水源村口溪岸邊，香火極為旺盛，公王庇佑村中百姓老少安康，禾泰麥熟。距今四百多年前的九月十二午夜，大水源村上空烏雲密布，狂風大作，雷電交加，繼而大雨傾盆，坑水暴漲，一場水災即將危及全村。村民憂心如焚，紛

紛向天禮拜，祈求公王爺庇佑，化災解厄。翌日早晨，洪水已退落谷底，天朗氣清，村中人畜無恙，田園無損。人們慶幸之餘準備酬謝公王。待至水口，方知公王壇、公王宮已被山洪夷為平地，公王金身也不知流落何處。當即便有數位村民順流而下，往滸梓村方向巡尋。也在同一天，下游滸梓村民也關心洪災情況，有早起者沿溪察看前夜山洪有無造成莊稼損失，發現溪灣回水處漂浮三尊金身神像，遂打撈上岸帶回家中。村中由此傳開三聖保佑莊稼、村民的故事。滸梓村民把上游飄來的三聖當成自己村落的保護神，以「三聖公王」稱之，設公王壇，並把每年九月十三日作為滸梓村公王的誕辰，舉行隆重的祭祀儀式，延續至今。

3. 石固公王

在閩粵贛客家地區有不少壇廟是祭祀石固公王（又稱石固大王）的。石固大王是由厲鬼升格的神明。宋修《臨汀志》云：「助威盤瑞二王廟在長汀縣南駐紮寨。長老相傳，漢末人，以身禦敵，死節城下，時有顯應，眾創廟宇號『石固』。一日，廟前小澗漲溢，忽有神像漂流而至，自立於石固之左，眾異之，號『石猛大王』。後以息火功封左王為『石猛助威』，右王為『石猛盤瑞』。宋朝元豐年間創今廟。」清代康熙《武平縣志》記載：「石固廟，在縣南二里小隆興。」

興寧縣神光山下設有石固大王神壇。南宋王象之《輿地紀勝》中寫道：「神光西循蹬而入，石澗陡絕，隔溪一山作渴驥奔泉之勢。縣人以此築祀石固神。⋯⋯九月九日賽會者萬計。」興寧城每年舉行一次石固大王的出遊，每十年打醮一次。興寧神光山石固大王有「保外鄉」之說。許多旅居馬來西亞、新加坡、泰國、印度尼西亞等地的客家人回到家鄉時，往往先到石固大王壇前敬奉、還福、求保佑。

4. 三將公王

在閩西長汀縣濯田同睦村有座三將公王廟，坐南朝北，歷史悠久。據傳，三將公王廟為唐代都統使、汀州刺史鐘翱，於唐末為紀念其祖父鐘全慕身邊屢立戰功的三位家將所建，歷經風雨滄桑已有千年歷史。

據同睦村《鐘氏族譜》記載：鐘全慕率軍入汀後，成為鐘氏接公支系入閩始祖。唐昭宗年間，全慕時為刺史。在汀期間，率領軍民披荊斬棘，開墾農田，興修水利，修建州城，功勳卓著。其後，閩王王審知喜全慕驍勇有謀略，分汀使世守之。鐘全慕在位期間，有陳、雲、傅三位部將英勇善戰，忠心耿耿，一生助其保境安民，共創大業。後奉閩王之命，三位將軍出征琉球，為國捐軀，全慕痛心疾首。為紀念親如家人的三位將軍，鐘全慕在家特設三位將軍神位，雕塑神像供家人世代奉祀。

鐘翱繼任汀州刺史之職後，為避戰亂，毅然決定辭仕隱匿，並於公元926年，帶領家小及三將公王神位沿江而下，隱居同睦深山。同時，在村中始建三將公王廟，並立下規定，每年農曆四月初十至十二日為全村三將公王紀念日。時至今日，香火不斷。

5. 龍源公王

在梅州松源鎮郊圓嶺村與滿田村之間，有龍源公王宮。龍源公王的原型是三兄弟，分別為大相公王、二相公王、三相公王，生日分別是正月初八、二月初一、六月十四。關於松源祭拜龍源公王的緣起，在一些文獻資料中有載。康熙《程鄉縣志》卷八《雜誌‧宮觀》載：「龍源宮，在縣東北二百里松源。其神姓鍾，武平人。相傳宋朝兄弟三人同助國，經敕封，鄉人立祠祀之。一日，洪水漂三神像至松源，鄉人即其地立宮，敕封龍源助國之神。禱雨祈福，無不立應，稱靈赫雲。」

松源《丘氏族譜》中又載：「龍源公王係福建武平縣象洞鍾姓人也。其祖名尚，配妻鄭氏，生山、岱兄弟，俱好施鄉里，無衣食娶葬者皆仰為之。山配妻李氏，生友文、友武、友勇，即今龍源公王是也。岱配妻劉氏，生友盛。山公早卒，惟岱公殷勤育子侄讀書，四人皆飽學秀士也。宋英宗治平四年（丁未歲）友文與友勇同登進士。宋神宗熙寧三年（歲庚戌），友武登進士，友盛巳酉中武舉人，後早卒。友文官御史，友武官大中丞，友勇官光祿寺監廚使司，贈山公為文林郎，贈岱公為崇義公，即今叔公太鐘十二郎是也。山公、岱公之妻贈封大夫人。宋徽宗靖國三年著厥神威，共熄五鳳樓之火，立功嘉

丕。續因封助國公王。金人大舉入寇，顯聖協力助戰，並敗金虜兵，進封王（公王）。」松源的民間傳說也印證了以上記載。

以上資料顯示龍源公王經歷了一個從儒學之士轉化為水神，再上升為公王的演變軌跡。同時也可以看出，松源鎮的龍源公王也是從水中撈起的，是外來神。

後來的龍源公王宮上堂正中神龕中供奉著龍源公王。一共有十個神像。龍源公王本來是三兄弟，因此應該是三位神明，但是因為龍源公王崇拜在松源鎮十分流行，每年立秋前後松源各個姓氏都要將龍源公王抬到各自的村中遊行，常常因為爭奪公王神像而發生爭鬥，因而從原來的三尊公王像變成九尊，即每位公王有兩個化身。又因舊時每年秋收過後，公王要出去化緣，因而又增加了一個公王來行使這個職責，原先有九個公王加上這個公王剛好是十位，所以這個公王又稱十滿公王。神龕的左邊是千里眼，右邊是順風耳。[158]

梅州松源的龍源公王是從武平漂流而下的，在武平象洞還有龍源公王祭祀。龍源公王是全象洞的福主。這裡的傳說是，龍源公王原為宋時的象洞人鍾氏三兄弟。他們自幼練就一身好武藝，後又前往黎山學法以消滅索要童男童女作為祭品的鴨子精，為民除害。後來入朝為官，多次隨軍平番征寇。死後還忠魂顯身，抗擊入寇的金兵。最終因生死效忠國家而被敕封為龍源助國尊王。象洞民眾為紀念鍾氏三兄弟學法除害及有功國家而為其建廟祀奉。同治《上杭縣志》則說神為「宋治平丁未科進士鍾友勇，原籍武平，歷官顯要，剛正不阿。高宗朝金兵入寇，友勇忠魂現身，戰捷敕封龍源王爵，妻劉氏封夫人，宮內並塑以像，春秋祀之，靈應異常」。

6. 民主公王

在閩西客家地區，民主公王信仰分布的地域比較廣，主要分布在連城、永定兩縣，後流傳到漳州市南靖縣西部的客家地區，傳播到臺灣等地。

在連城縣姑田鎮的上堡村口兩溪匯合處，有一座規模較大、歷史比較悠久的民主公王廟，號稱「客家公王第一廟」。這裡供奉的是東山福主民主公王。關於民主公王的原型，這裡的傳說是：民主公王原來是一位保民一方、

為民除害的武舉人，名字叫明福。明正德年間（1506～1521年），他為了反對地方官員魚肉百姓和防禦外敵的騷擾，組織建山寨、築土樓、訓壯士，保民安居樂業。他兢兢業業，廉潔奉公，為民造福，功德無量，死後當地民眾為了歌頌和紀念他，特立廟塑像供奉，被明正德皇帝朱厚照敕封為「東山福主民主公王」。

南靖縣南坑鎮村雅村大望埔的客家人稱民主公王為「民主大尊王」，其名由明朝皇帝朱元璋敕封，為「正一品尚寶朱政護國民主大尊王」。民主公王廣施神恩，護佑平安。故大望埔的客家人世代均虔誠進貢燒香祭拜，每年的八月十五及十一月初都會舉辦社戲等答謝神明。而為民主公王進香，十二年才舉辦一次，所以每次舉辦時都非常隆重熱鬧。

民主公王的傳說各地的差異比較大，不再一一細述。

人物成為公王的還有永定陳東鄉民眾祭祀的玉封公王謝安，我們另述。

（二）來自傳說的神或某種概念

1. 射獵公王

廣東梅州市蕉嶺縣新鋪徐溪上徑村有祭祀射獵公王的民俗。根據蕉嶺人院班的介紹，射獵公王來自福建客家連城縣。

其由來的具體情況：上徑村在徐溪東支流的上游，居民姓劉。劉姓一世祖千四郎於明代從程鄉（今梅縣）水南壩遷長潭高陂村開基，六世祖玉鐘遷興福滸竹開基，八世祖立臺、建臺帶九世祖維裕、維璇、維奉到東坑尾上徑開基，時約在明末。他們開荒墾植範圍較闊，直至鐵山嶂下三山，三山即三個山頭（南坊肚、南峰嶂、井子坑），重山疊嶂，野獸出沒，野豬、黃猄、鳥、鼠損害農作物嚴重，常常有種無收，有做無食，村民十分痛苦。清道光年間（1821～1850年），上徑村劉姓的金獅隊，前往福建連城縣打獅。活動期間，他們得知連城縣某個村有射獵公王神壇，十分靈驗。該村自從設立神壇後，獸害大減，五穀豐登。蕉嶺劉姓金獅隊聞訊大喜，在徵得當地村民同意後，從神壇請下香火，回到上徑村水口設立神壇，供奉射獵公王。此後，村中凡狩獵者進山前必先到神壇點香叩頭許願，即能打到野獸。而狩獵者出山時，

需將獵物放在神壇前祭拜，下次進山，才能射殺到獵物，否則，就難再獵得野獸了。這樣，狩獵者有收穫，而村莊的獸害也緩解了。於是上逕村人多了一個神靈——射獵公王，也多了一個祭祀的節日，並影響了周邊的村落。

民眾確立射獵公王的生日也很奇特，定在農曆八月二十一日，因為上逕村民從福建連城請回射獵公王到上逕村安壇就是這個日子。

射獵公王的原型是誰？在原產地福建連城縣目前沒有發現這個村落，可能已經消失了。人們只能牽強附會。如上逕村傳說，曾有鄰村人晚上路過射獵公王神壇，見一老者長髯紅袍如關雲長，或是公王顯靈。

2. 小桑公王

小桑公王中的「小桑」是個村莊名稱，指的是梅縣水車鎮的小桑村。小桑公王則是小桑村民間信奉的神明。小桑村「等公王」民俗誕生於明末清初，也是有故事的。傳說明末清初小桑村開村之時，村中人口稀少，野獸遍布，山嵐瘴氣，瘟疫嚴重，明山國王（又稱明主公王）託夢小桑村湖洋背羅屋羅仙公，說請明山國王到村中各家巡護，便可消災滅厄，逢凶化吉。果然，經明山巡護後，小桑村平安無災了。明山國王巡護小桑村時見山水優美，環境幽雅，遂在此落居。小桑村村民於是設壇於大榕樹下，宮址即為湖下村與赤土村交界處的公王宮。公王宮有對聯：「公駕視四方方方吉利；王車巡九甲甲甲平安。」

隨後明山國王邀其兄弟進村，村民分別尊為獵神公王、出巡公王。他們逢村中遇危難災害之時皆顯靈庇佑，故村中各姓氏宗族感其恩，敬奉明主公王、獵神公王、出巡公王為「公王爺爺」。古時潮州、梅州同屬一州。潮州有三個山神，宋太宗時封其為「三山國王」，即巾山、明山、獨山。在小桑村則演繹成小桑公王，長年香火旺盛，形成獨特的「等公王」民俗，世代相傳至今，民國時期尤為盛行，且定於每年農曆四月三十日（月小為二十九日）為公王出巡日，至五月初四回公王宮。故村中有「四月日子長，小桑等公王」之民謠。抗日戰爭爆發後，因受戰亂、貧困等因素影響，祭祀活動改為每年正月初二出巡，至正月初六回宮，一直延續至今。[159]

民間信仰與客家社會

第九章　村落聚福地，處處公王神

三山國王屬於山嶽神自然崇拜，是廣東潮州揭陽縣阿婆墟的巾山、明山、獨山等三座山神的總稱：大王巾山國王，姓連名杰字清化，神誕於南朝劉宋元嘉十八年（441年）二月二十五日，宋太宗時追封「清化對德報國王」；二王明山國王，姓趙名軒字助政，神誕於元嘉二十年（443年）六月二十五日，後追封「助政明肅寧國王」；三王獨山國王，姓喬名俊字惠威，神誕於元嘉二十一年（444年）九月二十五日，後追封「惠威宏應豐國王」。元劉希孟《明貺廟記》載三山神「肇於隋，顯靈於唐，封於宋」，民間俗稱「三山國王」。潮州民間信仰三山國王極為虔誠，奉為守護神。閩南地區也很流行。[160]

三山國王流傳到梅縣水車鎮演變成小桑公王，並被賦予新名稱：明主公王、獵神公王、出巡公王。

3. 泮坑公王

三山國王傳到梅州泮坑後被稱為「泮坑公王」，而故事的起源與泮坑人有關。話說泮坑外鄉人熊氏，久居潮州（實為今揭西霖田），一日在睡夢中見一位左握帥印、右執寶劍的金甲神人，自稱是助政明肅寧國王，受皇命，鎮守梅州，庇護百姓。熊氏一覺醒來，想到白天在潮州「明貺廟」進香時，見到廟中的巾山國王像與夢中見到的神人相似，心裡十分驚奇。於是一面派人回梅州家鄉泮坑，建造廟宇；一面請來雕刻匠人，按照「明貺廟」中三山國王的相貌，精製三尊神像，貼上真金。半個月後神像雕成，又請人用八抬大轎，將「三山神像」運上彩船，沿江而上，在梅州頭塘上岸，再抬進泮坑，供奉在新建的廟宇中，稱為「泮坑公王」。從此以後，熊氏在外，財丁興旺，大展宏圖。因為熊氏是泮坑外鄉人，於是就有了「泮坑公王保外鄉」的傳說。

小桑公王、泮坑公王的傳說中首先顯靈的都是三山國王中的明山，但人們對其中的名稱往往說法不一，而且故事的朝代、涉及的人物也不同，可見民間傳說往往因時間久遠而描述不同，版本各異。比如，泮坑公王中關於三山國王的說法就與小桑公王的不同：相傳隋文帝楊堅開皇年間（581～600年），在明山的半山上有一座天竺岩，岩內有石穴，常有三位仙人在此顯聖。在唐太宗征伐太原時，得「金甲仙人，操戈馳馬突陣，師遂大捷，劉繼元以降，凱旋之日，見於城上雲中日：『潮州三山神。』乃詔封明山為清化盛德報國

王，巾山為助政明肅寧國王，獨山為惠威宏應豐國王，賜廟額曰『明貺』」。宋代敕封為「三山國王」。

4. 得勝公王

有些客家村落的公王，原型本已不明確，而後來所起名稱更讓人無法考證其原型。如劉大可曾提到武平縣有一個村落的公王稱「得勝公王」。械鬥與爭訟是武北村落居民村鄰關係中最常遇到的大事，在這方面公王、社公的作用是十分明顯的。械鬥前，村中首腦必親率村民到公王、社公神壇焚香禱告。前往鄰村、鄰鄉求助同宗伯叔時，也必到其公王、社公神壇總祠燒香、發燭。遇到爭端，也往往尋求公王、社公庇佑。他在田野調查時聽到的一則故事，頗能說明問題：店廈村大化自然村的公王為得勝公王，是該地劉、羅、曹三姓共有的公王。之所以取名「得勝」，據說這裡曾是鍾姓人的墳墓，後來曹、羅、劉三姓相繼來大化開基，便聯合在此地設立公王神位。有一次，他們與鍾姓人發生了糾紛，三姓人聯合起來和鍾姓人打官司，打官司前在此禱告，祈求公王老大幫助他們打贏官司，三姓人官司打贏後，就叫這座公王為「得勝公王」。[161]

這則故事及得勝公王的來歷，說明了農耕時期移民定居搶奪土地的殘酷性，也說明客家地區公王原型的多變與複雜性。

5. 五顯公王

五顯公王是中國南方廣東、福建、臺灣、澳門、江西等地重要的民間信仰之一，在客家民俗中他是由神到人、又由人到神的神靈。

五顯公王又稱五顯大帝、五聖大帝、五通大帝、五顯華光大帝、靈官大帝、華光菩薩等。五顯公王俗姓馬，名靈耀，民間俗稱馬王爺、馬天君、馬靈官。

關於五顯的來歷，有許多不同的傳說。有傳說華光大帝是火神，有三隻眼，故又稱三眼華光。他喜歡玩火，一次因玩火燒了玉帝的九龍墩，玉帝大怒，斥令他每年八月初一由天上下凡設齋打醮。傳說玉皇大帝封其為「玉封佛中上善五顯頭官大帝」，並永鎮中界，由此萬民景仰。

民間信仰與客家社會

第九章　村落聚福地，處處公王神

五顯信仰始自唐代，發源於古婺源（今屬江西上饒），以其靈驗而流布江南，陸續發展至廣西、福建、廣東等地。《新安志》卷五《婺源祠廟》載，唐光啟二年（886年）某日，五位神人降於婺源縣城北王喻（王瑜）的園林中，導從威儀如王侯狀，黃衣皂條，聲稱：「吾當食此方，福佑斯人。」言畢昇天而去。「王喻聞之有司。捐園林地輸幣肖像建廟，復撥水田為修造灑掃之備。自是神降格有功於國，福事占斯民，祈禱立應，四方輻輳。聞於朝，累有褒封。」廟號初名「五通」，宋徽宗大觀三年（1109年）賜廟額為「靈順」。宣和五年（1123）分別封五位神人為通貺侯、通佑侯、通澤侯、通惠侯、通濟侯，人們稱之為「五通神」。其後，宋高宗紹興年間（1131～1162年）、宋孝宗乾道年間（1165～1173年），圍繞著「通」字不斷加封，五通神名號不斷張大，影響也越來越大。但是，宋孝宗淳熙元年（1174年），把五神分別加封為顯應公、顯濟公、顯佑公、顯靈公、顯寧公。因封號中之顯字，這五神遂有「五顯」之名。

五通神信仰本為民間信仰，在有了較大影響後引起了政府的注意，在政府授封的干預之下才變為五顯神。政府的封號名稱本身明白無誤地昭示了政府對這五位神的正神而非邪神的定位和希望它們福佑人民的願望。政府授封的影響非常大，以至於影響到了民間對其來源的追溯。民間關於其來源的說法作了與官方封號相適應的調整，如獵人說和舉人說。《方輿勝覽》說：「兄弟凡五人，本姓蕭。每歲四月八日來朝禮者雲集。」五子分別名顯聰、顯明、顯正、顯直、顯德，即「聰、明、正、直、德」，故名五顯。《鑄鼎餘聞》中稱他們為南齊時的柴姓五兄弟，老大名叫柴顯聰，老二名叫柴顯明，老三名叫柴顯正，老四名叫柴顯直，老五名叫柴顯德，弟兄五人為獵人，經常打猛禽走獸，採草藥為民療傷治病，吃不完的野獸送給貧窮百姓，深受人民愛戴，人緣非常好，在他們逝世後，民間尊他們為神，稱為五顯神、五顯王。《江西通志》載：「廟即五王廟，在德興縣東南儒學左。隋附馬張蒙逐獵，遇五神指山穴，雙銀筍銀寶始發，立廟祀之。唐總章二年，賜額五通侯，南唐升元改封公，宋元祐加額靈順，嘉泰間封為王。」在官方授封的影響下，文人們杜撰了關於其來源的五行說。

二、客家公王來源類型

　　道教對五顯信仰的接納與扶持還表現在對其神格做出與政府比較一致的定位，並賦予其正神的信仰內涵。《福德五聖經》是成書於宋元時期的道教經書，內容為大惠靜慈妙樂天尊為定息真人說五顯靈官大帝名號、神威及信奉此經之功德、誦咒祈福之法。認為五顯靈觀大帝為天下正神，五神分別為「第一都天威猛大元帥顯聰昭聖孚仁廣濟福善王、第二橫天都部大元帥顯明昭聖孚義廣佑福順王、第三通天金目大元帥顯正昭聖孚智廣惠福應王、第四飛天風火大元帥顯直昭聖孚信廣澤福佑王、第五丹天降魔大元帥顯德昭聖孚愛廣成福惠王」。

　　佛教也對五顯信仰進行接納與改造，以佛教故事中的五通仙人與五通神字面上的接近來接納五通神及其信仰，接著對它進行與佛教信仰相適應的改造，又與佛教的華光菩薩嫁接起來。五顯神與華光菩薩，一出於民間信仰，一出於佛教，風馬牛不相及，但從南宋開始卻多混為一談，原因在於佛教的華光菩薩有五顯靈官大帝的稱呼。佛教對五顯信仰的接納與改造，反過來又影響了此後道教對五顯神及其信仰的改造。[162]

　　五顯大帝於元、明之時，被納入道教神仙信仰之列，同時還得到官方承認和冊封的正祠。據說，向該神求男生男、求女得女，經商者獲利，讀書者金榜題名，農耕者五穀豐登，有求必應。客家民間流傳著許多有求必應的靈驗故事，因此五顯公王的祠廟與祭祀在客家地區比較常見。

　　宋王逵《蠡海集》云：「九月二十八日為五顯生辰，蓋金為氣母，五顯者，五行五氣之化也。」又雲：「五行大帝，按俗以東方青帝、南方赤帝、西方白帝、北方黑帝、中央黃帝。」《明會典》卷八十五《禮記·祭祀》載：「五顯靈順，四月八日、九月二十八日遣南京太常寺官祭。」每年農曆九月二十八日為五顯大帝神誕日，許多五顯廟在此期間都要舉行廟會，為他祝壽，祈求風調雨順，田禾大熟。各地參拜與慶祝五顯大帝誕期的習俗基本相同。在閩西永定縣，五顯大帝又被當作財神，特別得到煙商們的虔誠禮拜。每月初一、十五，煙商們都要到設在南門的五顯廟去焚香上供，每年正月十五至十八迎五顯大帝，東西南北四大城門各迎一天。五顯大帝回廟後，煙商們會

連忙挑五牲（雞、鴨、魚、豬肉、牛肉）、香燭紙炮，趕到廟裡去祭禮。每年農曆的四月十六至五月初四為五顯公王的出巡日，俗稱「接公王」。

（三）來自動物的原型

1. 珨瑚公王

閩西長汀、連城的珨瑚公王信仰，在本書其他章節中已提及。在這裡作為動物成為公王的來源論述，是由於當地的傳說很奇特。珨瑚公王原來稱蛤蝴公王，後來才改名的。《長汀縣志》載：「鐘全慕唐昭宗時為刺，王審知喜其驍勇、有謀略、分汀州使守之，祀郡名宦。」王審知承父兄遺業，仁政建國。常騎白馬，故稱之為白馬公王，當地人神化其為蛤蚧投胎，故名蛤蝴侯王。據連城縣馬埔的民間傳說，蛤蝴侯王是個青蛙精。有一次李世民被人追趕，跑到烏泥河邊，河水很大，不能渡過，蛤蝴幫助他渡過河去。所以後來李世民當上皇帝，就封他為侯王。長汀縣塗坊的傳說也基本相同，不過他們說的不是青蛙精，而是烏龜精。有學者認為，民間傳說把蛤蝴侯王說成是青蛙精、烏龜精等等，帶有動物崇拜的意味，更具有草根性。在連城客家，祭祀王審知的廟宇主要有：縣南城外的鎮川廟，宋紹興年間（1131～1162年）建，明洪武年間（1368～1398年）重建，是連城祭祀珨瑚公王最早建的廟宇；莒溪璧州的永興廟；新泉和朋口馬鋪的珨瑚廟，馬鋪的珨瑚廟建於明英宗正統年間（1436～1449年），是目前連城保護最完整的古廟。

2. 十二公王

閩西連城縣北團鎮十二公王俗信是最為典型的蜜蜂崇拜。

（1）信仰緣起

根據北團鎮王家墩陳運均先生介紹，坐落在庵仔腳的十二公王庵，始建於明永樂年間（1403～1424年），已有數百年歷史。相傳，有個賣油翁，從江西挑油前往連城、清流等地販賣。經過江西龍虎山聖地時，發現有十二隻蜜蜂縈繞在他頭上。之後的幾天裡，每當賣油翁夜晚住店時，十二隻蜜蜂就停留在他所戴的斗笠上休息。第二天早上出發，蜜蜂就跟著賣油翁飛行。讓賣油翁驚詫的是，一路上，他的油出奇地好賣。就這樣一路走來，到了北

團鎮江園與羅王兩村交界處,賣油翁停下歇腳。奇怪的是,十二隻蜜蜂突然「嗡」的一聲,一齊飛入路邊茂密的荊棘叢中不見了。想起前些天十二蜜蜂伴飛產生的奇蹟,賣油翁感到這群蜂不比尋常。因此,在起身趕路時,他遙對著荊棘叢許下重願:「神蜂啊,你們要是繼續保佑我的油好賣,能賺錢,我回來後,一定會在此地建一座小廟,讓神蜂好安身!」後來,賣油翁的油一直都很好賣,賺了很多錢後,他回來還願,在蜜蜂消失的地方建起了一座簡易的草棚,在其中立了十二蜂王的神位。因為賣油翁、蜜蜂在此歇腳,加上位置在古峰山腳下,人們稱小廟所在地為「庵仔腳」。根據客家民間信仰的習慣,當地人以公王稱蜜蜂,「十二蜂王」順理成章叫成了「十二公王」,庵堂也被稱為「十二公王庵」。

　　故事傳開後,不斷有人來廟燒香,祈求保佑。因不斷有顯靈的故事產生,就有越來越多的人來此進香,熱鬧時,香客排成長隊。

　　民間信仰中的廟庵,都是由無到有、由小到大、從簡易到繁榮的,建設期間也總是產生一些傳奇故事,十二公王庵也是如此。

　　十二公王庵坐落在古峰山腳下,背靠張天海螺山主峰。廟庵實際上是處於一個緩坡之上,前面是一個開闊的大盆地。站立庵前,北團鎮江園、羅王兩個行政村的「九壠十三墩」自然村盡收眼底。對面山腳自西而東蜿蜒著一條溪流,名叫沙溪河,是閩江三大發源溪之一。自古以來,沙溪河滋潤盆地中的幾萬畝良田,使這裡成為連城有名的北里糧倉,也讓生活在這塊大盆地裡的「九壠十三墩」名聲在外。「九壠十三墩」中的「九壠」是:岩前壠、大坑壠、秋湖壠、底壠、蓮蓬壠、欄壠、江屋壠、八壠、牛角壠,「十三墩」是:雄王墩、土樓墩、黃泥墩、蓮蓬墩、紫蓮墩、長沙墩、長尾墩、李樹墩、圓沙墩、何樹墩、大沙墩、王家墩、墩子上。

　　當初賣油翁還願時,只是建了簡易的草棚,立了塊木頭牌位,讓十二神蜂有個安身之所。名聲大了,祭拜人多了,當地人接手這一信仰,就想為十二神蜂建立一座永久牢固的庵堂。這時出現一個問題,選址上要涉及連城城關一江姓族人的祖墳。因庵堂正好建在其祖墳的龍脈之上,影響風水,這在十分重視風水的客家人來說是大事情,所以江姓族人堅決反對,不管負責

民間信仰與客家社會
第九章　村落聚福地，處處公王神

建庵堂的人怎麼做，都無法說服他們。建設的事就僵在那裡了。恰巧，時任都察院右都御史、湖廣巡撫的馬馴回家鄉四堡，要去許坊看望他的啟蒙恩師許志浩，路過庵仔腳。那時，許坊、羅王、江園三村只有一個私塾學堂，就是羅王村的文興岩學堂，許志浩曾在文興岩學堂任教。建庵堂負責人與馬馴一同就讀，有同窗之誼，聞知馬馴回來，且聽說馬馴身上帶有聖旨，故請馬馴以聖旨之名從中調和。江姓族人這才不敢阻攔，但提出了一個方案，即在庵堂天井中心留一條泥埂讓他們的祖墳龍脈延續。這是一個折中的方案，至今那條泥埂一直保留，只是現改為水泥埂了。這是民間的傳說，請出聖旨，往往是民眾想像中解決問題的最好辦法。至此，正規完整的十二公王庵成形了。

（2）祭拜儀禮

十二公王逐漸成為這一帶村民公認的保護神。人們每逢初一、十五都到十二公王庵燒香禮拜，祈求十二公王保佑大家平安吉祥、心想事成。平時村民有什麼事也要到十二公王庵祈求保佑，或來此求籤問能否做事，決定行動。

最隆重的禮拜儀式有兩個時段：

第一是春節之時。

每年的除夕日，人們把過年的大公雞在十二公王面前割血祭拜，並擺上米酒供品，點上香燭，鳴放炮仗，更有虔誠者在此守歲，祈求來年風調雨順、平安吉祥。大年初一，又有許多信眾早早來到十二公王庵上香，祈求新的一年能實現新的願望。鼎盛的香火一直延續到農曆正月二十，這也是客家人認定春節結束的日子，所謂的「有吃冇吃，玩到正月二十」。到了正月二十，人們就要開始勞作或外出謀生了。而在外出時，不少民眾又會到十二公王庵燒上一炷香，祈求保佑。

羅王村人鬧元宵、遊燈龍時，起燈儀式就在十二公王庵前。長長的燈龍要在十二公王庵前繞三圈後，龍頭朝向庵門禮敬。人們燃放煙花爆竹，開始熱鬧的遊龍活動。

第二是廟會之時。

每到農曆十月，王珠山上粉乾飄香，張風壠底稻穀閃光之時，羅王、江園兩村民眾就要舉辦廟會，為十二公王謀福事，建醮三天三夜。比較奇特的是，人們要將周邊大豐山的歐陽真仙、古峰山的賴公真仙、雨蓬岩的神農真仙請到十二公王庵一起登殿，共同接受信眾的朝拜，享受香火祭品。

謀福事活動中，主事的福首們提前五天吃齋，一般民眾提前三天吃齋，然後舉辦迎接三位真仙入殿儀式。迎接儀式隆重而繁瑣，有走古事、打十番、司酒祭祀，還會請戲班演出三天三夜。

(3) 神蹟故事

一種信仰能持續發展，總有許多與其神力相匹配的傳說。從江長水先生整理的故事傳說看，不少還是現當代真人真事，這是為了提高其可信度。

故事之一「對臺戲由來」：每年十月建醮請戲班唱戲，都是請林坊班、岩頭班或新泉班，每次只請一班唱三晚。1948年十月建醮，福首們請的是林坊班，但岩頭班也來了，大家很詫異。岩頭班師傅說：「你們不是讓一位鶴髮童顏、器宇軒昂的老人來請我們嗎？他告訴我時間、地點、演什麼戲、做多少天，一清二楚，我能不來嗎？」有權力做決定的福首中沒有這樣的人，會是誰？村裡主事者只好讓兩個戲班同時演，唱對臺戲，結果表演特別精彩。後來，人們意識到，一定是十二公王現出人身去請的。人們更覺神奇了。

故事之二「公王顯靈」：1990年代，羅王村有個虔誠的信徒，小名達達，幾十年來每逢初一、十五都要上庵進香，風雨無阻，從不間斷。有一年農曆十一月初一夜，天下細雨，庵裡只有他一人。他突然發現十二公王神位前有光圈，以為有人照電筒，但沒有發現人。朦朧中，他看見光圈內閃過一個個公王的影子，仔細數，正好十二人，六文六武。六文是泰華公王、九天公王、陶侃公王、呂財公王、白鶴公王、青鳥公王，六武是邱亞公王、張良公王、福善公王、陳福公王、楊仙公王、青年公王。達達老人恍然大悟，這是十二公王顯靈了，當即跪下祈禱，保佑風調雨順、平安興旺。他把看到的情形跟鄉親們講述，眾人稱奇，公王庵香火更旺了。

民間信仰與客家社會

第九章　村落聚福地，處處公王神

　　故事之三「禾果頭傳奇」：解放初期，羅王一帶地廣田多水缺，幾千畝地只有一條山泉水灌溉。每到夏收夏種時，人們都爭搶泉水灌溉。有一年，兩個年輕人為水爭得面紅耳赤，眼看要拳腳相加。關鍵時刻有位白髮老人勸架，但其中一人火爆地把手中的禾果頭丟向老人。老人不生氣，還是和藹地勸說：「不要爭了，天要下雨了。」話剛說完，一陣風吹過，兩位年輕人發現，眨眼間老人不見了。過了一會，狂風大作，豆大雨點落下來了。年輕人趕緊到十二公王庵躲雨。他們驚奇地發現，十二公王神位牆上粘著一叢帶泥的禾果頭。兩人恍然大悟，原來是十二公王現身當和事佬，避免了爭鬥的惡果。他們趕緊跪下磕頭，求十二公王寬恕。

　　故事之四「有求必應」：江園村民黃一本，書香世家。1985年本人考上長汀師範，成為吃公糧之人。後來，他兩個女兒、兩個兒子都考上大學，成為公家人，令村民羨慕。除了教子有方外，更重要的是，他是十二公王的虔誠信徒，每當孩子要大考時，都要到十二公王庵進香，三拜九叩，虔誠祈禱。每次他都如願以償，有求必應。

　　另一個江園村王家墩人陳際修也是虔誠的信徒。2007年豬疫藍耳病盛發，其他養豬戶損失慘重，只有他的豬場躲過劫難。人家問他靠什麼法寶，他說：「我的豬有賴於十二公王護佑，因我辦場前，就祈求十二公王保佑，並許下心願，如我養豬成功，讓我如願以償，一定把十二公王庵門口的雨坪重修，結果十二公王賜福於我，讓我如願以償，我一定要去公王面前報恩的。」

　　故事之五「失牛回歸」：羅王村民江運新，以販牛為業。有年冬天夜晚，伸手不見五指，而且下著雨。江運新從江西調一車牛回村，經過長汀南山時，一頭牛受到驚嚇，從車上跳下，消失在黑夜中。江運新聽到聲音，下車查看，少了一頭牛。如果少了這頭牛，這次的買賣就虧本了。情急之下，他趕緊朝家鄉十二公王庵的方向跪拜，並許下良願：「十二公王保佑，讓我趕緊找到耕牛，如果耕牛找到，我一定會組織人們重修庵堂。」然後他漫無目標到處尋找。走出幾十公尺後，奇蹟出現了，那頭黑牛迎面朝他走來。後來，這頭

248

牛賣的價錢最高。賺了錢後的江運新決定兌現自己許下的諾言，重蓋十二公王庵屋頂。

十二公王庵原為土木結構，1960年代破四舊時被拆了屋頂，破爛不堪，沒人進香。羅王村民江運新在1980年代號召人捐錢捐物重蓋了屋頂。

在民間，人們熱心於修寺廟、道路以求福氣，尤其是為本地的神祇建寺廟。改革開放後，富裕了的村民就謀劃修繕十二公王庵。2006年村民江正東、江文輝等捐資捐工維修，2008年春村民江春華、江正東、江水德、江九養、江春水、江道老、黃一本、沈其興、陳太保、陳運仁等人捐資捐工立碑。同年，他們籌備恢復廟會，為十二公王建醮、走古事、演木偶戲，再現北團地方民俗風采。2008年農曆金秋十月的十三、十四、十五，停辦了六十年的建醮福事再次展現在世人面前。

（4）信仰傳播

民眾是民間信仰傳播的推動者。從傳說故事的誕生，到活動儀式的設立，再到向外傳播，民眾都是推手，尤其是北團鎮這一祭拜蜜蜂公王的民間信仰。從採訪到的材料看，許多故事傳說都是當代村民不避忌諱、真名實姓的現身說法，為的是增加其可信度。

十二公王庵在庵仔腳修建後，朝拜的香客越來越多，靈驗故事越傳越遠，良性循環，人多時燒香排隊。於是，比較邊遠的村落許坊村中的虔誠信眾就籌劃在許坊設立分庵，迎庵仔腳十二公王到許坊安立牌位。許坊村民請風水名師選址，定許坊山林底並開基修建。

修建中又有靈異故事誕生。修庵需要好木料，許坊村民到石螺角（石豐）採購。大的木料有兩人合抱之粗，其他各種木料也都很漂亮，根據設計好的尺寸裁鋸好。一切準備就緒，村民打算以編木排形式水運到許坊。正要下水時，烏雲蓋地，狂風大作，河水暴漲，堆放木材的河灘被洪水淹沒，採購人員在岸上無計可施，夜黑後只好打道回家，心中盤算如何向眾人交代。第二天早上，採購人員回河邊查看，希望能找回部分木料，但堆放木料的地方已空空如也。他沿河邊往下尋找，走到許坊的消塘凹河邊時，眼前一亮，昨晚

被河水沖走的木料整整齊齊地停留在河邊。他飛一樣地跑過去，細數一下，木料不多不少，正是採購的數量。消塘凹離修庵的山林底很近，怎麼如此巧合？細一聯想，這不是十二公王顯靈嗎？人們都認為這是十二公王顯示法力，借助河水的力量運送木料以省工省力。人們因此更相信十二公王的法力無比，神通廣大。於是，村民更加虔誠，加快修建速度，十二公王的第一個分庵就在許坊村的山林底建成了。

三、客家公王的祭祀與傳播

（一）供奉場所——公王壇、宮廟

1. 公王壇

公王崇拜是客家地區最為典型的民間信仰。其祭祀場所比較典型獨特，一般情況是建壇，最為簡便、普遍，符合客家人節儉的特性。每個村落都有公王崇拜，但限於經濟條件，人們往往以最簡單的模式祭祀公王，或在村頭、或在水口、或在村莊中風水寶地設置公王壇。

公王壇一般為一間寬 1 公尺、高 1.5 公尺、深 0.5 公尺的小房子，和土地公的神壇相似。房子一般為石條疊成，用三合土粘連，屋裡面豎著一塊石碑，石碑正中刻著「某某公王神位」「敕封某某福主公王神位」，兩旁則分別書有「文班」「武列」，碑前安放著香爐，小房子的兩側及上方則分別刻有對聯和橫批，前面放了一塊用來安放祭品的石板祭臺，有些神壇刻有豎碑間及立碑地「合鄉弟子全立」。神壇前，人們會整出一塊平地，用三合土（現在用水泥）鋪實以作祭拜用。少數公王神壇沒有建小房子，僅如同一般的墳墓。公王壇的前後均有高大的紅榕樹、水杉，也有松樹、楓樹、樟樹、檀香樹、細葉蓮樹、雞目珠樹等。樹是必須的，以紅榕樹、水杉為多。「如我們在湘湖村調查時見到的三將福主公王神壇，重建後的『三將福主神位』採用原先的條石砌成新的小屋子，神位正中寫著『玉封靈顯、靈佑三將福主公王神位』，兩旁對刻著『文班、武列』，而小屋子門兩旁則刻有對聯『聲靈赫濯光千古；福澤綿延庇一鄉』，神壇背後仍然保留了古老的大樹。」[163]

又如射獵公王神壇位置，徐溪河東支流是從馬頭耳向東南流，流至上徑村，河道彎偏東流，然後又南流，形成S狀，在偏東流的南岸，有座虎頭山，延伸出一小丘，稱虎爪，神壇便建在虎爪上，這裡是往鐵山嶂必經之路。原址上新修的神壇，坐南向北，壇前有頗寬的旱作地，溪水在北面流過。神壇狀如神龕，約 12 平方公尺，龕內有一大石香爐，左右有燭臺，後上方有大窟窿排香煙，無神牌，龕頂今用水泥砌成平頂，前有屋簷裝飾，蓋上琉璃瓦，左右角微翹，龕門上呈圓拱，正面橫額為「射獵公王」，龕門對聯為「追禽逐獸昭神武；趕患迎祥頌德威」。這副對聯是清秀才徐言呈所撰。神壇前豎起兩根水泥柱，高 3 公尺，上淋水泥棚，有 20 平方公尺，後面支點便在石山上，可避雨淋日曬。緊連神壇前，用紅磚砌起一案臺，供放祭品。

2. 公王宮廟

壇設立久了，如果影響大了，或者這一方人發達了，就修建宮殿寺廟，供奉公王，以擴大影響。有些則直接設立宮殿祭祀。「公王宮」「公王廟」的稱呼，可以看出公王信仰中道教與佛教的影響。

如上面提到的梅州泮坑公王，引入這一信仰時直接就建造廟宇，沒有先設壇再建廟。而小桑公王則是先設神壇後建公王宮。

3. 客家公王第一廟

在閩西連城縣姑田鎮的上堡村口兩溪匯合處，有一座規模較大、歷史比較悠久的民主公王廟，初建於清康熙年間（1662～1722 年），乾隆五十六年（1791 年）由上堡人士賴成卯倡首擴建，並帶頭捐資 150 個銀圓，此議得到上、中堡等地廣大信眾的支持。在眾人的努力下，當年的十月二十三日新廟落成。新廟規模宏大，占地近 4 畝，成為姑田鎮第一大廟，現今號稱「客家公王第一廟」。

全廟結構完整，宏偉壯觀，建築精美，古色古香。內分上下兩殿，殿高 2.4 公尺，長 1.5 公尺的兩條金色蛟龍，分別纏繞在正殿的兩根大柱上。正殿左右壁上分別書寫「威靈」「顯應」二字，相傳是明正德皇帝朱厚照所題。

該廟正殿是東山福主民主公王及左兵右將神像。到了民國時期，後殿安上了韋馱、羅仙、賴仙、五穀仙和馬氏真仙等塑像。正殿鎮廟公王坐像有兩公尺多高，為方便起見，人們又另外用木頭雕刻了「出案公王」塑像，約兩公尺多高，專供人們打醮遊神時用。同時上堡的陳、賴、桑三姓，中堡江、華二姓，以及上堡的蔣姓還各自集資雕了一尊小公王塑像。這個小公王塑像可用手抱，是專門給村民遊大龍、殺豬時接去祀奉用的。

客家公王第一廟建築壯觀，廟的正殿、大門牌樓，精雕著各種精緻的花紋，富有客家建築特色。最為典型的是，二層牌樓上鐫刻有四隻遙遙相對、栩栩如生的碩鼠。為什麼精雕細刻上兩對碩鼠呢？按照當地民眾說法，主要針對當時的貪官汙吏、土豪劣紳等一夥吸血蟲、碩鼠。「老鼠過街人人喊打」，這是自古以來百姓的共同心聲和願望，也借此教育後人應認真懲治腐敗，反對以權謀私、專橫跋扈、貪汙墮落和追求個人享樂，真正做到「為官一任，造福一方」。

客家公王第一廟的大門聯是：「靈昭萬古；光耀千秋」。東山福主民主公王神座下刻著這樣的詩句：「民主推崇我為神，主持賞罰必分明。公平正直無偏袒，王法昭彰不徇情。」這是藏頭詩，把「民主公王」鑲嵌其中。

廟中還有64首籤詩，為清乾隆年間（1736～1795年）秀才蔣景文撰擬。當地傳說，蔣景文睡臥在公王神臺下，每晚創作籤詩一首，經歷64個不眠之夜創作了64首籤詩。籤詩勸善抑惡，富有哲理。如首籤詩：「巍巍廟宇立溪邊，一鄉禍福我司權。善惡到頭終有報，莫疑遲早是私偏。」終籤詩：「我本一鄉監察神，吉凶禍福早知音。志誠禱告皆靈驗，求得終籤萬事新。」

（二）日常祭祀與巡遊活動

1. 日常祭祀

在客家地區，公王是人們意識中的守護神，是人們祈願永保平安、消災賜福的精神寄託。對公王的祭拜，昭示和寄託了人們對美好生活的追求。民間各村都有公王，客家民間逐步形成了逢年過節都要到公王廟、公王宮、公王壇膜拜和迎送公王的傳統習俗。

在筆者家鄉永定高陂鎮睦鄰福梓村，民眾一般是在大年三十，挑上為過年準備的雞、鴨、魚、豬肉以及其他果品祭品，到村頭的水杉樹下的公王壇祭拜，祈求一年四季風調雨順、五穀豐登、平安吉祥。許多地方以家庭為單位進公王宮、公王廟祭祀的也是如此，只是時間各有不同。

2. 節俗祭祀

公王作為地方的保護神，民眾在有相關的重要節俗活動時也就不會忘記公王了。比如，連城姑田民眾在舉行「遊大龍」活動或者家庭殺大豬時，就要請公王回家或者到自己的祠堂祭拜。聞名於世的連城姑田「遊大龍」活動，其中有兩個環節與東山福主民主公王有關。一是「接公爹」，當地民眾稱公王為「公爹」（客家話是「爺爺」）。年三十子夜（年初一子時），本地有「開天門」的習俗，此時由龍頭、龍尾處各放三科（響）神銃，發出準備接「公爹」的信號。隨後由龍頭組成的鑼鼓隊，沿途敲打並帶上香紙燭炮前往上堡溪邊庵（又稱公王廟）迎接東山福主民主公王。溪邊庵離中堡約兩里路，裡面供奉著各姓都十分崇拜的大小公王，大的要用轎子抬，小的可用手抱（廟裡大小公王共五尊，都屬同一民主公王，最大一尊是鎮廟公王；次大的一尊是出案公王，供正月十五出遊；小的三尊，其中上堡陳、賴、桑三姓合一尊，中堡華、江兩姓合一尊，上堡蔣姓一尊。此時接的是華、江兩姓合塑的小公王，又稱小公爹）。小公王接回家後又是一陣熱烈的銃炮聲，將小公王安放在紮龍頭的祠堂裡。周圍人家都前來燒香獻茶、酹酒朝拜，整夜都是人聲喧嚷，燈火通明，直鬧到天亮。公爹要等到遊龍完畢後，方送回庵去。另一環節是「燒龍」。到了正月十六日上午九時許，龍又在江姓祖祠門口駁橋起遊，在嶺兜一個小巷兜遊三圈後經中堡街直上溪邊庵，到庵門口將龍頭向公爹點三下頭。遊龍途中，擎疲勞時可任意換人，但是過溪邊庵門口時則要主人自己來擎，以討公爹的好感而獲神之庇佑。此時的大龍在庵門前逆時針由外向內繞圈子，圈子由大到小，叫「龍頭入囊」。然後龍頭順時針由內向外繞圈子，叫「龍頭出囊」。此時龍腰邊遊邊拆「橋」，直到拆完，但龍頭還是帶上幾節堅持遊。遊到實在疲憊不堪，龍頭再次到庵門口向公爹點三下頭才「落腳」（把龍頭卸下），龍尾和拆掉的龍腰早已放在燒龍的地方（龍尾要等龍頭一起拆）。燒完大家爭先恐後往家裡跑。整個正月的「遊大龍」結束了。[164]

3. 巡遊公王

　　客家崇拜公王不單單局限建廟供奉以及節俗活動的祭祀，更為隆重的就是專門組織巡遊公王的習俗了。民間俗稱為「等公王」「扛公王」「迎公王」「送公王」等，永定湖坑一帶稱「做大福」。迎送公王就是到村中各家各戶出巡，到田野及村莊重要的地方巡遊，是客家極具特色的大型民俗活動。巡遊公王形式多，範圍廣，內涵豐富，氣氛熱烈、莊重虔誠，是客家鄉村參與人數最多、場景最為壯觀的民間祭祀活動，也是客家人親朋好友交往聯絡最好的時機。

　　迎送公王的祭祀活動，客家地區各個地方的內容大致相同，具體的形式大同小異，只是時間、程序不盡相同，略有差異，多選擇在中國傳統節日、重大節氣，或公王誕辰，或故事傳說中具有特殊意義的時間舉行。梅縣松口鎮的梅溪村，每年春節期間舉行梅溪公王祭祀活動，而同是松口鎮的山口村公王則在端午節前後出巡。小桑公王因抗日戰爭爆發，受戰亂、貧困等因素影響，祭祀活動改為每年農曆正月初二出巡，至正月初六回宮。梅縣梓里村祭拜三聖公王是在每年農曆九月十三，因四百年前的九月十二午夜洪災過後的第二天，三尊金身神像漂到此處，九月十三便作為梓里村公王的誕辰，舉行隆重的祭祀儀式。永定湖坑鎮每隔兩年都要在農曆九月十一至十六舉行一屆「做大福」的民間迎神盛會，抬出公王巡遊。梅縣松源鎮龍源宮周邊42個自然村的村民扛龍源公王出巡的習俗活動，則是每年舉行春、秋兩祭大型活動。

　　巡遊公王的活動隆重而熱烈，時間長，儀式多。故客家民間都要成立理事會負責組織籌劃資金、項目、安全、儀式、路線、規模等，事情繁雜，都須有人專項負責。

　　小桑公王的巡遊。根據廣東梅縣博物館的麥娟娟館長介紹，正月初二，迎送公王的一路上，鑼鼓喧天，鞭炮轟鳴，以往使用傳統的客家打擊樂器鬧八音等，現在增添了銅管樂隊演奏和文藝演出隊的歌舞表演，使古老的傳統習俗增添了現代氣息。小桑村每年農曆正月初二公王出巡前，都要置辦三牲、佳果、香燭等，由祭祀出巡司儀掛抱上有公王、白馬的圖騰，作巡祭文。祭

祀時一邊唱唸吉語，一邊撒麻、麥、米、豆、粟等五穀，祈求一年四季風調雨順、五穀豐登、平安吉祥。公王正式出巡，由族中的人高舉「明主公王」「獵神公王」「出巡公王」和龍、虎等數十面旌旗和關刀、大斧、畫戟等象徵十八般武藝的兵器，後有龍船和象徵三山國王座駕的三匹金色、黃色、白色馬，浩浩蕩蕩，往村中四十三處祖祠出巡，巡遍全村。出巡的規矩是，只進祖祠，不進私宅。按固定的時間、路線順序進行，連在哪村吃飯、歇夜都是固定好的。公王所到之處，家家戶戶皆燃放爆竹，恭迎膜拜。每到一處祖祠門前，男女老少手拿一支香集中在門前禾坪恭迎，在祖祠上掛圖騰舉行祭祀膜拜儀式，司儀口唸「麻麥米豆撒花花，公王爺爺過別家」，然後，由該祠族人替換上一祖祠的族人抬護公王橋。如此按時間、路線和祭祀方式再到下一個祖祠。……直至正月初六巡遍全村四十三個祖祠後再護送回到公王宮。最後將龍船送往河中漂放，喻為將晦氣、災厄等送走。至此公王出巡儀式結束。整個山村沉浸在喜慶、祥和的氣氛中。

　　龍源公王的巡遊也很獨特。梅縣松源鎮龍源宮是廣東省與福建省武平縣、上杭縣客家區香火最旺、膜拜祭祀人數最多的宮廟。舊時，民間曾有 42 個自然村的村民扛龍源公王出巡的習俗活動，每年舉行春、秋兩祭。原來供奉三尊公王神像，後來由於「扛公王」出巡的鄉村多，增加至九尊，再後又增加一尊，名曰「十滿叔公」（取「滿足」「滿意」「十足」之意，同時，又取梅州客家方言中「滿」是指排行最小之意）。這樣才基本滿足各村落迎送公王的祭祀活動的要求。即使如此，各村「扛公王」主要出巡的日期仍要儘量錯開才行。據了解，松源鎮民間最後一次如此規模的「扛公王」活動是在 1949 年。目前，只有年長者方能回憶講述當年盛況：當年「扛公王」活動，由龍源宮鄰近各村派代表或長者到宮內商議，決定「迎公王」的具體事項和神像的具體分配。到了「迎公王」當天，村民穿戴一新，僅次於春節過大年，自發組成迎公王隊伍，喜氣洋洋來到宮前，德高望重的長者率眾焚香參拜，請公王上轎出巡。「扛公王」的隊伍，有老人、青年、小孩，前呼後擁，舉著「迴避」「肅靜」的出巡牌，高舉龍旗、彩旗等各色旌旗等，鼓樂齊鳴，組成一條長長的隊伍，浩浩蕩蕩，到每村各祖祠巡視，場面蔚為壯觀。目前，

民間信仰與客家社會

第九章　村落聚福地，處處公王神

松源各村僅保留舊時的公王出巡日到龍源宮殿宇中進行祭祀膜拜的習俗，而「扛公王」出巡的習俗活動則不復當年了。[165]

「扛公王」不一定只限村裡的公王，客家人具有泛神崇拜意識，他們會把區域內所有的神靈都抬上巡遊全境。梅州大埔的「遊公王」，就是把一堆神明一起抬出巡遊。永定湖坑一帶的「做大福」也是如此。我們在調查研究湖坑奧杳的「做大福」時發現，因和閩南漳州接壤，奧杳客家人也信奉開漳聖王，而且很虔誠，專門在村口建了一座西霖宮供奉，並有匾題「西霖宮奧杳人民保護神開漳靈主聖王陳元光」。巡遊公王時，民眾扛著開漳聖王一同出巡，最後到大福場集中祭祀。

（三）公王崇拜的傳播

1. 神蹟故事的增加

為宣揚公王的神力，人們往往會增加公王顯靈的故事。以連城姑田的東山福主民主公王為例，其廟史是這樣記載：明正德年間（1506～1521年）武宗朱厚照微服遊江南，遊至龍岩硿家村（位於今連城縣賴源鄉大河祠隔壁）時，遭村中惡歹追趕。危急之時，帝匍身鑽進該村水尾公王廟邊一棵大樹洞隱藏。鑽入之後，該洞突然布滿蜘蛛網，惡歹見狀認為他不會藏在洞內，於是往前直追，帝才免難得以脫身。帝在出遊回京途中，一路上得到公王的暗中保護，抵京之後公王顯出本相請求受封。帝念其護駕有功，即封他為「東山福主民主公王」。他與天下其他公王不同，是唯一受帝王敕封的公王。

在研究過程中發現，客家公王第一廟中立有石碑，其碑文是這樣表述的：

姑田「客家公王」御封之來歷

明正德年間（公元一五〇六至一五二一）帝微服訪江南。至連城東山門姑田，日暮途窮，寓於村舍。是夜蛙蟈亂鳴，擾人不寐。帝惡之，囑主人覓一蛙刎而儆之。次晨蛙蟈盡斃於田間。由是，村中沸然，帝亦異之，撿一蛙以宣紙條紮其傷口，則蛙兒皆活蹦蹦然矣。至今，其蛙皆白頸故也。彼時，村中有惡少頗覺來人蹊蹺，欲逮而訊之，帝慌矣，速遁而去。逃至東山客家公王廟，遂藏焉。公王知帝臨，施法保護。惡少見公王顯出本相，威嚴肅立，

人無蹤影，始揚長而去，帝方安然。或恐惡少繼續追蹤，乘夜趕路至東山境內一小山村，村頭一茅舍中住母女倆。時帝一筋疲力盡，進屋便昏然猝倒，觀其貌方頤闊臉，誠厚福之人也，當下急救之，帝蘇甚是感激，母女詢之，謊稱京都商賈，遇盜劫掠窮追至此，感激之恩自當重報，遂解金龍玉帶以謝，母女拒受。帝觀其女容貌端莊，雖宮中美女如雲，終不及村姑靈秀，欲聘之。母久有擇婿之意，今見其人才貌，欣然允諾，帝遂以玉帶為信。次晨，帝辭上路，戚然而別。

帝自遁之始，東山客家公王即暗中保駕，一路護送回京。登殿方顯公王本相，拜求封號，帝念其功，遂封其「東山福主民主公王」。故姑田東山公王曾受御封，所祀公王算是欽命正宗神祇。公王廟內正廳兩壁「威靈」「顯應」四字，是明正德皇帝朱厚照恩賜書成。

客家公王廟姑田文物管委會

2008 年晚秋

為增強東山福主民主公王的法力，人們不斷增加東山福主民主公王顯靈的事例。連城縣姑田當地流傳著兩則發生於清光緒年間（1875～1908年）的民間故事。一則講述忠厚老實的何三元因不堪生性刁惡的老婆欺侮，到溪邊庵公王處告陰狀，即買張黃紙，寫好陰狀，初一那天到溪邊庵公王面前燒香跪拜，後把陰狀燒了，求公王做主。當天夜裡，何三元夫婦便被陰兵押到公王廟。經公王審問後，何三元的妻子被懲戒，並從此改惡從善。

另一則講述上堡人張達請一位公旦（即伯公）幫其看管所養的小雞，承諾小雞長大後三七分成，並擲筊以卜神意，結果連擲三次聖筊，即許之願得到了公旦的同意。但是張達的小雞在五日之內便因鼠害鷹抓，損失殆盡。張達一怒之下買了張黃紙，請人寫了一張狀紙，至上堡公王處口訴之後再將呈文焚化，請求公王治罪失信的公旦。當晚，張達和公旦就被衙役押至公王面前對審。公王先懲治了失信於民的公旦以嚴明法紀，將這個原本管人口平安的公旦貶為田公旦。公王又以張達竟敢勞煩公旦看管區區幾隻小雞，還為此告狀，使公王手下少了一個公旦，將張達責打四十大板。

民間信仰與客家社會
第九章 村落聚福地，處處公王神

2. 文化內涵的不斷豐富

公王崇拜因活動的拓展、時代的發展，往往由單純的民間信仰發展成地方的文化綜合活動，內涵不斷擴展。如梅州的祥雲宮和梅溪宮等地供奉梅溪公王，為的是紀念漢代梅王梅鋗。

雖然古時對漢代梅王梅鋗的記載資料不詳，但從歷史記載的片段中，可以看出梅鋗是有勇有謀的，他的生前立下過豐功偉績，具有重要的歷史地位和廣泛深遠的影響力。梅鋗因其立下的功業被封侯，領轄梅嶺梅州，故人們都崇敬他。梅鋗去世後，當地人為了紀念他而到處栽種梅花，修祠建廟，又衍生了對「梅溪公王」的崇拜，並把他的姓銘記在城池、村舍和山水之中，由此再得「梅源」「梅溪」「梅口」「梅州」等名稱和詠梅詩文，從而促使形成了梅文化並不斷推動其發展。

這就是文化的拓展，追根溯源，梅溪公王崇拜有著極為悠久的歷史和深厚的人文底蘊。梅州多「梅」名，世人愛梅花。祥雲宮等雕塑梅王像奉祀，百姓對梅溪公王的頂禮膜拜，都是對梅鋗的一種紀念，寄託了對開發嶺南的先驅梅鋗的無限追思，體現了對先賢的尊重和敬仰，是對梅文化的鍾愛和弘揚。

3. 公王信仰的傳播

公王信仰的傳播形式多種多樣，有洪水漂來的神像，有外地求來的神位，有隨著移民的腳步遷移的信仰，不一而足。

移民帶走信仰的例子特別多，它們表現了客家移民對文化的認同、歷史的記憶、故土的懷念。這在大量客家人下南洋、去臺灣、填四川的遷徙過程中特別典型。如臺灣的民主公王信仰以三芝鄉江姓祀奉的民主公王最為興盛。這座民主公王廟位於陳厝坑溪與新莊溪合流處，初建於清乾隆二十六年（1761年），係由圓窗開基祖江由興從永定高頭渡海到臺開墾，迎民主公王護佑隨行，次年建祠坐鎮於水口，稱「水口民主公王」。這座歷史悠久、名字卻很現代的民主公王廟，在當地有不少傳說。據說：大約距今二百多年的乾隆八年（1743年），有一批開墾小基隆（新莊子）的移民，民主公王就是

指這些移民而言。因為他們是鄉土的開拓者,當地民眾感激他們的恩德,並且為了把這些恩德永遠傳之子孫,以及為了祈求平安幸福,才建了一座4尺方的小廟,當時稱為「土地公廟」。道光二年(1822年),從大陸來了一位翰林,此人就是巫宜福,他到臺灣各地觀光,有一天路過小基隆休息時,對於該廟所在地的秀麗風光嘆賞不已,於是就囑令當地人,以後要把這座廟稱為「民主公王廟」,當地信徒欣然接受。四月初八是例祭日,都要舉行祭典。其實,如前所述,「民主公王」之名早在大陸就久已有之,係永定高頭一帶百姓感念「神恩浩蕩」而崇祀的村落守護神。這座民主公王廟,則是江姓移民時從永定原鄉分靈而來的。臺灣客家的民主公王信仰雖由永定高頭渡海到臺灣迄今已達二百多年,但仍表現出強烈的認同大陸、認同中華文化傾向,擴建新廟時所寫碑文明示「本會為承啟及弘揚我中華文化傳統精神之特質,首先以重建廟宇為己任」,聲稱「事天、敬神、崇道三者為我中華文化傳統精神之所繫」,「我中華民族感恩懷德,普被上下神祇,首重祭祀之禮,真摯肫誠,薪火相通,因之國脈綿延,……天佑中華眾神庇護大道弘化之所至」。這種在民間信仰層面認同大陸、認同中華文化的傾向,是一種尊重歷史的行為。[166]

臺灣新北市客家民俗信仰館的宣傳資料特別提到,臺灣客家民主公王崇拜受閩南強勢文化影響,名稱上與大陸有所不同,稱「民主公」「民主千歲」,反映出臺灣客家民主公王信仰的紛雜與多元。歷史較早、規模最大的連城姑田鎮民主公王信仰應為發源地,向南傳至永定縣高頭與南靖縣西部等閩西客家區,向東北沿河傳遞到閩中沙縣,各地的差異是民間信仰的隨意隨俗造成的。

公王崇拜是客家地區典型而廣泛的民間信仰,別具特色。它是客家人安土重遷、熱愛土地精神的體現。公王崇拜所形成的祭祀活動與習俗,是客家人寶貴的非物質文化遺產。

第十章　土能生萬物，地可發千祥

第十章　土能生萬物，地可發千祥

——客家土地崇拜

客家人有著強烈的土地崇拜意識，這種意識根源於中華民族歷史悠久的農耕文明。在這文明中，土地在人們生存、繁衍和發展的過程中扮演著重要的角色。人們在土地上生存，土地以不同的地貌、不同的環境形成了人類不同的生存方式，久而久之就因不同的土地文化形成了不同的聚落，凝聚成了不同的地域文化。這就是「土地生長文化」。人們以土地神靈為表述的對象，在民居建築、節俗禮儀、祭祀儀式、繪畫演藝、廟會社戲、日常生活中以各種活動形式娛樂神靈，以安慰人類的精神，孕育出各式各樣豐富多彩的土地文化。無論是生產和生活，還是戰爭和祭祀儀式，處處都顯露出人和土地之間那種深遠濃郁的情緣。同時，正如有學者所說的，不同區域形成的健康積極的土地文化，反過來又滋養土地。這就是「文化滋養土地」。從古至今，中華民族在土地崇拜中形成了「皇天后土」「天圓地方」「天南地北」「天陽地陰」這些個古老的詞，反映了漢民族濃郁的天地崇拜意識。而土地生長萬物的功能，使土地逐漸地成為一種權力的代表、財富的代表，也使人們在利用土地資源的時候，會愛惜它，合理地利用它，為子孫留下長久的財富。

在農耕時代，人們在土地上栽種各種類型的農作物，並且對自己親手栽種的作物予以特別的關注，因為這與一年的生計相關，這樣，人們與土地的關係就越來越密切了。但是，土壤有肥有瘠，肥沃的土地上農作物長得很茂盛，收成好；而貧瘠的土壤上農作物長得矮小，收成也低。即使是在同一塊土地上，不同時間、不同的年成也有不同：風調雨順時收成會很好，而遇上雨少乾旱則歉收甚至無收。面對這種複雜的自然現象，原始人類無法理解其中因由，他們下意識地以為土地與人和動物一樣也是有靈魂、有喜怒哀樂的，是神奇的土地控制著農作物的生長，土地高興時，作物就會獲得豐收，否則就相反。這樣，土地有靈觀念便在原始社會時期人類的意識中產生了，土地也就人格化了。

第十章　土能生萬物，地可發千祥

　　土地的人格化，產生了漢民族的許多相關文化，最典型的就是中國人的傳統倫理「敬天敬地敬父母」。天地如父母，父母如天地，而天地是所有人共同的父母。這種倫理，實際也就是漢民族形成的哲理，它飽含了人們對土地一脈相承的尊崇和珍惜之情，凸顯了中國農民對土地的赤子真情。這種思維形成了中華漢族的土地崇拜體系：國家有國家的土地神，州有州的土地神，縣有縣的土地神，村有村的土地神，各家各戶裡都有小土地神。

一、土地崇拜的起源及變遷

　　自然崇拜是人類最原始的宗教形式，土地神觀念即是在原始社會自然宗教時期，人類對自然神的普遍崇拜下產生的。

　　在人類社會早期，人類賴以生存的是野菜、果實和動物，可以透過採集、漁獵維生，人們對自然界有依賴感。但人們所需要的各種野菜、果樹在土地上生長，所捕獵的各種動物在土地上棲息，而土地對人的生存並不發生直接的影響，因而，人們也就不會神化土地、崇拜土地。只有到了農耕文明誕生後，人類社會發生了巨大的變革，由簡單地向自然界索取過渡到用自己的雙手生產生活資料，由攫取性的生產方式過渡到生產性的生產方式，人們與土地發生關係才越來越密切。

　　土地與原始人類生活密切相關，土地對古人來說，「不但是他們表演人生的舞臺，而且更有過之。在土地裡居留著並從那裡發出來一種生命力，它鑽進一切東西的裡面，它把過去和現在連結在一起。……一切有生命的東西都從土地那裡借來力量。……他們把自己的土地看成是他們的神賜給他們占有的封地，——土地對他們來說是神聖的」[167]。基於此，原始人類對土地的信仰和崇拜便從眾多的自然神崇拜中脫穎而出了。

　　土地有靈的意識是土地神觀念產生的基礎。人類在長期的生產、生活實踐中，從其直觀經驗中就認識到土地的自然屬性：大地負載並生養萬物。

一、土地崇拜的起源及變遷

「土」字在甲骨文和金文中有多種寫法，從這些甲骨文和金文「土」字的表象上看，它就像草木從土壤或地面中生長出來一樣。許慎在《說文解字》中解釋「土」字說：「土，地之吐生物者也。二象地之下、地之中，物出形也。」

我們現在一般把「土」和「地」作為同義的關係來看待，但是在現有的甲骨文字中，只有「土」而沒有「地」，「地」字顯然是後起字。《說文解字》釋「地」字曰：「地，元氣初分，輕清陽為天，重濁陰為地，萬物所陳列也。」又釋「也」字曰：「也，女陰也，象形。」根據這個解釋，「也」字作為獨體象形字，它應該直接來源於古人意識中女性生殖器官的表象。「地」字從造字結構上看，是「土」與「也」的合體，所以和女性的生殖機能密切相關。[168]

《釋名·釋地》中說得更形象：「土，吐也，吐生萬物也。」「地，底也，言其底下載萬物也。」從漢字中對「土」和「地」的解釋來看，「土」重在對其自然屬性的解釋，「地」作為後起字則更多地融入了一些人文的因素。這是人類早期對土地自然屬性的概括和總結。

《周易·說卦》又說：「坤，地也，故稱乎母。」「坤」字從土從申，土代表土地，申又通神，《周易》把土地命名為「坤」，稱為「母」。人們把土生萬物的現象和人類生殖的現象類比，把土地比作具有生殖能力的女性，象徵母親。「玄牝」一詞出自《道德經》第六章：「穀神不死，是謂玄牝。」該章又云：「玄牝之門，是謂天地根。綿綿若存，用之不勤。」「穀神」「玄牝之門」代表的是萬物所由出者。

最初，人們崇拜土地只是因為它具有生養萬物之能力。步入文明時代之後，人們的土地崇拜在名稱上出現了變化。俞偉超先生曾概括說：「早在原始時代，世界上許多農業部落見到農作物從土地上生長出來，由於不懂得農作物生長的原因，又出於對糧食豐收的祈求和依賴，就發生了土地崇拜。在民族學中，這叫做『地母』崇拜。中國古代把這種崇拜叫『社』。」[169]《說文解字》解釋說：「社，地主也。從示土。」「社」字由「示」和「土」組成，「土」字的含義上文我們已經作了敘述，茲不贅言，且看「示」字。《說文解字》曰：「示，天垂象，見吉凶，所以示人也。從二。三垂，日月星也。

民間信仰與客家社會

第十章 土能生萬物，地可發千祥

觀乎天文，以察時變。示，神事也，凡示之屬，皆從示。」作為由「示」和「土」組成的「社」，字，其原始意義可以解釋為把土地當作神來加以祭祀，故《禮記郊特牲》認為：「社，所以神地之道也。」著名學者吳其昌也說：「社從『示』從『土』。『示』即『祀』也；祀土，故為『社』也。故土即社也，社即土地之神也。」[170] 從這一點上來說，「社」本身就是土地崇拜觀念的產物，是為了表達對土地的尊敬並進行祭祀而產生的。

祈求年成的祭祀早在甲骨卜辭中就有明確的記載。先秦時期，人們每年在春秋兩季都會舉行相應的祭祀儀式，以此來表達對土地豐產的渴求。《禮記·月令》記載：「仲春之月，擇元日，命民社。」鄭玄注曰：「社，后土也。使民祀焉，神其農業也。」《月令》又載：「是月也，天氣下降，地氣上騰，天地和同，草木萌動。」仲春之月就是農曆的二月，這時正是陽氣發動、萬物萌生的時候，是一年中農業活動開始的季節。故《國語·魯語上》說：「土發而社。」韋昭注曰：「土發，春分也。……社者，助時祈福為農始也。」《國語魯語下》又說：「社而賦事。」韋昭注曰：「春分，祭社也。事，農桑之屬也。」可見人們在播種之前舉行相應的祭祀，希望透過祭祀土地神，保佑農作物能夠獲得豐產。到了秋天，農作物收穫之後，人們認為能夠取得好的收成是土地神的恩賜，因此他們懷著感恩之情，又透過祭祀的方式報答土地的載養之功。人們在感謝土地已經賜予豐產的同時，又希望下一年能夠繼續五穀豐登。《公羊傳·莊公二十三年》何休注曰：「社者，土地之主。祭者，報德也。生萬物，居人民，德至厚，功至大，故感春秋而祭之。」可見，社祭是為了表達人們對社神福佑、賜予豐產的感恩之情。[171]

古人由此塑造的土地神即源於古代的社。正如乾隆《福建縣志》卷七《祀典志》所謂「社為五土之祇，稷為原隰之祇，能生五穀，有功於民，故祀之」。

土地生長萬物，人們依賴土地而生存。土地逐漸地開始作為一種權力的代表、財富的代表。它是生產要素，給人類社會帶來權力財富，圈定的土地多，說明占有的財富就多。因此，歷史上發生了許多爭奪土地的戰爭，至今不息。

從區域而言也是如此。廣東曾發生慘烈的土著與客家人間的械鬥，史稱「土客械鬥」，為的是爭奪土地。這場浩劫，留給後人慘痛的教訓。明清大陸移民去臺灣也發生過「閩客械鬥」，為的也是墾殖的土地。

客家的厚葬之風很盛，對墓葬很講究。其中之一就是墓葬的規模大，講究墓頭大，而且葬得很遠。故客家人有「死人霸江山」之說。這也是土地勢力範圍的體現。

土地是農耕時代的根本，人們對土地非常愛惜，甚至超過自己的性命。現在進入工業時代，人們卻對耕作了幾千年的黑土肥田放肆填埋，徵地建廠後一片荒蕪，雜草連天，一點都不珍惜，許多老年人直呼看不懂。

土地崇拜意識漸漸淡薄了。

二、客家人土地崇拜的表現形式

（一）國家層面土地崇拜的設施儀式

前面提及了中華民族的土地崇拜體系：國家有國家的土地神，州有州的土地神，縣有縣的土地神，村有村的土地神，各家各戶裡都有小土地神。作為從中原而來的客家民系，傳承了漢民族的土地崇拜意識，也有其完整的體系。

從國家統治層面看，汀州府及各縣有設立土地神。《汀州府志》記載，汀州府治所在地及各縣治地都設有「社稷壇」「風雲雷雨山川壇」「先農壇」等。

汀州府治所在地長汀「社稷壇，在府城西，宋慶元間建，每歲春秋仲月上戊日官備牲體致祭。長汀縣附郭不別為壇。」「風雲雷雨山川壇，在府城南寶珠門，宋慶元間建，在社稷壇左。明洪武間改置今所。每歲春秋仲月上巳日官備牲體致祭。長汀縣附郭不別為壇。」「先農壇，在郡東郊外，國朝雍正五年建。長汀縣附郭不別為壇。」建壇之意，《府志》也有載：「祠者，國之大事也。壇遭之設不屋，以達天地之氣。群廟則屋之，所以棲幽而妥神也。」[172]

第十章　土能生萬物，地可發千祥

祭祀土地神的儀式隆重熱烈。《汀州府志》卷十一《典禮》中記祭社稷禮：

凡府州縣皆有社稷壇。今府城壇在郊之西，春秋二祭，俱用仲月上戊日，主祭官汀州府知府。祭前三日齋戒，將祭之前一日，省牲治祭牲，潔籩豆，掃除壇上下及設幕次中門外（是夕，獻官以下就幕次宿）。本日獻官以下俱夙興，執事者陳設其壇，坐南朝北，設社位於稷之東，設稷位於社之西。每位羊一（用盒盛貯，未啟蓋居左，在籩之北），豕一（用盒盛貯，未啟蓋居右，在豆之北）。籩四，盛棗栗形鹽藁魚（居左，在羊之南）；豆四，盛韭菹菁菹醓醢鹿醢（居右，在豕之南）；簠二，盛黍稷（居籩之左）；簋二，盛稻粱（居豆之右）。鉶一，盛和羹（居中，在籩豆之南）；帛一（黑色，長一丈八尺，用篚貯未上），別設一小案（閣祝版香爐，居壇正中）。獻官具祭服，執事者捧祝版至幕次僉名（僉畢捧至案上）。執事者取毛血盤置神位前牲案下，實酒於尊加羃（在壇下東北），置水於盆加帨（在壇下西北）。焚香燃燭明炬。通贊唱。執事者各就位，陪祭者各就位，獻官就位（引贊引獻官就拜位）。通贊唱瘞（埋物祭地——作者注）毛血。執事者以毛血瘞於坎（在西北隅）。啟牲盒蓋。通贊唱迎神跪、叩首叩首叩首、興平身（獻官以下俱一跪三叩首興平身）。又唱奠帛行初獻禮（司帛者捧帛，司爵者捧爵，各立以侍）。引贊贊詣盥洗所（獻官詣盥洗所），執事酌水進巾（獻官盥手帨巾）。贊詣酒尊所（獻官詣酒尊所），司尊者舉羃酌酒（注酒於尊）。贊詣社神位前（獻官升自左階至神位前）。贊奠帛（捧帛者自右進於獻官，獻官受而舉之。仍自左授於執爵者奠於神位前）。贊俯伏興平身（獻官俯伏興平身），贊詣稷神位前（儀同前）。贊詣讀祝位（獻官詣讀祝位）。贊跪（獻官跪）。贊眾官皆跪，贊讀祝（讀祝者取祝跪讀與獻官之左）。讀畢通贊唱俯伏興平身（獻官以下俱平身）。唱復位（引贊引獻官降自右階復原位）。通贊唱行亞獻禮（儀同初獻，但不奠帛不讀祝）。通贊唱行終獻禮（儀同亞獻）。通贊唱飲福受胙，執事者設飲福位（在壇中稍北）。執事者先於社位前割取羊左腳置於盤及於酒尊所酌酒於爵同立於福位之右以俟（引贊引獻官詣飲福位）。贊跪（獻官跪）。贊飲福酒（一人自右跪進爵於獻官，獻官飲畢，一人自左受虛爵以退）。贊受胙（一人自右跪進胙於獻官，獻官受訖，一人自左跪接捧由中門以退）。贊俯伏興平身（獻官俯伏興平身）。通贊唱復位（獻

官降自右階復位），唱跪、叩首叩首叩首、興平身（獻官以下俱一跪三叩首興平身）。通贊唱撤饌（執事者各詣神位前稍移動籩豆）。通贊唱送神,唱跪、叩首叩首叩首、興平身（獻官以下俱一跪三叩首興平身）。通贊唱讀祝者捧祝進帛者捧帛各詣瘞所。（獻官陪祭官離位分東西班立,俟捧祝帛者由中道而過）。通贊唱望瘞。引贊詣望瘞位（引獻官至望瘞位）。執事者以帛焚於坎中。焚畢,以土實坎。通贊唱禮畢。[173]

（二）民間土地崇拜的設施場所

民間的土地神崇拜，變化比較大。由原始崇拜中的土地大神，慢慢變為後來的小土地神、土地廟，誕生了「土地公」「土地爺」「土地婆」的概念，稱呼也各種各樣。而且人們心目中的仁人義士也被崇為一方土地神。更有意思的是，人們把土地神的生活人間化，好事者怕土地公寂寞無聊，就給土地公配上了一位夫人，稱為「土地婆」或「土地奶奶」。這是非常奇特的。在南方地區，土地公還被視為財神。土地公的形象，有的是手持如意，有的是手持拐杖，而作為財神的土地，通常是手持元寶。這被客家人稱為「財神土地」。

在後世文獻中，土地神的行為和具體職責開始更多地受「神話道德化」的制約，不再僅憑不加約束的慾望和本能來支配。早期文獻中做派跋扈的蔣子文，明代已經賦予其忠烈英勇的品格而被尊為「漢秣陵尉蔣忠烈公子文」，在民間立廟奉祀。歷代各類筆記小說、戲劇舞臺中的土地神更多為善良、仁慈、護佑百姓的正義之神，一些人們心目中的英雄賢士，如關羽、韓愈、岳飛等也成為民間信奉的土地神。土地神這種倫理化、道德化、世俗化的演變，體現了人們在敬畏的神明身上投射的文明和道德的理想。[174]

這裡提到的蔣子文應該是最早人格化的土地公。蔣子文，漢代人，曾做過秣陵尉。一天，蔣子文追捕盜賊到鐘山下，盜賊擊傷了他的前額，不一會兒他就死了。到了孫權建立東吳政權時，蔣子文顯靈說：「我應當做這兒的土地神，為下界百姓造福，你可以向百姓宣傳，給我立廟，否則會有大難臨頭。」於是孫權派使者封蔣子文為土地公。[175]

第十章　土能生萬物，地可發千祥

客家民間土地崇拜的設施及場所更為普遍：祠堂、墓地、山嶺、山口、村落、戶宅中、古樹下，處處皆有。

1. 田伯公

客家人俗稱土地公為「伯公」。這種以土地為男性，與傳統的以大地為女性、為「地母」有些區別。也許這也正是探討客家獨特性的一個視角。

閩西永定的節俗中，過中秋節時有以蕃薯芋頭敬伯公，特別是敬田頭伯公的習俗。伯公是一種土地神，閩西永定各村鄉山田邊多設伯公壇，祀奉田頭伯公。壇邊一般都種有松樹，由於是神樹，無人敢砍，故大多數伯公邊的松樹都是年代久遠的。古木參天，綠樹成蔭，這往往是農民在山田勞動時吃飯歇息的好去處。在南方許多客家人的聚居地，「八月半」正是單季稻即將成熟、蕃薯芋頭收穫的時候，農民便把剛收穫的蕃薯芋頭，挑選幾顆最漂亮的，外加一個月餅，拿去敬田頭伯公，祈求田頭伯公保佑，除蟲驅獸，田禾大熟。隨著時代的發展，受經濟大潮的衝擊，農業地位下降，與之相關的許多習俗也漸漸為人們所淡忘。這也正說明民間的習俗信仰和人們的生存方式有著密切的聯繫。

2. 山伯公

客家的山神崇拜很典型，稱「山伯公」。筆者小時隨大人進山砍柴，每次都要跟著大人拜大樹下或巨石旁的山伯公。工作後曾經登臨閩西的幾十座高山，許多山峰的隘口、山腳處、半山亭中，都有山伯公的牌位神壇。如永定培豐的紫雲山，一路都有山伯公祭壇。

客家地區也建有三山國王廟。三山國王為粵東客家人信奉的守護山神，相傳係廣東省潮州府饒平縣之巾山、明山、獨山之山神。清朝中葉客家移民迎奉遷臺，此廟客家地區有之，為數不多。臺灣苗栗、吳林、宜蘭、新莊、臺南市等地都有三山國王廟。[176]

3. 石伯公

石有聖靈，是客家人土地崇拜的一個表現。石頭崇拜早在原始社會時期就已存在。人們使用的石器，是生存的工具，因此，人們對石器懷有特殊的

感情。古時又燧石起火，人們更感覺石頭的靈性。人們深層意識中早有「神石」的概念。

石崇拜主要有兩種情況：一是對原生形態的石頭崇拜。一般來說，這些石頭都是形狀怪異、功能奇特、與某些現象相似或有關聯的。二是對石製品的崇拜。人們將石頭製作成石人、石虎、石獅、石敢當等。

閩西武平梁野山的最高山峰上屹立著一塊巨石，人稱「古母石」。古母石是梁野山的山魂。清康熙《武平縣志》云：「頂有古母石，大數丈，一石載之，登者見百里。」周圍的山村中也有人稱為「鼓子石」。一則因石形似一只大鼓，二則因客家話中「古」「鼓」同音所致。關於古母石的來歷有一個神奇的民間傳說，我們已在相關章節提及。

閩西寧化縣有「觀音石」，在龍源頂之左。山中建有石佛庵，因山澗中有三塊奇石，「若跏趺狀，背水而坐」，村民以為神靈，特地為之搭建庵堂加以供養。後來，「遠近村郭，凡水旱災疫，奔走祈望者，感應如響。以故歷宋、元而明，數百年香火不輟」。

客家地區有許多地方流傳「出米石」的故事，永定縣湖坑鄉奧杳村、武平縣中山三聖堂、清流縣狐狸洞、連城縣北團鎮等都有，凸顯的是石伯公有靈的意識。

長汀縣民眾以一塊順流漂下的巨石為「石猛大王」，認為它與一位死節的將軍「石固大王」一樣有靈性，能保佑大家祛災來福。上杭縣一處崇奉的黃仙師，也是一塊石壁的化身。開慶《臨汀志·祠廟》載：「舊傳未縣前，有妖怪虎狼為民害，覡者黃七翁父子三人往治之，因入石隱身，群怪遂息。風雨時，石中隱隱有金鼓聲，民敬畏之，立祠香爐下，且家繪其像以奉之。」這是因人而石神。

客家人認為，土地神不僅主宰人們的禍福災祥，也主宰動物植物的命運。閩西客家民間傳說，老虎吃豬牛要問過石公，石公不點頭，老虎不敢動。

以上是第一種情況。

第二種情況也不少，閩西城鎮中街頭巷口樹立的「石敢當」，家門口的「石碻山」（門檻）以及下文提及的「吉祥哥」，都屬於石製品。

閩西長汀的「吉祥哥」和上杭的「摸子石」屬於典型的石製品。與閩西同淵源的梅州客家民居圍龍屋中有「五方龍神」。五方龍神由五塊石頭組成。五塊石頭代表什麼，學者提出了許多觀點。有認為屬於客家生殖崇拜的，中間石頭代表婦女，其他代表女性生殖器。也有觀點認為代表五行：木、火、土、金、水。排列是從座山左邊開始。含義是木生火、火生土、土生金、金生水、生生不息，所以又俗稱五星石、福德五方土地龍神。其依據是「五方龍神」上的對聯：「三星福為大；五行土是尊」。中間的方塊石代表土。同時五方龍神也代表東方甲卯乙青帝龍神君、南方丙午丁赤帝龍神君、中央戊己土黃帝龍神君、西方庚酉辛白帝龍神君和北方壬子癸黑帝龍神君，五方的龍神均包括在內，所以叫五方龍神，這和五行也是相通的。五方龍神是保佑本宅平安之神，客家人逢年過節及祭祖時須拜祭五方龍神祈求保佑本宅平安。

4. 福德正神

閩臺的閩南人及不少客家人，稱土地神為「福德正神」。在田頭地角、屋前宅後、街頭巷尾，設立小石碑或小石龕，上刻「福德正神」。民間傳說二月初二是土地公的生日，也有說是六月初六或臘月初八的。人們在土地公生日要殺雞宰羊，祈求土地保佑人間五穀豐登。這在閩南較普遍。客家更多地方是春秋二祭，儀式隆重。乾隆《長汀府志》卷七《風俗附歲時》載，長汀府春祈時，各坊社「以金珠紈綺裝故事，鼓樂迎神。是晚，建醮祈歲大稔」。而且，閩西客家人大多稱土地神為「本坊福主公王」，稱土地廟為「社公廟」。

人們為土地公所塑造的神像通常是衣冠束帶，臉頰豐滿，一副福壽相。山林中供奉的土地公，多騎著老虎。老虎人稱「虎爺」，是土地公的腳力，老虎一切都聽土地公的。

被稱為「福德正神」的土地神，其來歷又有不同的傳說。說的是周朝時有位收稅官，名叫張福德，為人公正，能體恤百姓的困苦，做了很多善事。但他死後，接任的稅官，上下交徵，無所不欲，民不堪命，這時人們想起了張福德為政的好處，於是建廟祭祀，取其名而尊為「福德正神」。但在閩臺

民間，比較流行的是另一個傳說：土地公原名張明德，是周朝人，為上大夫的家僕。主人在京任職，其愛女思父心切，每日以淚洗面，張明德看了心裡難過，於是就不遠萬里護送小姐進京尋父。不料在途中遇到下大雪，天寒地凍的，小姐身體虛弱，幾乎快要被凍死。張明德就脫下自己的衣服給小姐穿上，而自己卻被凍死了。天上的瑤池主人金母娘娘，見張明德捨身救弱女，深明大義，感其心術善良，就封他為福德正神，即成為後人所稱的土地公。[177]

5. 后土龍神

在客家墓地和其他祭祀活動中，還要同時進行后土祭祀。后土在祭祀者面對墳墓的右手邊，俗稱「后土龍神」，祭祀者同樣要燒香祭拜。《國語·魯語上》云：「共工氏之霸九州也，其子曰后土，能平九土，故祀以為社。」

許多學者對后土人格化有深入研究。后土人格化的過程，體現為后土身分的人格化、后土形象的人格化以及后土行為的人格化。早期文獻中關於后土行為人格化的記載較為稀少，清華簡《赤鵠》篇，填補了這方面材料缺乏的遺憾。后土信仰發端於原始時期的土地崇拜，一般認為，它是傳統土地神信仰的源頭。清華簡中，后土身分人格化的描述，揭示了后土概念意指範圍的某些變化過程。最初人們把大地作為一個有靈性的自然體來崇拜。《周禮·春官·大宗伯》：「王大封，則先告后土。」鄭玄註：「后土，土神也，黎所食者。」《禮記·郊特牲》孔穎達疏：「『地載萬物』者，釋地所以得神之由也。地之為德，以載萬物為用故也。」在歷史發展過程中，后土的神格含義逐漸出現分化，既有與「皇天」對應的地祇后土，又有人格身分愈發具體的「社」神及代表五行神之一的后土。[178]

張祖基、高賢治等編著的《客家舊禮俗》亦云：「至若龍神係土神，看安龍的對聯就明白，他話『誦經酬土府；禮懺謝龍神』，土府即係土內的龍神，吾聽過人稱龍神又有多加伯公兩個字的。」（按：原文用客家話寫成。）又言：「每只屋祖牌神龕腳下大約安倒有龍神（即係土神），年節燒香也就會連帶燒香去敬龍神。若使該只屋管下係人口唔平安，或者無財發無丁添，就會話龍神唔安，或者龍運過劫，就會請倒覡公來安龍。」安龍時張貼的對聯常有「土奠中央，永鎮斯土」「土奠今朝」等語，將龍神、土神合二而一。[179]

三、客家土地崇拜的儀式與活動

1. 節俗禮儀活動中的土地崇拜

客家人對土地神靈的崇拜很虔誠，創造了許多祭祀時機以及熱鬧豐富的活動與儀式。其中，一些是祈求五穀豐登的演繹，一些是豐收喜慶後的報恩。

祈求五穀豐登的民俗活動有：社戲、巡遊菩薩、鞭春牛、迎春牛等，這是比較普遍的。比如永定縣高陂西陂村的迎春牛活動，歷四百餘年，節目逐年增加，程序漸臻完整，規模愈來愈大。他們只在立春日即農曆正月初二至十二日之間舉行迎春牛活動。在種植農作物前，為了獲得好收成，人們運用巫術儀式，試圖給莊稼的生長以某種幫助。當人類意識到土地豐產與人自身的生產有某種聯繫時，對土地和作物實行的巫術儀式就更為複雜和發達。在人類控制「地靈」以便豐產的過程中，溝通人類與土地神靈的中介是巫師所使用的巫術，透過供獻各種犧牲以求土地神靈的佑助。這種以祈求收穫豐厚為目的的活動常舉行於春季。早期的人類認為，當鋤掘入土內，牛踐踏土上時，土地神會因此而動怒，因此，必須獻祭。現在客家人扛著各類神靈到田頭巡遊，借助神靈的力量，也要備齊三牲以示對土地神靈的敬意。巡遊時，人們繞村而行，繞田而行，敲鑼打鼓，鳴放炮仗，口唱祝詞，祈求風調雨順，植物生長旺盛，五穀豐登。

豐收喜慶後報恩的有永定縣湖坑的「做大福」、連城上江坊的「遊大粽」。

永定縣湖坑撫市等地有「做大福」民俗。隆重而熱烈的「做大福」民俗，三年一次，村落間輪換。時節選在秋收冬藏之際，辛勤的客家人在辛苦勞作了一年後，載歌載舞，娛神娛己，感恩天地，祝福家人。

「做大福」要提前齋戒三天。「做大福」當日，村民扛著幾種神像（俗稱菩薩）在田野上漫遊，過後來到終點大福場，將一路巡遊的眾神供奉在大福場中間的神廟裡。還請來八仙戲團，不斷上演八仙禮儀，道師指導民眾將眾神按位置擺放整齊。三年一次的「做大福」，成為民間的迎神盛會，比過年還隆重，成了這一帶客家人家家戶戶的頭等大事，至今已經延續了幾百年。

2. 日常生活習俗中的土地崇拜

客家人的土地崇拜意識貫穿在日常習俗中。

祭地。連城、上杭客家人，在客廳神案下或角落裡設立土地神位，不時燒香祭奠。筆者首次做客連城時，被告知，席間第一杯酒，客人喝酒前，先要把酒灑些在主人家的地上，意為敬土地，也是尊重主家之意。這是很好的一個習俗，喝酒前先敬土地。

大地能生萬物，力量神祕，故客家人為了孩子能健康成長，往往給孩子取名土養、土生、石頭等，甚至將孩子過繼給石頭，以期孩子如石頭般堅固，生命力旺盛。如永定湖坑鎮，「拜神為之契子的湖坑李姓小孩中，或拜保生大帝、民主公王、劉漢公王為（其）契子，或拜『石伯公』（以岩石為象徵的土地公）、『大樹公』等為（其）契子。通常是缺金拜石為子，缺木拜樹為子，缺水只要取個帶水字旁的名字，缺火自認為（『自認為』應為『拜』）太陽為子，缺土拜土地公（為）子」。[180]

3. 客家人的生殖崇拜

有學者指出，人們因大地生長萬物，產生土地崇拜，又將大地比作母親，形成地母崇拜，在此基礎上又形成了生殖崇拜。

隨著人類對土地直觀經驗的增強，人們不僅僅限於用巫術的手段來控制她，而且更進一步賦予土地以母性的品格來祈禱、崇拜她，人類對土地的情感進一步豐富和複雜，從而進入了地母崇拜階段，這時原始的土地神觀念才真正產生。土地神觀念是土地崇拜文化叢的核心，其他文化元素都是在土地神觀念基礎上產生的。土地神觀念產生之後，土地神的類型、祭儀、形象、職能、神話等文化元素相繼產生，並不斷地發展、變化，形成了內涵豐富的土地崇拜文化叢。[181]

根據《說文解字》中對「地」字的解釋，可以確認「地」是陰性的，與陽性的「天」是一種相對的存在。地為母，鑑於「社」與土地之間不可分割的關係，在古人的陰陽觀念下，「社」既然被視為陰氣的主宰，那麼它同時也就被賦予了母性的特徵，所以不少學者認為，最早的社神性別應該是女性。

民間信仰與客家社會

第十章 土能生萬物，地可發千祥

也正因為「社」與地母崇拜之間這種不可分割的聯繫，在後世的社祭中，我們依然可以看到原始地母崇拜的核心意識。我們知道，地母崇拜源於先民對土地化育萬物的生殖能力的崇拜，人們意識到土地的生產和自己的生活密切相關，他們想要得到穩定的生活來源，想要種族能夠不斷地繁衍下去，就需要土地為他們提供源源不斷的供給，而社祭儀式的一個核心內容就是祈求土地的豐產。

社祭儀式除了表達人們對土地豐產的祈求和感恩，希望土地繼續展現它生養萬物的能力外，還延續了地母崇拜的另一核心意識——生殖崇拜，這就使得在社祭儀式中，社神具有了生殖子嗣的職能，社成為人們求子的重要場所。[182]

客家人的遷移經歷以及居住環境的惡劣，使他們特別重視生育，傳宗接代的觀念特別強烈。因此，生殖崇拜也特別典型。正所謂「虔誠香火旺，家族萬年長」。

在長汀近郊的朝斗岩，有一尊石雕的裸體男童神，名為「吉祥哥」。不少信女登山進香，母女在拜過觀音、彌勒後，便來到「吉祥哥」面前，虔誠地頂禮膜拜。拜畢，女兒站在一旁面頰飛上紅雲，母親就代為祈禱，口唸：「吉祥哥，吉祥哥，聰明伶俐福定多；請您勿在廳中坐，保佑女生個靚阿哥。」邊念還邊伸手觸摸「吉祥哥」的「雀雀」（客家人對男孩生殖器的趣稱），刮下一些石粉末，像包珍珠寶貝般用紅紙裹著帶回沖茶給女兒飲服，據說女兒因此會生育。刮的人多了，日子一久，那「雀雀」由長變短，由短到無。寺廟裡的和尚為求子者著想，就用黏土為「吉祥哥」補上一節「雀雀」。

生殖崇拜到處都有。上杭縣的紫金山上有座麒麟殿，殿前天井邊樹有一塊「摸子石」，高約 80 公分，直徑約 20 公分，呈圓柱形。當地人把它視為吉祥物。每當暮色蒼茫的時刻，殿內顯得肅穆朦朧，更顯神祕色彩。這時，常會有一兩個少婦悄悄來到「摸子石」邊，露出肚皮，在「摸子石」上輕輕地摩擦幾下，爾後扣好衣服，滿意而面帶羞色地離去。[183]

連城縣冠豸山雄奇險峻，特別之處是有「生命之根」和「生命之門」兩個形象逼真的景點。「生命之根」，在冠豸山頂長壽亭下的峽谷中，是一根

三、客家土地崇拜的儀式與活動

碩大無朋的圓柱形石柱,很高很大。無論是近處仰望還是高處俯瞰,它都像一根高高勃起、巍然聳立的男性陽具。它傲然挺立於山谷中、天地間,直指蒼穹,充盈著陽剛之氣,給人以奮進、拚搏的無限遐想。「生命之門」,在石門湖畔的一面石壁上。光滑的石壁突現一狹縫,縫中臨水處有一眼黑色的洞,洞的四周長著小草、青苔,洞下水光輝映,這活脫脫就是人類的「生命之門」。這兩個景點相距只有一公里之遙,一個在山中,一個在湖畔,陰陽相對,遙相呼應,堪稱華夏一絕、神州奇觀,人稱「陽剛天下第一,陰柔舉世無雙」,冠豸山被譽為「客家神山」「生命神山」。這雖是後來旅遊開發而誕生的故事,也反映了客家人的生殖崇拜意識。

民間信仰與客家社會
第十一章　萬物皆神聖，敬奉誠有加

第十一章　萬物皆神聖，敬奉誠有加

——客家泛神崇拜

客家民間信仰，不同宗教混雜，宗教儀式和生活習俗活動混雜，宗教文化與非宗教文化混雜，由此而形成了泛神泛靈崇拜。

著名學者李亦園教授指出：「我們的傳統宗教信仰可以包括祖先崇拜、神明崇拜、歲時祭祀、生命禮俗、符咒法術等等，甚至於上述的時空宇宙觀（按，指命、運、八字一類時間觀和風水一類空間觀）也都是我們宗教觀念的一部分。由此可見我們的宗教信仰是如何與一般生活混合而普及於文化的各面，而我們的這一種方式的宗教信仰當然也不會出現有嚴格的教會組織，也不見有成冊的經典與系統的教義。」「百分之八十以上臺灣居民的宗教都是擴散式的信仰。一種綜合陰陽宇宙、祖先崇拜、泛神、泛靈、符籙咒法而成的複合體。其成分包括了儒家、佛家和道家的部分思想教義在內，而分列在不同的生活範疇中表現出來，所以不能用『什麼教』的分類範疇去說明它，因此宗教學者大多用『民間信仰』或『民間宗教』稱之，而絕大多數的宗教信仰都應屬於這一範疇，即使一些自認為是無信仰的人，在某一程度上也或多或少具備了民間信仰的成分於其思想中。」[184]

客家人對神明的認識是模糊的。「中國民間信仰中只有神靈的概念而無宗教概念。……他們一方面沒有專業的知識去區分哪一尊神是屬於哪一種宗教的，而且對他們而言，這種區分也沒有意義。」[185]

儘管客家人的神靈系統龐雜繁瑣，但是對於民間信徒來說，他們一言以蔽之，「敬神」而已。

一、客家宗教信仰

客家民間信仰的特點是包容混雜。從目前已有資料看，客家宗教信仰主要有佛教、道教、儒教（如果儒家教義歸屬的話，也是一種）、天主教、基督教等五種，大多數客家人信佛教，但許多祭拜儀式又是道教的，建立的廟

民間信仰與客家社會
第十一章　萬物皆神聖，敬奉誠有加

壇最多的又是儒家倡導的先祖聖賢。信眾既信佛又信道，而又篤行儒家學說，形成了「儒門釋戶道相通，三教從來一祖風；釋道從來是一家，兩般形貌理無差」的理念及「菩薩與神仙齊餐，祖先與鬼神共祭」的景觀。這是很奇特的現象，值得探究。

1. 佛教

(1) 佛教傳入閩西

據專家考證，佛教傳入閩西汀州有千餘年的歷史，第一座佛寺為開元寺，創於唐開元二十四年（736年）。時唐玄宗詔令天下各州均須建一寺一觀，以「開元」命名。唐代還建有感應天王院、天王堂、龍興尼寺等。五代時，閩王王審知及其家族篤信佛教，在政治上、經濟上優待僧侶。閩地大建佛寺，幾年間，官方發給度牒的僧尼達三萬之眾，一時閩地有佛國之稱。單長汀就增佛寺二十座，如報恩光孝禪寺、東禪院、南山同慶禪院等，僧尼達千人以上。汀州刺史王繼業，在衙內大廳塑十八尊者和五百羅漢像。隨後汀州又創建羅漢院、法林院等廟堂。

閩西明溪也是唐代傳入佛教。唐貞觀二年（628年），在明溪縣與將樂交界的隴棲山西南，常坪焦溪村前海拔1561公尺高峰的聖水岩始建聖水岩佛庵（又名三濟祖庵），後於唐開元九年（721年）在楓溪茶新村瓦子坪建寺，明天順七年（1463年）重建，清代康熙年間（1662～1722年）更名聚龍寺，是明溪縣馳名海內外的寺廟之一。宋代起，聚龍寺弟子將佛教傳至瀚仙鎮洋龍村建覺聖寺，同時傳至寧化縣城建華嚴寺，後又傳至蓋洋鎮湖上村建聚靈寺。[186] 從這個史料看，明溪傳入佛教比汀州府治所在地長汀更早。

後唐天成四年（929年）和宋乾德二年（964年）先後有兩位高僧伏虎和定光來汀州府的長汀、武平傳教，信徒遍布汀州府各縣，弘揚了佛法。而兩位高僧的事跡又形成了具有閩西特色的定光佛與伏虎禪師崇拜。這種誕生於閩西客家區的信仰又隨著閩西客家人的遷移潮傳播海內外，如臺灣彰化的定光佛廟、淡水的鄞山寺，均由汀州移民創建。宋代汀州府各地的寺、院、庵、堂達數百座，各縣縣志中記載的許多寺廟都是宋代營建的。

元明時期，佛教繼續發展，信眾不斷增加。明崇禎八年（1635年）建同慶寺，形成了汀州「八大寺」：定光寺、報恩寺、南禪寺、普惠寺、羅漢寺、南廓寺、戒願寺、同慶寺。長汀民眾及各鄰省鄰縣的信眾成群結隊依次到八大寺焚香拜佛、禮佛誦經，俗稱「走八寺」。之後，閩西汀州府佛寺不斷增加。

2. 佛教主要神祇的影響

佛教的道德觀及其理念全方位影響了客家人的社會生活。

佛教的善惡觀念。佛教有「五善」「十善」和「五惡」「十惡」之說。「五惡」為殺生、偷盜、邪淫、妄語、喝酒。「五善」則是其反面，即不殺生、不偷盜、不邪淫、不妄語、不喝酒。「十惡」是殺生、偷盜、邪淫、妄語（誑語）、兩舌（離間語）、惡口（粗惡語）、綺語（雜穢語）、貪慾、嗔恚、邪見。「十善」則是其反面。佛教中的施捨、尊敬父母長者、尊敬佛法僧三寶、幫助他人等，也被客家人應用於生活中。

佛教影響客家人的最典型的觀念是「善有善報，惡有惡報」。這是佛教的業報理論。從性質上言，有善報、惡報、無報三類；從時間上言，有現報、生報、後報三種。佛教勸人趨善避惡，對淨化人心、安定社會是有大作用的。這對中國人的思想造成深遠的影響。

佛教在民眾中廣泛傳播，而且日益普及。上至帝王將相，下至平頭百姓，都崇法禮佛，祈求保佑，到後來發展到「見廟就燒香，遇神就磕頭」的境地。人們拜佛念佛，「頂禮膜拜」「五體投地」「稽首合十」成為人們的禮敬姿勢。人們「唸經」「轉經」，積聚功德尋求保佑。人們向佛祈禱發願，為的是祈福禳災。

佛教的輪迴報應說，讓許多人敬畏來世。因此許多人廣行善事以積陰德，一為今世的平安，二為來世的福澤，三為子孫的昌盛。人們因對輪迴的信仰，做出修橋鋪路、扶貧濟危、修寺造像、治病救人、養老撫孤、掘井造林、唸經布施等義舉。

佛教傳入中國，經歷了許多曲折，逐漸與中國原有的思想、文化慢慢磨合，最後在中國流行，融入民眾的生活中。其最大的成功之處：一是將佛教

民間信仰與客家社會

第十一章　萬物皆神聖，敬奉誠有加

諸神中國化，二是中國人物的佛教化。這些神靈都成為民間信仰的對象，被廣泛供奉在佛教寺廟的神殿上，焚香祭拜。佛教諸神中國化的有觀音菩薩、彌勒佛、四大天王、閻羅王、地藏王、金剛、羅漢、韋陀以及惡魔羅剎、夜叉等等。中國人物佛教化的有龍王、關公、濟公、二郎神、哪吒，還有一些知名人物如包拯、范仲淹、蘇東坡等。各地民眾還把一些高僧神化，如客家地區的定光佛，等等。

(1) 觀音菩薩

應該說，客家民間信仰中信眾最多的、最受推崇的就是觀世音菩薩了。觀世音是鳩摩羅什的舊譯，玄奘新譯為觀自在，民間簡稱為觀音。

觀世音菩薩家喻戶曉、人人皆知，其神位除了常規廟宇、公眾場所、公司外，許多家庭都有供奉，影響比如來佛還大。觀音信仰極為普及，正所謂「家家阿彌陀，戶戶觀世音」。

觀音菩薩的相關藝術品、裝飾品也是最多的，客家區有「男戴觀音女戴佛（彌勒）」之說。漢傳佛教的觀世音菩薩都是女身，儀態端莊、心性溫和，是慈悲柔和的象徵，男子佩戴觀音，增加了一份平和祥瑞，一份穩重端正。「男戴觀音」是希望男子能夠在平和祥瑞中取得事業成功。同時，「觀音」的諧音為「官印」，這與中國傳統的「封侯掛印」「升官發財」思想相對應，也是人們對事業前程蒸蒸日上、飛黃騰達的良好期望。

觀世音菩薩是佛教中慈悲和智慧的象徵，無論在大乘佛教還是在民間信仰中，都具有極其重要的地位。大乘佛教極為強調悲心，視悲心為佛法的根本。《佛說法集經》中觀世音菩薩說：「菩薩若行大悲，一切諸佛法如在掌中。」因為大乘的發菩提心，廣度眾生，就是「菩提所緣，緣苦眾生」的悲心發動。

民眾虔誠拜觀音，一是因為觀世音菩薩能聞聲救苦。她到處行慈運悲，以此大悲行願而救度眾生，廣做佛事。觀世音菩薩的大智大悲、大願大力，即是她成就佛道之所，所以觀世音菩薩乃是大悲為道場。觀世音菩薩具有救度一切眾生的神力，傳說人們在任何時候、任何地點，只要心存善念默唸「救

苦救難觀世音」的名號，就能解除煩惱、逢凶化吉，因此觀世音菩薩特別受歡迎。

二是觀世音菩薩能幻化各種身相為眾說法。觀世音菩薩的化身無數，都是不可取不可得的幻化假相。唐代以前的觀音，以大丈夫相居多，也現女相。但到後來，特別是妙善公主的傳說流行以後，漢地的觀音形象被漢化佛教不斷改造，越來越趨向女性化，最後定型為「三十三觀音」，基本都是女身。人們直稱觀音為東方女神。觀世音菩薩能生千手千眼，千手遍護眾生，千眼遍觀世間，象徵觀世音菩薩的廣大慈悲和無邊願力。

根據《觀無量壽經》之說，觀世音菩薩的身體非常廣大，並呈紫金色；頭上圓光有五百化佛，每尊佛有五百菩薩和無數諸天侍奉；頭冠有一高大宏偉的站立化佛；菩薩面部呈金色；眉間的白色毫毛放八萬四千種光明，每道光有無數化佛，每尊化佛化顯無數菩薩；菩薩手臂如紅蓮花色並有八十億光明；手掌雜合五百億蓮花的各種顏色；每個手指能顯示八萬四千猶如印文的畫面，每種畫面有八萬四千色，每種色又有八萬四千光，且光明柔軟，她用寶手接引眾生；舉足時，足下的千輻輪自然化成五百億光明臺，落腳時便有金剛摩尼花遍滿一切。

人們不斷改造、豐富觀音的形象並賦予其專項名目：水月觀音、送子觀音、南海觀音、魚籃觀音等。其中最經典、最有代表性的是楊枝觀音。楊枝觀音形象為女性，面貌端莊秀麗，眉目慈祥柔美，手持淨瓶和楊枝，長衣下垂，裙帶飛逸，足下蓮花臺座。這一形象已深入人心。

（2）彌勒佛

民間普遍信奉彌勒佛，客家地區亦如此。

彌勒佛，也稱彌勒尊佛，即未來佛。《阿彌陀經疏》中解釋說：「或言彌勒，此言慈氏。由彼多修慈心，多入慈定，故言慈氏，修慈最勝，名無能勝。」

《法華嘉祥疏二》曰：「彌勒，此云慈氏也。過去值彌勒佛發願名彌勒也。出一切智光仙人經，彌勒昔作一切智光仙人。值慈氏佛說慈心三昧經，

民間信仰與客家社會

第十一章　萬物皆神聖，敬奉誠有加

故曰慈也。」《華嚴經》云：「初得慈心三昧，故名慈也。」《佛說彌勒下生經》：「爾時彌勒菩薩。於兜率天觀察父母不老不少。便降神下應從右脅生。如我今日右脅生無異。彌勒菩薩亦復如是。兜率諸天各各唱令。彌勒菩薩已降神生。是時修梵摩即與子立字。名曰彌勒。彌勒菩薩有三十二相八十種好。莊嚴其身身黃金色。」

根據《雜阿含經》，兜率天的天人壽命是四千歲，相當於人間 5.76 億年，這是以萬萬為億，如果以千萬為億則有如五十六億年這樣的記載。等時機成熟後，菩薩將會繼承釋尊而降生南贍部洲人世間，出家修行，覺悟成佛。並將於龍華菩提樹下舉行三次傳法盛會（又稱龍華三會），分別度化九十六億、九十四億、九十二億眾生，令他們開法眼智，證阿羅漢果，脫離生死輪迴。

我們現在所見都是笑口彌勒佛的塑像。彌勒佛的這種形象，大約五代以後開始出現在江浙一帶的寺院中。這種形象其實是按照「布袋和尚」的形象塑造的。

「布袋和尚」名契此，號長汀子，浙江奉化大橋鎮長汀村人，生於五代後梁亂世，矢志出家，因常背一布袋出遊四方而得名。他蹙額大腹，笑口常開，佯狂瘋癲，出語不定。時常以禪杖荷一只布袋出入街市，見物就乞，無論給他什麼，即裝入大布袋，所有供身資具通通放在囊袋中，卻永遠也裝不滿。有時在稠人廣眾面前，他也將袋中之物傾倒於地，高聲叫喊道：「看、看、看！」隨即哈哈一笑，將之收回袋內。當有人問他的法號時，他就用偈語作答：「我有一布袋，虛空無罣礙。展開遍十方，入時觀自在。」

他居無定所，且走且行，席地坐臥，隨遇而安。但令人詫異的是：他居雪水中而衣不濕，處暑寒而無炎涼。他常無意之中示人禍福，無不應驗。只要他身穿蓑衣在街道上疾走，片刻之後就會下雨；而當他腳踏木屐在大橋上倒立，天氣則會由陰變晴。他身邊也經常圍繞著一群孩童，與他在街頭追逐嬉戲，人們卻不知這些孩子來自哪裡，又去向何方。

後梁貞明二年（916 年）三月三日夜，契此跏趺端坐在岳林寺東廊下的一塊大青石上，說偈曰：「彌勒真彌勒，分身千百億。時時示世人，世人自

不識。」言訖，溘然而逝。人們這才領悟到，原來這位語默無常、舉止癲狂的胖和尚就是彌勒佛的化身。[187]

所以此後彌勒菩薩的塑像就經常被塑成和藹慈祥、滿面笑容、豁達大度、袒胸露腹的慈愛形象，常被中國人稱為笑佛、歡喜佛、大肚彌勒佛。

關於彌勒佛的著名楹聯「大肚能容容天下難容之事；開口便笑笑世上可笑之人」，把菩薩的寬廣胸懷和樂觀態度描繪得維妙維肖、淋漓盡致。

在民間的寺廟中，所有的佛主都被塑造成無比的莊嚴神聖，甚至恐怖猙獰；唯獨彌勒佛笑口常開，逍遙放曠，不修邊幅，永遠都是一個經典的表情，那就是笑。笑是他信奉的信條，傳遞的訊息。他那發自內心、貌似毫無理由卻又意味深長的笑，看似荒唐，貌似瘋癲，卻是詼諧中滿是慈悲，平淡中透著神奇，飽含著禪機與智慧，代表了寬容、和善、智慧、幽默、快樂的佛學精神，寄託了人們對美好未來的無限期待。生活在俗世煩惱中的人們被他的笑感染、淨化，因此彌勒佛備受人們的尊敬和愛戴，在客家地區許多地方、場所甚至家庭中都能看到他的畫像或雕塑。

（3）四大天王

佛教說六慾天中有「四天天王」，位於須彌山山腰。四天天王分別守護四方人民，如東方天王名多羅吒，率領乾闥婆和畢舍遮神將；西方天王名毗留博叉，統領一切諸龍及富單那；南方天王名毗琉璃，統領的部將為薛荔神、鳩槃荼；北方天王名毗沙門，統領著夜叉、羅剎將。他們分別保護東方弗波提（東勝神洲）人、西方瞿耶尼（西牛賀洲）人，南方閻浮提（南贍部洲）人和北方郁單越（北俱盧洲）人。後來，中國寺廟中把這四大天王塑造成四位護法神，而且手中各執一物，掌管風調雨順，老百姓把他們叫做「四大金剛」。四大天王中，中國民間最崇拜的是北方天王毗沙門，一是因為中國位於印度的北方，新疆及中原屬於北俱盧洲，是由北方天王毗沙門管轄；二是他受到唐代密宗的推崇，到宋代進一步中國化，與唐初李靖拉上關係，成為托塔李天王。民間大都知道托塔李天王，而逐漸忘了毗沙門天王。[188]

（4）閻羅王與地藏王

民間信仰與客家社會
第十一章　萬物皆神聖，敬奉誠有加

閻羅王又稱閻羅、閻王、閻摩等，是印度上古神話中的天神，掌管人死後的靈魂。佛教吸納了這一天神，讓他掌管地獄。在佛教中，閻王與獄卒都是掌管陰間罪犯的執法者，閻王為首，獄卒輔從。閻王如同今世的法官，獄卒則像法官以下的各種法警和刑警等，專門實際執行法官對各犯人的判決。

閻王從印度傳到中國，也被民眾改造。人們相信，人間的許多不平等事到陰間後就能得到公平的判決。在人們的心目中，閻王是鐵面無私的，閻王、獄卒為佛教執行善惡報應的工作。是故，在中國歷史上，人們還把一些剛正不阿、威嚴勇猛的現世人物附會成閻羅王，如北周時的韓擒虎以及宋朝的范仲淹、寇準、包拯等歷史名臣。

中國民間受佛教影響，把閻羅王當作陰間的主宰。因閻羅當過毗沙國王，有十八臣佐，在中國又形成「十八層地獄」的觀念。由於中國歷代小說和戲劇的宣傳，俗話所說的「見閻羅」已成為人人皆知的「死」的代名詞。

與閻羅王相關的，還有一個地藏王，又稱地藏菩薩、地藏尊者。從中國古代歷史故事中可以看出，地藏王也是掌管人死後的靈魂的，是冥官。這就容易把地藏王和閻羅王混淆。

根據佛教說法，閻羅王的職責與地藏的職責根本不同，前者是審判罪人，把人下地獄，對惡人施刑；後者是想救人出地獄。中國歷史上有目連救母故事。相傳目連的母親做了很多壞事，死後變成了餓鬼，目連透過神通看到後十分傷心，就運用法力，將一些飯菜拿給母親食用，可是飯一到母親口邊就化為焰灰，目連大聲向釋迦牟尼佛哭救。佛陀告訴他，必須集合眾僧的力量，於每年七月中以百味五果，置於盆中，供養十方僧人，以此般功德，其母方能濟度。目連依佛意行事，設盂蘭盆會，救其母出餓鬼道。其母終得解脫。民間根據這一故事說目連即是地藏王。

（5）龍王

中國民間普遍崇拜龍王。龍王信仰一方面來自中國人的龍崇拜，另一方面也受到佛教影響，是中國人物的佛教化。中國上古的龍，綜合了蛇、鱷等多種動物的形象，是中華民族的象徵物。前面章節已有論述。

印度古代也有龍崇拜。印度龍屬於蛇、蟒之類。佛教中的龍有善惡之分。佛教傳入中國，印度龍的一些特徵和故事也傳到中國。傳說釋迦牟尼出生為太子時，龍吐溫涼水為之沐浴。於是龍吐水成為中國民間龍崇拜的一個事象，天降雨水被說成是龍吐水。人們把出水的地方命名為龍口、龍泉、龍眼等，還特意在寺廟、園林、屋脊等處修建出水龍頭，讓水吐出。

佛教中的龍女故事也傳至中國，唐代《柳毅傳》寫龍女與人的愛情故事，美麗淒婉、感人至深，成為龍故事中的經典。

古代中國的黃河之神叫河伯，海神稱海若。自佛教傳入後，所有水之神都稱龍王了。不僅有四海龍王，江河湖泊之神也都稱龍王。中國民間對龍王的崇拜逐漸普及，許多地方建起了龍王廟。

中國人物佛教化最為典型的是關帝，已有專章論述。

3. 法眼宗閩西中興

特別值得一提的是民國時期法眼宗在閩西的發展興盛。這不僅是閩西佛教界之大事，亦是全國佛教界的大事。

作為中國禪宗的「五家七宗」之一，法眼宗是最後產生的一個宗派，由唐末五代的清涼文益禪師開宗，在南京創立。法眼宗祖庭為南京清涼寺。

禪宗自六祖惠能大師建立南宗，分傳出荷澤神會禪師、南嶽懷讓禪師、永嘉玄覺禪師、南陽慧忠禪師和青原行思禪師五家。其中南嶽懷讓禪師和青原行思禪師兩家最盛，由此二家生出後來的溈仰宗、臨濟宗、曹洞宗、雲門宗和法眼宗，是為禪宗五宗。其中臨濟宗又分化出黃龍禪師與楊岐禪師兩家，是為「五家七宗」。

作為法眼宗宗祖的文益禪師，出於青原行思禪師法系之下的第八世，因其圓寂後南唐中主李璟諡為「法眼大禪師」，後世稱此宗為「法眼宗」。

法眼宗從文益、德韶、延壽三世，嫡嫡相傳，在宋初極其隆盛，這幾位祖師都是吳越地區學修並重的高僧，後即逐漸衰微，到宋代的中葉，法脈就已斷絕，其間不過一百年。

第十一章　萬物皆神聖，敬奉誠有加

近代，著名高僧虛雲法師兼承法眼宗，並將法脈傳授予長汀本湛法師，本湛傳連城慧瑛法師，慧瑛傳新羅光勝法師，三代法眼宗傳人均在閩西弘法修身，使閩西成為近代法眼宗的中興之地、傳承重鎮。而今，法眼宗在日本、韓國以及東南亞等地也頗具影響。

汀州府歷來為閩西、贛南十數縣的佛教活動中心，歷史上誕生過許多得道高僧。

本湛禪師是福建長汀人，俗姓卜。1937 年創建長汀八寶山峻峰寺，禮請同為長汀人的寧化法輪寺見鏞法師回長汀南寨廣場設壇講經，提倡淨土宗，影響極大。本湛和尚受見鏞法師影響，專門修持，1942 年赴南華寺拜全國名僧法眼宗大師虛雲禪師為師，苦練參禪，領悟禪機，希望紹隆法眼一宗。虛雲禪師嘉其志，查閱典籍，確定法眼宗法脈傳承為法眼文益、天臺德韶、永明延壽、圓照宗本、智者嗣如、寶林文慧、祥符良慶，共七世，自續為第八世，成為遙承祥符良慶法脈的第八世佛慈虛雲禪師。為了法眼宗能繼續弘揚，虛雲禪師又從良慶禪師與自己名號中各摘一字，繼演成五十六字的宗脈字派詩：「良虛本寂體無量，法界通融廣含藏。遍印森羅圓自在，塞空情器總真常。惟斯勝德昭日月，慧燈普照洞陰陽。傳宗法眼大相義，光輝地久固天長。」這就成就了佛教宗派傳承史上的一段佳話。

本湛禪師回到汀州，剃度了四十餘名僧尼，接受五百餘名俗家弟子，現今閩西各縣的僧尼大多屬於本湛禪師的徒嗣。

本湛禪師生前還與見鏞法師為八寶山徒嗣制定法派三十二字輩：「慧光普照，諦理融通，法相全幻，塵念永空，教規勤學，度生願宏，智燈遠朗，大道昌隆。」並將衣缽傳與連城慧瑛法師。連城中華山性海寺主持慧瑛法師成為八寶山第一代慧字輩僧人。

中華山地處連城縣新泉鎮馬背村，山間曾有一小廟，開創於明洪武四年（1371 年）。後幾經興毀，皆以「中華山」為廟名，沒有寺名。1944 年，慧瑛法師入主此山，根據《華嚴經》「昆盧性海」而取名「性海寺」。

慧瑛法師參考了全國名山大寺之宮殿式建築模板，一手設計興建了中華山性海寺。廟宇典雅莊嚴、高大雄偉，內供大小菩薩一千多尊。博學的慧瑛法師在寺內珍藏了大型經書、佛學志、佛學大辭典，品種齊全。慧瑛法師自身熱愛書法，一手隸書工整秀美，有口皆碑。寺內收藏了趙樸初、虞愚、羅丹等多位書法名家的墨跡，均為不可多得的藝術珍品。名山、名寺、名僧、珍藏，使中華山性海寺成為閩西客家遊覽勝地，與冠豸旅遊相互輝映。

　　法眼宗在閩西的脈系傳承如下：

　　第九世本湛青持禪師：

　　本自如來圓明體，湛寂真常凡聖同。

　　青虛妙義無變異，持傳萬古度迷人。

　　第十世（本湛傳）寂照慧瑛：

　　寂然靈光能顯露，照破凡情聖智成。

　　慧心得悟無生理，瑛瑩無瑕示迷人。

　　第十一世（慧瑛傳）體澄光覺（即楞嚴悲華）：

　　體空虛妙無一物，澄澈無染森羅現。

　　光明焰赫照世間，覺佛心印度群萌。

　　2015年11月28日，「法眼宗思想傳承與當代文化建設」學術研討會在當代法眼宗傳承重鎮——閩西龍岩市舉行，有高僧大德和專家學者三十多人參加學術研討。2016年12月21日，福建省法眼宗佛教文化交流促進會在閩西龍岩成立，來自中國佛教界、學術界代表以及會員代表共計兩百多人參加成立大會。促進會成立的宗旨在於進一步弘揚中華優秀傳統文化，促進福建法眼宗佛教文化交流與研究，弘揚法眼宗佛教文化精神，有效挖掘、整合省內外法眼宗佛教文化資源，進一步提升福建文化軟實力，促進社會和諧發展。

　　作為禪門最後創立的宗派，法眼宗博采眾長、針砭時弊、當機應世的特點十分明顯。在宗風特點上，法眼宗秉承「一切現成」之理，平實無華，直

民間信仰與客家社會

第十一章　萬物皆神聖，敬奉誠有加

擊當下；注重文字，匯合統攝各路教理，宗歸一心，踐行「禪教合一」——用禪宗的方法檢驗漢傳佛教的教理結構；強調警戒時弊，戒飭偏差，直接明瞭，不落偏執，體現了「理事不二，圓融無礙」的辯證思想。

法眼宗作為中國優秀傳統文化、禪宗文化的重要組成部分，對中國的哲學、政治、倫理、文學、藝術等都產生過積極影響。法眼宗所提倡的修善、平等、求智等理念，以及「對病施藥，相身裁衣」「理事不二，貴在圓融」等思想，對於個人修德、社會文明和生態文明建設，都具有借鑑意義。

研究過程中，筆者與慧瑛法師的弟子海印寺方丈、天馬山淨慈寺光良法師多次交流。光良法師修行很深，認為法眼宗的「理事不二，圓融無礙」，就是不能單純講理論，還要有行動，做成事。這也是法眼宗的本色：「當下徹見，心性平等；立馬入世，普度眾生。」光良法師也是按這一理念行事，注重與地方的文化交流，在天馬山淨慈寺創辦圖書館，方便民眾，弘揚佛法；為龍岩學院捐贈整套的大藏經。

修建海印寺是光良法師的一大貢獻。海印寺位於龍岩新羅區雁石鎮，光良法師從小在此長大，1973年十歲時入海印寺。他介紹，這裡原來是沙灘地，1933年只有像民房一樣的小房子供一尊觀音，1952年有了土地證。「文革」前，師父慧瑛法師在福州鼓山做當家，經過此地，覺得山清水秀，四面環水，清澈的溪水倒映著岸上的樓房，相互映襯。慧瑛法師是中國佛學院的高材生，修行極深，熟悉經典，此種鏡像與佛經的「海印三昧」之名相合，故定寺名為「海印寺」。《華嚴經·賢首菩薩品》中有「海印三昧」之名。海印者，約喻以立名，即以大海風止波靜水澄清時，天際萬象巨細無不印現海面，譬喻佛陀之心中，識浪不生，湛然澄清，至明至靜，森羅萬象一時印現，三世一切之法皆悉炳然俱現。

海印寺「文革」期間有所損毀。1993年政府歸還後，光良法師重建佛院，規模越來越大。2001年在如同龜背的小山包上建經堂，他自己設計，突出綜合實用。一樓為飯堂，可供一兩百桌信眾使用；二樓為法堂，供奉菩薩；三樓為藏經樓，珍藏了許多名僧、名家的字畫。海印寺注重與當地居民融合，創設農曆十二月廿五過佛家年的習俗，邀請周邊民眾以及外地僧眾齊聚，共

度佛年，非常隆重，參與者有時達百桌以上。信眾有錢出錢、有糧出糧、有油出油、有力出力，義工達五十多人，和諧融合，喜慶吉祥。

近年來，海印寺廣種櫻花，已初具規模。每年花開時節，會迎來四面八方的賞花人，形成「一花引來萬人觀」的奇觀。海印寺賞花成為龍岩城春遊盛事。寺廟與櫻花相映，僧眾與俗民相融，進一步拉近了佛界與俗世的距離，也許這正是法眼宗「理事圓融」思想的一個體現吧。

2. 道教

道教是指以「道」為最高信仰，相信人們可以透過修煉達到長生成仙的一種宗教。道教是中國土生土長的宗教，形成於東漢中葉。它是一種多神教，以中國古代宗教信仰為基礎，吸納了方仙道和黃老道的一些宗教觀念和修持方法。道教的思想淵源主要是古代鬼神思想、巫術、神仙方術和黃老思想。道教尊老子為教主，奉老子的著作《道德經》為主要經典，並對其進行了宗教性闡釋。

道教的發展對中國古代社會的政治制度、學術思想、宗教信仰、文學藝術、醫藥科技等都有重要影響。人們日常生活的價值觀念、思維方式、審美情趣，尤其是風俗民情等，都深受道教的影響。

道教在發展過程中受到佛教的影響，形成一些成體系的觀念。如受佛教「十善」影響，提出道教的「十善」：孝敬父母，忠事上師，慈愛眾生，忍性容人，諫諍解惡，損己救人，放生愛物，修路造橋，濟人利物，教化度人。道教「十惡」也是如此，包括殺生、偷盜、淫邪、貪愛、恚嗔、邪痴、綺語、妄言、惡口和兩舌等。

一般的宗教都是一神教，而道教則是多神教。道教把世界分為天人兩界，把神分成天神地祇、鬼與神仙等幾種類型，不僅認為宇宙萬物都由神祇主宰，甚至連人體中的所有器官均由神靈控制，萬物有靈論仍然殘存於道教之中。

認真分析，客家人泛靈泛神意識比其他民系更重，說明其道教意識很濃。與佛教傳入不同的是，我們認為，客家人的道教信仰是隨著遷徙而來的。

民間信仰與客家社會
第十一章　萬物皆神聖，敬奉誠有加

道教是眾多宗教中最重視現實生命的宗教，其設計出來的神仙世界，迎合了人們羽化升仙、長生不死的渴求。尤其在醫學幼稚，瘟疫猖獗時代，道士建醮以祭禱瘟神之舉深受歡迎。道教在客家地方之流行，與佛教並行不悖。現在，醫學昌明，瘟疫天花已近絕跡，但在鄉間安龍打醮、祈福、豎符、起土、安胎、驅邪、壓煞以及以符水為人治病等活動仍有之。

道教最早的神仙是赤松子、黃帝等上古傳說人物；漢魏以後把逝去的道教人物如王玄甫納入神仙系列；唐宋以後，把仙化的歷史人物如張果老、呂洞賓、何仙姑也納入神仙體系；之後一發不可收拾，人們把認為是聖賢的人物，包括儒佛人物都納入道教神仙的行列，這在前面已有敘述。

道教的神仙世界被描繪為如同世俗的官僚體制一樣，等級森嚴，各相統屬，有仙官，有僚佐，有仙吏，也有無官無職的散仙。

閩西客家民間信奉的主要神祇有：關聖帝君、天妃媽祖、城隍、土地神、門神、灶君、財神，以及地方自立的神仙。這些神仙的共同點是「死而不亡」。

（1）何仙姑信仰

在閩西客家，最典型的神仙人物是何仙姑。

清康熙《武平縣志·方外志》記載：「何仙姑，父大郎。世居南安岩。生而不茹葷，誓不適人，父母貨餅自給。呂純陽見其人仙質，日過索餅啖，輒與之。呂感，贈一桃，云食盡則成仙。仙姑遂辟穀南岩。北宋乾德二年，定光佛抵岩，欲開道場。一日，何仙姑出觀洪水，遂攝衣入岩趺坐，大蟒猛虎皆盤伏。仙姑語大郎（何仙姑父親何大郎），遂舍宅與岩為佛道場。鄉人爭構庵以祀佛，並構樓以祀仙姑。最顯靈驗，有病煩熱者，掃像上塵而餌之輒愈。」《事文類》又載：「大宋太祖祥符間，岳州玉真觀災，唯留一柱，有側書『謝仙火』三字。慶歷中有以問何仙姑者，輒曰：謝仙如雷部中鬼，主行火。聞者果於道藏中驗之，益信慶歷之仙姑，實為大郎之女矣。」《古今圖書集成博物彙編神異典神仙部》亦記載有關何仙姑的資料：「仙姑，父大郎。世居武平南岩，貨餅自給。呂純陽見其有仙質，日過索餅啖，輒與。呂感，贈以一桃，云食盡則成仙。仙姑遂辟穀南岩。」

據武平《何氏族譜》記載：「何仙姑生於後晉天福二年丁酉。仙姑幼性清淨，不飲酒，不茹葷，隱跡岩中，矢不適人。」宋哲宗元祐元年（1086年），何仙姑卒於武平縣岩前鎮寧洋村劉坑自然村何大郎公五世孫立六一郎家中，享壽一百五十歲，為武平有史以來最長壽的人。《族譜》載：「仙姑壽終時，聞空中有鼓樂聲，一朵祥雲從臥榻直上霄漢，見者無不驚異。自是鄉人敬慕，塑遺像於仙姑樓。」何仙姑真身葬在岩前寧洋乾湖塘。

何仙姑一生經歷了後晉、後漢、後周、北宋四個朝代，在中國歷史上亦屬罕見。

閩西客家的道教神祇還有很多，有些前文已述。

（2）風水算命

客家人崇尚風水算命是出了名的。民間流傳「一福（有稱居）二命三風水」「醫藥不明殺一人，地理不明殺全家」等俗語，認為住宅或墳的風水，會影響住者或子孫後代的吉凶禍福，故營造住宅和修建墳墓，必先請地理先生踏勘風水。而小孩出生或男婚女嫁，或遇到疾病災厄，決定某項事情，他們就找個算命先生論論八字，算算吉凶禍福。凡舉辦婚喪喜慶、動土作灶、開業營生，都要請先生揀日子，或自己翻通書，選良辰吉日進行。這些崇信在客家地區已成為根深蒂固的傳統民俗了。

「風水」二字始見於晉代郭璞所著的《葬經》：「葬者乘生氣也。經曰：氣乘風則散，界水則止，古人聚之使不散，行之使有止，故謂之風水。」風水術又稱堪輿，俗稱「地理」。「地理」與「天文」相對，地脈的所在和走向變化就是風水。

唐宋時風水大盛。贛南是風水文化的發祥地。唐朝末年，祖籍山東竇州的楊筠松四十五歲時，因黃巢之亂，避居贛州寧都懷德鄉，潛心風水學，帶領其興國、寧都弟子曾文遄、廖瑀、賴文俊等創風水「形勢派」，世稱「江西派」，實則為「贛南派」。楊筠松被後代堪輿家尊之為形派宗師，著有《撼龍經》《疑龍經》。此後贛南風水名師輩出，代有傳人。曾文遄著《陰陽問對》，傳弟子陳摶；廖瑀作《穴法》，傳謝世南。

民間信仰與客家社會

第十一章　萬物皆神聖，敬奉誠有加

　　風水術在明清發展到極致，其活動遍及民間與皇室。風水學著作被收入了《永樂大典》《四庫全書》。據載，明代時，興國三寮曾、廖裔孫曾從政、廖均卿被薦為明成祖勘測皇家建築，今北京天壇、長陵（後成為明十三陵）、八達嶺長城等，便是他們的作品。三寮村因此被視為風水師的祖地，許多海內外從事風水和風水研究的術師和學者，都紛紛前往朝聖，該村曾、廖兩姓子弟也向被世人看作風水術正宗傳人。

　　與贛南毗鄰的閩西客家人特別迷信風水術，崇信風水。道教的保護神「四靈」（朱雀、玄武、青龍、白虎）、齋醮、祝咒、符籙流行風水之中。客家人信奉的是江西贛州的楊筠松的形法兼福建的王趙卿理法。受贛南風水理論影響，不少人也深入學習探討地理，出現了對地理術造詣很深的行家，如武平的石西之，上杭的林乙章，清末民初汀州城的邱步緯，民國時期的湯金龍等。[189]

　　風水學中，山為體，水為用；山為骨肉，水為血脈。五行之氣行於地中，有土才有氣。而土又為氣的脈絡，它的精英成為山嶽，山是土氣升而成體的外形，所以有氣聚於內而有形現於外。風水的核心是「氣」，風水術的關鍵是尋找和得到生氣及如何趨吉避凶。

　　閩西客家人的風水體現在建造房屋和建造墳墓兩方面。

　　閩西客家人稱建房為「做屋」。「做屋」要請堪輿師（俗稱「地理先生」「風水先生」）看風水，稱「陽宅風水」。陽宅基地的選擇依空間、時間（年、月、日、辰）村、山、水、田、林、路，集環境、方位、地質、建築、美學、心理學為一體，選擇「生氣」的風水寶地，是追求人身的小宇宙之「氣」，與周圍環境的大自然宇宙之「氣」相協調，相統一。而喪葬方面一樣講究，稱「陰宅風水」。因此，客家民眾與堪輿師結下不解之緣，民間流傳許多風水先生看風水的傳說。

　　我們平時比較多看見的是「風水林」。閩西客家山村土樓老祖屋的後面，大都留有一片原始次生林或針闊葉混交林，少則十幾畝，多則幾百畝。這些樹木大部分是上輩人傳下來的，樹齡已有幾十年、上百年了，歷經幾代人至今。風水林的形成耐人尋味。有專家認為，古時，從北方遷徙南來的人們，

身處「客」的地位，大都落戶在偏僻的山區，靠山、耕山、吃山，是林木使他們得以棲身，又是靠林木產品換來生產、生活的必需品而得以生存。他們在這種特殊的生存環境下繁衍生息，從而產生了崇敬樹木、愛護樹木的思想。於是依山而居的人們在居住屋後或村後山上種上了樹木，將它看成是全村或全姓人的保護樹，看成是希望和發達的象徵。

3. 基督、天主教

基督教分羅馬公教（中國稱「天主教」）、正教（又稱「東正教」）、新教（中國稱「基督教」或「耶穌教」），天主教與基督教於明末清初始傳客家地區。

明崇禎十四年（1641 年），義大利傳教士到汀州老古井傳教，但沒有流傳開來，這是天主教傳入客家地區的最早記錄。後到 1844 年旅居馬來西亞的華僑教徒吳東回嘉應州（今廣東梅州）書坑村傳教，天主教才開始為客家人所接受。而基督教主要是新教，19 世紀下半葉流行於客家地區。教會在客家地區興辦教堂，修教院、教會醫院、學堂。

閩西客家區有不少地方留有教堂遺址，如永定虎崗茫蕩洋就有一處教堂遺址。因其建於山上，還有傳說這是因為地下有銅礦。

儒教、佛教、道教的教規、教義相互滲透，佛教、道教世俗化，與入世的儒家學說相互雜糅。天主教、基督教為在中國推行，也吸收了佛道儒的思想，讓民眾更能接受。

客家人兼容多種宗教，以道佛為主。但筆者也注意到一個現象，信儒佛道的民眾，他們到每座寺廟，即使是基督教堂都會燒香膜拜，起碼也是合掌祈禱；但客家信徒信奉上帝之說後，不再進佛道的廟庵燒香拜佛，而是做「彌撒」「禮拜」，每年還有四大瞻禮：耶穌聖誕日、耶穌復活日、聖神降臨日和聖母榮名升天日。除每週日做禮拜外，每逢瞻禮日期，教堂均舉行彌撒聖祭。雖然他們在生活中還會遵循客家地區的世俗化禮儀，但遇到正規的祭拜時就有所區別。由此可見儒佛道教的包容性，以及基督教、天主教的排他性。

二、客家火神崇拜

從原始社會開始，人類就開始了對火的崇拜。因為，火是原始初民賴以生存和發展的重要工具，學會利用火，標誌著人類文明的肇始。對火的崇拜，普遍存在於世界許多民族中。在中國各民族中，也多有祭火、拜火的習俗。

中國的火神崇拜源遠流長，情況也非常複雜。早期的火神，並不固定，如燧人氏、炎帝、祝融、闕伯、回祿等，都曾被記載為火神。漢代以後，祝融作為火神被逐漸固定下來。相傳祝融是顓頊氏的後代，名重黎，也叫吳回，官居火正，能光被天下，帝嚳乃命曰「祝融」，死後成為火神。道教興起之後，又將火神吸收進自己的譜系，稱為「火德星君」。

文獻記載，官方祭祀火神從春秋時期就開始了，一直延續到清末，是國家祀典的重要內容。而民間祭祀火神，在明清兩代也非常盛行。每個州縣都建有祭祀火神的專門廟宇，如火神廟、火德真君廟、火星廟、火德祠，不一而足。

祭祀火神，是為了紀念火神「以火施化，為民造福」的德行。漢族的火神崇拜，有「流派」的區別。以形象和來歷言，一般都以祝融為火神。民間俗信亦有以炎帝或燧人氏為火神的說法，如謂遠古時燧人氏鑽木取火，使人類進入熟食階段，後人尊為火神，又稱火德真君，定時祭祀。

閩西客家人傳承了漢民族崇拜火神的習俗，而且更進一步。因為他們遷移南方，所到之地大多為蠻荒未開發之地，為求生存，還要以「刀耕火種」的方式生產勞動，對火神的崇拜更為虔誠。

1. 日常生活的火崇拜

客家人認為，火是在天地分開時產生的，來自「天火」。火是純潔的象徵，是神靈的化身。火能賜給人類一切幸福和財富，還能使人丁興旺。火能祛穢闢邪，阻嚇鬼魅，保佑平安。所以，拜火是客家民眾很早以前就有的一種最古老的祭祀活動，並與崇拜大地、祖先緊緊地聯繫在一起。

二、客家火神崇拜

客家人的日常生活中有不少崇拜火神的習俗。連城一帶逢年過節時，要在家門口燒上一個火堆，以闢邪祈福。燒火的材料往往為松樹最赤的根片。還有一些地方，晚上有客人來時，要在門口點上一堆松脂火讓客人跨火進門，俗意也是闢邪祈福，消除客人經過荒野之地時沾上的邪穢。

幾乎所有的客家人，結婚時，新娘進新郎家門時也要跨火堆。古時，客家地區新娘出門大多是晚上，她與陪嫁送嫁的人群走過荒郊野嶺，需要跨火堆以驅邪祛穢，開始新的生活，融入新的家族。

客家區「遊大龍」、遊燈籠時的許多習俗也與火有關。

火能讓許多東西浴火重生。前面提到的閩西、臺灣客家人，他們保留著敬重漢字的習俗。廟宇前都有兩個爐子，一個寫著「金爐」，一個寫著「字爐」。「金爐」是朝拜時用來燒金紙的，而「字爐」是用來燒收集來的字紙的。同時因人們對文字本身充滿著敬意，故尊稱它是「聖蹟」，刻於爐子上。印有文字的字紙被丟棄或是被拿來做其他用途，他們都視為是對文字的一種汙辱。古時的客家地區，常會有人背著字紙簍，自願做撿字紙的工作。他們撿拾被丟棄在路旁的字紙或到各家各戶去收集不用的字紙，洗乾淨之後，統一拿到附近的惜字亭內焚燒，這個過程叫做「過化存神」，意思是藉著火焚的潔淨效果，保留文字的神聖性並傳達對文字的崇敬之情。

火能將現世的東西送往另一個世界。如老人過世，要將他用過的東西在露天燒化；廟堂、墳墓祭祀時要燒化紙錢。筆者每年春節祭祀父親，最後一個環節就是燒化紙錢，上面標記有父親的名諱。母親在燒化之時，總要念叨，現在孩子有出息了，會賺錢了，不像過去那麼窮了，你儘管花，好好保佑孩子賺更多的錢。燒化紙錢的過程中，母親還要用祭祀的酒把紙堆澆三圈，意為將錢圈住，不至於讓孤魂野鬼搶走。母親常給我們說，父親讀書人，是醫生，活著的時候身體弱、文雅，受別人欺負，死了怕也是搶不過別人，以後祭墓時一定要用酒圈三圈。

對火神的崇拜還表現在生活禁忌上。生活中，忌向火中，或向燃燒中的柴炭、穀灰等有火的地方小便，因為火中有火神。如果犯了禁忌，會使生殖器和膀胱感染、腫痛。

2. 灶君崇拜

灶神又稱灶王爺、灶君、司命菩薩或灶君司命，其全銜是「東廚司命九靈元王定福神君」。漢族民間祭祀灶神的歷史十分悠久。古代庶士、庶人立一祀，「或立戶，或立灶」。魏晉以後，灶神有了姓名。隋杜臺卿《玉燭寶典》引《灶書》稱「灶神，姓蘇，名吉利，婦名博頰」。

古代典籍中有不少關於灶君的記載。《周禮》稱「顓頊氏有子曰黎，為祝融，祀以為灶神」。還有「炎帝作鑽燧生火」（《管子·輕重篇》）「炎帝死而為灶」（《淮南子·氾論訓》）等記載，炎帝部落本來是一個崇拜火神的部族。而且炎帝本身，初義也正是火神。

灶君崇拜就是火神崇拜。

灶神之所以受人敬重，除了因掌管人們飲食，賜予生活上的便利外，灶神還是玉皇上帝派遣到人間考察一家善惡之職的官。灶神左右隨侍兩神，一捧「善罐」，一捧「惡罐」，隨時將一家人的行為記錄保存於罐中，年終時總計之後再向玉皇上帝報告。

灶君上天稱為「辭灶」，家家戶戶要送灶君。一般沒有很特別的儀式，永定高陂一帶就是把牆上貼的灶君的牌位及對聯撕下燒化。有些地方隆重些，在牌位前擺上一些又黏又甜的祭品，目的是要塞灶神的嘴巴，讓他回上天時多說些好話，所謂「吃甜甜，說好話」，「好話傳上天，壞話丟一邊」。還有舉行儀式的，擺齊供品，焚香祭拜，敬酒禱告，將舊有的灶君像撕下，連同甲馬及財帛一起焚燒，代表送灶君上天，並喃喃叮嚀「上天言好事，回宮降平安」之類的話。因此，祭灶君有祈求降福免災之意。

「謝灶」，即讓灶君上天的時間是有分層的。漢族民間有所謂「官辭三」「民辭四」「鄧家辭五」之說。「官」指官紳權貴，習慣於年廿三謝灶；「民」指一般平民百姓，會在年廿四謝灶；「鄧家」即指水上人，會在年廿五舉行。閩西客家人和大多漢族民間百姓一樣會選擇年廿三謝灶，希望有貴氣，取其意頭。謝灶還有講究，「忘了辭五別辭六」，就是說，廿三、廿四沒辭，就辭廿五，但千萬不要辭廿六了。

迎回灶君的時間是除夕日。一般情況下，除夕日，永定高陂鎮的客家人，大人們殺雞宰鴨，先敬天地，再去祠堂祭拜祖，然後準備年夜飯。孩子們除了幫忙外，最大的任務是貼對聯，這時要將灶君牌位貼於灶君臺架上。家庭主婦會燒上一炷香以示迎接。一般家家戶戶都貼灶君年畫，上面附有對聯「上天言好事；下界降吉祥」，或「上天奏善事；下地降貞祥」，或「上天去多言好事；下界回宮降吉祥」。客家人的灶君神位一般固定在廚房的某個地方，或做個專門的架子釘於牆上，或在建築時就設計好一個牆洞。

　　灶君與人們的生活息息相關，被尊為「一家之主」。所以，在客家地區，灶君的牌位，有時也作為祭祀一家之主的牌位。家庭男主人辭世了，一些客家人以灶君牌位同時作為祭祀家庭男主人的牌位，或在邊上放上小牌，逢年過節祭祀。筆者家鄉永定高陂鎮就有此習俗。

　　灶神祭祀寄託了漢族勞動人民祛邪、避災、祈福的美好願望。

三、客家民間禁忌

　　長期的生產生活經驗的積累，形成了許多民間禁忌。過去，林林總總的民間禁忌，大多是一個社群的民眾為求福消災而設置的層層關卡。這種禁忌體系是以更好地服務於該社區民眾的生產和生活為目的的。禁忌大多出於某種功利目的，用來規範人們的思想、道德和行為，它滲透到人們的物質生活和精神生活的各個領域。

　　學者們把民間禁忌分為生產禁忌和生活禁忌兩大部分。生產禁忌涉及各行各業，如農業、商業、漁業等，客家區以農業禁忌為主，這與過去以農耕文明為主是相適應的。生活禁忌包括有關人的禁忌，如產婦、兒童等人必須遵循的種種忌諱；有關行為的忌諱，如祭祀禮儀、婚假喪葬、建房、飲食等方面的禁制；有關物的禁忌，如動物、植物及其他宇宙間存在的事物等。

　　林國平指出，禁忌在其本質上是人類要求自律的一種表現，而自律則是人類走向文明的象徵。最初的原始人群缺乏自律，可以毫無顧忌地全面滿足自身的種種慾望，因而耗盡了絕大多數的能量，而無法創造文化。人類自律

第十一章　萬物皆神聖，敬奉誠有加

的最初形式是禁忌，當人類意識到一絲不掛是一種羞恥時，人類就向文明邁進了一大步，即出現了自律禁忌：裸體禁忌。此後，隨著禁忌（自律）的不斷增加，人類對自身慾望的限制越來越多，這樣便節省出大量能量用以創造文化。從這種意義來講，禁忌本身即是一種文化現象，它像徵著人類的文明程度與進化歷程。所以，探討禁忌，也就是探討人類社會本身的發展歷程。[190]

閩西客家民間禁忌，不僅具有漢民族傳統禁忌的共性，用時也具有地方特色。

1. 生產方面的禁忌

在農耕時代，生產力低下，禍福難以預料，收成不可估算，人們最大的追求就是風調雨順的平安生活，於是就逐漸形成了一系列的禁忌。

福建汀州素以竹造玉扣紙、毛邊紙和連史紙著稱於世。宋代《臨汀志》就有相關的記載。清代《臨汀匯考》亦載「汀地貨物唯紙遠行四方」。連城為皮料紙主要產地，尤其是姑田所產的皮料紙，其色如金，莒溪出產的石粉紙，其色如銀，故歷史上有「金姑田，銀莒溪」之稱。造紙業發達，做紙的地方稱「廠下」，要供祀蔡倫先師神位。紙廠每天早晨開工時，不能說不吉利的話，否則就可能發生事故。[191]

蒸酒時，手腳要潔淨，不能隨便說話；封酒缸後要用菜刀或柴刀壓缸蓋；吃酒飯時不能用筷子，要用湯匙，意為越舀越多。

進山幹活，吃飯不能直說，要說「量米」；見蛇不能直說，要說「溜溜」；聽見陌生聲音叫你，不能隨便應人。

其他禁忌還有忌用手指向正在生長的各種瓜類，否則會使瓜未熟透即敗壞掉落，或使瓜長不大，導致歉收。等等。

2. 生活方面的禁忌

古代因缺醫少藥、環境惡劣，人們在生存中往往會遇上許多問題。他們對這些問題感到疑惑，就設計了一些禁忌，以免觸犯神鬼。

如，客家民間認為女性的經血是穢物，有「不吉」之說。故產生了男人不能從女性衣服下經過的禁忌，否則對男人的功名和福氣不利。這樣又引出禁忌，那就是女性的衣物尤其是內衣不能掛在公共場合，特別是過道。因為認為「不吉」，所以孕婦不能參加許多喜慶活動，忌入新娘房，忌到喪葬場合，不得出入寺廟，不能觀看建灶、鑿井、上梁等活動。民間不會把房子借給孕婦生產，認為會將借家的福氣和運氣帶走。

又如，永定客家人任何時候都忌用筷子敲碗，因為碗是盛飯的，用筷子敲碗，會把米穀子（穀神）敲走，敲碗者就會來「窮氣」，只有乞丐才會這樣敲碗沿街乞討。飯盛好後，不能把筷子插在米飯上，因為只有祭鬼時才將筷子豎插於米飯上。忌將飯碗翻蓋於桌上，更不能翻蓋於地上。小孩不小心打破碗，大人忌大聲斥責，而應說「碎碎（歲歲）平安」。其實，這些禁忌有不少是禮儀和人文關懷的體現。飯桌上不敲碗是禮節；大人不能罵，是因為小孩打碎飯碗本身已有懊悔，不能雪上加霜。

再如，閩西客家人對小孩乳牙換新牙也有講究，忌將牙齒亂丟。如果脫落的是上牙，便丟到床下，雙腳靠攏整齊，說：「老鼠公，老鼠嬤，金牙給你換銀牙。」如果脫落的是下牙，就要丟到屋頂上，雙腳靠攏整齊，說：「鳥哩公，鳥哩嬤，金牙給你換銀牙。」這樣，重新長出的牙齒就會整齊白潔。其他涉及人的做夢、打噴嚏、眼皮跳等都有不同的禁忌說法，不一一詳述。

客家人還認為自身的唾液具有超常法力，能制服鬼魅，祛除邪氣。舊時，又稱唾液為「玉液」「瓊漿」。我們在小時候，大人就提示，夜間遇上鬼影，要吐口水；看見不潔東西，要吐口水；採食山中、原野上的果實，要用氣吹三下，吹去邪氣毒氣；等等。生活中還忌用掃把指人，吃飯時忌用筷子指人，這些禁忌也是有禮儀規範蘊涵其中的。

客家人對生活中遇見的物，也有一些禁忌。如家庭中看見草蜢，不能打死，傳說那是死去的親人返回家中。上山祭墓時看見草蜢，也認為那是墳墓中的先祖出來享用祭品。故敢吃草蜢的人被視為異人。客家有「豬來窮，狗來富，貓來著麻布」之說，且認為狗血可以壓驚驅邪，建房時將狗血潑於四周屋角，或將狗血塗於門上，鬼祟便不敢進來。

民間信仰與客家社會
第十一章　萬物皆神聖，敬奉誠有加

　　其他如忌用手指彩虹，不然會斷手指，等等，還有不少。前面的專題中也有涉及民間禁忌的部分。

　　綜上所述，客家民間禁忌很多，林林總總。大凡婚嫁、房事、孕婦、產婦、嬰兒、兒童、居家、行業、動物、節令、巫術、村落、交通、服飾、喪葬、宗教祭祀、民間藝術等方面都保留著禁忌習俗，涉及日常生產生活的方方面面，涵蓋了整個客家民俗系統。隨著社會的進步和人們認識世界能力的增強，許多古老的民間禁忌逐漸被拋棄，慢慢消失了，但也誕生了一些新的禁忌。

後記

　　中國民間信仰歷史悠久，具有豐富的文化內涵。民間信仰所形成的祭祀活動與習俗，是客家人寶貴的非物質文化遺產。經過長期的演進，一部分民間信仰已轉換為極具韻味的民俗文化現象，它豐富了民間的文藝活動，是民眾的精神家園。

　　客家的民間信仰與生活勞動融合一起，豐富多彩、生動有趣，在民間造成了規範道德、揚善抑惡、和諧鄉里、娛樂精神、教化子民的作用。同時，它作為民間文化的重要組成部分，具有一定的美學和藝術價值，包含追求美好、幸福、希望的寓意。客家人從小就浸淫其中，受到熏陶感染，得到人文啟迪，熟悉而親切。

　　我出生於鄉村中醫世家，從小就受到客家民風民俗的教化。逢年過節，每每被前輩拉去祭拜供奉在家族大廳的藥王仙師孫思邈，希望仙師保佑家傳醫術提升，所用的草藥及方子靈驗，能治病救人；祭拜廳堂中的觀音菩薩，希望保佑平安幸福、行行順利；祭拜村頭的公王，祈求保佑五穀豐登、國泰民安；祭拜家族祠堂的祖先，庇佑子孫榮華富貴、光宗耀祖。

　　祖父是村中有受過教育的人，每年全村族人在正月裡走十幾里地祭掃開基公及以下「眾公太」（共同的先祖）墓地時，他負責主持祭祀儀式、朗誦祭文。每到一個墓地，他都如數家珍般向年輕一輩講述墓中這位先祖及孺人的業績、故事。他那鏗鏘有力、抑揚起伏、親切自然、富含深情的聲音，減少了少年兒童對墳墓鬼神的恐懼感，增強了後輩對先祖的感懷之情。祖父祭祀時表現出來的那種對祖先的虔誠敬重，對後代的深情祝福感動了小時的我。祖父經常和我講《三國演義》《水滸傳》《西遊記》，尤其對劉關張的桃園三結義情有獨鍾，讓我打下文學的功底。

　　祖母出身大戶人家，慈祥而善良，尤愛講媽祖的傳說。祖母姓林，對同姓姑婆太的神蹟有著和一般人不同的迷信與驕傲，而且她的娘家就在著名的西陂天后宮邊上，常帶我在春節走親戚，然後到天后宮祭拜。她講述的許多民間傳說、神鬼故事、民間禁忌，都滲透著她對人生價值、對善的理解與追

民間信仰與客家社會

後記

求，熏陶了後人。雖然她沒去過臺灣，但娘家有人去過臺灣，帶回很多傳說，故她對臺灣一年三熟的富庶尤為嚮往。

父親隨祖父學醫，傳承了家族一點手藝，雖讀書不多，卻也愛幾句之乎者也。他很少罵孩子，更不打孩子，常常是拉長聲調唸《朱子治家格言》中的「黎明即起，灑掃庭除，要內外整潔。既昏便息，關鎖門戶，必親自檢點」「一粥一飯，當思來處不易；半絲半縷，恆念物力維艱。宜未雨而綢繆，毋臨渴而掘井」「祖宗雖遠，祭祀不可不誠。子孫雖愚，經書不可不讀。居身務期質樸，教子要有義方。勿貪意外之財，勿飲過量之酒」「與肩挑貿易，勿占便宜；見貧苦親鄰，須加溫恤」等富含哲理的語句，針對孩子的問題進行教化。他溫文爾雅，態度和善，病人到家求醫時，父親那把脈的動作、對待病人的溫和關切之情，常常讓我心動。

斯人已逝，音容笑貌宛在，精神已融入後人身心。

我那不識字的母親，勤勞善良，熱心民間的俗信活動，去庵堂、拜公王、祭祠堂等，很是積極。每年春節小家庭祭祀，帶我們上山去祭拜祖父母、父親時，她會先割乾淨墳地上的雜草，擺好祭品，點燃香燭，然後交給我們兄弟，說好好祭拜你們的公爹（爺爺）、娭馳（奶奶）、細叔（我父親老二，客家人習慣以排行稱父親），請他們出來享用，過個大春節，保佑你們。然後，自己站立一邊唸唸有詞，說些祝福話，把我們兄弟姐妹的伴侶、孩子的名字唸一遍，叫升天為神的祖父、祖母、父親要保佑自己的子孫平安幸福、學業有成、事業發達，保佑子孫腳踏四方、方方吉利。為了我們上班的便利，她又把原來安排在正月初九的祭祀改為初六。客家婦女是客家民間信俗虔誠的執行者和創新者。

而我，常年生活在客家地區，研究客家文化，參與過姑田「遊大龍」、羅坊「走古事」、芷溪「遊花燈」、坎市「打新婚」、湖坑「做大福」、大溪「迎關帝」等大型民俗活動，為各地豐富多彩的民俗活動而讚嘆，為客家民眾熱心公益、熱愛生活的精神所感動。

從古至今，由民間信仰而形成的諸多民俗活動，成為民眾重要的精神支柱，蘊含了許多教化意味，對一代代客家子女的成長產生了積極作用，儘管

其中也有糟粕的地方。只是可惜,隨著城市化、市場經濟的發展,這些都漸漸遠去,而新的日常生活教化模式還沒有完全建立,以至許多日常禮儀規範教育在新一代青年尤其是農村青少年身上無法實施,缺少了教化的一個渠道。農耕文明所創造的文化,其優秀部分如何在城市化進程中傳承是值得思考的大問題。

　　我生長於客家,對客家文化有著特殊的感情,總想記錄豐富多彩的民間信仰活動。儘管生長在客家,親身經歷了許多民俗,但客家民間信仰各地不一,為了保證研究的整體性,書中參考了許多名家的觀點和材料,在此表示感謝。還要感謝陳運均、揭煥南等先生在資料蒐集方面的幫助,以及陳紅英、黃建敬等在整理資料、核對稿件等方面所作的貢獻,尤其要感謝恩師郭丹教授撥冗賜序,以及出版社為本書的出版所付出的辛苦而睿智的工作。

陳弦章

民間信仰與客家社會
後記

[1] 鐘敬文：《〈中國符咒文化大觀〉序言》，劉曉明《中國符咒文化大觀》，百花洲文藝出版社，1999，第1頁。

[2] 張紫晨：《民俗學講演集·中國民俗概說》，書目文獻出版社，1986，第226頁。

[3] 高峻、俞如先：《清代福建汀州人入臺墾殖及文化展拓》，《福建師範大學學報（哲學社會科學版）》1994年第1期。

[4] 參見習五一：《簡論當代福建地區的民間信仰》，《世界宗教研究》2008年第2期。

[5] 烏丙安：《中國民間信仰》，上海人民出版社，1996，第5～12頁。

[6] 林國平：《關於中國民間信仰研究的幾個問題》，《民俗研究》2007年第1期。

[7] 習五一：《簡論當代福建地區的民間信仰》，《世界宗教研究》2008年第2期。

[8] 民國《武平縣志》卷十九《禮俗志》，福建省武平縣志編纂委員會1986年整理本，第416～417頁。

[9] 宋德劍：《民間信仰、客家族群與地域社會——粵東梅州地區的重點研究》，暨南大學出版社，2015，第41頁。

[10] 乾隆《汀州府志》卷一三《祠祀》，成文出版社1967年影印同治六年刊本，第186頁。

[11] 光緒《長汀縣志》卷二七《寺觀》，光緒五年刻本。

[12] 徐恭生：《海神天后信仰與中琉友好往來》，載朱天順主編《媽祖研究論文集》，鷺江出版社，1989，第148～161頁。

[13] 吳裕成：《十二生肖與中華文化》，天津人民出版社，1992，第27頁。

[14] 張祖基等：《客家舊禮俗》，眾文圖書股份有限公司，1994，第315頁。

[15] 黃發有：《客家漫步》，南方日報出版社，2002，第75頁。

[16] [清] 施鴻保：《閩雜記》卷五《青蛙將軍》，[清] 周亮工、施鴻保撰，來新夏校點《閩小記·閩雜記》，福建人民出版社，1985，第86頁。

[17] 吳瀛濤：《臺灣民俗》，眾文圖書股份有限公司，1987，第175頁。

[18] 劉大可：《閩西武北的村落文化》，國際客家學會、海外華人資料研究中心、法國遠東學院，2002，第106～107頁。

[19] 林國平、彭文宇：《福建民間信仰》，福建人民出版社，1993，第64頁。

[20] 烏丙安：《中國民俗學》，遼寧大學出版社，2003，第228頁。

[21] 林國平、彭文宇：《福建民間信仰》，第2頁。

民間信仰與客家社會
目錄

[22][明]黃仲昭：《八閩通志》卷十《地理》，明弘治四年刻本。

[23][清]施鴻保：《閩雜記》卷十二《蜥蜴》，第182頁。

[24]吳瀛濤：《臺灣民俗》，第177頁。

[25]賴建：《童坊村墟市與神明崇拜》，載楊彥杰主編《長汀縣的宗族、經濟與民俗》（上），國際客家學會、海外華人資料研究中心，法國遠東學院，2002，第313～314頁。

[26]林國平、彭文宇：《福建民間信仰》，第2頁。

[27]吳裕成：《十二生肖與中華文化》，第117頁。

[28][明]謝肇淛：《五雜組》卷九《物部一》，中華書局，1959，第253頁。

[29][南朝·梁]宗懍撰，譚麟譯註：《荊楚歲時記譯註》，湖北人民出版社，1985，第34頁。

[30][南朝·梁]宗懍撰，譚麟譯註：《荊楚歲時記譯註》，第65頁。

[31]陳世松主編：《四川客家》，廣西師範大學大學出版社，2005，第256頁。

[32][南朝·梁]宗懍撰，譚麟譯註：《荊楚歲時記譯註》，第18頁。

[33][南朝·梁]宗懍撰，譚麟譯註：《荊楚歲時記譯註》，第30頁。

[34]吳瀛濤：《臺灣民俗》，第183頁。

[35]吳瀛濤：《臺灣民俗》，第177頁。

[36]曹培基：《掠奪婚遺蹟考》，載《長汀文史資料》第21輯，1992。

[37]趙長松：《吳家獅燈考察記》，《四川客家通訊》2004年第2期。

[38]烏丙安：《中國民俗學》，第50頁。

[39]吳瀛濤：《臺灣民俗》，第54頁。

[40]萬幼楠：《贛南民居營建禮俗調查》，載羅勇主編《「贛州與客家世界」國際學術討論會論文集》，人民日報出版社，2004，第145頁。

[41]胡希張等：《客家風華》，廣東人民出版社，1997，第633頁。

[42]陳世松主編：《四川客家》，第250～251頁。

[43]參見黃順炘、黃馬金、鄒子彬主編：《客家風情（續集）》，海潮攝影藝術出版社，1994，第320頁。

[44]陳世松主編：《四川客家》，第82頁。

[45]江斌：《客家婚俗數則》，載福建省民俗學會編《閩臺婚俗》，廈門大學出版社，1991，第231頁。

[46] 廖進琳：《輝煌的汀州》，中國文聯出版社，2005，第 80 頁。

[47] 謝重光：《閩臺客家社會與文化》，福建人民出版社，2003，第 84 頁。

[48] 鄭振滿：《明清福建家族組織與社會變遷》，湖南教育出版社，1992，第 199～200 頁。

[49] 謝重光：《閩臺客家社會與文化》，第 85～86 頁。

[50] 同治《贛州府志》卷二十《輿地誌·風俗》，贛州地區志編纂委員會辦公室 1986 年整理本，第 742 頁。

[51] 光緒《嘉應州志》卷八《禮俗》，光緒二十四年刊本。

[52] [東漢] 班固：《漢書》卷五九《張安世傳》，中華書局，1987，第 2653 頁。

[53] [東漢] 班固：《漢書》卷八九《循吏傳》，第 3627 頁。

[54] [南宋] 朱熹：《朱子家禮》卷一《通禮一》，清刻本。

[55] 乾隆《上杭縣志》卷一一《風土》，乾隆二十五刻本。

[56] 謝重光：《閩臺客家社會與文化》，第 98～100 頁。

[57] 江南桔：《高東江姓海內外裔眾祭祀東峰公記盛》，載《永定文史資料》第 7 輯，1988。

[58] [清] 楊瀾：《臨汀匯考》卷三《風俗考》，清光緒刻本。

[59] 黃順炘、黃馬金、鄒子彬主編：《客家風情》，中國社會科學出版社，1993，第 115 頁。

[60] 參見黃順炘、黃馬金、鄒子彬主編：《客家風情》，第 116 頁。

[61] 徐杰舜：《平話人的形成及人文特徵（續）》，《廣西大學學報（哲學社會科學版）》1999 年第 6 期。

[62] 韓素音：《客家人的起源及其遷徙經過》，原載香港《文叢》第 3 輯，轉引自劉正剛《閩粵客家人在四川》，廣西教育出版社，1997，第 108 頁。

[63] 陳世松：《大遷徙：「湖廣填四川」歷史解讀》，四川人民出版社，2005，第 220～243 頁。

[64] 謝桃坊：《成都東山的客家人》，巴蜀書社，2004，第 55～56 頁。

[65] 劉正剛：《閩粵客家人在四川》，第 80 頁。

[66] 劉義章、陳世松主編：《成都東山客家氏族志》，四川人民出版社，2001，第 169 頁。

[67] 劉義章、陳世松主編：《四川客家歷史與現狀調查》，四川人民出版社，2001，第 251 頁。

民間信仰與客家社會
目錄

[68] 參見白昆生：《廣東和平白氏宗族遷川源流》，載陳世松主編《四川移民與客家文化學術研討會論文集》，天地出版社，2005，第 53 頁。

[69] 轉引自謝重光：《閩臺客家社會與文化》，第 278 頁。

[70] 陳弦章：《客家婦女地位與作用之成因淺析》，《龍岩師專學報》2004 年第 2 期。

[71] 楊彥杰主編：《閩西的城鄉廟會與村落文化》，國際客家學會、海外華人研究社、法國遠東學院，1994，第 335～336 頁。

[72] 余豐：《連城四堡的宗族社會與民間信仰》，《廈門廣播電視大學學報》2004 年第 2 期。

[73] 羅香林：《客家源流考》，載張衛東、王洪友主編《客家研究》（第一集），同濟大學出版社，1989，第 47～48 頁。

[74] 宋德劍：《梅縣桃堯鎮大美村宗族社會與神明崇拜》，載譚偉倫主編《粵東三州的地方社會之宗族、民間信仰與民俗》（下），國際客家學會、海外華人資料研究中心、法國遠東學院，2002，第 324 頁。

[75] 柳哲：《家譜是中國人的一種信仰》，《新聞週報》2006 年 9 月 18 日。

[76] 轉引自嚴雅英：《從館藏客家文獻看上杭客家向義寧州的移民》，載羅勇主編《「贛州與客家世界」國際學術研討會論文集》，第 79 頁。

[77] 宋德劍：《梅縣桃堯鎮大美村宗族社會與神明崇拜》，載譚偉倫主編《粵東三州的地方社會之宗族、民間信仰與民俗》（下），第 324 頁。

[78] 轉引自劉大可：《論科舉與傳統村落社會——閩西武北客家村落的田野調查研究》，載福建省炎黃文化研究會、福建省龍岩市政協編《客家文化研究》，海峽文藝出版社，2007，第 210 頁。

[79] 曹春榮：《社區記憶：客家人的粘結劑與助推器——以瑞金密溪村為例》，載羅勇主編《「贛州與客家世界」國際學術研討會論文集》，第 304 頁。

[80] 林曉平：《贛南客家祠堂的功能與文化內涵》，載羅勇主編《「贛州與客家世界」國際學術研討會論文集》，第 301 頁。

[81] 羅香林：《客家源流考》，中國華僑出版社公司，1989，第 105 頁。

[82] 上杭縣《龍興祠劉氏聯修族譜》卷一《族規》，民國三十六年（1947 年）刻本。

[83] 乾隆《汀州府志》卷三十《人物》，第 339 頁。

[84] 參見汪毅夫：《客家民間信仰》，福建教育出版社，1995，第 15 頁。

[85] 轉引自石奕龍、李文睿：《寧化石壁村客家俗民的世俗化宗教信仰》，載福建省炎黃文化研究所、福建省龍岩市政協編《客家文化研究》，第 766 頁。

[86] 張曉松：《漳州客家、福佬「謝安信仰」比較研究》，《閩臺文化研究》2015年第1期。

[87] 林連金：《看臺灣特色廟宇真稀奇》，《海峽導報》2012年11月13日。

[88] 郭義山：《郭公庵堂仰英風》，《閩西通訊》2016年第11期。

[89] 康熙《武平縣志》卷三《建置志》，福建省武平縣志編纂委員會1986年整理本，第65頁。

[90] 林國平：《閩臺民間信仰源流》，福建人民出版社，2003，第124～126頁。

[91] 乾隆《汀州府志》卷十三《祠祀》，成文出版社1967年影印同治六年刊本，第189頁。

[92] 康熙《武平縣志》卷三《建置志》，第66頁。

[93] 乾隆《汀州府志》卷三十一《孝義》，第356頁。

[94] 乾隆《汀州府志》卷十三《祠祀》，第189頁。

[95] 王東：《客家學導論》，上海人民出版社，1996，第136～140頁。

[96] 羅美珍：《從語言視角看客家民系的形成及其文化風貌》，載《國際客家學研討會論文集》，1994，香港。

[97] 參見黃順炘、黃馬金、鄒子彬主編：《客家風情》，第155頁。

[98] 黃順炘、黃馬金、鄒子彬主編：《客家風情》，第153頁。

[100] 劉德龍主編：《民間俗信與科學文化》，山東教育出版社，2001，第317頁。

[101] 參見李亦園：《人類的視野》，上海文藝出版社，1996，第144～157頁。

[102] 謝重光：《閩西客家地區的媽祖信仰》，《客家》1994年第1期。

[103] 吳永章：《試析閩、臺、粵客家地區的「媽祖」崇拜》，《中南民族學院學報（哲學社會科學版）》1998年第4期。

[104][明]嚴叢簡著，余思黎點校：《殊域周咨錄》卷九《佛郎機》，中華書局，1993，第323頁。

[105] 鐘永毅：《江津移民的客家會館、宗祠與民居》，載陳世松主編《四川移民與客家文化學術討論會論文集》，第438頁。

[106][宋]祝穆編，祝洙補訂：《宋本方輿勝覽》，上海古籍出版社，1991，第151頁。

[107] 黃順炘、黃馬金、鄒子彬主編：《客家風情》，第129頁。

[108] 謝重光：《閩西客家地區的媽祖信仰》，《客家》1994年第1期。

[109] 謝重光：《閩臺客家社會與文化》，第268頁。

[110] 黃順炘、黃馬金、鄒子彬主編：《客家風情（續集）》，第129頁。

民間信仰與客家社會
目錄

[111] 黃玉釗等編著：《梅州客家風俗》，暨南大學出版社，1992，第 48 頁。

[112] 林國平：《閩臺民間信仰源流》，第 332 頁。

[113] 曾喜城：《臺灣南部六堆客家傳統民宅建築與江西派風水關係之研究》，載羅勇主編《「贛州與客家世界」國際學術討論會論文集》，第 165 頁。

[114] 開慶《臨汀志》卷七《仙佛》，福建人民出版社，1990，第 164 頁。

[115] 張木森、鄒文清：《「南安岩定光佛」文獻初步研究》，載閩西客家聯誼會、龍岩市政協文史和學習委編《定光古佛與客家民間信仰》，2008，第 114～115 頁。

[116] 開慶《臨汀志》卷七《仙佛》，第 165～166 頁。

[117] 王增能：《談定光古佛——兼談何仙姑》，載《武平文史資料》第八輯，1987。

[118] 開慶《臨汀志》卷七《仙佛》，第 165～166 頁。

[119] 開慶《臨汀志》卷七《仙佛》，第 165～166 頁。

[120] 吳福文：《掀起你的蓋頭來——石佛公神靈及其信仰剖析》，《閩西日報》2001 年 11 月 9 日副刊。

[121] 開慶《臨汀志》卷七《仙佛》，第 164 頁。

[122] 民國《武平縣志》卷二十《古蹟志·金石》，第 462 頁。

[123] 開慶《臨汀志》卷七《仙佛》，第 165 頁。

[124] 康熙《武平縣志》卷三《建置志·祠廟》，第 63 頁。

[125] 黃馬金：《閩西客家定光古佛的普遍信仰及傳播臺灣的探究》，載閩西客家聯誼會、龍岩市政協文史和學習委編《定光古佛與客家民間信仰》，第 233 頁。

[126] [宋] 劉將孫：《養吾齋集》卷二十八《定光圓應普慈通聖大師事狀》，上海古籍出版社，1987 年影印文淵閣《四庫全書》本，集部第 138 冊，第 267 頁。

[127] 參見謝重光：《閩臺客家社會與文化》，第 75～86 頁。

[128] 劉大可：《關於閩臺定光古佛信仰的幾個問題》，《客家》1994 年第 4 期。

[129] 康熙《武平縣志》卷十《藝文志》，第 237 頁。

[130] 黎曉玲：《閩北定光佛信仰的傳入及演變——以建甌定光佛信仰的個案為主要考察對象》，《客家》2008 年第 1 期。

[131] 民國《武平縣志》卷二十一《藝文志下》，第 514 頁。

[132] 鐘茂富：《紀念鄭定光的由來》，載閩西客家聯誼會、龍岩市政協文史和學習委編《定光古佛與客家民間信仰》，第 268 頁。

[133] 黃馬金：《閩西客家定光古佛的普遍信仰及傳播臺灣的探究》，載閩西客家聯誼會、龍岩市政協文史和學習委編《定光古佛與客家民間信仰》，第 234 頁。

[134] 江彥震：《定光古佛在臺灣》，載閩西客家聯誼會、龍岩市政協文史和學習委編《定光古佛與客家民間信仰》，第 59～63 頁。

[135] 林國平：《定光古佛探索》，《圓光佛學學報》1999 年第 3 期。

[136] 鄭先興：《略論關公與關公文化》，《中原文化研究》2016 年第 2 期。

[137] 鄭先興：《略論關公與關公文化》，《中原文化研究》2016 年第 2 期。

[138] 王基：《關公文化論要》，《晉陽學刊》1996 年第 4 期。

[139] 朱正明：《從「漢壽亭侯」到「關聖帝君」》，《東方收藏》2012 年第 11 期。

[140] 王前程：《一身兼雅俗，國人共尊神——論〈三國演義〉對「關公文化」的貢獻》，《鄖陽師範高等專科學校學報》2003 年第 4 期。

[141] 趙慧芳、何爽：《關公文化傳承發展研究》，《藝海》2015 年第 6 期。

[142] [明] 羅貫中著，裴效維校註：《三國演義》，作家出版社，2006，第 4 頁。

[143] [明] 羅貫中著，裴效維校註：《三國演義》，第 173 頁。

[144] [明] 羅貫中著，裴效維校註：《三國演義》，第 177 頁。

[145] [明] 羅貫中著，裴效維校註：《三國演義》，第 336 頁。

[146] [明] 羅貫中著，裴效維校註：《三國演義》，第 171 頁。

[147] 梁滿倉：《關羽讀〈春秋〉背景芻議》，《許昌學院學報》2006 年第 3 期。

[148] 鄭長青：《關羽秉燭讀〈春秋〉的文化解讀》，《運城學院學報》2010 年第 6 期。

[149] 孟海生：《關羽關公關公文化》，《中國地方志》2003 年第 S1 期。

[150] 何綿山：《臺灣關公文化探論》，《荊州師範學院學報》2003 年第 6 期。

[151] 張金金：《福建長汀的關公信仰》，《尋根》2017 年第 6 期。

[152] 游萍、游春豐編：《大溪關帝民俗文化節相冊》，未刊稿。

[153] 游遠景：《大溪鄉僑聯關帝廟總理組印尼感恩之行紀實》，http：//www.chineseyoujiapu.cn/article-34-1.html。

[154] 劉大可：《公王與社公：客家村落的保護神》，《世界宗教研究》2003 年第 4 期。

[155] 劉大可：《閩臺客家地區的民主公王信仰》，《客家研究輯刊》2011 年第 1 期。

[156] 轉引自宋德劍：《民間信仰、客家族群與地域社會——粵東梅州地區的重點研究》，第 48 頁。

民間信仰與客家社會
目錄

[157] 巫能昌：《閩西客家地區的伯公、社公和公王崇拜》，《世界宗教研究》2014年第1期。

[158] 宋德劍：《梅縣松源鎮郊王氏宗族與龍源公王崇拜》，《客家研究輯刊》2003年第1期。

[159] 宋德劍：《民間信仰、客家族群與地域社會——粵東梅州地區的重點研究》，第20頁。

[160] 連心豪、鄭志明：《閩南民間信仰》，福建人民出版社，2008，第25頁。

[161] 劉大可：《公王與社公：客家村落的保護神》，《世界宗教研究》2003年第4期。

[162] 孔令宏：《五顯神的源流與信仰》，《地方文化研究》2016年第3期。

[163] 劉大可：《公王與社公：客家村落的保護神》，《世界宗教研究》2003年第4期。

[164] 參見華欽進：《姑田大龍甲大下：連城客家節慶民俗文化》，中國文史出版社，2009，第10～17頁。

[165] 麥娟娟：《客家民間信仰，客家人的「精神家園」——淺談客家「公王」習俗的保護與傳承》，《神州民俗》2007年第10期。

[166] 劉大可：《閩臺客家地區的民主公王信仰》，《客家研究輯刊》2011年第1期。

[167] [法] 列維-布留爾著，丁由譯：《原始思維》，商務印書館，1981，第31頁。

[168] 紀倩倩、蓋翠杰：《論土地崇拜產生的早期文化因素》，《理論學刊》2014年第8期。

[169] 俞偉超：《銅山丘灣商代社祀遺蹟的推定》，載氏著《先秦兩漢考古學論集》，文物出版社，1985，第54頁。

[170] 吳其昌：《卜辭所見殷先公先王三續考》，載呂思勉、童書業編著《古史辨》第七冊上編，上海古籍出版社，1982，第346頁。

[171] 紀倩倩、蓋翠杰：《論土地崇拜產生的早期文化因素》，《理論學刊》2014年第8期。

[172] 乾隆《汀州府志》卷十三《祠祀》，第186頁。

[173] 乾隆《汀州府志》卷十一《典禮》，第150～153頁。

[174] 姚小鷗、盧翮：《〈清華簡·赤鵠〉篇與「后土」人格化》，《民俗研究》2013年第3期。

[175] 林國平：《閩臺民間信仰源流》，第71～72頁。

[176] 黃順炘、黃馬金、鄒子彬主編：《客家風情》，第131頁。

[177] 林國平：《閩臺民間信仰源流》，第73～74頁。

[178] 姚小鷗、盧翮：《〈清華簡·赤鵠〉篇與「后土」人格化》，《民俗研究》2013 年第 3 期。

[179] 張祖基等：《〈客家舊禮俗〉，第 27 頁。

[180] 郭志超：《閩客社區民俗宗教比較的調查報告》，《客家》1996 年第 2 期。

[181] 何星亮：《中國自然神與自然崇拜》，上海三聯書店，1992，第 110 頁。

[182] 紀倩倩、蓋翠杰：《論土地崇拜產生的早期文化因素》，《理論學刊》2014 年第 8 期。

[183] 黃順炘、黃馬金、鄒子彬主編：《客家風情》，第 134 頁。

[184] 李亦園：《文化的圖像》下卷，允晨文化實業股份有限公司，1992，第 199、119 頁。

[185] 鐘伯清：《多元與和諧：中國民間信仰的基本形態——一個村落民間信仰的實證調查》，《福州大學學報》2007 年第 5 期。

[186] 王必金：《淺談明溪客家人的宗教和民間信仰》，載福建省炎黃文化研究會、福建省龍岩市政協編《客家文化研究》，第 780 頁。

[187] 石憲：《日本佛教繪畫〈布袋和尚〉賞析》，《溥儀研究》2015 年第 1 期。

[188] 薛克翹：《佛教與中國文化》，崑崙出版社，2006，第 243～244 頁。

[189] 黃順炘、黃馬金、鄒子彬主編：《客家風情（續集）》，第 144 頁。

[190] 林國平：《閩臺民間信仰源流》，第 378 頁。

[191] 黃順炘、黃馬金、鄒子彬主編：《客家風情》，第 119 頁。

國家圖書館出版品預行編目（CIP）資料

民間信仰與客家社會 / 陳弦章 著. -- 第一版.
-- 臺北市：崧燁文化, 2019.07
　　面；　公分
POD 版

ISBN 978-957-681-850-9(平裝)

1.客家 2.文化 3.民間信仰

536.211　　　　　　　　　　　　　　108009012

書　　名：民間信仰與客家社會
作　　者：陳弦章 著
發 行 人：黃振庭
出 版 者：崧博出版事業有限公司
發 行 者：崧燁文化事業有限公司
E - m a i l：sonbookservice@gmail.com
粉 絲 頁：　　　　　網　址：
地　　址：台北市中正區重慶南路一段六十一號八樓 815 室
8F.-815, No.61, Sec. 1, Chongqing S. Rd., Zhongzheng
Dist., Taipei City 100, Taiwan (R.O.C.)
電　　話：(02)2370-3310　傳　真：(02) 2370-3210
總 經 銷：紅螞蟻圖書有限公司
地　　址：台北市內湖區舊宗路二段 121 巷 19 號
電　　話:02-2795-3656　傳真:02-2795-4100　網址：
印　　刷：京峯彩色印刷有限公司（京峰數位）
　　本書版權為九州出版社所有授權崧博出版事業股份有限公司獨家發行電子書及繁體書繁體字版。若有其他相關權利及授權需求請與本公司聯繫。

定　　價：550 元
發行日期：2019 年 07 月第一版
◎ 本書以 POD 印製發行